ナグ・ハマディ文書 IV

# 黙示録

# 黙示録

荒井 献・大貫 隆・小林 稔・筒井賢治 訳

ナグ・ハマディ文書 IV

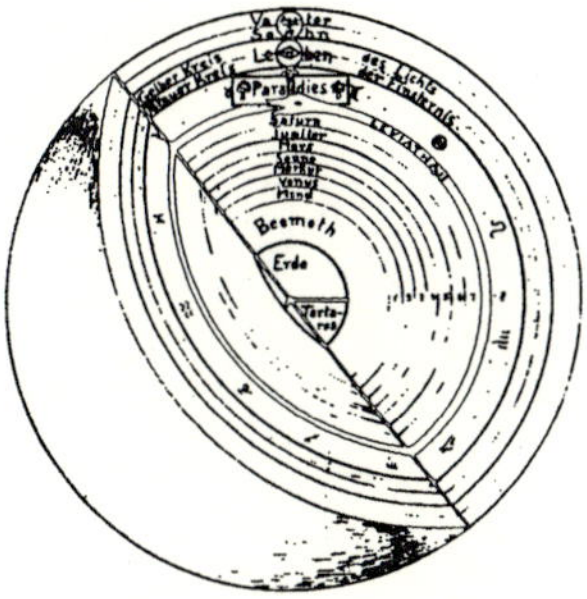


岩波書店

# 序にかえて

――ナグ・ハマディ文書とグノーシス主義――

## 一　文書の発見・公刊・年代

ナグ・ハマディ文書とは、一九四五年十二月、エジプト南部に位置するナイル河畔の町ナグ・ハマディ付近で、アラブ人の一農夫によって発見された、十三冊のコーデックス(古写本)に含まれる五十二のパピルス文書のことである。これらの文書はすべてコプト語(古代末期のエジプト語)で記されているが、そのほとんどすべてがギリシア語からコプト語への翻訳と想定されている。

この文書の発見が世界のジャーナリズムを賑わした主な原因となったのは、第Ⅱコーデックスの二番目(Ⅱ/2)所収の『トマスによる福音書』に関する誇大報道である。この福音書には、新約聖書の前半に編まれている四つの福音書(マタイ、マルコ、ルカ、ヨハネの各福音書)にない、イエスの未知の言葉が含まれていた。しかも、これらの言葉の一部が、前世紀末にエジ

プトのオクシリンコスで発見されたギリシア語パピルス群（いわゆるオクシリンコス・パピルス）の一部と重なっており、後者の言葉をイエス自身の真正な言葉と見做す有力な新約聖書学者（ヨアキム・エレミアスなど）がいたのである。このような事情もあって、トマス福音書を最古の、しかもイエス自身に遡る可能性のある福音書と位置付ける誇大報道が、マスメディアに載って世界を駆け回った。

このような誇大報道とそれに便乗した学界の動向は、ナグ・ハマディ文書と同じ頃に死海の西北岸クムランで発見された「死海文書」の場合と類似している。この文書の中の『感謝の詩篇』に言及されている「義の教師」が、洗礼者ヨハネであるとか、イエス自身であるとか、イエスの弟ヤコブであるとかの珍説がまことしやかに喧伝され、これはごく最近までわが国の読書界の話題になっていた。しかし、死海文書の意義は、ナグ・ハマディ文書の場合と同様に、別のところにある（死海文書については、ジェームズ・H・チャールズウァース編著、『イエスと死海文書』（山岡健訳）三交社、一九九六年参照。トマス福音書の意義については、荒井献『トマスによる福音書』講談社、一九九四年参照）。

もっとも、このような誇大報道がなされた間接的な原因に、文書公刊の遅れがある（これもまた死海文書の場合と類似している）。それは、ナグ・ハマディ文書の場合、その一部が古物商によって転売され、ベルギーやアメリカにまで流れたこと、エジプトに数次にわたる政変が起こったこと、若干の学者たちが学問上の「独占欲」により文書の一部を私物化したこと等による。

しかし、とりわけアメリカのクレアモント大学大学院「古代とキリスト教研究所」所長ジェームズ・M・ロビンソンの努力とユネスコの援助により、一九七七年（文書の発見から三十二年後）に、コーデックスⅠからⅫまで、つまりナグ・ハマディ写本の全文書を含むファクシミリ版全十巻の公刊が完結し、同年にこのファクシミリ版に基づく英訳一巻本が出版された。右の研究所所員が中心となって遂次公刊されていたナグ・ハマディ文書の校訂本（テキストの翻刻、英訳、訳注、概説)も、最近になって完結した。なお、校訂本のドイツ語版はベルリン大学のコプト語グノーシス文書研究グループ(代表者はハンス・M・シェンケ)によって、フランス語版はフランスのストラスブール大学とカナダのラヴァル大学の研究グループ(代表者はジャック・É・メナール)によって、それぞれ公刊されつつある。

ナグ・ハマディ文書が三世紀後半から四世紀にかけて筆写され、四世紀の中頃に十三冊のコーデックスに編まれたことは、考古学上の手続き、とりわけコーデックスⅠ、Ⅱ、Ⅲ、Ⅶ、Ⅺのカートナジ(各コーデックスを補強するためにその裏側に張られている原紙表装)から読み取られる領収書その他の日付けから明らかである。もっとも、ナグ・ハマディ文書には数種類の異本があり(例えば『ヨハネのアポクリュフォン』にはⅡ、Ⅲ、Ⅳに三つの異本が、『エジプト人の福音書』にはⅢとⅣに二つの異本が存在)、これらの異本が同一の原本に遡る可能性があり、また同一文書が数回にわたって筆写し直された形跡も認められる。他方、すでに言及したように、ナグ・ハマディ文書のコプト語版はギリシア語本文からの翻訳と想定されている。これに本文の伝承史的考察も加えると、現有のコプト語版の原本は、部分的には二世紀の中頃にまで遡ると見てよいであろう。

二世紀の中頃といえば、現行の新約聖書所収の二十七文書のうち最も後期に属する諸文書(例えば「テモテへの第一の手紙・第二の手紙」「テトスへの手紙」など)が成立した年代である。とすれば、ナグ・ハマディ文書と新約諸文書は、その成立年代において部分的に重なることになる。しかも、キリスト教成立後、初めの四世紀頃まで、キリスト教諸教会は、それが位置する地方により、またそれが属する教派によって、現行の新約聖書二十七文書以外の諸文書も、共に信仰にとっては規範的な権威ある「聖文書」として読まれていた。ナグ・ハマディ文書の大半は、このような意味における「聖文書」、四世紀以降「正典」としての新約聖書から区別あるいは差別(排除)され

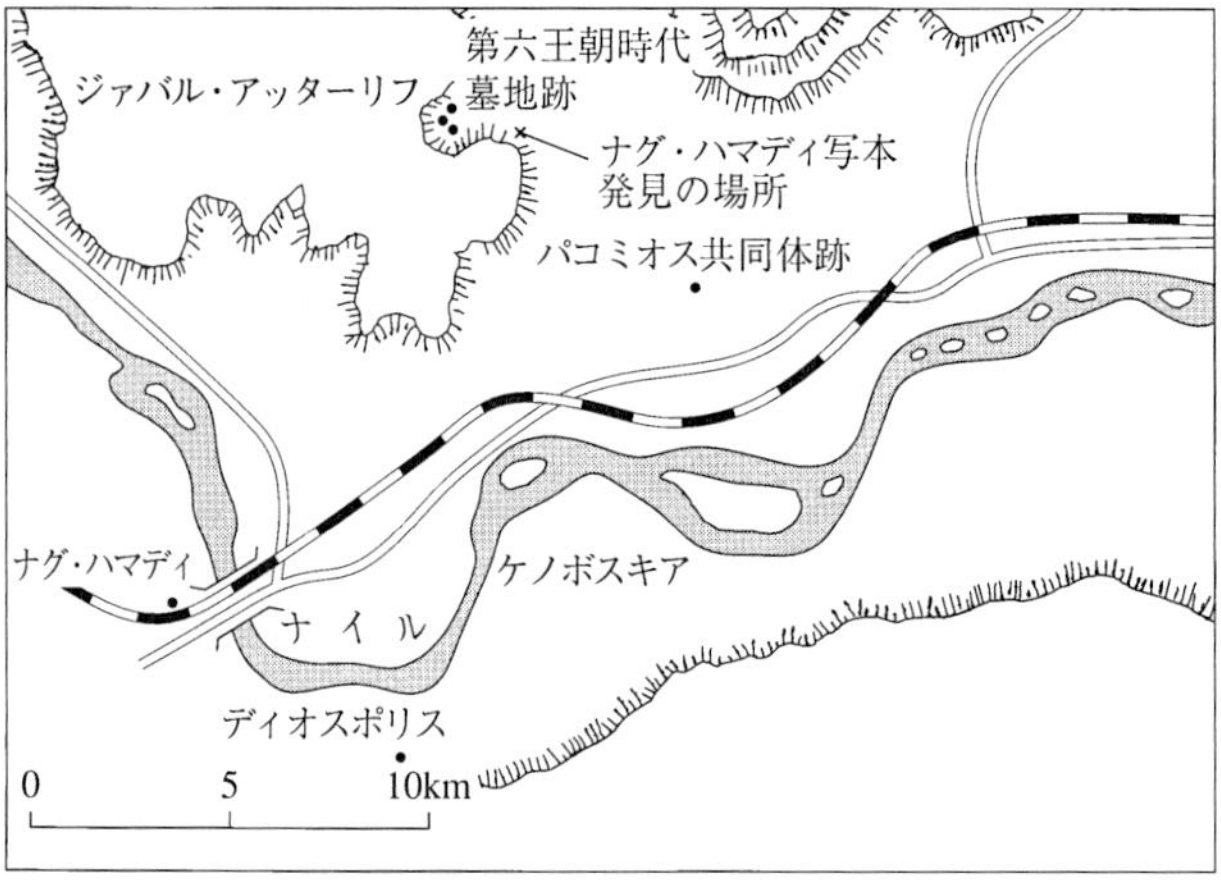


ていった「外典」に属するのである(「新約聖書外典」については、荒井献編『新約聖書外典』講談社、一九九七年参照)。

ナグ・ハマディ文書の元来の所有者については、今もって定説がない。

ナグ・ハマディの東側に古来「ケノボスキア」と呼ばれる地域があり、その北側にパコミオス共同体(四世紀に修道士パコミオスが創設した自給自足による修道共同体)の遺跡がある。そして、さらにその北側約八キロメートルの場所でナグ・ハマディ文書が発見された。他方、前述のカートナジの一部(ナグ・ハマディ文書Ⅰ、以下NHCⅠと表記)に「ケノボスキアの近くにあるディオスポリス」と読み取れる箇所がある。つまり、文書の製作者が知っていた「ケノボスキア」と、文書が埋められた(発見された)場所の中間に、パコミオス共同体が存在した。しかも、文書が作製された年代と共同体が存在した年代が重なっている(共に四世紀前半)。さらに、ナグ・ハマディ文書全体に共通する思想的特徴に禁欲思想が認められる。

ここからナグ・ハマディ文書をパコミオス共同体と関係づける仮説が有力視されている。三六七年にアレクサンドリアの司教アタナシオスがエジプトにある諸教会に宛てて「復活節書簡」を送付し、現行新約二十七文書のみを正典とし、その他の外典——とりわけ「異端の虚構」——を排除して、それらを読むことを禁じている。ナグ・ハマディ写本の大半は「外典」に当たるところから、あるいはパコミオス共同体に属する一修道士が、司教アタナシオスの禁令を機に、自ら所有していた——「外典」を含む——諸文書を壺に入れて、ナグ・ハマディ付近の地下に埋めたのであろうか。

## 二　文書の内容

十三のコーデックスに含まれる五十二のナグ・ハマディ文書のタイトルとその内容は、別表の通りである。

これらの文書は、内容上、以下の四種類に分類される。

第一は、新約聖書「外典」(別表A)。これには、『トマスによる福音書』『フィリポによる福音書』『エジプト人の福音書』など、キリスト教史上最古最大の「異端」として正統教会から排除された「グノーシス派」出自のものが多いが(別表AG)、『ペトロと十二使徒の行伝』や『シルウァノスの教え』など、とりわけグノーシス的とはいえない文書も存在する。

第二は、キリスト教(新約)と無関係なグノーシス文書(別表G)。これには『アダムの黙示録』や『セツの三つの柱』など旧約偽典に類するものもあるが、その他の文書は新約とも旧約とも全く関係がない。

第三は、『第八のもの(オグドアス)と第九のもの(エンネアス)に関する講話』など、いわゆる「ヘルメス文書」の一部(別表H)。「ヘルメス文書」とは、紀元前後にエジプトで成立し、師ヘルメス・トリスメギストスがその秘教を弟子に啓示する形式をとるもので、内容的にはグノース主義から汎神論的一元論をも含む(ヘルメス文書のギリシア語本文の邦訳とその解説は、『ヘルメス文書』(荒井献・柴田有訳)朝日出版社、一九八〇年参照)。

第四は、キリスト教ともグノーシスとも関係のない文書。ヘレニズム・ローマ時代の生活訓や格言を集めた『セクストゥスの金言』やプラトン『国家』の一部(五五八B—五八九B)のコプト語本文などである(別表無印)。

## 別表

| コーデックス | 番号 | 通し番号 | 題名 | 内容 | |
|---|---|---|---|---|---|
| I | 1 | 1 | 使徒パウロの祈り | A | G |
| | 2 | 2 | ヤコブのアポクリュフォン | A | G |
| | 3 | 3 | 真理の福音 | A | G |
| | 4 | 4 | 復活に関する教え | A | G |
| | 5 | 5 | 三部の教え | A | G |
| II | 1 | 6 | ヨハネのアポクリュフォン | A | G |
| | 2 | 7 | トマスによる福音書 | A | G |
| | 3 | 8 | フィリポによる福音書 | A | G |
| | 4 | 9 | アルコーンの本質 | A | G |
| | 5 | 10 | この世の起源について | A | G |
| | 6 | 11 | 魂の解明 | A | G |
| | 7 | 12 | 闘技者トマスの書 | A | G |
| III | 1 | 13 | ヨハネのアポクリュフォン | A | G |
| | 2 | 14 | エジプト人の福音書 | A | G |
| | 3 | 15 | 聖なるエウグノストス | A | G |
| | 4 | 16 | イエスの知恵 | A | G |
| | 5 | 17 | 救い主の対話 | A | G |
| IV | 1 | 18 | ヨハネのアポクリュフォン | A | G |
| | 2 | 19 | エジプト人の福音書 | A | G |
| V | 1 | 20 | エウグノストス | A | G |
| | 2 | 21 | パウロの黙示録 | A | G |
| | 3 | 22 | ヤコブの黙示録一 | A | G |

| | | | | | |
|---|---|---|---|---|---|
| | 4 | 23 | ヤコブの黙示録二 | A | G |
| | 5 | 24 | アダムの黙示録 | | G |
| VI | 1 | 25 | ペトロと十二使徒の行伝 | A | |
| | 2 | 26 | 雷・全きヌース | | G |
| | 3 | 27 | 真正な教え | A | G |
| | 4 | 28 | われらの大いなる力の概念 | A | G |
| | 5 | 29 | プラトン『国家』五五八B—五八九B | | |
| | 6 | 30 | 第八のもの（オグドアス）と第九のもの（エンネアス）に関する講話 | H | |
| | 7 | 31 | 感謝の祈り | H | |
| | 8 | 32 | アスクレピオス二一—二九 | H | |
| VII | 1 | 33 | シェームの釈義 | | G |
| | 2 | 34 | 大いなるセツの第二の教え | A | G |
| | 3 | 35 | ペトロの黙示録 | A | G |
| | 4 | 36 | シルウァノスの教え | A | |
| | 5 | 37 | セツの三つの柱 | | G |
| VIII | 1 | 38 | ゾストゥリアノス | | G |
| | 2 | 39 | フィリポに送ったペトロの手紙 | A | G |
| IX | 1 | 40 | メルキゼデク | A | G |
| | 2 | 41 | ノーレアの思想 | A | G |
| | 3 | 42 | 真理の証言 | A | G |
| X | 1 | 43 | マルサネース | | G |
| XI | 1 | 44 | 知識の解明 | A | G |
| | 2 | 45 | ヴァレンティノス派の解説 | A | G |
| | 3 | 46 | アロゲネース | | G |

| | | | | | |
|---|---|---|---|---|---|
| | 4 | 47 | ヒュプシフロネー | | G |
| XII | 1 | 48 | セクストゥスの金言 | A | G |
| | 2 | 49 | 真理の福音断片 | | |
| | 3 | 50 | 断片 | | |
| XIII | 1 | 51 | 三体のプローテンノイア | A | G |
| | 2 | 52 | この世の起源について(の一部) | A | G |

## 三　グノーシス、グノーシス主義、グノーシス派

「グノーシス」(gnōsis)とは、ギリシア語で「知識」あるいは「認識」の意味である。しかし、この言葉は日本語でも現在、西洋古代末期における宗教思想の一つを特徴づける専門用語として用いられている。例えば『広辞苑』(岩波書店、第四版)で「グノーシス」の項目を引くと、次のように記されている。

〔gnosis ギリシア〕(知識の意)ギリシア末期の宗教における神の認識。超感覚的な神との融合の体験を可能にする神秘的直観。霊知。

この定義は、それ自体として正しい。しかし、「グノーシス」という宗教的専門用語の定義としては広義に過ぎる、と私には思われる。「グノーシス」とはむしろ、右の定義における「神の認識」を「自己の認識」として人間の救済とみなす宗教思想、すなわち「グノーシス主義」(Gnosticism)の意味で用いられている。おそらくこのような事情を反映して、『大辞林』(三省堂、第二版)には「グノーシス」の項目に替えて「グノーシス主義」の項目が

立てられており、それは次のように定義されている。

〔ギリシア gnōsis は「認識」の意〕一、二世紀頃地中海沿岸諸地域で広まった宗教思想、およびこれに類する考え方。反宇宙的二元論の立場にたち、人間の本質と至高神とが本来は同一であることを認識することにより、救済、すなわち神との合一が得られると説く。マンダ教やマニ教はその代表的宗教形態。

右の文章の中で「反宇宙的二元論」という表現は分りにくいかもしれない。まず「二元論」とは、宇宙（＝世界）や小宇宙としての人間の成り立ちを相対立する二つの原理によって説明する理論のことである。それがグノーシス（主義）の場合、「反宇宙的」というのであるから、負としての宇宙を形成する原理（宇宙形成者、ギリシア語で「デーミウールゴス」）に相対立する正としての宇宙を救済する原理が前提されていることになる。これが「至高神」、あるいは多くの場合「父」なる至高神から人間に遣わされた「子」なる「救済者」なのである。そして、グノーシス（主義）においては至高神の本質（霊魂）が、宇宙や世界を貫ぬいて人間の中にも宿されている。ところが、デーミウールゴスの支配下にある人間はこの自らの本質（本来的「自己」）について無知の状態に置かれており、自らの本質を非本来的自己としての身体性と取り違えている。人間は、救済者の告知により、人間の本質と至高神とが本来は同一であることを認識（グノーシス）し、神との合一を達成して救済されなければならない。

このようなグノーシス（主義）による救済の告知は、それが急速に広まった古代末期において、それまで人間が常識的にもっていた宇宙・世界・人間観を根本から覆すインパクトを有していた。人間は価値観の転倒を迫られたのである。

例えば、当時の民間宗教において常識となっていた星辰信仰、あるいはこれを受容していた中期プラトニズム（紀元前後のプラトン思想）やストア哲学において、星辰は人間の霊魂の故郷とみなされていた。偉大な政治家、とりわけ皇帝の魂は、その死後に星辰界へ帰昇すると信じられていた。そのための祭儀が皇帝の死後盛大に執り行なわれていたのである。

ところが、グノーシス（主義）によれば、星辰（星座）はデーミウールゴスの支配下にあり、人間の「宿命」を決定する「支配者（アルコーン）たち」、あるいは諸「権力（デュナミス）」、諸「権威（エクスーシア）」であり、人間の霊魂は、その支配下にある星辰の力から解放されて、星辰とデーミウールゴスを否定的に超えて存在する至高神にこそ帰昇し、究極的救済を得なければならない。ここで、地上の権力は宇宙の権力と共に相対化されてしまう。

また、当時のプラトニズムやストイシズムにおいて、あるいはその限りにおいてはユダヤ教やこれを母胎として成立しつつあったキリスト教においても、宇宙（世界）形成者（デーミウールゴス）あるいは創造神による被造としての宇宙＝世界（コスモス）とその内なる人間は美しく善きものであった。もともと「コスモス」（kosmos）と同根の動詞「コスメオー」（kosmeō）は「整える」「美しく飾る」の意で、これに対応して「コスモス」は「飾り」「秩序」、転じて「（秩序整然たるものとしての）宇宙、世界」を意味する。ところが、グノーシス（主義）によれば、宇宙の形成者、世界の創造神そのものが悪の根元なのである。従って、旧約聖書「創世記」巻頭の創造神話に対するグノーシス的解釈においては、エデンの中央に生えている「善悪を知る（グノースケイン）木」から取って食べることを禁じた「主なる神」（創世記二章16－17節——七十人訳。以下創二16と略記）とそれから取って食べることを勧めた「蛇」（創三4）とは価値付けが転倒し、前者は人に「知識」による救済の可能性を閉ざす負的存在、後者はそれを開示する正的存在、つまりイエス・キリストの予型として位置付けられる場合が多い。

ところで、このような解釈をひき起こす「反宇宙的・本来的自己の認識」への欲求は、「自己」の帰属する現実世界が、世界を包括する宇宙全体をも含めて、宇宙の支配者、その形成者によって疎外されているという極端なペシミズムが生起する時代と地域に、いつ、どこでも成立しうるものである。これを古代末期に限って見れば、これは、ローマ帝国の圧倒的支配下にあって、政治的・経済的・社会的に宇宙内の世界のいずれの領域にも自己を同一化できる場を奪われた帝国属州(ユダヤ、シリア、エジプトなど)民の間に成立した。そして、このようなグノーシス的欲求に基づく解釈は、現実世界を否定的に超えた場に自己を同一化する表現なのであるから、必然的に「神話論」的象徴言語によらざるをえないのである。こうして、具体的宗教形態としての「グノーシス」あるいは「グノーシス宗教」が形成される。

但しこれは、「反宇宙的・本来的自己の認識」をいわば「解釈原理」として、既存の諸宗教に固有なテキストを解釈し、それをグノーシス神話に変形することによって形成されるのであるから、「グノーシス(宗教)」は多くの場合、既存の諸宗教の分派的形態をとる。成立しつつあるキリスト教の場合、「グノーシス」は、正統的教会(初期カトリシズム)の立場を護って「異端」を反駁するいわゆる「反異端論者」から見ると、「異端」的教えの「正体」であると共にそのような教えを奉ずる「異端」的分派の呼称——「グノーシス派」を意味した。

例えば、二世紀後半の代表的反異端論者エイレナイオスは、ラテン語訳の通称で『異端反駁』(adversus haereses)と呼ばれる著書を公にしているが、この著書のギリシア語原題は『偽称グノーシスの正体暴露とその反駁』であり、この場合の「グノーシス」はグノーシス派の教説であると共にグノーシス派のことを意味している。他方、この派に所属している人々は自らを「グノーシスを奉ずる者」「グノーシス者」(gnōstikoi)と称した。このように、「グノーシス」は、それを反駁する側から見ても、それを奉ずる側から言っても、グノーシス主義をもグノーシス派をも意味し得たのである。

いずれにしても、「グノーシス派」とは古来、「グノーシス」偽称のゆえにキリスト教の教父たち、とりわけ反異端論者たちにより反駁され、彼らの担う正統的教会から最終的には排除されたキリスト教異端の総称であった。教父たちによればグノーシス派は、同派の「父祖」といわれる「魔術師」シモン(使八9-24参照)とその派をはじめとして、ヴァレンティノス派、バシリデース派、ケリントス派、ナーハーシュ派、オフィス派(「ナーハーシュ」はヘブライ語で、「オフィス」はギリシア語で、それぞれ「蛇」の意)、バルベーロー派、セツ派などの分派に別れた。いずれにしてもグノーシス派は、それに先行したキリスト教と異教(例えばオリエントの諸宗教)、あるいは異思想(例えばプラトニズム)との事後的混淆によって成立したキリスト教の異端である。

このようなグノーシス観は、正統的教会の教父たち、とりわけ反異端論者以来の、グノーシス派に対する伝統的見解であり、今日でもこの見解を基本的に採る学者たちもいる。確かにキリスト教のグノーシス派とその思想(グノーシス主義)は、キリスト教を前提とする限りにおいて、キリスト教よりも後に成立した。

しかし、グノーシス主義そのものが元来キリスト教とは無関係に成立した独自の宗教思想であったこと、そしてそれが事後的にキリスト教のテキストに自らを適合し、それを解釈して「キリスト教グノーシス派」の神話論を形成したことは、すでに確認した通りである。このことは、とりわけナグ・ハマディ文書によって実証される。なぜなら、この文書にはキリスト教グノーシス文書のほかにキリスト教とは関係のないグノーシス文書が含まれているばかりではなく、一つの文書が次第に自らをキリスト教的要素に適応させていく過程が同一文書(例えば『ヨハネのアポクリュフォン』)の複数の異本(写本Ⅱ/1、写本Ⅲ/1、写本Ⅳ/1、ベルリン写本)によって跡付けられるからである。巻末の解説「救済神話」で詳述するように、セツ派などはおそらく元来キリスト教とは無関係に、ユダヤ教の周縁で成立したものと想定される。神話の構成要素が旧約だけでほぼ十分に揃っており、新約の要素は二次的付加と思われるからである。（以上、「グノーシス」「グノーシス主義」の定義については、荒井献『新約聖書とグノーシス主義』岩波書店、一九八六年、二六七―二七一頁のほか、ハンス・ヨナス『グノーシスの宗教』（秋山さと子・入江良平訳）人文書院、一九八六年、Ｅ・ペイゲルス『ナグ・ハマディ写本――初期キリスト教の正統と異端』（荒井献・湯本和子訳）白水社、一九九六年、Ｓ・ペトルマン『二元論の復権――グノーシス主義とマニ教』（神谷幹夫訳）教文館、一九八五年、柴田有『グノーシスと古代宇宙論』勁草書房、一九八二年をも参照。）

荒井　献

# 凡例

一、各文書の翻訳の底本については、文書ごとの解説に記した。

二、パラグラフの区分（§15のように記す）は、底本の区分に従っている場合と、新規の試みである場合とがあり、詳しくは文書ごとの解説に記した。

三、文頭および行中に【　】を使って挿入した太字体の数字は、写本の頁数を、また行中の小字体の数字は五行単位の写本の行数を表す。

四、注および解説での引照指示に際しては、該当箇所の表示をパラグラフ（§）によってする場合と、頁と行数による場合とがある。

五、翻訳本文中に用いた記号の意味は以下の通りである。

［　］＝写本の損傷された本文を、原文の校訂者または訳者が推定復元した読み。復元不可能な場合は、脱落が推定される原語の文字数を表示（［±８］）してある

（　）＝文意を取り易くするために、訳者が挿入した補充。

〈　〉＝写本の写字生が書き落としたと思われる文あるいは単語。

《　》＝写本の写字生が重複して書き写したと思われる文あるいは単語。

六、小見出しは、原文には存在しない。読解のための便宜手段であり、訳者がその作成のために参照した文献がある場合には、文書ごとの解説に注記してある。

七、本訳中の注は、本文に出る言語的・歴史的事柄およびグノーシス主義に特徴的な観念と語彙などについて、わかりやすく説明しようとする。同一文書内の関連する箇所、及び他のグノーシス主義文書の関連箇所、さらにまた旧約聖書・新約聖書などとの関連についてもその都度表示してある。

八、歴史的・事象的事項およびグノーシス主義的用語のうち、基本的なもの、また個々の文書の枠を越えて多出するものは、巻末の「補注　用語解説」にまとめて採録した。本文中にその事項が現れる場合、初出と、本文の内容からして補注の参照を求めたいときは、該当事項の行間に＊印を付した。

# 諸文書略号表

## ナグ・ハマディ文書

［写本Ⅰ］
パウ祈　使徒パウロの祈り
ヤコ・アポ　ヤコブのアポクリュフォン
真福　真理の福音
復活　復活に関する教え
三部教　三部の教え
［写本Ⅱ］
ヨハ・アポⅡ　ヨハネのアポクリュフォン
トマ福　トマスによる福音書
フィリ福　フィリポによる福音書
アルコ　アルコーンの本質
起源Ⅱ　この世の起源について
魂　魂の解明
闘技者　闘技者トマスの書
［写本Ⅲ］
ヨハ・アポⅢ　ヨハネのアポクリュフォン
エジ福Ⅲ　エジプト人の福音書
エウⅢ　聖なるエウグノストス
知恵Ⅲ　イエスの知恵
対話　救い主の対話
［写本Ⅳ］
ヨハ・アポⅣ　ヨハネのアポクリュフォン
エジ福Ⅳ　エジプト人の福音書
［写本Ⅴ］
エウⅤ　エウグノストス
パウ黙　パウロの黙示録
Ⅰヤコ黙　ヤコブの黙示録一
Ⅱヤコ黙　ヤコブの黙示録二
アダ黙　アダムの黙示録
［写本Ⅵ］
十二伝　ペトロと十二使徒の行伝
雷　雷・全きヌース
真正教　真正な教え
力　われらの大いなる力の概念
国家　プラトン『国家』断片
「八と九」　第八のもの（オグドアス）と第九のもの（エンネアス）
感謝　感謝の祈り
アスク　アスクレピオス
［写本Ⅶ］
シェーム　シェームの釈義
セツ教　大いなるセツの第二の教え
ペト黙　ペトロの黙示録
シル教　シルウァノスの教え
柱　セツの三つの柱
［写本Ⅷ］
ゾス　ゾストゥリアノス
フィペ手　フィリポに送ったペトロの手紙
［写本Ⅸ］
メルキ　メルキゼデク
ノーレア　ノーレアの思想
真証　真理の証言
［写本Ⅹ］
マルサ　マルサネース
［写本Ⅺ］
知識　知識の解明
解説　ヴァレンティノス派の解説
　解説・塗油　塗油について
　解説・洗Ａ　洗礼についてＡ
　解説・洗Ｂ　洗礼についてＢ
　解説・聖Ａ　聖餐についてＡ
　解説・聖Ｂ　聖餐についてＢ
アロゲ　アロゲネース
ヒュプ　ヒュプシフロネー
［写本Ⅻ］
金言　セクストゥスの金言
真福断片　真理の福音断片
断片　断片
［写本XIII］
三プロ　三体のプローテンノイア
起源XIII　この世の起源について
［ベルリン写本（BG8502）］
マリ福　マリヤによる福音書
ヨハ・アポＢ　ヨハネのアポクリュフォン
知恵Ｂ　イエス・キリストの知恵
ペト行Ｂ　ペトロ行伝

## 旧約聖書

| | |
|---|---|
| 創 | 創世記 |
| 出 | 出エジプト記 |
| レビ | レビ記 |
| 民 | 民数記 |
| 申 | 申命記 |
| ヨシ | ヨシュア記 |
| 士 | 士師記 |
| ルツ | ルツ記 |
| サム上 | サムエル記上 |
| サム下 | サムエル記下 |
| 王上 | 列王記上 |
| 王下 | 列王記下 |
| 代上 | 歴代誌上 |
| 代下 | 歴代誌下 |
| エズ | エズラ記 |
| ネヘ | ネヘミヤ記 |
| エス | エステル記 |
| ヨブ | ヨブ記 |
| 詩 | 詩篇 |
| 箴 | 箴言 |
| コヘ | コーヘレト書 |
| 雅 | 雅歌 |
| イザ | イザヤ書 |
| エレ | エレミヤ書 |
| 哀 | 哀歌 |
| エゼ | エゼキエル書 |
| ダニ | ダニエル書 |
| ホセ | ホセア書 |
| ヨエ | ヨエル書 |
| アモ | アモス書 |
| オバ | オバデヤ書 |
| ヨナ | ヨナ書 |
| ミカ | ミカ書 |
| ナホ | ナホム書 |
| ハバ | ハバクク書 |
| ゼファ | ゼファニヤ書 |
| ハガ | ハガイ書 |
| ゼカ | ゼカリヤ書 |
| マラ | マラキ書 |

## 新約聖書

| | |
|---|---|
| マコ | マルコ福音書／マルコによる福音書 |
| マタ | マタイ福音書／マタイによる福音書 |
| ルカ | ルカ福音書／ルカによる福音書 |
| 使 | 使徒行伝 |
| ヨハ | ヨハネ福音書／ヨハネによる福音書 |
| Ⅰヨハ | Ⅰヨハネ書／ヨハネの第一の手紙 |
| Ⅱヨハ | Ⅱヨハネ書／ヨハネの第二の手紙 |
| Ⅲヨハ | Ⅲヨハネ書／ヨハネの第三の手紙 |
| ロマ | ロマ書／ローマ人への手紙 |
| Ⅰコリ | Ⅰコリント書／コリント人への第一の手紙 |
| Ⅱコリ | Ⅱコリント書／コリント人への第二の手紙 |
| ガラ | ガラテヤ書／ガラテヤ人への手紙 |
| フィリ | フィリピ書／フィリピ人への手紙 |
| Ⅰテサ | Ⅰテサロニケ書／テサロニケ人への第一の手紙 |
| フィレ | フィレモン書／フィレモンへの手紙 |
| エフェ | エフェソ書／エフェソ人への手紙 |
| コロ | コロサイ書／コロサイ人への手紙 |
| Ⅱテサ | Ⅱテサロニケ書／テサロニケ人への第二の手紙 |
| Ⅰテモ | Ⅰテモテ書／テモテへの第一の手紙 |
| Ⅱテモ | Ⅱテモテ書／テモテへの第二の手紙 |
| テト | テトス書／テトスへの手紙 |
| ヘブ | ヘブル書／ヘブル人への手紙 |
| ヤコ | ヤコブ書／ヤコブの手紙 |
| Ⅰペト | Ⅰペトロ書／ペトロの第一の手紙 |
| Ⅱペト | Ⅱペトロ書／ペトロの第二の手紙 |
| ユダ | ユダ書／ユダの手紙 |
| 黙 | 黙示録／ヨハネの黙示録 |

## 教父文書

| | |
|---|---|
| 『絨毯』 | アレクサンドリアのクレメンス『絨毯』(Ⅰ－Ⅷ巻) |
| 『抜粋』 | アレクサンドリアのクレメンス『テオドトスからの抜粋』 |
| 『全反駁』 | ヒッポリュトス『全異端反駁』(Ⅰ－Ⅹ巻) |
| 『反駁』 | エイレナイオス『異端反駁』(Ⅰ－Ⅴ巻) |
| 『薬籠』 | エピファニオス『薬籠』(Ⅰ－LXXX 章) |

# 目次

目　次

# グノーシス主義の「黙示録」について

大貫　隆

本巻にはナグ・ハマディ文書の内で、主として表題に「黙示録」と名のつく文書と、様式上および内容上、程度の差はあれ、黙示文学的な特徴を示す文書が収められている。しかし、すでにこの言い方の中に、思想史的に一つの困難な問題が含まれている。それは、そもそもグノーシス主義と黙示文学は相互にどのように区別され得るのか、され得ないのかという問題である。より具体的に言い換えれば、グノーシス主義の枠内で「黙示録」と呼ばれる個々の文書は、どのような意味でそう呼ばれるのだろうか。

古代末期の地中海世界で一般に「黙示文学」と呼び得る思想運動は決してユダヤ教とキリスト教の専売特許ではなく、いわゆる「異教世界」にも認められる。しかし、ナグ・ハマディ文書を含むグノーシス主義との関連で重要なのは、ユダヤ教とキリスト教の枠内で生み出された黙示文学、とりわけユダヤ教黙示文学である。

ユダヤ教黙示文学は、定説によれば、バビロン捕囚から戻ったユダヤ人がまずペルシア帝国、続いてアレクサンドロス大王の後継者王朝の統治下に置かれた時代（前五―二世紀）に、後期預言運動から派生したとされる。その時代を言わば前史として、前二世紀のダニエル書をもって初めて本格的な黙示文学が成立する。そのダニエル書は、ユダヤ人がシリア・セレウコス王朝の圧政に抗って闘ったマカベア戦争の渦中で書かれた抵抗の文学であった。ユダヤ教黙示文学はその後古代末期から中世初期まで、歴史が転換点を迎えるたびに、ユダヤ教の枠を超えてキリスト教徒とグノーシス主義者も含め、さまざまな抑圧状況からの解放を求める者たちの叫びに多大な影響を及ぼしてきた。その間に生み出されたダニエル書以降の黙示文学書、すなわち黙示録は夥しい数に上るばかりではなく、文学的な様式の上で、また、内容的な主題の上でも複雑多岐にわたり、専門家の目をもってしても容易には見渡しがたい。この意味で、ユダヤ教黙示文学、あるいは、より一般的に黙示文学は、古代末期の地中海世界に発生、展開したさまざまな思想運動の中でも、グノーシス主義と並んで、否、それ以上に歴史的な輪郭が描きにくく、最も定義が困難な現象である。

　このような複雑な現象を理解するために一番よい方法は、まず個々の黙示録に繰り返し定型的に現れる様式要素と主題の目録を作り、その分布状況が時代とともにどう変わってゆくかを調べてみることである。そこから黙示文学の理念型と本質も見えてくるに違いない。以下、われわれはまずユダヤ教黙示文学に属する作品に即して、そのような目録づくりを行なうことにする。キリスト教黙示文学とグノーシス主義の黙示録については、その後でそれとの比較でそれぞれの特徴を明らかにしてみたい。

## 一　ユダヤ教黙示文学と黙示録

　ユダヤ教黙示文学の言わば「前史」に属する文書としては、旧約聖書のゼカリヤ書（前五―三世紀）、ヨエル書三―四章（前三世紀）の他、イザヤ書に二次的に付け加えられた同三四―三五章（前三―二世紀）および二四―二七章（前二世紀）を挙げることができる。ダニエル書に続く盛期黙示文学の文書で、多くの場合さまざまな言語への翻訳としてではあるが、ほぼその全体が伝わるものには、『エチオピア語エノク書』（前二―一世紀）、『モーセの遺訓』（紀元前後）、『スラブ語エノク書』（後一世紀）、『第四エズラ書』*（後一世紀）、『シリア語バルク黙示録』（後一世紀）、『ギリシア語バルク黙示録』*(後一―三世紀)、『シビュラの託宣』*III―V巻(前二―後二世紀)、『アブラハム黙示録』*(後一―二世紀)などがある。反対に、断片的にのみ伝わるものには、『ゼファニヤ黙示録』*(前一―後一世紀)の他、クムラン(死海)文書に属する「4Q・奥義(断片b)」、「4Q・アムラムの幻(断片f)」、「11Q・メルキゼデク」などがある。この内、*印を付した文書は、後代のキリスト教徒の手が加わっていることが確実視されているものである。しかし、その程度は比較的軽微で、それぞれの文書を基本的にユダヤ教黙示文学の作品と呼ぶことに差し障りはない。

さて、これらの文書すべてについて調査すると、合計二十四の様式要素、あるいは内容的主題が繰り返し定型的に現れる。われわれはこの定型的構成要素をトポス(もともとギリシア語で「場所」の意)と呼ぶことにする。以下順に、それぞれのトポスについて、ごく簡単な説明を加えるとともに、実際の本文の中から、最も代表的と思われるものに限って紹介する(旧約聖書に収められていない文書からの引用は、特に断らないかぎり、日本聖書学研究所編『聖書外典偽典』、全七巻、補遺二巻、教文館、一九七五―八二年によるが、表記上の必要から文言を多少変更している)。

文書全体の序に当たる部分、あるいは場面が変わるごとに新しい場面の導入部では、主人公は眠り、夢見、霊的興奮、脱魂などのトランス状態に陥り、「天使」の出現や「幻」を見たり、天からの「声」を聞く。文書によっては、全体あるいは部分的に、最期を迎えた主人公がかつて受けた啓示(黙示)を子孫に遺訓として語り伝えるという形式を採るものがある。

## 1 幻

ダニ七1「バビロンの王ベルシャツァルの治世の第一年にダニエルは、夢を見た。床上で彼の頭の中をかけめぐる幻を見た」。

2　声

『シリア語バルク黙示録』二二1「ここのち、見よ、天が開き、私は(幻を)見た。そして、私に力が与えられ、高いところから声が聞こえ、私に言った」。

『エチオピア語エノク書』四〇4、5、6「最初の声」、「第二の声」、「第三の声」。

3　天　使

ダニ八15-16「私ダニエルはこの幻を見て説明を求めたところ、私の真向かいに男のような姿が立ち現れた。ウライ川の間から人の声が聞こえた。それは『ガブリエル、この者に幻を説明してやれ』、と呼びかけていた」。

4　トランス状態

『シリア語バルク黙示録』三六1「私はこう言ってから、そこで眠りこんでしまい、夜中に幻を見た」。

『エチオピア語エノク書』七一1「こののち、私の霊は隠されて天に昇った。(そこに)私は御使いたちの子らが火の炎の上を歩いているのを見た」。

5　遺　訓

『モーセの遺訓』一〇11―15「さあ、ヌンの子ヨシュアよ、あなたはこれらのことばと、この書物とを守りなさい。実に(私の)死、すなわち受容から例の方の来臨までは二百五十時があるであろう。以上が、時が終りに達するまでに、(人々が)遭遇する過程である。私は私の眠りにおもむく。……」

『シリア語バルク黙示録』四四2「見よ、私(バルク)は世間一般のならいによりご先祖たちのもとへまかることになった」。

次に、主人公がトランス状態で受領する啓示、すなわち黙示そのものは、以下のようなトポスに分かれる。

## 6 普遍史

このトポスは人類と宇宙万物の歴史、すなわち普遍史を、さまざまなスパンで鳥瞰するもので、当然語り手は歴史の外側に身を置いている。

『シリア語バルク黙示録』一四1「私は答えて言った、『あなたは私に歴史の流れと、このこのちに起こるべきことを知らせて下さいました』」。

同五六2「全能者は、(すでに)過ぎ去った時および彼の世でこれからめぐって来るであろう時の経過を、その創造の発端から終極に至るまで確かに君に教えられた」。

## 7 時代区分

このトポスは前項の普遍史を、一定の規準で、いくつかの時代に区分する。その発端と終り、スパンはさまざまである。

『モーセの遺訓』一1―2「この年は世界の創造から数えて二千五百年目、……フェニキア出発後[四百]年目であり、モーセによってなされた出発ののち、民がヨルダンの向こうのアンモンまで出てきた時のことである」。

この他、『シリア語バルク黙示録』五六―七六は世界史を十二(メシア時代を含めれば十三)に区分しており、『エチオピア語エノク書』九三1―14、九一11―17はやはり世界史を「十週」に分けている。『第四エズラ書』一四章によれば、世界史の十二の時代の内、すでに第十の時代の半分までが過ぎ去っている。

## 8 事後予言

このトポスを効果的ならしめるために、多くの黙示文学書の著者は本当の自分を明かさず、はるか昔の著名な義人を名目上の著者として立て、この名目上の著者に、(1)本当の著者である自分自身の現在までの歴史の経過、および⑵その現在を超えて来たるべき歴史の終末と新しい世界も予言させる。⑴に係わる予言は当然事後予言になるから、必ず的中する。読者にこの的中を実感させることによって、⑵の予言の信憑性をも納得させようという作戦なのである。但し、事後予言のスパンはさまざまで、ダニ二31-45では、前六世紀の新バビロニア帝国から前二世紀半ばのセレウコス朝シリアまで、『第四エズラ書』一一章では、カエサルからティトゥス帝までのローマの政治史が対象である。

**9　終末待望**

古い世界の終焉と新しい世界の出現は、至高神の隠れた摂理の内にある。独り黙示文学者だけが、「時の徴」に基づいて、終末までの時を量りながら、目の前の艱難辛苦に耐えることができる。

『第四エズラ書』四35―37「彼ら（陰府の義人の魂）は言った、『私はいつまでこうやって待たされるのです。私たちの報いの実が脱穀場であらわとなるのはいつのことなのです』。すると天使長エレミエルはそれらの問いに答えて言った、『あなた方のような人の数が満ちた時である。すなわち神は天秤で世を計られ、枡目で時を量られ、数で時を数えられた。そして予定の枡目が満ちるまでは、神は揺り動かしも、呼び醒ましもなさらないであろう』」。

**10　終末時の艱難**

『第四エズラ書』九3―4「この世の各地に地震、民の騒乱、諸国の陰謀、指導者の動揺、君主の混乱が現れる時、その時あなたは悟りなさい、それらこそ至高者が昔から、初めの時以来、語っておられた事柄であることを」。

**11　天変地異**

『第四エズラ書』五1、4―5「さてその徴だが、こういう日が来る。……すなわち、突然太陽が夜輝き、また月は昼照るだろう。木から血が滴り、石は叫び、民は騒乱に陥り、星の歩みは変わるだろう」。

**12　時の計算**

ダニ一二11-12「日ごとの供え物が廃止され、荒廃をもたらす忌まわしい者が据えられてから、千二百九十日である。待望して千三百三十五日を迎えられる者は幸いである」。

終末そのものにおいては、万人あるいは義人の復活、個々人の生前の業《わざ》に即した最後の審判、地上のエルサレム（イスラエル）の更新、新しい創造が起きると待望されている。

**13　死人の復活**

『第四エズラ書』七32―33「その時、地はそこで眠る者を、塵はその中に声なく住む者を、倉は委託された魂を返すだろう。そして至高者が審きの座に現れる」。

『シリア語バルク黙示録』三〇1「そののち、メシアの滞在の時が満ちて彼が栄光のうちに帰還されるとき、そのとき、彼に望みをつないで眠っていたものはみな復活するであろう」。

**14　最後の審判**

『エチオピア語エノク書』九七1、3「義人たちよ、信ぜよ。罪人どもは恥をかかされ、暴虐の日に滅びるのである。罪人たちよ、君たちが義人たちの祈りの声を聞かされるその審きの日、君たちは一体どうしようというのだ、どこへ逃げようというのか」。

『第四エズラ書』七105「審きの時には誰も他人のために願ったりはしないだろう。なぜならその時は各人が自分の不義や義を負うのだから」。

**15　エルサレムの更新**

『シリア語バルク黙示録』六八5「そのとき、シオン（エルサレム）はほどなく再建され、その生け贄もふたたび供えられるようになり、祭司たちはその勤めにもどり、異教徒たちはまたやって来てシオンを賞め讃えるであろう」。

**16　新しい創造**

『第四エズラ書』七75「死後にもせよ今にもせよ、私たちおのおのが霊をお返しする時、私たちはあなた（至高神）が新しい創造を始められる時が来るまで、憩いの中にしっかりと守られるのでしょうか」。

『エチオピア語エノク書』九一16「さきの天は姿を消して過ぎ去り、新しい天が現れ、天のすべての力は世界を七倍の明るさで照らすであろう」。

『シリア語バルク黙示録』三二6「全能者が被造物を一新なさるとき」。

以上のような歴史の終末に関するトポス群と並んで、もう一つ大きな主題群を形成するのが、天空と冥界をめぐる描写である。その際、最後の審判以前の現時点での死者（義人と罪人）の境遇が関心の的となる。

**17　天空の旅**

このトポスでは、主人公が天使に導かれて、さまざまな天を縦横に旅する型（『エチオピア語エノク書』）、地上から最高天（至高神）までを垂直に上昇・下降する型（『スラブ語エノク書』）がある。

『エチオピア語エノク書』七一1―4「こののち、私の霊は隠されて天に昇った。……私は霊魂の主の前に平伏した。御使いたちの頭の一人、御使いミカエルが私の右手をつかんでひきおこし、あらゆる秘密の隠されているところへ私を連れ出し、憐れみと義の秘密をすべて私に見せてくれた。彼は天の果てのすべての秘密、星とすべての光の倉を見せてくれた」。

『スラブ語エノク書』三1「私が息子たちに語っていたとき、かの天使たちが私を呼び、つばさに私をのせた。

そして私を第一天に運び上げ、そこにおろした」。

**18　自然界の隠された秩序**

『エチオピア語エノク書』七二―1「天の発光体の運行の書。それらが、種類、主従の関係、季節、名称、起源、月に関して、互いにどう関係するかを記した書。これは私に同行してくれたこれら発光体の案内人、聖なる御使いウリエルが私に見せてくれたものである」。

**19　義人と罪人の境遇**

『スラブ語エノク書』一三章「そこから私は義人たちの天国へ昇った。そこで祝福された場所を見た。あらゆる被造物は祝福されており、あらゆる人は歓びと楽しさと無限の光と永遠の生命のうちに暮らしている」。

**20　冥界の旅**

『スラブ語エノク書』一三章「そこから私は連れられて審きの場所に来た。私は口を開けた地獄を見た。そこで牢獄のような原を見た。容赦のない審きである。そして私は降りて、審かれるもののすべての裁きを記し、すべての訊問を知った」。

『エチオピア語エノク書』二二―3―5「この窪地は、霊魂、死者の魂が集まってくるようにと、彼らのために造られたのです。すべての人間の魂はここにもどって来ます。これは、彼らを住まわせるためにしつらえられた場所であり、彼らの審きの日まで、彼らに定められた時までそこにとどまる」。

文書の結びでは、天空あるいは冥界の旅から地上世界への主人公の帰還、トランス状態からの覚醒が語られ、受領した黙示を秘匿すべきこと、逆に同時代の者たちへ伝達すべきこと、あるいはその両方が命じられる。

**21　地上への帰還**

『エチオピア語エノク書』八一5「あの三人の聖者(天使)が私を連れて行って、地上にある自宅の門前に座らせてこう言った」。

**22　覚　醒**

ゼカ四1「私に語りかけた御使いが戻って来て、私を起こした。私は眠りから揺り起こされた者のようであった」。

『シリア語バルク黙示録』三七「私は目が醒めて、起ちあがった」。

**23　秘匿命令**

ダニ三4「ダニエルよ、終りの時が来るまで、これらの言葉を秘密にし、この書物を封印せよ」。

**24　伝達命令**

『エチオピア語エノク書』八一5「君の子メトセラに何もかも知らせるがよい」。

『シリア語バルク黙示録』七六4―5「さて、このことは四十日後に起きるであろう。ゆえに、その期間に行って全力を傾けて民に教え、最後の時に死ぬことのないよう、むしろ最後の時に生きて救われるように学ばせよ」。

『第四エズラ書』一四45―47「四十日が満ちた時、至高者は私に言われた、『あなたが初めに書き記したもの(二十四冊)を公にし、ふさわしい者にもふさわしくない者にも読ませなさい。しかし終りの七十冊は、あなたの民の賢者に渡すよう保存しておきなさい』」。

以上の二十四のトポスはユダヤ教黙示文学に属する前述の個々の文書にどのように分布しているか。これを一覧表にして示すと別表1(一四―一五頁)のようになる。

## 二　キリスト教黙示文学と黙示録

生前のイエスの歴史との関わり方は、ユダヤ教黙示文学のそれとは本質的に異なっていた。そこには普遍史を上から、あるいは側面から鳥瞰しようとする姿勢は見られない。すでに始まりつつある「神の支配」に一人ひとりを正面から直面させること、それがイエスが献身した任務であった。イエス処刑後の原始キリスト教会は、そのイエスの生涯と運命を振り返って、そこにすでに新しい世界が始まっていると信じた。ユダヤ教黙示文学が時を計算しながらなお未来に待望していた世界がすでに始まっているというのである。それとともに、今やユダヤ教黙示文学の終末待望は決定的に重心の移動を蒙ることになった。しかし、原始キリスト教会もすべての終末待望を放棄したわけではなかった。確かに、イエスの生涯と運命において新しい世界は始まったものの、その完成はなお未来に、すなわち、復活して現に天にいる主イエス・キリストが再び地上に来臨して、最後の審判を経て「神の支配」を最終的に実現する時に起きるものと期待したのである。この期待を言葉にするに当たって、原始キリスト教会はユダヤ教黙示文学のトポスを借りた。そこに成立したのがキリスト教黙示文学である。

この意味でのキリスト教黙示文学の発端をどこに見るかについては、専門家の間でもさまざまな議論がある。しかし、まとまった形で読める最初のものは、通称「小黙示録」とも呼ばれるマルコによる福音書一三章である。これは、おそらくユダヤ教の黙示文書を下敷きにして、それをキリスト教化する形で、遅くとも後七〇年頃までにはまとめられたものと考えられている。これをいわば「前史」とすれば、本格的なキリスト教黙示文学は後一世紀末のヨハネの黙示録をもって始まる。以後、後九世紀までに生み出されたキリスト教黙示文学書には、次のようなものがある。『預言者イザヤの殉教と昇天』*(後一―二世紀)、『ペテロの黙示録』(後二世紀)、『エリヤ黙示録』*(後二―三世紀）、『シビュラの託宣』Ⅵ―Ⅷ巻（後二―三世紀）、『第五エズラ書』（後二―三世紀）、『シャドラク黙示録』*（後二―五世紀）、『ギリシア語エズラ黙示録』（後二―九世紀）、『第六エズラ書』（後三―四世紀）、『パウロの黙示録』（後四世紀）、『エズラの幻』（後四―八世紀）、『ダニエル黙示録』（後九世紀）。この内、＊印を付したものは、もともとはユダヤ教黙示文学文書であったが、やがてキリスト教徒の手によってキリスト教化されたものである。しかし、そのキリスト教化があまりに大幅であるために、もともとのユダヤ教文書を抽出することはもはや不可能である。

さらに、断片的にのみ伝わるものとしては、『トマスの黙示録』（後四―五世紀）、ヨハネの黙示録と同名でありながら、内容的に異なる二つの異本（一つは後六世紀、もう一つは年代不詳）、『マリヤ（聖母）の黙示録』（後九世紀）がある。

これらの文書をトポス論の視点から分析すると、当然のことながらユダヤ教黙示文学の場合と比べて、重要な変動が生じている。まず、トポス3では、ユダヤ教黙示文学の「天使」に代わって、「キリスト」あるいは「主」が登場することがある（マルコ一三、ヨハネの黙示録、ペテロの黙示録）。トポス8の「事後予言」の中身は、ユダヤ民族の歴史上の事件であるよりは、イエス・キリストが万物に先立って存在したことから始まって、やがて人間となり（受肉）、その使命を終えて、受難と復活を経て昇天に至る出来事の全体――これを一言で括れば、「イエス・キリストの出来事」――にとって代わられる。イエス・キリストの出来事が、旧約時代に生きる名目上の著者によって、予言されるのである（『預言者イザヤの殉教と昇天』九12―18）。トポス14の「最後の審判」は、来たるべきイエス・キリストの来臨（再臨）と結び付けられる（ヨハ黙二〇―二一）ばかりではなく、そこで行なわれる審判は、「義人」対「罪人」というユダヤ教黙示文学の二分法と並んで、新たに「キリスト教徒」対「異教徒」（ユダヤ教徒を含む）という規準でも行なわれる（ヨハ黙二9参照）。最後に、トポス15では、地上のエルサレムの更新という待望は放棄され、「天上のエルサレム」という表象、あるいは場合により、いわゆる「千年王国」論に取って代わられる(ヨハ黙二〇―二一)。

以上のような変動があることを踏まえながらも、トポスの整理番号はそのまま保持して、前掲のキリスト教黙示文学書におけるそれぞれのトポスの分布状況を、やはり図表化して示すと、別表2(一四―一五頁)のようになる。

二つの別表を相互に比較することによって、いくつか重要な帰結を導くことができる。

(1)ユダヤ教黙示文学は、その前史段階の文書が示すように、来たるべき歴史の終末とあらゆる運命の逆転への待望から出発した。但し、そこにはまだ普遍史への視線は生まれていない。

(2)この視線を含めて、前記のトポスをほぼ満遍なく揃えた黙示文学書のいわば「理念型」に近いものは、盛期ユダヤ教黙示文学の中でも、『エチオピア語エノク書』および『スラブ語エノク書』に見いだされる。そこでのもう一つの著しい特徴は、「天空の旅」から「冥界の旅」までのトポス17―20が付け加わっていることである。但し、この点に関して、例えば『第四エズラ書』が「私がお尋ねしたかったのは天上の道についてではなく、私たちが日々経験することについてなのです」(四23)と述べるところから推すと、ユダヤ教黙示文学それ自身の枠内でも、賛否両論があったのではないかと思われる。

(3)これに対して、ヨハネの黙示録より後のキリスト教黙示文学は、次第にそれらのトポスにこそ関心をシフトしていったと言うことができる。別表1に挙げたユダヤ教黙示文学の黙示文書の内で、トポス17から20までのどれかを含むものは、『エチオピア語エノク書』、『スラブ語エノク書』、『ギリシア語バルク黙示録』、『アブラハム黙示録』、『ゼファニヤ黙示録』の五つである。しかし、この内で後代のキリスト教徒の手が加わっていないのは、最初の二つのみであって、残る三つには、すでに述べたように、比較的軽微だとは言え、キリスト教徒の手が入っているのである。また、別表2に挙げたキリスト教黙示文学の黙示文書の中で、トポス17から20までのどれかを含むものの

| トポス | | | | | | | | | | | | | | | | | | | | |
|---|---|---|---|---|---|---|---|---|---|---|---|---|---|---|---|---|---|---|---|---|
| 4 | 5 | 6 | 7 | 8 | 9 | 10 | 11 | 12 | 13 | 14 | 15 | 16 | 17 | 18 | 19 | 20 | 21 | 22 | 23 | 24 |
| ○ | － | － | － | － | ○ | ○ | ○ | － | － | ○ | ○ | － | － | － | － | － | － | － | － | － |
| － | － | － | － | － | ○ | ○ | ○ | － | － | ○ | ○ | － | － | － | － | － | － | － | － | － |
| － | － | － | － | － | ○ | ○ | ○ | － | － | ○ | － | － | － | － | － | － | － | － | － | － |
| － | － | － | － | － | ○ | ○ | ○ | － | ○ | ○ | ○ | － | － | － | － | － | － | － | － | － |
| ○ | － | ○ | ○ | ○ | ○ | ○ | － | ○ | ○ | ○ | ○ | － | － | － | － | － | － | － | ○ | － |
| ○ | ○ | ○ | ○ | ○ | ○ | ○ | ○ | ○ | ○ | ○ | － | ○ | ○ | ○ | ○ | ○ | ○ | ○ | － | ○ |
| － | ○ | － | ○ | ○ | ○ | ○ | ○ | ○ | － | ○ | ○ | － | － | － | － | － | － | － | － | ○ |
| ○ | ○ | ○ | ○ | － | ○ | ○ | ○ | － | － | ○ | － | ○ | ○ | ○ | ○ | ○ | ○ | ○ | － | ○ |
| ○ | － | ○ | ○ | ○ | ○ | ○ | ○ | － | ○ | ○ | ○ | ○ | － | － | － | － | － | ○ | ○ | ○ |
| ○ | ○ | ○ | ○ | ○ | ○ | ○ | ○ | － | ○ | ○ | ○ | ○ | － | － | － | － | － | ○ | － | ○ |
| － | － | － | － | － | － | － | － | － | － | － | － | － | ○ | ○ | ○ | － | ○ | ○ | － | － |
| － | － | － | ○ | ○ | ○ | ○ | ○ | － | ○ | ○ | ○ | ○ | － | － | － | － | － | － | － | － |
| ○ | － | － | ○ | ○ | ○ | ○ | ○ | － | － | ○ | － | － | ○ | － | ○ | － | ○ | － | － | － |
| ○ | － | － | － | － | ○ | － | ○ | － | － | ○ | － | － | ○ | － | ○ | ○ | － | － | － | － |
| － | － | － | － | － | － | － | － | － | － | ○ | － | － | － | － | － | － | － | － | － | － |
| － | － | － | － | － | － | － | － | － | － | ○ | － | － | － | － | － | － | － | － | － | － |
| － | － | － | ○ | － | － | － | － | － | － | ○ | ○ | － | － | － | － | － | － | － | － | － |
| － | － | ○ | － | ○ | ○ | ○ | ○ | － | － | ○ | － | － | － | － | － | － | － | － | － | ○ |
| ○ | － | － | － | ○ | ○ | ○ | ○ | － | ○ | ○ | ○ | ○ | ○ | － | － | － | － | － | － | ○ |
| ○ | ○ | － | － | ○ | ○ | ○ | － | － | ○ | ○ | － | － | ○ | － | ○ | － | ○ | － | ○ | － |
| － | － | － | － | － | ○ | ○ | － | － | ○ | ○ | － | － | ○ | － | ○ | ○ | － | － | － | － |
| － | － | － | － | ○ | ○ | ○ | ○ | － | ○ | ○ | ○ | ○ | － | － | － | － | － | － | － | － |
| － | － | ○ | ○ | ○ | ○ | ○ | ○ | － | ○ | ○ | － | － | － | － | － | － | － | － | － | － |
| － | － | ○ | － | ○ | ○ | ○ | － | － | ○ | ○ | － | － | － | － | － | － | － | － | － | ○ |
| － | － | － | － | － | － | － | － | － | － | － | － | － | ○ | － | ○ | － | － | － | － | － |
| － | － | － | － | － | ○ | ○ | ○ | － | ○ | ○ | － | － | ○ | ○ | ○ | ○ | ○ | － | － | ○ |
| － | － | － | － | ○ | ○ | ○ | ○ | － | － | ○ | － | － | － | － | － | － | － | － | － | ○ |
| ○ | － | － | － | － | ○ | － | － | － | ○ | ○ | ○ | ○ | ○ | ○ | ○ | ○ | － | － | ○ | ○ |
| － | － | － | － | － | ○ | － | － | － | － | ○ | － | － | ○ | － | ○ | ○ | － | － | － | － |
| － | － | － | － | ○ | ○ | ○ | ○ | － | － | ○ | － | － | － | － | － | － | － | － | － | － |
| － | － | － | － | － | ○ | ○ | ○ | － | ○ | ○ | － | － | － | － | － | － | － | － | － | － |
| － | － | － | － | － | ○ | ○ | － | － | ○ | － | － | － | ○ | － | ○ | ○ | － | － | － | － |
| － | － | － | － | － | － | － | － | － | － | － | － | － | ○ | ○ | － | － | － | － | － | － |
| － | － | － | － | － | － | － | － | － | － | － | － | － | － | － | ○ | ○ | － | － | － | － |

○印のないものについては, J. Charlesworth(ed.), *The Old Testament Pseudepigrapha*, vol. 1, New York 1983; W. Schneemelcher(Hg.), *Neutestamentliche Apokryphen II*, 5. Aufl., Tübingen 1989; F. G. Martinez, *The Dead Sea Scrolls Translated, Leiden* 1992を参照.

| | | 文書名 | 成立年代 | 原語 | 写本 | 邦訳 | | | |
|---|---|---|---|---|---|---|---|---|---|
| | | | | | | | 1 | 2 | 3 |
| 別表1 | ユダヤ教黙示文学 | ゼカリヤ書 | 前 V-III 世紀 | H | H | ○ | ○ | − | ○ |
| | | ヨエル書 3-4 章 | 前 III | H | H | ○ | − | − | − |
| | | イザヤ書 34-35 章 | 前 III-II | H | H | ○ | − | − | − |
| | | イザヤ書 24-27 章 | 前 II | H | H | ○ | − | − | − |
| | | ダニエル書 | 前 II | H/A | H/A | ○ | ○ | ○ | ○ |
| | | エチオピア語エノク書 | 前 II-I | A | E | ○ | ○ | ○ | ○ |
| | | モーセの遺訓 | 紀元前後 | H | L | ○ | − | − | − |
| | | スラブ語エノク書 | 後 I | G | Sl | ○ | − | ○ | ○ |
| | | 第 4 エズラ書* | 後 I | H | L | ○ | ○ | ○ | ○ |
| | | シリア語バルク黙示録 | 後 I | H | S | ○ | ○ | ○ | ○ |
| | | ギリシア語バルク黙示録* | 後 I-III | G? | G | ○ | − | − | ○ |
| | | シビュラの託宣 III-V 巻* | 前 II- 後 II | G | G | ○ | − | − | − |
| | | アブラハム黙示録* | 後 I-II | H | Sl | − | − | ○ | ○ |
| | | ゼファニヤ黙示録* | 前 I- 後 I | G | C | − | ○ | − | ○ |
| | | 4Q・奥義(断片 b) | 前 II- 後 I | H | H | − | − | − | − |
| | | 4Q・アムラムの幻(断片 f) | 前 II- 後 I | H | H | − | − | − | − |
| | | 11Q・メルキゼデク | 前 II- 後 I | H | H | − | − | − | − |
| 別表2 | キリスト教黙示文学 | マルコ福音書 13 章 | 後 I | G | G | ○ | − | − | − |
| | | ヨハネの黙示録 | 後 I | G | G | ○ | ○ | ○ | ○ |
| | | 預言者イザヤの殉教と昇天* | 後 I-II | G | E | ○ | ○ | ○ | ○ |
| | | ペテロの黙示録 | 後 II | G | E | ○ | − | ○ | − |
| | | エリヤ黙示録* | 後 II-III | G | C | − | − | ○ | − |
| | | シビュラの託宣 VI-VIII 巻 | 後 II-III | G | G | ○ | − | − | − |
| | | 第 5 エズラ書 | 後 II-III | G | L | ○ | − | − | ○ |
| | | シャドラク黙示録* | 後 II-V | G | G | − | − | ○ | ○ |
| | | ギリシア語エズラ黙示録 | 後 II-IX | G | G | − | − | ○ | ○ |
| | | 第 6 エズラ書 | 後 III-IV | G | L | ○ | ○ | − | − |
| | | パウロの黙示録 | 後 IV | G | L | ○ | ○ | ○ | ○ |
| | | エズラの幻 | 後 IV-VIII | G | L | − | − | − | ○ |
| | | ダニエル黙示録 | 後 IX | G | G | − | − | − | − |
| | | トマスの黙示録 | 後 IV-V | G | L | − | − | − | − |
| | | ヨハネの黙示録 | 後 VI | ? | G | − | − | − | − |
| | | ヨハネの黙示録 | 後 ? | ? | C | − | − | − | − |
| | | マリヤ(聖母)の黙示録 | 後 IX | ? | G | − | − | − | − |

注 1)　原語および写本欄の略号は A＝アラム語，C＝コプト語，E＝エチオピア語，G＝ギリシア語，H＝ヘブル語，L＝ラテン語，S＝シリア語，Sl＝スラブ語

2)　旧新約聖書外典偽典で邦訳欄に○印のあるものは『聖書外典偽典』(全 7 巻，補遺 2 巻，教文館，1975-1982 年)に収録.

内、『預言者イザヤの殉教と昇天』と『シャドラク黙示録』の二つには、これもすでに述べたように、もともとはユダヤ教の黙示文書が基礎になっているが、後代のキリスト教徒による改変があまりに激しいために、もはや再構成は不可能なのである。これら二つの事情を踏まえながら、二つの表のトポス17から20までの欄を見れば、キリスト教黙示文学が次第にこれらのトポスに対する関心を深めていったことは明らかである。義人と罪人が死後、終末以前のいま現に置かれている境遇への関心がますます大きくなっていったのである。

(4)にもかかわらず、ユダヤ教黙示文学とキリスト教黙示文学のいずれにおいても、水平的な時間軸の先で訪れるべき歴史の終末と「新しい創造」への待望は一貫して放棄されなかった。現実の歴史的世界に対する厭世的拒否の姿勢がどれほど強調されようと、古い世界と同様、来たるべき新しい世界も神が造るものであるという創造信仰の枠が外されることは決してないのである。

## 三　グノーシス主義の「黙示録」

最後に、本巻に収録された文書が、以上述べてきたところに照らして、その様式上どこまで「黙示録」と呼ばれるに値し、本質的にどこまで黙示文学的であるかを論じておかねばならない。

まず、『ヤコブの黙示録　一』は全体が復活の前と後の「主」とヤコブが交わす対話であり、「黙示録」と銘打った表題にもかかわらず、われわれが見てきたような黙示文学書(黙示録)に特徴的なトポスはほとんど見られない。その表題に言う「黙示」はほぼ「啓示」と同義である。『ヤコブの黙示録　二』の場合は、第I部はヤコブが顕現のイエスから聞かされた啓示を間接的に報告し、第II部はヤコブの殉教を主題としている。黙示録の様式要素がほとんど見られないこと、「黙示」が「啓示」と同義であることは、先行する『ヤコブの黙示録　一』と同じである。

『大いなるセツの第二の教え』は前半が神話、後半が説教である。『セツの三つの柱』は三部構成を取るが、そのいずれも賛美のための文章である。どちらの文書も、様式上「黙示録」と呼ぶべき理由がない。表題にも「黙示録」との関連は謳われていないから、本巻に収録する必然性に乏しいと言うべきかも知れない。しかし、前述の二つの『ヤコブの黙示録』の事情を参照すれば明らかなように、表題に「黙示録」とあるかないかの違いには、ほとんど何の意味もないのである。むしろ、『大いなるセツの第二の教え』と『セツの三つの柱』も、「啓示」すなわち「黙示」を語ろうとしている点ではその他の文書と変わりはない。

トポス論的に見て、多かれ少なかれ「黙示録」的と呼び得るものは、『パウロの黙示録』(これはキリスト教黙示文学のところで挙げた同名の黙示録とは内容的に全く別の文書であるので注意を要する)、『アダムの黙示録』、『シェームの釈義』、『ペトロの黙示録』(これもキリスト教黙示文学の枠内で挙げた『ペテロの黙示録』とは内容的に全く別の文書であるので注意を要する)、『アロゲネース』の五つである。これら五つの文書に現れる黙示文学的トポスをそれぞれの文書の該当する箇所(§番号)とともに示せば、次のようになる。

| トポス | パウロの黙示録 | アダムの黙示録 | シェームの釈義 | ペトロの黙示録 | アロゲネース |
|---|---|---|---|---|---|
| 1 | | | | §5、25 | |
| 2 | | | §2 | | |
| 3 | | §7 | | | §3 |
| 4 | §2、3 | 7 | 2 | 34 | 11 |
| 5 | | 10 | | | |
| 7 | | 25 | | | |
| 8 | | 11- | 55 | | |
| 9 | | 25- | 75 | 18 | |
| 10 | | 25 | 76 | 9、22 | |
| 14 | 6-8 | 44- | | | |
| 16 | | | | 10 | |
| 17 | 17- | | | | |
| 22 | | | 72、79 | 34 | |
| 23 | | 45-46 | | 8 | 15 |
| 24 | | | 81 | | 15 |

『アロゲネース』などは、見ての通り、文字通り形式的な場面設定にかかわるトポス(3、4、23、24)で辛うじて黙示録的であるに過ぎず、内容的に黙示文学的なトポス(6―21)は全く含まない。『アロゲネース』以外の文書はそれらのトポスも含んでいる。しかし、その多くが、グノーシス主義の歴史観と世界観に沿って、内容的に根本的な改変を受けていることに注意しなければならない。

その改変はまず第一に、ユダヤ教およびキリスト教黙示文学に特徴的であった水平方向の時間軸での終末論が著しく弱められて、垂直方向の空間軸に重心を移しつつ、個人主義化していることである。例えば、最後の審判(トポス14)は、『パウロの黙示録』(§6―8)によれば、「第四の天」で行なわれる。同じ『パウロの黙示録』はその後「第十の天」に至るまでの魂の帰昇について語る。これと似た構図は『シェームの釈義』の§56―57、60、78にも前提されている(詳しくは§78注(2)参照)。この重心の移動は、すでに見たように、ユダヤ教黙示文学からキリスト教黙示文学への展開の中で、「天空の旅」と「冥界の旅」のトポスが次第に比重を強めてゆくことと形式的には並行すると言えよう。但し、ユダヤ教およびキリスト教黙示文学においては、その重心の移動はあくまで創造信仰の枠内に留まり、それを超えることは決してないのであった。ところが、『パウロの黙示録』と『シェームの釈義』のみならず、グノーシス主義一般においては、人間の中の神的本質が地上から諸々の天を突き抜けて進む旅は、目に見える悪しき被造世界から、その彼方の光の世界(プレーローマ)への脱出行に他ならないのである。ユダヤ教およびキリスト教黙示文学ではまだ「至高神」と呼ばれていた創造神は、今やその脱出行の途上の最も強力な妨害者として立ち現れる。

第二の改変もこれと関連する。確かにトポス9と10に対応して、宇宙規模での普遍的な終末とそれに先立つ艱難が予告され、さらにはトポス16に対応して、来たるべき「万物の更新」について語られることがある。にもかかわらず、ユダヤ教およびキリスト教黙示文学と同じ意味での「新しい創造」が待望されるわけではない。目に見える宇宙に残された運命は、『ペトロの黙示録』§10の表現を引けば「非存在への解消」であり、『シェームの釈義』§77の表現では「暗黒の塊と化する」ことである。同じ意味で「世界大火」による宇宙の焼尽を説くグノーシス主義文書も、ヴァレンティノス派やマニ教文書を含めて少なくない（巻末の用語解説の「終末」の項を参照）。

このように見てくれば、グノーシス主義が、「黙示録」と銘打った文書も含めて、ユダヤ教およびキリスト教黙示文学と本質的に区別されるべきものであることは明らかであろう。両者において人間と世界あるいは歴史との関係が厭世主義的であることを一面的に強調して、両者の差異を実存論的に極小化しようとする見解（W・シュミットハルス『黙示文学入門』土岐・江口・高岡訳、教文館、一九八六年、九六頁以下）もあるが、これは短見と言わなければならない。人間と世界に神を加えた三角形の中で見れば、グノーシス主義と黙示文学の本質的な違いは紛れもない。

# パウロの黙示録

筒井賢治訳

## 内容構成

第七の天で（続き）――創造神の敗北（§14）
第八の天へ（§15）
第九の天へ（§16）
第十の天へ（§17）

## §1　子供との出会い

【17】［パウ］ロ［の黙示録］[1]。［………］[2]【18】［………］道［………］[3]。［そ］して［彼は彼に応えて］言った[4]、「［エルサレム］に上る[5]［にはどの］道［を通ればいいのですか］」。小さな子［供は応えて言った］、「あなたの名を言って下さい。あなたに道を［教えるた］めに」。［小さな子供］はパ［ウロが誰であるかを］知っていた。彼は、こう言うことによって、彼と話［をする］ことを望んでいたのだった。［それによって］彼と話す口［実］を見つけ［ようとして］。

## §2　子供による啓示

小さな子供は応えて言った、「私はあなたが誰であるかを知っています、パウロよ。あなたは母の胎にいる時から祝福されていた者です[6]。私があなたのところに［来］た[7]のは、あなたが［エルサレムに］、あなたの仲［間の使徒］たちのところへ［上る］ためなのですから。［そして］その［た］めに［あなたは呼ばれ］たのです。［そして］私はあなた［に同行する霊］です。［パ］ウ［ロよ］、［あなたの理性（ヌース）を］目［覚め］させ[8]、［………］[9]。【19】なぜなら［……］[10]諸［支］配[11]、これらの諸権威*、大天使たち、諸力*、悪霊（ダイモーン）の全種族の中［……］魂の種子*に身体を与える者[12][……]」。

## §3　エリコの山で

そして彼は、話を終えた後、私[13]に応えて言った、10「あなたの理性（ヌース）を目覚めさせなさい、パ[ウ]ロよ。そして見なさい、あなたが立っている山[14]、それはエリコの山です。それによってあなたが、明らかなものを通して、隠されたものを知ることができるように[15]。さあ、あなたは十二使徒を訪ねます[16]。15彼らは選ばれた霊なのですから。

---

（1）　巻末の本文書解説を参照。

（2）　写本六行ほど欠損。

（3）　直前の[……]と合わせて写本二行欠損。

（4）　本訳で頻出する「応えて言った」という表現については本文書の解説第二章参照。

（5）　ガラ一18、二1および本文書の解説参照。

（6）　ガラ一15（＝エレ一5、イザ四九1の暗示）参照。ほぼ同じ引用が§13にもみられる。

（7）　「[来]た」ではなく「[見]た」と補い、「私はあなたが[エルサレムに]、あなたの仲[間の使徒]たちのところへ[上る]のを[見]たので」と訳す案（マードック／マクレイ脚注）もある。しかしこの場合、さらに、これに続くべき主文――見たからどうしたのか――が欠落していると想定しなければならないのが難点である。

（8）　「[あなたの手を]出[し]なさい」という復元案（フンク）もある。

（9）　写本六行ほど欠損。

（10）　続く二つの[……]と合わせて写本二行分ほど欠損。

（11）　「アルカイ」という抽象名詞であるが、ここでは実質的に「アルコンテース」すなわち「アルコーン（支配者）たち」（巻末の用語解説参照）と同じ。

（12）　普通に訳せば「……啓示する者」「……示す者」。創造神のことか。

（13）　人称の変化について、本文書の解説第二章参照。

（14）　あるいは「あなたが足を踏み入れようとしている山」。

（15）　あるいは「明らかなものの中において……」。エウ§14参照。

（16）　あるいは、テキストの欠落を想定して、「あなたが訪ねる十二使徒は〈……〉」と解釈し、欠落部分を〈もうここにいます〉、〈エルサレムにはいません〉、〈私が（彼らのとそして彼らはあなたに挨拶するでしょう」。彼[1]は目を上に向け、彼らが彼に挨拶するのを見た。

## §4　第四の天へ

そして、［彼］と語っていた聖［霊］は彼を上へ、第［三］の天へと引き上げた。[2] そして彼は第四の［天］へと移った。

## §5　第四の天で

［聖］霊は彼に応えて言った、「目を向けて見なさい、地上にいるあなたの似［像］*を」。彼は［目を］下に［向］け、地［上］にいる人々を見た。彼は見つめて［　±5　］[3]にいる人々を［見た］。［そして］【20】［彼は下を］見つめ、十［二］使徒が被造物の中で彼の右［と］左にいる様子を見た。霊が彼らを率いていた。

## §6　第四の天で（続き）——魂の裁き

私[4]は第四の天で各種（の存在）を見た——私は神のように見える天使たちを見た。[5] 天使たちは、死者たちの地[6]から一つの魂を［運び出し］ていた。彼らはそれを第四の天の門の前に置いた。そして天使たちはそれを鞭打っていた。魂は応えて言った、「何の罪を私が世で犯したというのですか」。第四の天に座っている取税人[7]は応えて言った、「死者たちの世[8]で犯されるあの諸々の不法を（お前が）行なったのは、正しいことではなかった」。魂は［応えて］言った、「証人を連れてきて下さい。彼らに、どの身体の中で私が不法を［行なった］のか、あなたに対して［証言］させて下さい。（それとも）あなたは本[9]を持ってきて［読み上げる］ことを［望むのですか］」。

## §7　第四の天で(続き)——三人の証人による証言

[25]すると[三]人の証人がやってきた[10]。一人目が応えて言った、「[　±3　]の第二刻[11]に私が身体[の中]にいなかった[とでも言うのか]。[30]私は、あなたが怒り[と]憤激[と]嫉妬に[陥る]まで、あなたに立ち向かっ[た]」。【21】そして二人目が応えて言った、「私が世にいなかったとでも言うのか。[5]私は第五刻[12]に(世へ)入り、あなたを見、あなたを欲した。さあ見よ、私は、あなたが犯した殺人[13]のことで、あなたを告発する」。[10]三人目が応えて言った、「昼の第十二刻[14]に、太陽が沈もうとしている時に、私があなたのところへ行かなかったとでも言うのか。私は、あなたが罪を犯し終えるまで、あなたに暗闇を与えた」。

ころへ〉案内しましょう〉などと訳す案がある。十二使徒のいる位置については本文書の解説第三章参照。
(1)　人称の変化について、本文書の解説第二章参照。
(2)　Ⅱコリ三2参照。
(3)　欠落箇所の前に女性形の定冠詞だけが残っている。「地上にいる人々」という補完は、「地上」にあたる単語が男性名詞のため不可能。
(4)　人称の変化について、本文書の解説第二章参照。
(5)　この文は構文が崩れており、テキストがおかしくなっているものと思われる。
(6)　地上のこと。数行後の「死者たちの世で犯される……不法」という表現を参照。§13も見よ。
(7)　第五の天に続く門を見張っている取税人。§12参照。
(8)　地上の世界のこと。前々注(6)参照。
(9)　罪状を記録してある書類という意味か。
(10)　「三人の証人」については申一九15、Ⅱコリ一三1、マタ一八16、Ⅰテモ五19参照。
(11)　続く「第五刻」「第十二刻」も同様であるが、日中(日の出から日没まで)を十二等分する時刻表示を前提にしている。従って「二時」は、春分ないし秋分の時節ならば、ほぼ朝の七時から八時までに相当する。
(12)　昼の十時から十一時頃に相当。前注(11)参照。
(13)　複数形。
(14)　「太陽が沈もうとしている時」からも分かるように、日没直前の一時間、春分・秋分の時節ならば午後五時から六時頃に相当する。注(11)参照。「昼」は「日中」の意。

## §8　第四の天で(続き)——断罪

[15]魂は、これらの言葉を聞いて、悲しみのために(1)下を向いた。そして次に上を向いた。それは投げ落とされた。下に投げ落とされた魂は、[20]［それのために］用意されていた身体*の中に［入った］。［そして］見よ、それ(魂)についての証言は終った。

## §9　第五の天へ

［私は］上を［見つめ］、［霊］が［私に］次のように言うのを［見］た。[25]「［パ］ウロよ、こちらへ、私［のもとへ来］なさい」。私が［行く］と、門が開いた。［そして］私は第五の［天］に入った。私は仲間の［使］徒たちが[30]［私と一緒に進む］のを見た。**【22】**霊が私たちと一緒に進んでいた。

## §10　第五の天で

そして私は、第五の天の大いなる天使が鉄の杖(2)を手に握っているのを見た。[5]彼と一緒に、別の三人の天使がいた。私は彼らの顔を見つめた。彼らは互いに競い合って、鞭を手に、[10]魂(3)を裁きの場へ追い込んでいた。

## §11　第六の天へ

しかし私は霊と一緒に進んだ。門が私のために開いた。そこで私たちは第六の天に入った。私は、仲間の使徒たちが私と一緒に進むのを見た。[15]聖霊が私を彼らの先頭に立てて導いていた(4)。私は上を見つめ、第六の天を上から照らす大いなる光を見た。

## §12　第七の天へ

私は第六の天に座っている取［税人］に応えて言った、「私と［私の］前にいる［聖］霊のために、［（門を）開けて下さい］」。彼は［私］に[5]（門を）開けた。［そこで私たちは］第七［の天］に入［った］。

## §13　第七の天で――創造神との対話

［私は］一人の老人[6]を見［た］。光の[7]［　±5　］、［そして彼の衣は］白［かった］。第七の天にある［彼の玉座］は、太陽の［七］倍明るく輝いてい［た］。老人は応えて【23】［私に］言った、「どこへ行くのか、パウロよ、祝福された者、母の胎にいる時から分けられて（選び出されて）いた者よ[8]」。しかし私は霊に目をやった。彼（霊）は頷いて私に言った、「彼と話しなさい」。そこで私は老人に応えて言った、「私は、私がそこから来た場所に行きます[9]」。老人は私に応えて言った、「あなたはどこから来たのか」。しかし、私は応えて言った、「私は死者たちの世[10]へと

（1）　あるいは「恥」「痛み」。
（2）　詩二9、黙二27、一二5、一九15参照。
（3）　複数形。
（4）　あるいは（僅かなテキストの欠損を想定して）「聖霊が彼らを導いた」と解釈することも可能。写本の読みのまま解釈すれば、十二使徒に対するパウロの優越性が示唆されていることになる。
（5）　あるいは「［私たち］に」。
（6）　ダニ七9、13参照。
（7）　あるいは、前文と組合わせて、「［私は］光の中に一人の老人を見［た］」。
（8）　§2注（6）参照。
（9）　エイレナイオス『反駁』I,21,5、Iヤコ黙§32参照。
（10）　地上世界のこと（§6の注（6）参照）。陰府のことではない。

降ります。バビロンの捕囚において捕囚された捕囚（民）を捕囚するために[1]」。

### §14 第七の天で（続き）——創造神の敗北

老人は私に応えて言った、「あなたはどうやって私から逃れることができるというのか。目を向けてよく見なさい、諸支配[2]と諸権威*とを」。霊が応えて言った、「あなたの持っている印[3]を彼に与えなさい。そうすれば［彼は］あなたに（門を）開ける［だろう］」。そこで私は［彼に］印を与えた。彼は［顔］を下へ、彼の被造物と諸権威の方へ向けた。

### §15 第八の天へ

そして第七の天[4]（の出口）が開き、私たちは【24】オグドアス*（第八）へと入った。私は十二使徒を見た。彼らは私に挨拶した。

### §16 第九の天へ

そして私たちは第九の天へ上った。私は第九の天にいるすべての者たちに挨拶した。

### §17 第十の天へ

そして私たちは第十の天へ上った。私は仲間である霊たち[5]に挨拶した。パウロの黙示録。

（1） エフェ四8（詩六八19［七十人訳六七19］の引用）参照。非常にくどい言葉遊び。身体の中に捕えられている魂をバビロン捕囚にたとえているのであろう。最後の「捕囚する」は、自由へと捕囚する、すなわち「解放する」という意味に解釈できる（『ソロモンの頌歌』一〇3参照）。

（2） §2注（11）参照。

（3） 本文書の解説参照。

（4） 写本の読みは「第六の」。

（5） 日本語として自然ではないが、「霊仲間」とでも訳すべき表現。すなわち、この段階ではパウロ自身も「霊」となっている。具体的には十二使徒を指していると思われる。本文書の解説参照。

# ヤコブの黙示録 一

荒井献訳

## 内容構成

**一四　ヤコブの答え**（§21）
急ぐ（§21）
**一五　第Ⅰ部の結び**（§22）
ふさわしいことの完成（§22）
**第Ⅱ部　復活後におけるヤコブと主の対話**
**一六　場面**（§23）
ガウゲーラン山にて（§23）
**一七　ヤコブの語りかけ**（§24―25）
ヤコブの共苦（§24）
民の裁き（§25）
**一八　主の言葉（一）**（§26―28）
受難の仮象（§26）
義人ヤコブ（§27）
ヤコブの苦悩（一）（§28）
**一九　主の言葉（二）**（§29―30）
定めを受ける（§29）
ヤコブの苦悩（二）（§30）
**二〇　主の言葉（三）**（§31―34）
逮捕の予告（§31）
見張人との問答（§32）
獄吏への返答（§33）

ヤコブの使命（§34）

**二一　ヤコブの問い**（§35）

七人の女弟子について（§35）

**二二　主の言葉（四）**（§36）

知識の霊……（§36）

**二三　ヤコブの語り（一）**（§37）

（内容不明）（§37）

**二四　主の言葉（五）**（§38―39）

不法を投げ捨てること（§38）

四人の女性と女性性（§39）

**二五　ヤコブの語り（二）**（§40）

主を信ずる者の救い（§40）

**二六　ヤコブの最期**（§41―42）

十二人と群衆批判（§41）

ヤコブの殉教（？）（§42）

表題（§43）

---

## §1　表　題

**【24】** 10 ヤコブの黙示録（1）

# 第Ⅰ部　受難以前における主とヤコブとの対話

## 一　主の言葉（一）

### §2　ヤコブの資格証明

[11]私と（次のように）語ったのは主である。
「今や私の救済の完成を見なさい。わが兄弟ヤコブ(2)よ、私はあなたにこれらの事柄の徴を与えた。理由なしに私は――[15]あなたが物質的*には私の兄弟ではないのに――あなたを兄弟と呼んだのではないのだ。また私は、あなたについて無知でもないのだ。だから、私があなたに徴を与える時に(3)、――知りなさい。そして、聴きなさい。

---

(1)　同じタイトルが**44** 9―10にも後書きされている。このタイトルは本文書に後続する文書（**44** 11―12）にも表題として用いられているので、混同を避けるために、ベーリッヒ校訂本以来の伝統に従って、本文書を『ヤコブの黙示録 一』、これに後続する文書を『ヤコブの黙示録 二』と呼ぶ。

(2)　「主の兄弟」（ガラ一19）、イエスの四人の兄弟の一人（マコ六3／マタ一三55）。イエスの死後、エルサレム教会の指導者の一人となり（ガラ二9）、ペトロがエルサレムを離れた後、教会の指導権を掌握。ユダヤ人キリスト教の伝承によれば、「義人」という尊称を持っていた（『ヘブル人福音書』一七、エウセビオス『教会史』II, 23, 4. 7）。ナグ・ハマディ文書ではトマ福・語録一二、Ⅰヤコ黙**32** 2―3、6―7、**43** 19、Ⅱヤコ黙**44** 14、18、**59** 22、**60** 12、**61** 14参照。但し本文書でヤコブは、イエスの「物質的」（肉体上の）兄弟ではなくて霊的にのみ「兄弟」であると見做されている（**24** 15―16）。Ⅱヤコ黙**50** 18―23では、イエスがヤコブの「乳兄弟」といわれている。

(3)　「与える時に」と「知りなさい」の間に文章が落ちている可能性がある（ベーリッヒ、シェーデル、ヴェーユ）。

### §3　存在する者の出自

存在する者(1)以外に何ものも存在しない。彼は名付け得ず、語り得ない。存在する者出自の私も名付け得ない。私は多くの名が与えられているように、二つ(の名)が存在する者の出自である(2)。しかし、[私は]あなた以前に存在した。

### §4　女性性

あなたは女性性について[訊ねた]ので、――女性性は存在したが、[はじめに]存在したのではない。そして、[それは]諸力*や神々によって備えられた。しかし、私が来た[時、それは]存在しなか[った](3)。

### §5　存在する者の像

【25】私は存在する者の像*なのだ。しかし、私は[彼の]像をもたらしたので、存在する者の子らは、何が彼らのもので、何が(彼らに)異質であるかを知るであろう(4)。見よ、私はあなたに秘義のすべてのものを顕すであろう。人々は私を明後日捕えるのだから。しかし、私の救いは近いであろう(5)」。

## 二　ヤコブの問い（一）

### §6　何をすべきか

ヤコブが言った、

「ラビ(先生)、あなたは言われました、『人々は私を捕える』と。しかし、私は何をすることができるのでしょうか」。

## 三　主の言葉（二）

### §7　エルサレムから離れよ

彼が私に言った、

「ヤコブよ、恐れてはならない。あなたをも彼らは捕えるであろう。しかし、エルサレムを離れなさい。光の子らにいつも苦難の杯[6]を与えるのは彼女(エルサレム)なのだ。彼女はアルコーン(支配者)*たちの住居である。しかし、あなたの救いは彼らから贖い出されるであろう。その結果あなたは、彼らが何者で、いかなる種類の者か判るであろう。あなたは［　±3　］をして、聴きなさい。彼らは［　±6　］でない。しかし、アルコーンたち［　±8　］これらの十二[7]［　±10　］［　±20　］［

(1)　＝至高神。
(2)　真福§33—34によれば、「父」の名は「子」。
(3)　以上§4における「女性性」は、§33における「ソフィア」/「アカモート」を指す。§34—35をも参照。
(4)　Ⅰコリ一五51参照。
(5)　マコ一三29参照。
(6)　マコ一〇38、一四36、ヨハ一八11参照。
(7)　「十二人のアルコーン」(§11)「十二弟子」(§34)、「十二人」(§41)参照。

［±20］アルコーンたち［±15］［
±20］

【26】彼自身のヘブドマス*の上に」。

## 四　ヤコブの問い（二）

### §8　ヘブドマスの数について

ヤコブが言った、

「ラビ、それでは十二のヘブドマス*があるのでしょうか。[1]聖書[2]には七つとありますが[3]」。

## 五　主の言葉（三）

### §9　数の徴

主が言った、

「ヤコブよ、この聖書の中で語った者はそこまでしか知らなかったのだ。しかし、私はあなたに、数え得ない者から出て来たものを顕そう。私はそれらの数について徴を与えよう。測り得ない者から出て来たものについては、私はそれらの広がりについて徴を与えよう」。

# 六　ヤコブの答え

## §10　七十二の広がり

ヤコブが言った、

「ラビ、ではご覧下さい。私はそれらの数を受領しました。七十二の広がりがあります」。

# 七　主の言葉（四）

## §11　七十二の天と十二人のアルコーン

主が言った、

「それら（広がり）は七十二の天(4)であり、それらは彼ら(5)の僕《しもべ》である。それらは彼らの力の諸力*であり、彼らによ

(1)　この問いから、**25** 25―30の欠損箇所でイエスが、ヘブドマスは十二人のアルコーンたちの下にあることを示唆する発言をしていると推定される。§11をも参照。

(2)　文字通りには冠詞付きの「書物」（複数）。この用語法と文脈から見て「聖書」（旧約（外典・偽典をも含む））の意。

(3)　「七」は聖なる数として旧約に多用されているが、この文脈で問題となっているのは「七」層から成る天のことであろう。前出の「ヘブドマス」（ギリシア語で「七番目のもの」）はユダヤ教における第七の天（例えばスラヴ語『エノク書』九参照）に対応する。

(4)　「70は7の10倍として宇宙的完成と広がりを表わし、72は6の12倍としてイスラエルの完全無欠を表わす」（荒井献・石田雄編『旧約新約聖書大事典』教文館、一九八九年、八五二頁）。特にカバラー（後期ユダヤ教の神秘伝承）の中でこれらの数が聖数として用いられているので、「七十二の天」もその影響（シェーデル）か。あるいは、当時創一〇

って立ち上げられた。そして、それらはあらゆる場所に分散されている——十二人のアルコーン*の権威のもとに(1)。彼らの中のより劣った力が自らのために御使いたちと無数の(天の)軍勢を生み出した。

## §12　死後に存在する者に達する

しかし存在する者は与えた[　±12　]のゆえに[　±12　]存在する者[　±8　]彼らは数えられない。【27】もしあなたが今彼らを数えたいのなら、それができるのは、あなたが自分から、無分別な思いを、あなたを取り囲む肉体*の絆を棄て去る時(2)であろう。そして、その時にあなたは存在する者に達するであろう。そして、あなたはもはやヤコブではないであろう。あなたはむしろ存在する者なのだ(3)。そして、数え得ないすべての者は、すべて名付けられたことになる」。

# 八　ヤコブの問い（三）

## §13　いかにして存在する者に達するか

〈ヤコブが言った、〉

「ラビ、どのようにして私は存在する者に達するのでしょうか。これらの諸力*とこれらの(天の)軍勢が私に対して武装していますのに」。

# 九　主の言葉（五）

## §14　諸力の武装を咎めない

彼が私に言った、

「これらの諸力*は特にあなたに対して武装しているのではなく、他の者に対して武装しているのだ。彼らが武装しているのは私に対してである。そして、彼らは他の［諸力］と共に武装している。しかし、彼らは裁き［のために］[4]私に対して武装している。彼らは与えなかった［　±6　］その中で私に［　±8　］この場所で［　±6　］苦難、私は［　±6　］彼は［　±6　］【28】私は彼らを咎めはしないであろう。しかし、私の中に沈黙と隠された秘義がある。しかし、私は彼らの怒りを前にして心が弱い[5]」。

---

2-32（七十人訳）に拠り世界の民族の数は七十二と考えられていたので、それに対応する天の数か。ルカ一〇1をも参照。

（5）＝「十二人のアルコーンたち」か。

（1）「十二のヘブドマス」（§8）、つまり七の十二倍から「八十四の天」が想定され、それらが「十二人のアルコーンの権威の下に」ある、というのならば首尾一貫するが、前出では「七十二の天」となっている。しかし、このような「数のごまかし」がカバラーの特徴一つといわれる（シェーデル）。

（2）Ⅱヤコ黙**63** 10―11（「私を罪深い肉体から救い出して下さい」）参照。

（3）ヤコブはイエスと霊的な「兄弟」であるのみならず、イエスと共に「存在する者」（至高神）その人といわれる。「人間即神」というグノーシス主義一般に共通する根本思想の端的表現。巻末の用語解説中の「第一の人間／完全なる人間……」参照。

（4）コプト語の前置詞 hin（英語の in に当る）を補う（シェーデル）。訳はヴェーユに従う。

## 一〇　ヤコブの問い （四）

### §15　「主」賛歌

ヤコブが言った、
「ラビ、もし彼らがあなたに対して武装するなら、咎めはないのですか。
あなたは認識*を持って来ました。
　それはあなたが彼らの忘却を咎めるため。
あなたは想起を持って来ました。
　それは彼らの無知を咎めるため。
しかし、私はあなたのために心配しました。
あなたは大いなる無知の中に降って来た。
　しかし、その中でいかなるものによっても汚されなかった。
あなたは無記憶の中に降って来た。
　しかし、あなたの想起が残された。
あなたは泥の中を歩んだ。
　そして、あなたの衣は汚されなかった。
あなたは彼らの汚物の中に埋もれなかった。

そして、あなたは捕えられなかった。

### §16 何を言うべきか

そして、私は彼らと同じではなかったのですが、彼らのすべてを着ました。私は忘却の中にありますが、それでも私は彼らのものでないものを記憶しています。［　±5　］私の中にあります。［　±5　］そして、私は彼らの中にあります。［　±5　］知識*［　±5　］彼らの苦難の中に［　±5　］しかし、私は「彼らを前にして」恐れなかったのです、彼らが支配しているというので。何を【29】彼らはするというのでしょうか。何を私は言うべきでしょうか、彼らから免れるために」。

## 二　主の言葉（六）

### §17 救いのみ心にかけよ

主が言った、

「ヤコブよ、私はあなたの思案と恐れを賞め讃えよう。もしあなたが困惑し続けるならば、あなたの救い以外のことは心にかけないがよい。見よ、私はこの地上におけるこの分け前(1)を完成するであろう、私が天から語ったように。そして、私はあなたにあなたの救いを顕すであろう」。

(5)　3—4行目については、マコ一四34、38参照。

(1)　ギリシア語で klēros.「籤《くじ》で配当されたもの」「分け前」の意。使一17参照。

## 一二　ヤコブの問い（四）

### §18　受難後の顕現について

ヤコブが言った、

「ラビ、これらのことの後に、あなたはどのようにして私たちに再び現れるのでしょうか。彼らがあなたを捕え、あなたがこの分け前を完成した後に、あなたは存在する者のもとに昇って行くでしょう」。

## 一三　主の言葉（七）

### §19　顕現による啓示

主が言った、

「ヤコブよ、これらのことの後、私はあなたにあらゆることを顕すであろう、あなただけのゆえにではなく、人々の不信のゆえに。その結果、信仰が彼らの中に宿るために。多くの者が信仰に［達する］であろうから。［そして］彼らは殖《ふ》えるであろう［　±6　］［　±20　］

### §20　アルコーンたちの裁きの予告

**【30】**そして、この後に私は、アルコーン*たちの咎めのために現われるであろう。そして、私は彼らに、彼(1)が捕

えられ得ないことを顕すであろう。もし彼らが彼を捕えるならば、彼は彼らの一人ひとりを打ち負かすであろう。しかし、私は今行こうとしている。私が語ったことを憶えなさい。そして、それをあなたの前に伝えなさい」。

## 一四　ヤコブの答え

### §21　急　ぐ

ヤコブが言った、

「主よ、あなたが言われたように、私は急ぐでしょう」。

## 一五　第Ⅰ部の結び

### §22　ふさわしいことの完成

主は彼に（別れの）挨拶をし、ふさわしいことを完成した。

---

（1）＝ヤコブ。

# 第Ⅱ部　復活後におけるヤコブと主の対話

## 一六　場　面

### §23　ガウゲーラン山にて

ヤコブが彼の受難について聞き、深く心を痛めていた時、彼らは彼の到来の兆しを待っていた。そして、彼は数日後に来たのである。そして、ヤコブは山――それは「ガウゲーラン」[1]と呼ばれる――の上を彼の弟子たちと一緒に歩いていた。［彼らが］心を［痛めていたからである。］そして彼は［　±5　］弁護者[2]［　±5　］彼は［言う、］

「これは［　±7　］第二の（者）」。

［その時］群衆が散った。しかし、ヤコブは残った。［　±7　］祈り［　±9　］【31】それが彼の習慣であった。そして、主が彼に現れた[3]。そこで、彼は祈りを止め、彼を抱きしめ、接吻して[4]、言った、

## 一七　ヤコブの語りかけ

### §24　ヤコブの共苦

「ラビ、私はあなたを見いだしました。私はあなたが耐え忍んだ苦難のことを聞きました。そして、私は苦しみ

に耐えなかった。私の共苦(5)をあなたはご存知です。

**§25　民の裁き**

ですから、考えてみれば、私はこの民を見たくないと思います。彼らは自らなしたことのゆえに裁かれるべきです。彼らがなしたこれらの事柄は、なされるべきことに反するのですから」。

## 一八　主の言葉（一）

**§26　受難の仮象**

主が言った、

「ヤコブよ、私をもこの民をも気にかけなくてよい。私はいかなる仕方でも苦しまなかったし、苦しみを受け

---

(1)　おそらく「ゴルゴタ」――エルサレム城壁外の小丘、イエスの磔刑の地(マコ一五22)。これは元来アラム語のギリシア語形 Golgota(その対格形が Golgotân)であるが、これに対応するシリア語形が Gāgūltā で、その女性複数の絶対的用法の形が Gāgūlān である。この「ガーグーラーン」に対応するコプト語の形が「ガウゲーラン」と想定される(シェーデル)。

(2)　ヨハ一四16、26、一五26、一六7-8参照。

(3)　Ⅰコリ一五7、『ヘブル人福音書』一七参照。

(4)　§27、Ⅱヤコ黙**56** 14—15、**57** 11をも参照。抱擁と接吻は日常的親愛の情の表現であるが(例えばルカ一五20)、とりわけ接吻はヴァレンティノス派において一つの秘儀行為――いわゆる「聖なる接吻」(フィリ福§31、55b、三部教§10、エイレナイオス『異端反駁』I, 13, 3 参照)。抱擁については「八と九」**57** 26、感謝**65** 3—7参照。

(5)　フィペ手§14参照。

たこともなかった。[1] そして、この民は私に何も害を加えなかった。しかし、これ(民)はアルコーン(支配者)*たちの一つの型[として]存在した。そして、これは彼ら(アルコーンたち)によって[滅ぼされる]のにふさわしいのだ。しかし、[　±3　]アルコーンたち[　±12　]。彼が[　±12　]。しかし、それが[　±12　]怒る[　±12　]義人[　±12　]【32】彼の僕《しもべ》である。

### §27　義人ヤコブ

だから、あなたの名は『義人ヤコブ[2]』なのだ。あなたが私を見る時に、あなたはいかに冷静になるかわかるであろう。そして、あなたは祈りを止めた。あなたは神の義人なのだから、私を抱き、私に接吻をした。アーメン、私はあなたに言う、あなたは自分に対して大いなる怒りと憤りをかき立てた。しかし、その他のことが起こらなければならなかったのだ」。

### §28　ヤコブの苦悩(一)

しかし、ヤコブは臆病で泣き出した。そして、彼は非常に苦しんだ。そして、彼は岩の上に座った。

## 一九　主の言葉(二)

### §29　定めを受ける

主が彼に言った、

「ヤコブよ、あなたはかくまで苦しみを受けている。しかし、悲しんではならない。肉体が弱いのだ。[3] それは定められたことを受けるだろう。しかし、あなたは［臆病］であっても恐れてもならない」。

主が［黙した］。

### §30 ヤコブの苦悩(二)

さて、ヤコブはこれらのことを聞いて、［両眼］の涙をぬぐい、非常に苦しんだ。［　±10　］それは［　±5　］。

## 二〇　主の言葉（三）

### §31 逮捕の予告

主が［彼］に［言った］、

「［ヤコブよ、］見よ、私は【33】あなたにあなたの救いを顕すであろう。［あなたが］捕えられ、それらの苦難を受

---

(1) 受難のイエスの仮象性については、三プロ§33、フィペ手§14、セツ教§21、ペト黙Ⅶ§25、26、エイレナイオス『反駁』(I, 24, 3――バシリデースの場合)、ヒッポリュトス『全反駁』(V, 26, 31――本シリーズ第一巻『救済神話』二八二頁)参照。

(2) §2注(2)参照。

(3) マコ一四38参照。

けるとき、群衆が武装してあなたを襲い、あなたを捕えるであろう。そして、とりわけ彼らの中の三人があなたを捕えるであろう、――徴税人として(ここに)座っている彼らが。彼らは税金を要求するだけではなく、魂を強奪するであろう。

## §32 見張人との問答

あなたが彼らの手中に陥ったとき、彼らの見張人である彼らの中の一人があなたに言うであろう、『お前は何者でどこから来たのか』と。あなたは彼に答えなさい[1]、『私は子で、父から来た』と。彼はあなたに言うであろう、『お前はいかなる子なのか。また、いかなる父に属するのか』と。あなたは彼に言いなさい、『私は先(在)の父から来て、先在する者の子である』と。［彼が］あなたに［言うとき］［　±12　］［　±12　］の中に［　±12　］私は［　±20　］［　±20　］【34】とは異質のものか』と。あなたは彼に言いなさい、『彼らは全く異質ではない。そうではなくて、彼らは女性なるアカモート*の出自である。そして、彼らを彼女は、彼女がこの種族を先在する者から引き下してつくったのである。だから、彼らは異質ではなく、われらのものである。彼らは確かにわれらのものである。彼らの女主人である彼女(アカモート)が先在する者の出自なのだから。しかし、同時に彼らは(われらと)異質である。先在する者が彼女と交わることなく、彼女はその後に彼らをつくったのだから』と[2]。もし彼があなたに、『お前はどこに行くのか』と言うなら、あなたは彼に言いなさい、『私が出て来た場所に*、そこに私は帰るであろう』と。そして[3]、もしあなたがこれらのことを言うならば、あなたは彼らの挑戦から免れるであろう。

## §33　獄吏への返答

しかし、あなたがこれら三人の獄吏の手中に陥るなら、［彼らは］（あなたたちの）魂をあの場所*へと強引に連れて行くであろう。25［　±11　］あなたは［彼らに言わなければならない。(4)『私は］［女性］よりも［大いなる］器である』と］。【35】［　±6　］……［　±7　］［　±4　］あなたは［　±

---

（1）以下§32において「答え」を促がされている箇所には二つの文書に並行記事が存在する。第一はエイレナイオス『反駁』(I, 21, 5——マルコス派の場合、ラテン語本文)、第二はエピファニオス『薬籠』(36, 3, 1-2——ヘラクレオン派の場合、ギリシア語本文)。以下の私訳はギリシア語本文による。但し（　）中はラテン語本文。

「私は父——先在する父——の子で、臨在する者（先在した者）の中なる子である。私は、私（われら）のものなるすべてのものを見るために、また、異質なるすべてのものを見るために来た。彼らは全く異質ではない。そうではなくて、彼らは女性なるアカモートの出自である。彼女はこれらのものを彼女自身のためにつくった。私は先在する者からこの種族を引き下ろす（彼女は先在する者からこの種族を引き下ろした）。そして私は、私が出て来た場所に、私（われら）のもののもとに再び行くであろう」。

（2）「異質なる者」の価値両義性（「われら」と異質でありながら必ずしも全く異質ではない）がソフィア／アカモートの両義性（「父」出自のプレーローマ界から脱落した存在でありながら「父」出自の存在）に遡るとすれば、この場合の「異質なる者」は、プトレマイオス派の神話論における「心魂的なもの」に対応するであろう（本シリーズ第一巻所収の小林稔による解説「プトレマイオスの教説」、特に三三七頁の図「プトレマイオス派の神話論」参照）。

（3）以下19—26行目は、前々注（1）で引用したエイレナイオス『反駁』I, 21, 5（エピファニオス『薬籠』36, 3, 3）に続く次の文章に対応する。

「彼がこれを言うと諸権力から脱して免れる——と彼ら（マルコス派）は言う。その後、彼はデーミウールゴスの従者たちのもとに連れて行かれる。そして、彼は彼らに言わなければならない。……」。

（4）以下**34** 25—**35** 25は前注（3）に引用した箇所に続くエイレナイオス『反駁』I, 21, 5（エピファニオス『薬籠』36, 3, 4-5）と並行すると想定される。

「『私は、あなたをつくった女性よりも大いなる器であ

6 ］なぜなら［ ±6 ］彼女の根。あなたも冷静であろう。［ ±3 ］『しかし、私は不滅の認識*を呼び出すであろう。それはソフィア*である。彼女は父の中にあり、アカモート*の母である。アカモートは父も男性の「対*」も持たない。そうではなくて、彼女は女性出自の女性である。彼女はあなたたちを男性なしにつくった。彼女は一人で、母を［介して生きている］ものについて無知なのだ。彼女は自分一人で存在していると思っていたからである。しかし、［私は］彼女の母を呼び出すであろう』。そうすれば、彼らは混乱状態に陥り、彼らの根と彼らの母［の］出生を非難するであろう。［しかし、］あなたはあなたの［もの］に昇り行くであろう。

## §34 ヤコブの使命

［ ±10 ］あなたは［ ±10 ］［ ±20 ］［ ±20 ］【36】［先在する］者。［彼らは］十二弟子と十二対［の］型[1]［である］［ ±8 ］アカモート*、それは訳せばソフィア*。しかし、私は私である者、また不滅のソフィア（である者）——これらのことを彼らによってあなたは救われるであろう——、また存在する者のすべての子ら（である者）。——彼女は知り、彼らの中に隠した。あなたは〈これらのことを〉あなたの中に隠さなければならない。そして、あなたは沈黙しなければならない。しかし、あなたはそれらをアッダイ[2]に顕さなければならない。あなたが出発すると、直ちにこの地上において戦争が起こるであろう。その時には、エルサレムに住む者のために泣くがよい。しかし、十年目にアッダイを座らせ、これらのことを書き記させなさい。そして、彼がこれらのことを書き記すとき、［ ±5 ］これらのことは与えられなければならない。［ ±9 ］彼は［ ±5 ］［ ±18 ］［ ±18 ］【37】［ ±18

］［ ±18 ］［ ±18 ］［ ±18
］［ ±18 ］［ ±7 ］彼はその［名を］レビ[3]と［呼ば］れる。
その時、彼は持って来なければならない、［ ±7 ］言葉を。［ ±15 ］［私
が］先に言った［こと］から［ ±10 ］女性[4]［ ±3 ］エルサレム［ ±6 ］そして、彼は［二
人の］子を彼女によって生んだ。［彼らは］これらのこと［と ±5 ］者の知解を相続しなければならない。そ

る。もしあなたの母が自らの根を知らないならば、私は自らを知っており、私がどこから来たかを理解している。そして私は不滅のソフィアを呼び出す。彼女は父の中にあり、あなたの母の母である。女から生まれた女があなたをつくった。彼女(あなたの母)は父も男性の対も持たない。彼女は自分の母を知らず、彼女は自分が一人であると思った。しかし、私は彼女の母を呼び出すであろう』。デーミウールゴスの従者たちがこれを聞くと、彼らは大混乱状態に陥り、彼らの根と彼らの母の出生を非難した。しかし、彼はそこを出て、自らのものに行くであろう」。

(1) §7—8参照。「彼ら(ヴァレンティノス派)の言葉によれば、十二使徒は十二アルコーンの型にすぎない」(エイレナイオス『反駁』II, 21, 1)。エウV **12** 9—11(「［十二］の月は、救い主から現われ出た十二［の力］の［型として］生じた」)をも参照。

(2) イエスの十二弟子の一人「タダイオス」(マコ三18／マタ一〇3)のシリア語表記。シリアのエデッサ教会の起源に関わる伝説(エウセビオス『教会史』I, 13,『アッダイの教え』BHO 24,『タダイオス行伝』BHG II, 1702-1703)によれば、エデッサ王アブガル五世による病気治癒の願いを容れてイエスが――使徒トマスを介し――使徒タダイオス(アッダイ)を王のもとに遣わした(但し、エウセビオスによればタダイオスはイエスの「七十人の弟子」の一人)。本文書でイエスの「十二弟子」は消極的にしか評価されていないので(§36、41参照)、ここで言及されている「アッダイ」は「七十弟子」の一人か――あるいは「イエスの兄弟」ヤコブの「子」を示唆か(ベーリッヒはマコ三18／マタ一〇3における「タダイオス」がルカ六16／使徒一13における「ヤコブの子ユダ」に対応するところから、「タダイオス」と「ヤコブの子」が結びつけられて、タダイオスがヤコブの子と見做された可能性を示唆している)。

(3) マリ福**18** 5—21でマグダラのマリヤの守護者の役割を果たしている。

(4) 主の兄弟ヤコブがその秘教を伝えたといわれる「マリ

して、彼らは彼を介して彼の叡知から*［ ±5 ］を受け取らなければならない。ところで、彼らの中の若い者の方が偉大である。そして、これらのことは、［彼が］十七歳になるまで、彼の中に隠されているであろう。［ ±18 ］［ ±18 ］［ ±18 ］［ ±18 ］［ ±18 ］【38】［ ±18 ］［ ±18 ］［ ±16 ］始め［ ±18 ］彼らによって。彼らは彼を必死になって追いかけるであろう。［彼らは］彼の［ ±5 ］仲間たちの出自［だ］からである。彼は彼ら［によって］告知されるであろう。そして［彼らは］この言葉を告知する［であろう］。その時、彼は［ ±5 ］の種子*となるであろう」。

## 二一 ヤコブの問い

### §35 七人の女弟子について

ヤコブが言った、

「私は［ ±15 ］に満足しました。そして彼らは［ ±15 ］私の魂*である。なお、私は［他のことを］あなたに訊ねたいのです、あなたの弟子である七人の女性(1)とは誰のことか、と。そして、ご覧下さい、女性たちは皆あなたを祝福しています。私もまた、［弱い］器が彼女らの中にある知覚によっていかに強くなったか、驚いているのです」。

# 二三　主の言葉（四）

**§36　知識の霊……**

主が［言った］、

「あなたはよく［　±18　］［　±18　］［　±18　］［　±18　］［　±18　］【39】［　±18　］［　±18　］［　±7　］霊［　±7　］思考の霊、［　±7　］識別の［霊］［　±7　］霊［　±7　］知識の霊*(2)［　±7　］彼らの恐れの［　±7　］私たちがアドナイオス［という］このアルコーン*の［広がり］を通過したとき、［　±12　］そして［　±6　］彼は無知であった。［　±6　］私が彼から出て来たとき、［彼は］私が彼の子であることを憶えていた。彼は（私が）彼の子として（あった）その時に、［私に対して］慈み深か

---

アンネ」（ヒッポリュトス『全反駁』V, 7, 1; X, 9, 3）か（ベーリッヒ）。

（1）　知恵Ⅲ／B§1で復活のイエスが「彼の十二人の弟子たち」と「彼に師事した七人の女性たち」に顕現し、秘教を啓示している。この七人の中の四人は§39から「サロメ、マリヤム、マルタ、アルシオエ」と特定できるが、あとの三人の名は本文書では不明。もっとも、「七人の女性とは誰のことですか」とのヤコブの問いにイエスが§36で答えているはずであるが、欠損箇所が多いために残念ながら答えを全体として把握できない。ただ、ここから「……の霊」という言葉が五つ読み取ることができ、他の欠損箇所にさらに二つの「霊」に言及されているとすれば、「七人の女性」とは「七つの霊」のことか――。

（2）　**39** 1―9はイザ一一2と並行か。

った。その後、〈私が〉ここに現れる以前に、〈彼は〉彼らを［この］民の間に投げ込んだ。そして、天の［場所］*から
預言者たちが［　±18　］［　±18　］［
±18　］［　±18　］［　±18　］［
±18　］【40】［　±18　］［　±18
］

## 二三　ヤコブの語り（一）

**§37　（内容不明）**

ヤコブが［言った］、
「ラビ、［　±18　］私は［　±10　］皆一緒に［　±7　］特
に彼らの中で［　±6　］

## 二四　主の言葉（五）

**§38　不法を投げ捨てること**

主が言った、

「［ヤコブよ、］私は［あなたを］賞め讃える。［　±10　］地上を歩く［　±10　］言葉［

±10　］の上に［　±10　］なぜなら、［あなた］から苦い杯を投げ捨てなさい。なぜなら、ある人々が［　±6　］あなたに反対したからである。なぜなら、［あなたは彼らの根を］理解し［はじめた］からである。すべての不法をあなたから投げ捨てなさい。そして、彼らがあなたを妬まないように気をつけなさい。

## §39　四人の女性と女性性

あなたがこの知覚のこれらの言葉を語る時に、これらの［四人を］勇気付けなさい。――サロメとマリヤム［とマルタとアルシオエと[1]を］。［　±15　］［　±14　］［　±15　］【41】［　±15　］［　±15　］［　±15　］［　±15　］［　±15　］［彼がいくつかを取るので［　±7　］［　±9　］私に彼は［　±7　］供物を焼いた［　±7　］しかし、私は［　±7　］この仕方ではなく、しかし、［　±5　］［　±14　］の最初の実［　±7　］上方へ［　±7　］だから神の力は現れる［であろう］。朽ちるものは朽ちないものへと昇り行き、女性的要素は男性的要素へと達したのだ[2]」。

---

（1）『マニ教詩篇』(II, 192, 21-24; 194, 19-22)に同様の場面で言及されている四人の女性の名前から「サロメとマリヤム［とマルタとアルシオエ］」と復元される。

（2）女性の「男性化」による救済についてはトマ福・語録一一四、魂§7、エウⅢ**85** 9、知恵B **107** 11―12、対話**144** 19―22、セツ教§50参照。

# 二五　ヤコブの語り（二）

## §40　主を信ずる者の救い

ヤコブが言った、

「ラビ、これら三つ（のもの）の中に彼らの〔　±6　〕は投げ捨てられました。彼らは罵られ、〔迫害〕されたのですから。〔　±8　〕〔　±16　〕〔　±16　〕〔　±16　〕〔　±16　〕〔　±16　〕〔　±16　〕【42】〔　±16　〕〔　±16　〕〔　±16　〕〔　±16　〕〔　±12　〕見よ、〔　±10　〕すべてのもの〔　±9　〕から〔　±8　〕誰か〔　±7　〕なぜなら、あなたは認識の*〔　±5　〕を受けた。そして、〔　±8　〕であること〔　±8　〕行く〔　±10　〕あなたは〔　±10　〕を見いだすであろう。しかし、私は行くであろう。そして、私は顕すであろう、彼らがあなたを信じ、彼らの祝福と救済に満足するであろうことを。そして、この啓示は実現するであろう」。

# 二六　ヤコブの最期

## §41　十二人と群衆批判

そして、彼は[直ちに]立ち去り、十二人(1)を叱責し、彼らから認識*の歩みに関する満足心を投げ捨てた。[

±16 ][ ±16 ][ ±16 ][

±16 ][ ±16 ]【43】[ ±16 ][

±16 ][ ±16 ]これら[ ±13 ]これ[

±14 ]へ[ ±8 ]そして、彼の多数[ ±6 ]彼ら(2)が見たとき、使者は[

±6 ]を取った。[ ±6 ]他の人々[ ±16 ][ ±12

]言った。[ ±16 ]この地上から彼を[ ±5 ]。なぜなら、彼は命に価いしないからである」。

その時、彼らは恐れ[た]。彼らは立ち上って言った、

「私たちはこの血に関わりがない(3)。義人は不義によって滅びるのだから」。

## §42　ヤコブの殉教(?)

ヤコブは行った(4)。こうして[ ±5 ][ ±16 ][ ±16

---

(1)　§34参照。

(2)　以下ヤコブを死に追いやる「彼ら」は群衆。IIヤコ黙**61** 1以下でも「すべての民と群衆」が本文書と同様の機能を果たしている。

(3)　マタ二七24参照。

(4)　IIヤコ黙**61** 5—6(「彼は立ち上り、出て行った」)に並行。

][ ±16 ][ ±16 ][ ±16 ]
[ ±16 ]【44】[ ±16 ][ ±16 ]
[ ±16 ][ ±16 ][ ±16 ][ ±16 ][
±13 ]見よ、[ ±13 ]なぜなら[ ±13 ][ ±
13 ]彼に

**§43 表題**

黙示録
ヤコブの

# ヤコブの黙示録 二

荒井献 訳

## 内容構成

---

### §1　表　題

【44】ヤコブの黙示録[1]

## 第Ⅰ部　ヤコブの言述

### §2　序

これは、義人ヤコブ[2]がエルサレムで語り、祭司の一人マレイムが書き記した言述である。

### §3　マレイムの報告のはじめ

彼はこれを、義人の父テウダ[3]に語った。彼（マレイム）は彼（テウダ）の親戚であったからである。彼が言った、

「[急ぎなさい。あなたの妻[マリ]ヤ(4)とあなたの親戚たちと一緒に来なさい。[　±15　][　±15　±15　][　±15　±15　]【45】だから[　±15　][　±15　±15　][　±15　][　±15　][　±12　]をして[　±12　][　±15　][　±15　][　±15　]だから急ぎなさい。あなたが自ら私たちを彼のもとに連れて行けば、おそらく彼は分るであろう。なぜなら、見よ、群衆が彼の[　±3　](5)にとり乱し、彼にすごく怒っているのだから。[　±7　]そして彼らは祈った。[　±15　][　±6　]なぜなら、[彼は]しばしばこれらの言葉やその他(の言葉)を口にしたのだから。彼はこれらの言葉を、多くの民が座っていたときに、よく話したものある。しかし(この時)彼は入って来て、いつもの場所に座る〈ことをしなかっ

(1) このタイトルは本文書に先行する文書(**24**10—**44**10)にも表題として用いられているので、混同を避けるために、ベーリッヒ校訂本以来の伝統に従って、本文書を「ヤコブの黙示録 二」、これに先行する文書を「ヤコブの黙示録 一」と呼ぶ。

(2) 「主の兄弟」ヤコブ(ガラ一19、二9参照)は、ユダヤ人キリスト教の伝承によれば「義人」と呼ばれた。(『ヘブル人福音書』一七、エウセビオス『教会史』II, 23, 4-18)、トマ福・語録一二、Iヤコ黙**32**2—3、6—7、**43**19、IIヤコ黙**44**18、**59**22、**60**12、**61**14参照)。

(3) ヤコブの父テウダはイエスの母マリヤの夫ヨセフとは別人と思われる。**50**17—23、**51**19—20をも参照。

(4) この名詞に当る箇所は欠損しており、最後の字母a以外は正確には読みとれない。フンク(とヴェーユ)は[Ma-r]ia, ヘドリックは[Maria]と復元。もし、「マリヤ」とすれば、このマリヤは——ヤコブの父テウダの妻であるから——イエスの母マリヤとは別人。未知のマリヤか、あるいは「ヤコブ(とヨセフ)の母」マリヤ(マタ二七56)か(フンク)。ヒエロニュモス(『ヘルヴィディウス反駁』11-14)はこのヤコブを「主の兄弟」と同一視し、実際には「主の従弟」と解釈している。

(5) フンクによれば[冒瀆]。

た〉。そうではなくて彼は、階段の——（特別に）装飾された——五段目[1]に座った。一方私たちのすべての民は[ ±15 ]言葉[ ±13 ][ ±15 ][ ±15 ][ ±15 ]

## §4 ヤコブの資格証明

【46】[ ±15 ][ ±15 ][ ±15 ][ ±15 ][ ±15 ][ ±14 ]

私は不滅のプレーローマ*出自の啓示を受けた者である。

私は大いなる者によって最初に召され、[主に]従った者である。[2]

（この主は——）

諸々の世界[を]通り過ぎた者、

[ ±4 ]者、

衣を脱ぎ、裸で歩んだ者、

滅びの中に見いだされた者、[3]

不滅の中にもたらされようとしてはいるが。

現にいますこの主は、（予）見する子として、[求められる]兄弟として来臨した。彼は[ ±10 ]ために来臨するであろう。[ ±10 ]彼を産んだ。なぜなら[ ±10 ]そして彼は[ ±10 ]結びつける。[ ±10 ]彼を自由にする。[ ±15 ][

±15 ］［ ±15 ］［ ±15 ］【47】［
±15 ±15 ］［ ±15 ］［ ±15
］［ ±15 ］［ ±15 ］
私は今再び認識＊に富み(4)、
私は一つの理解を有する、――
それは上からのみ生み出され、［ ±6 ］から来たもの
私は［ ±10 ］であり、私が知った［ ±7 ］
私に啓示されたものはあらゆる人に隠されていた(5)。そして彼によって啓示されるであろう。
見る二人を私は〈…………〉(6)

---

(1) ヨセフス『ユダヤ戦記』(V, 194-201)、ミシュナー『ミッドート』(2, 3-6)参照。この場所は、おそらくエルサレム神殿の内庭へ外庭の東側から入るニカノル門前の広場と思われる。この門は、内庭へ北側と南側から入る他の八つの門とは異なって、より高価なコリントの青銅で造られており(『戦記』V, 201. 使三2の「美わしの門」か)、この門前で民の指導者たちが集まって諸々の事態を協議したといわれる(『戦記』II, 411)。

(2) 以上の「私」章句の中で「不滅のプレーローマ」「大いなる者」「主」は本質的には同一の存在か。フィペ手**136** 16「プレーローマについて言えば、私(イエス・キリスト)がそれである」参照。

(3) 以上の「……」者は、この世への救済者の知られざる下降の姿か。フィペ手**136** 19―22、セツ教**56** 21―29、三プロ§26参照。

(4) Iヤコ黙**35** 6参照。

(5) **48** 23、**49** 19―23、**51** 7―13参照。

(6) ヘドリックと共に「見る二人を私は」の後に一行の脱文を想定する。フンク(とヴェーユ)は「再び見る二人、それは私である」と訳し、これだけで名詞構文ととる。その際フンクは「再び見る二人」を「癒された二人の盲人」の物語(マタ九27-31、二〇29-34)と関連付け、「再び見る二人」

彼らは、これらの言葉によって預言している。――『彼は不法な者どもと共に数えられるであろう』(1)。
冒瀆《ぼうとく》なしに生きた方が[冒瀆]によって死んだ(2)。
棄てられた方が[ ±15 ][ ±15 ][ ±15
][ ±15 ]

## §5 生前のイエスの言葉

【48】[ ±15 ]
[ ±15 ]
[ ±15 ]
[ ±15 ]
[ ±10 ]肉体*[ ±3 ]
(しかし)私は[完]成(3)して肉体から出て来るであろう。
私は確かに死ぬであろう。
しかし、私は生きて見いだされるであろう(4)。
私は、裁かれるためにこの世に入った。
しかし、私は[ ±5 ]出て行くであろう。
[ ±7 ]私は彼の[ ±3 ]の僕《しもべ》をとがめはしない。私は急ぎ彼ら解放し、彼らを支配しようとする者(5)の上に彼らを導くであろう。彼らが助けられるなら、私は隠された兄弟である(6)。私は父に祈った、[彼

が ±7 ]まで。[ ±14 ][ ±15 ][ ±
15 ][ ±15 ][ ±15 ]【49】[ ±15
]支配する[ ±10 ]
[私は]不滅性[の ±7 ]
[ ±7 の]最初の者。
私は生まれ出た最初の[子]。
　彼(子)は彼らすべての支配を解体するであろう。
私は愛子(7)、

---

をイエスによってグノーシスへと目を開かれたグノーシス者のメタファーと解釈する。しかし、この解釈では次の21行目の「彼ら」と旨く合わない。「彼ら」は「見る二人」を受けるとるのが自然であろう。とすれば、「予見する二人]」(**46**$_{20}$の「(予)見する子」参照)、つまり二人の預言者を示唆するであろう。後の文脈から「二人」の一人はイザヤであるが、もう一人の預言者は誰のことか不明である。

(1) イザ五三12、ルカ二二37参照。

(2) ガラ三13参照。

(3) フンク(とヴェーユ)による。ベーリッヒ(とヘドリック)は「[認]識」。コプト語の本文から IŌSIS が読みとれるがこれを[TEL]IŌSIS と復元するか、[G]NŌSIS と復元するかによる。字母の数から見ても、文意から判断しても、前者に蓋然性がある。
　なお、この文章の主語(「私」)は「イエス」と思われるので、**47**$_{27}$—**48**$_{6}$の欠損箇所の中でヤコブの語りからイエスの語りに移ったと想定される。

(4) ルカ二四6-7、ヨハ一四28、Iコリ一五42-43参照。

(5) ＝デーミウールゴス。**53**$_{19-21}$、ペト黙Ⅶ**80**$_{8-16}$参照。

(6) 救済者が救済されるべき者の「兄弟」と呼ばれる例としては魂**132**$_{6-9}$、**133**$_{3-6}$、**134**$_{26-27}$参照。

(7) マコ一11／マタ三17／ルカ三22、マコ九7／マタ一七5／ルカ九35など参照。

私は義人、[1]
私は[父]の子、[2]
私は[私が](父から)聞いた通りに語る。[3]
私は私が(父から)戒めを[受けた]通りに命ずる。
私は[見いだし]た通りにあなたたちに示す。
見よ、私は、私が出て来るように語る。
あなたたちは、あなたたちが私を見るように、私に注目しなさい。
もし私が存在したら、私は何者か。
なぜなら、私は私であるように出て来〈なかった〉。また、私は私であるように現れなかった。[4]
なぜなら、私は短期間(地上に)存在したからである。[ ±15 ][ ±15
][ ±15 ][ ±15 ][ ±15 ][ ±15
]

## §6 イエスの顕現

**【50】**[ ±11 ]であるゆえに[ ±12 ]そして[ ±13
][ ±15 ][ ±15 ]
[ ±5 ]私が座って考えていた時のこと、[彼が]戸を開けた。あなたたちが憎み、迫害したあの人が私のもとに来たのである。彼が私に言った、

『今日は、私の兄弟よ。私の兄弟よ、今日は』。私が[顔を]を上げて彼を見つめたとき、(私の)母が私に言った、『恐れてはなりません、わが子よ。あの人はお前に「私の兄弟よ」と言ったのです。お前たちが同じ母乳で育てられたからです。だからあの人は私を「私の母」と呼んだのです。あの人は私たちにとって異邦人ではありません。あの人はお前の父[関係の]兄弟[5]なのです。[6][ ±15 ][ ±15
][ ±15 ][ ±15 ][ ±15
][ ±15 ][ ±15 ]【51】[ ±15 ]これらの言葉
[ ±10 ][ ±15 ]

(1) ルカ二三47、使三14、七52、二二14、Ⅰペト三18、Ⅰヨハ二1、二29、三7参照。
(2) Ⅱヨハ3参照。
(3) ヨハ八26、28参照。
(4) 「彼は[実際に](そうで)あったような仕方(姿)では現れなかった。むしろ、人々に見られる得る仕方(姿)でこそ現れた」(フィリ福§26a)参照。
(5) ヘドリック(とヴェーユ)と共に pson[ha]pekeiōt と復元。文字通りには「父[関係の]兄弟」。§3の注(3)で言及したように、ヤコブの父「テウダ」とイエスの母の夫ヨセフとは別人と思われるので、それでも「父関係の兄弟」といえば、テウダとヨセフは兄弟関係にあることが前提されているのかもしれない。もしそうだとすれば、ヤコブとイエスは従兄弟となって、§3注(4)で言及したヒエロニュモスの証言と一致する。但し、ヘドリックは前の文脈を受けて「父[関係の]兄弟」を「乳兄弟」と意訳しており(ちなみにベーリッヒは「乳兄弟」ととれるようにコプト語本文を修正)、ヴェーユは「父」を「天の父」ととって「(天の)父による兄弟」と訳し、「霊的」兄弟(Ⅰヤコ黙**24**13—16参照)と解釈している。なおフンクはイエスはヤコブの「甥」ととれるように本文を修正。
(6) 「恐れては……」で始まる母の直接話法の受けの括弧と§7のイエスの言葉の始まりは**50**24以下の欠損により不明。

## §7　イエスの言葉の導入

『「 ±15 」多勢の「 ±10 」。私は彼らを「見いだす」であろう。そして、彼らは出て来るであろう。しかし、私は異邦人である。[1] そして、彼らは「彼らの」思いの中で私を認識していない。彼らは「この場所」[2]*で私を知っているのだ。しかし、他の人々があなたを介して私を知るのはふさわしいことである。

　私はあなたに言う、――聞きなさい。そして認識しなさい。

　なぜなら、彼らが聞けば、ひるむであろうから。

　しかしあなたは、私があなたに話すことができるように認識しなさい。

## §8　二人の父

　あなたの父は[3]私の父ではない。

　しかし、私の父は[4]「あなた」にとって父となった。

あなたが聞いたこの処女、彼女のように「 ±7 」「 ±15 」「 ±15 」「 ±10 」処女「 ±15 」「 ±15 」「 ±15 」【52】「 ±9 」すなわちこの処女。「 ±10 」いかに「 ±10 」私に「 ±10 」「 ±10 」知るために

[　±10　]のようではなく
[　±10　]
なぜなら、この人は[　±7　]
[　±10　]彼に
　そして、これもあなたの益になる。
あなたの父――彼をあなたは[豊か]と思う――があなたに、あなたが見るこれらすべてを相続することをゆるすであろう。
私はあなたに宣言する、
　私が語るこれら(の言葉)すべてをあなたに告げることを。だからあなたが聞く時に――
あなたの耳を傾けなさい。
　そして理解しなさい。
　そして歩みなさい。
あなたのゆえに彼らは来る、栄光ある者(5)に動かされて。そして、もし彼らが混乱を起し暴力を行使することを

---

(1)　イエス(救済者)がこの世(性)に対して「異邦人」であるという典型的にグノーシス的な象徴言語については、フィペ手139$^{21}$、『トマス行伝』一〇九、『ギンザ』(273)など参照。
(2)　ヘドリック、ヴェーユによる。フンクは「この世」と復元。
(3)　肉体上の父、つまりテウダ。
(4)　天上の父、つまり至高神。フィリ福§6参照。
(5)　デーミウールゴス(創造神)か。

欲するなら、［ ±8 ］［ ±13 ］しかし［ ±13 ］そして［ ±15 ］［ ±15 ］［ ±15 ］［ ±15 ］［ ±15 ］【53】［ ±3 ］彼は［ ±5 ］しないことを始めた。また、［到来］する者たち、この現在の［創造］をするために遣わされた者たちも。［その］後で［彼が］恥じ入るとき、アイオーン*たちから遠く離れたこの業《わざ》が空虚であること(1)に困惑するであろう。そして彼の相続は――彼はそれを大きいと自慢したのだが――小さく見えるであろう(2)。そして彼の贈り物は善きものではない。彼の約束は悪しき計画である。あなたは彼の憐れみの一つ（の器）ではなく、彼はあなたを介して暴力を行使するのだ。彼はわれらに不義を行なうことを欲し、彼に割り当てられた時の間、支配権を振うであろう。

しかし、憐れみを有する父を理解して認識しなさい。彼には限定されない相続も、（限定された）日数《ひかず》の相続も与えられなかった。そうではなくて、それ（相続）は永遠の［日と ±5 ］。それは［ ±10 ］【54】［ ±5 ］知覚する［ ±4 ］［ ±4 ］そして彼は用いた。［ ±4 ］実際に彼は彼ら(3)出自の者ではないのだ。それゆえに、彼は［軽蔑されている］。それゆえに、彼は高慢になり、とがめられることがない。それゆえに、彼は下の者たち、（すなわち）あなたを見下している者たちの上に立つ。彼は父出自の者たちを捕虜にした後、彼らをつかまえて自分に似た者に彼らをかたち造った。こうして、彼らは彼と共にいるのである。

### §9 救いと救いの仲介者としてのヤコブ

私は生起したこれら（のこと）を高みから見た。そして私は、これらがいかにして生起したかを説明した。彼らが他のかたちであったとき、彼らは（救いの）訪れを受けた。そして、私が観察していると、［彼らが］私も知る者たちを介して、私である通り〈の私を〉知るようになった。(4) ところで、これら（のこと）が生起した以前に、彼らは［　±10　］するであろう。私はいかにして彼らがこの場所*に降って来ようとしたかを知っている。

【**55**】彼は小さな子供［　±3　］。［　±5　］来るであろう、［しかし私は］あなたと［力の霊*］によって啓示したい。彼（霊）があなたに属する者たちに啓示するために。そして、入りたい者たち、また戸の前にある道を歩もうとする者たちは、あなたを介して善き戸を開ける。そして、彼らはあなたに従う。(5) 彼らは（中に）入る。［そしてあなたは］彼らを内に導き、それにふさわしい者一人びとりに報酬を与える。あなたは異邦人(6)の解放者でも助け手でもない。あなたは私に属する者たちの、そして今やあなたに属する者たちの光り輝くもの*であり解放者(7)である。あなたは（彼らに）啓示するであろう。あなたは彼らすべてに善きものをもたらすであろう。

あなたを彼らは賞讃するであろう。
（あなたの）力ある業《わざ》のゆえに。
あなたは、天が

---

（1）「偽りのつくり物は空虚である」（真福**17** 25）参照。
（2）父の相続（**52** 9—13）とは対照的に。
（3）後の文脈（**54** 11）の「父出自の者たち」か。
（4）ヨハ一〇14参照。
（5）ヨハ一〇4参照。
（6）イエス（あるいはヤコブ）と異質な人々（真福**31** 1「他所者」と同じ）。この種の人々に対してイエスは「異邦人」であった（**51** 7）。
（7）コプト語で refsōte. ギリシア語では——イエスのキリスト論的尊称 sōtēr（救済者）ではなく——lytrōtēs（詩一九15、使七35）に当る。文脈から見てイエスの救済の仲介者ほどの意味であろう。
　以上ヤコブに帰されている大いなる役割については、トマ福・語録一二、エジ福§50（「大いなるヤコボス」）参照。

祝福する者。
あなたを嫉妬するであろう、
　自らをあなたの［主］と呼んだ者が(1)。
私は［　±8　］
［　±15　］
［　±15　］
［　±15　］
**【56】**［あなた］と共にこれら（のこと）を教えられた［者たち］が。
あなた［のゆえに］彼らは［これら］（のこと）を語られるであろう。
　そして安息*に達するであろう。
あなた［のゆえに］彼らは支配するであろう。
　［そして］王となる［であろう］(2)。
［あなた］のゆえに彼らは憐れむであろう。
　彼らが憐れむすべての者を。
あなたは（天上の）衣を着た最初の者。同様にあなたは（地上の）衣を脱ぐ最初の者[3]。
そしてあなたは（再び）そうなるであろう、
あなたが衣を脱ぐ以前にそうであったように[4]』。

## §10 イエスの啓示

そして彼は私の口に接吻をした[5]。彼は私を抱いて言った、
『わが愛する者よ、
見よ、私はあなたにこれら（のこと）を啓示するであろう、
諸々の天も諸々のアルコーン*も知らなかったことを。
見よ、私はあなたにこれら（のこと）を啓示するであろう、
彼が知らなかったことを。――高慢になり、［こう言った］彼が。
［「私が主である。」
【57】私の他に［誰もいない。」］
私は一人で生きているのではないか。

---

（1） ヘドリック（とヴェーユ）による。フンクによれば「自らを［嫉む者］と呼んだ者」。
（2） Ⅰコリ四8参照。
（3） Ⅱコリ五2-3参照。
（4） 「今から私は服を脱ぐ。（別の）服をまとうために」（ヤコ・アポ**14** 35—36）参照。
（5） Ⅰヤコ黙§23への注（4）参照。

私は父なのだから。
私はすべてのものに対して［力を有するのではないか[1]」。］
見よ、私はあなたにすべてのことを啓示するであろう。
わが愛する者よ、これらのことを理解して認識しなさい、
あなたが、私がそうであるように（この身体から）出て来るために。
見よ、私はあなたに［隠されている］者[2]を啓示する［であろう］。
さあ、あなたの［手］を拡げなさい。さあ、私を抱きなさい』。

### §11　ヤコブの反応

［そして］直ちに私は両手を拡げた。しかし、私が（彼がそうであろうと）考えたように彼を見いださなかった[3]。でも、その後私は、彼が言うのを聞いた。——

『理解しなさい。そして私を抱きなさい』。

そこで私は理解した。そして私は恐れた。そして私は非常に喜んだ[4]。

### §12　イエスの本質

だから私はあなたたちに言う、
『あなたたち、裁く者たちよ、
あなたたちは裁かれている[5]。

あなたたちは容赦しなかった。
しかしあなたたちは容赦されている。
醒めていなさい。そして
［　±15　］
［　±15　］
［　±15　］
［　±15　］
【58】あなたたちは知らなかった。
彼は、天と地と［その中に］住むものを創った者が(6)［見ることのでき］なかった者であった(7)。
彼は、命なる者であった。
彼は、光であった(8)。

(1)　セツ教**53** 30—31、**64** 19—22、三プロ**43** 35—**44** 2、ヨハ・アポⅡ**11** 20など参照。イザ昇5、21、㝢9などに基づく。
(2)　至高神か。
(3)　「非物質的、かつ非肉体的」存在（『ヨハネ行伝』九三参照）。
(4)　「私（ペトロ）は恐れ、また喜んだ」（ペト黙Ⅶ**72** 21—23）参照。
(5)　マタ七2参照。
(6)　＝創造神。
(7)　ヘドリック（とヴェーユ）による。フンクによれば、「彼は、天と地を創った者が［見ることのでき］なかった者であった。彼は彼（天と地を創った者）［の上に］あったからである」。
(8)　「私（キリスト）真の光であり、命の太陽である」（シルヴァ教**98** 22—24）参照。

彼は、在るであろう者であった。

そして再び彼は、始まったものに終りを、終ろうとしているものに始めを用意するであろう[1]。

彼は、聖霊であり、見えざる者[2]であった。

この者は地上に降ることがなかった。

彼は、処女[3]であった。

そして、彼が欲することが彼に生起する者であった。

私は彼が裸であるの[4]を見た。そして、彼を被う衣はなかった。彼が欲することは彼に生起する。［　±7　］

［　±15　］［　±15　］［　±15　］

## §13　ヤコブの勧告

【59】（このように）多岐な険しい道のりを棄てなさい。［そして］あなたたちは、すべての支配を克服した後に、私と共に、あなたたちが自由になることを欲する者（イエス）と一致して歩みなさい。彼はあなたたちが行なったこれら（のこと）のゆえに（あなたたちを）裁くことはないであろう[5]。そうではなくて、彼はあなたたちを憐れむであろう[6]。これら（のこと）をしたのはあなたたちではなく、（あなたたちの）主[7]なのだから。彼は怒る者ではなく、慈悲深い父である[8]。


しかし、あなたたちは［自らを］裁いた。

そして、それゆえにあなたたちは彼ら[9]の足かせの中に留っている。

あなたたちは自らを抑圧した。
そして、悔い改めるであろう。(しかし)何も得るものはない。

語る者(ヤコブ)を見なさい。
そして、沈黙する者(イエス)を探しなさい。
この場所に来た者(イエス)を認識しなさい。
そして、(そこから)出て行った者を理解しなさい。

(1)「私(プローテンノイア=バルベーロー)は彼らに生起するアイオーンの終りを示すであろう。そしては私は彼らに、変化を持たない……来るべきアイオーンのはじめを教えるであろう」(三プロ**42** 18—21)参照。
(2)「私(プローテンノイア=バルベーロー)は万物の内なる見えざる者である」(三プロ**35** 24)参照。但し、ここでは——後の文脈から見ても——「見えざる者」は「父」(至高神)のこと。とすれば、「彼」(子なるキリスト)「聖霊」「見えざる者」(父なる神)の三位は一体となる(ヨハ一〇30、一七11、22)参照。
(3)「見えざる霊」(至高神)と対をなす「処女なる霊」(バルベーロー)のことか(ヨハ・アポ§14以下随所、アルコ§20、エジ福§11、20など参照)。あるいは、「兄弟」と対をなして「父」のもとにいた「処女」なる「魂」のことか(魂§2以下参照)。
(4)イエスが地上の衣を脱いだ状態(復活のイエス)か。**46** 12—19、**56** 7—11をも参照。
(5)Ⅰヤコ黙**31** 11—14参照。
(6)ヨハ三17、一二47参照。
(7)=デーミウールゴス(創造主)。Ⅰヤコ黙**31** 23によれば、イエスを迫害した民は「アルコーン(支配者)たちの一つの型」。
(8)「この方(イエス)はあなたの王であり、父である」(シル教**96** 29—30)参照。
(9)アルコーン(支配者)たちのことか。

私は義人(1)である。
しかし、私は裁く〈ことはしない〉。
私は主人(2)である。
しかし、私は助け手である』。

彼は手をさしのべる(3)前に投げ出された。私は［ ±14 ］［ ±17 ］［ ±17 ］［ ±17 ］［ ±17 ］【**60**】そして、彼は私に聴かせる――［この家の(4)］あなたたちのラッパとあなたたちの笛とあなたたちの竪琴（の音）を(5)。主(6)はあなたたちを主から捕虜(7)にし、あなたたちの耳を塞《ふさ》いで、私の言葉の声を聞かないようにした(8)。しかし、あなたたちはあなたたちの心の中で注意を払うであろう。［そして］あなたたちは私を『義人(9)』と呼ぶであろう。だから、私はあなたたちに言う(10)、

『見よ、私はあなたたちにあなたたちの家を与えた。それについてあなたたちは「神が造ったもの(11)」と言う。それ（家）の中で彼（神）はあなたたちにそれによって相続を与えることを約束した。これ（この家）を私は、無知の中にある者たちの破壊と嘲笑に帰するであろう(12)』。

### §14　マレイムの報告の終り

なぜなら、見よ、裁き人たちが審議する［ ±12 ］［ ±14 ］［ ±16 ］［ ±16 ］［ ±16 ］【**61**】その日

［に］、すべての民と群衆が混乱して、彼らは自らが説得されなかったことを示した。[5]そして彼は立ち上り、出て
行った、――以上の［ように］話をして。

## 第Ⅱ部　ヤコブの殉教

### §15 状　況

そして同じ日に、彼は（再び）入って来て、短時間話をした。しかし、私は祭司たちと一緒にいた。[10]そして私は
近親者については何も明かさなかった。彼らのすべてが声を一つにして言っていたからである。――

（1）**44**[14]、[18]、**49**[10]、**60**[12]、**61**[14]参照。
（2）**59**[10]の「主」（創造主）とは別。「奴隷」に対する「主人」の意。
（3）演説する前の身振りか（使二六1参照）。
（4）エルサレム神殿のことか。
（5）黙一八22参照。
（6）＝創造主（**59**[10]参照）。
（7）＝イエスまたは至高神（ヘドリック）か。フンクは「主から」を写字生の誤記と見て14行目「私は」と「あなたたちに言う」の間に移す。
（8）イザ六9-10、マタ一三15、ヨハ一二40、使二八27参照。
（9）**59**[22]と注（1）参照。
（10）以下において「私」（ヤコブ）は至高神の位置に立って預言している。おそらくそれゆえにフンクは7行目の「主から」を「私は」と「あなたたちに言う」の間に移す。
（11）この文脈では「創造神」。
（12）「これらのこと（ユダヤ戦争によるエルサレムの破壊）は、キリストと呼ばれたイエスの兄弟である義人ヤコブの復讐として、ユダヤ人どもを見舞った。なぜならば、ユダヤ人は、彼がもっともすぐれた義人だったにもかかわらず、彼を殺したからである」（エウセビオス『教会史』II, 23, 20に引用されているヨセフスの証言）。――以下、エウセビオス『教会史』からの引用は秦剛平訳による。但し、固有名詞は本シリーズの表記法に従った。

『さあ、義人を石打ちにしよう』。

## §16　石打ち刑

そこで彼らは立ち上って言った。

『そうだ、この男を殺そう。われらの中から取り除かれるように。なぜならば、彼はわれわれにとって役に立たないからである[1]』。

さて、彼らはそこにいた。そして彼らは、彼が大きな隅石[2]の上、神殿（境内）の屋根の端[3]にいたのを見いだした。そして彼らは、彼を高みから突き落すことに決めた。そして彼らは、彼を突き落した[4]。しかし彼らが［　±15　］彼らは［　±15　］［　±15　］[5]【62】彼らは彼を摑み、彼を［打ち］、彼を地上にひきずっていった。彼らは彼のからだをひき伸して、彼の腹の上に一つの石を置いた。彼らは皆、彼を足蹴にして言った、『誤ちを犯した者よ[6]』と。彼はまだ生きていたので、彼らはもう一度彼を立たせ、彼に一つの穴を掘らせた。彼らは彼をその中に立たせた。彼らは彼を腹まで蔽った後、彼をこうして石打ち刑に処したのである[7]。

## §17　ヤコブの祈り

しかし、彼は両手を拡げ、こう祈って言った。――この祈りは通常口にしたものではない。

『わが神、わが父よ、

あなたは私をこの死の望み[8]から救って下さいました。

あなたは私をあなたが嘉《よみ》したもう秘義によって生かして下さいました。
この世の日々を私のために長らえないで、［　±5　］残る［　±3　］[9]あなたの光の日を［　±
11　］[10]
救い［　±11　］[11]

【63】私をこの滞在［の場所］[12]から救い出して下さい。

---

（1）イザヤ三10（七十人訳）。この言葉の並行句を、エウセビオスが『教会史』（II, 23, 15）の中で、ヘゲシッポス『ヒュポムネーマタ』第五巻から、ヤコブを告発するファリサイ派の言葉として引用している。

（2）詩一一八22（七十人訳）参照。

（3）コプト語で tinf. ベーリッヒ、フンク、ヴェーユは、これがギリシア語の ptērygion に当たると見て、Zinne, pinacle と訳し、マタ四5／ルカ四9「屋根の端」を指示している。ヘドリックは tinf をギリシア語 pteron のコプト語訳と見て colums（柱廊）と訳す。しかし、エウセビオスが『教会史』（II, 23, 11-12）の中で引用しているヘゲシッポス『ヒポムネーマタ』第五巻におけるヤコブ殉教の記事——前述のように本文書と部分的に並行——でもヤコブは神殿の ptērygion の上に立っている。ここはやはり「屋根の端」と訳すべきであろう。

（4）「彼ら（学者やファリサイ人）は上って行くと義人を投げ落した」（エウセビオス『教会史』II, 23, 15）参照。

（5）フンクはこの欠損個所をエウセビオス『教会史』II, 23, 16（「彼が落されても死ななかったので、彼らは石を投げはじめた」）に拠って、次のように復元している。——「しかし彼らが［彼を目で追うと、］彼らは［彼がまだ生きていることに気付いた］。彼らは立ち［上って、下に降りた］。

（6）ここに用いられているコプト語動詞 sōrim は自動詞で、ギリシア語動詞 planaō の受動形に当り、「迷い出る。過ちを犯す。惑わされる」を意味する。他方、ヘゲシッポスの証言（『教会史』II, 23, 15）によれば、学者やファリサイ人がヤコブに対し「それ、それ。義人ですら惑わされるものだ！」と言ってはやしたてたといわれるが、ここでは planaō の受動形が用いられている。邦訳では——それぞれの文脈を考慮に入れて——一方が能動形（「誤ちを犯した」）に、他方が受動形（「惑わされた」）になっているが、原語（コプト語／ギリシア語）では同一の動詞が用いられていたと思われる。

あなたの恵みが私の中で打ち捨てられず、
あなたの恵みが浄くなりますように。

私を悪しき死から救い出して下さい。

私を墓場から生き返らせて下さい。

あなたの恵み――プレーローマ*の業《わざ》を完成すべき愛の思い（エロース）――[1]が私の中に生きているからです。

私を罪深い肉体*から救い出して下さい。

私は私の全力をもってあなたを信頼したのですから。

あなたは命の命なのですから[2]、辱しめる敵から私を救い出して下さい。

裁き人らの手に私を渡さないで下さい。

彼は罪に厳しいのです[3]。

（命の）日々の私の負債をすべてお赦し下さい[4]。

私はあなたの中に生きており、あなたの恵みが私の中に生きているからです。

私はすべての人を拒みました。しかし、私はあなたを告白しました。

私を悪しき苦難から救い出して下さい。

でも、今が時［機］と時間です。

聖［霊］よ、私に救いを与えたまえ。

光［の］光よ、［　±7　］[5]

力を［　±7　］[6]』

## §18 結び

彼は語り終えた後に、沈黙した。[ ±3 ]後に[ ±3 ]言葉[ ±7 ][ ±3 ]言述[である]。(7)

---

(7) 以上の処刑の記事は、ミシュナー『サンヘドリン』(VI, 4)中の次の規定に部分的に並行する。――刑の執行人は受刑者を郊外の処刑所にひきたてて行って、彼を小高い岡の上に立たせ、ここから下の穴の中に突き落として、それでも死に至らなかった場合には、仰向けにしてからだをひき伸し、陰部を隠すために「腹まで蔽って」、その上に大きな石を投げ落とし、その重みで受刑者を殺すこと。その際、刑の執行人は受刑者に向かって、「誘惑者よ！」と言うこと。

(8) 死にゆくこの世(肉体)の望みの意か。

(9) フンクによれば、「[夜の名残りが]残る[ことのない]」。

(10) フンクによれば、「[私に照し出して下さい]」。

(11) フンクによれば、「[私の]救い[の場所に私を連れ出して下さい]」。

(12) 「異郷」(フンク)、つまり「この世」の意か。

- - - - - -

(1) 邦訳で――と――の間に入れた文章をベーリッヒとフンクは後期の挿入と見做す。

(2) フンクはこの文章を元来5行目(「私を悪しき死から救い出して下さい」)の後に続いていたと想定する。

(3) フンクによれば、「厳しい裁き人らの手に私を渡さないで下さい。〈私を〉罪から〈救い出して下さい〉」。

(4) マタ六12／ルカ一一4参照。

(5) フンクによれば、「[私に永遠不滅の]」。

(6) フンクによれば、「[私に被らせて下さい]」。

(7) 「[これがヤコブの]言述[である]」(フンク)か。
なお、ベーリッヒはこの後の最終行(33行目)に「ヤコブの黙示録」(tapokalypsis injakōbos)という後書きされた表題を復元している。しかし、このような復元のための僅かな手掛りとなる、文頭に残されている記号⊤は、ベーリッヒが想定するごとき字母T(APOKALYPSIS にかかるコプト語の冠詞)ではなく、その前の行で文書が終ることを示す記号の一部と見るべきである(ベーリッヒ、フンク、ヴェーユ)。

# アダムの黙示録

大貫　隆訳

## 内容構成

## 黙示に登場する主要な役柄と観念

1　永遠なる神（§2）「永遠なる方」（§26）、真理の神（§6）、（真の）神（§17、43―44、46）　＝至高神。
2　あの（その）人間（§5、7）、認識の光り輝く者（§25）、大いなる光り輝く者（§43）　＝啓示者あるいは救済者としてのセツ。
3　大いなる種族（§5）、別の種族（§4、16）、あの（その）人間の種族（§7）、王なき種族（§43）、不滅の種子（§24）　＝セツの子孫。
4　大いなる（聖なる）天使たち（§12、15、17、24）、大いなる（聖なる）アイオーンたち（§4、15、24）＝後続の5―7と同じ。
5　アブラサクス、サブロー、ガマリエル（§24）　＝前出4の一部。
6　ミケウ、ミカル、ムネーシヌース（§45）　＝前出4の一部、聖なる洗礼を司る。
7　イェッセウス、マザレウス、イェッセデケウス（§47）　＝前出4の一部。
8　主なる神（§8）、その（あの）神（§3、6、13、14、16）、万物を支配する神（§11）　＝造物神、アダムとエバを造った神。
9　サクラ（§22）　＝前出8と同じ。
10　諸々のアイオーン（§3、23）、アイオーンたち（§15）、諸々の力（§3、27、29）　＝造物神の配下。
11　アダム（§1、7、8、47）　＝最初の人間男性、初めは両性具有の存在、造物神によって女性と分けられる。
12　エバ（§3、4、6、7、9、11）　＝アダムの妻。
13　エバと造物神の間の子（§9）　＝カイン。
14　セツ（§1、10、26、47）　＝アダムとエバの子。

15 ノアとその息子たち、セム、ハム、ヤペテ(§14、18、19、25)＝セツの子孫が天上へ移された後に地上に生成する人間たち。

16 ハムとヤペテの種子(§20、22)＝十二の王国(§30―41)を形成する。

17 四十万人(§20、22)＝ハムとヤペテの子孫の内からセツの子孫に加えられる者たち。

18 最初の(永遠の)認識(§3、6、9)、認識のいのち(§11)＝アダムが男性と女性に分割された時に失われる。

---

# 一 まえがき

## アダムの黙示録

**§1** **【64】**アダムが息子のセツに七百歳の時に[1]教えた黙示。

---

(1) 創五3-4によると、アダムは百三十歳でセツ(邦訳セト)をもうけ、その後八百年生きたことになっている。本文の「七百歳の時」をアダムに掛けて、本書全体をアダムの遺言あるいは告別説教(§10参照)と見做す研究者が多い。しかし、そのためには「七百歳の時」をむしろセツに掛けて、以下の黙示全体をアダムが八百三十歳の時に行なわれたものと見做す方がよい。

# Ⅰ　アダムとエバの経験

## 二　原初の在り方

**§2**　彼は言った、「[1]わが子セツ*よ、[5]私の言葉を聞きなさい。神[2]が土から私とお前の母エバを創造したとき[3]、私は彼女と共に栄光の内を歩んでいた。[10]その栄光を彼女が見たのは[4]、あのアイオーン*、すなわち、われわれがそこから生まれてきたアイオーンを通してであった。彼女は永遠なる神[5]についての認識*の言葉を私に教えてくれた。そして、われわれは[15]大いなる永遠の天使たちに等しかった。なぜなら、われわれはわれわれを造った神よりも、また、彼と共にいる――われわれには知られざる――諸力*よりも高い者だったからである[6]。

## 三　造物神の支配下へ

**§3**　[20]その時、諸々のアイオーン*と諸々の力のアルコーン*であるその神は、怒ってわれわれを分けたのである。その時、われわれは二つのアイオーンとなってしまった[7]。そして私とお前の母エバの中に在った栄光、また、われわれの中に息づいていた最初の認識*が、[25]われわれから離れて行ってしまった[8]。

**§4**　そして、[30]それ[9]はわれわれのもとから逃げ去り、大いなる[10][別の[31]アイオーンと*]大いなる[別の種][11]族の中へ入って行っ[た。そ]れは[12]【**65**】私とお前の母エバが由来するこのアイオーン*から生じたものではなかった。しかし、それは大いなるアイオーンたちの種子*の中へ入って行った。[13]

**§5** まさにこの理由から、私はお前を大いなる種族の種子*であるその人間——あるいは、その種族がそこから由来するその人間[14]——に因んで名付けたのである。

**§6** それらの日々の後、真理の神についての永遠の認識*はわれわれ、すなわち、私とお前の母エバから遠ざか

---

(1) この引用符によって始まる直接話法は§46の末尾で終る。

(2) 造物神のこと。後出の「永遠なる神」(注(5)参照)あるいは「(真の)神」と区別される。

(3) 創二7参照。

(4) 文脈が通りにくい箇所。レイトンは脱文を想定する。

(5) 至高神のことで造物神と区別される(注(2)参照)。

(6) ヨハ・アポ§56、フィリ福§41、エイレナイオス『反駁』I, 5, 6(本シリーズ第一巻『救済神話』二三二―二三三頁』所収)参照。

(7) 男性と女性に性が分かれたということ。フィリ福§71、78参照。

(8) 『モーセの黙示録』二〇章(土岐健治訳『聖書外典偽典・別巻・補遺I』教文館、一九七九年、二三六頁)にも類似の文言がある。

(9) 三人称・男性・単数形。おそらく§3の「栄光」を指す。

(10) 以下**64**頁の末尾までの本文欠損部の復元について、ヘドリック、モラール、レイトンに従う。マクレイとベーリッヒは復元を断念している。

(11) セツの種族のこと。§5注(14)、§7注(7)、§11注(9)の箇所も参照。

(12) 三人称・女性・単数形で、直前の「種族」を指す。但し、§3末尾の「認識」を受けることもできる。

(13) モラールの訳文「むしろ、それは大いなるアイオーンの種子から出たものである」は不適切。

(14) セツのこと。この挿入文は構文的に困難で、二次的な付加かも知れない。

ってしまった。その時以来、われわれは人間として死の業《わざ》を教えられてきたのである。その時にわれわれはわれわれを造った神のことを知った。なぜなら、(その時)われわれはその神の力(1)に対してもはや異質な者ではあり得なかったからである。われわれは恐れと隷属の内に彼に仕えた。

**§7** さて、それらのことの後、われわれの心は暗くなった。私は心の思いにおいて眠っていた。すると私の前に三人の人間が見えた(2)。彼らの姿を判別することが私にはできなかった。というのは、彼らは［われわれを造った］神の力から来た者ではなかったからである。彼らは［32　±5　］を［越］えてい［た］。［33　±10　］栄光(3)と［34　A　］人間(4)［　B（A＋B＝±10）　］(5)【**66**】［彼らは］私に言った、『アダム*よ、死の眠りから目覚めなさい(6)。そして、聞くがよい、あのアイオーン*について、また、あの人間、すなわち、いのちがそのもとに到来している人間(7)、お前とお前の妻エバから生じてきた人間(8)に属する種族について』。われわれ、すなわち、私とエバは、私の前に立っていた大いなる者たちからこれらの言葉を聞いたとき、心の内で嘆息した。

**§8** すると、われわれを造った主なる神がわれわれの前に立った。そして言った、『アダム*よ、なぜお前たちは心の内に嘆息しているのか。お前たちは知らないのか。私こそがお前たちを造った神であることを。私こそがお前たちにいのちの霊を吹き込んで、活ける魂とした者であること(9)を』。その時、われわれの眼の上には暗黒が降りてきた。

**§9** その時、われわれを造った神は自分自身［とエ］バ(10)、すなわち、［お前の］母から(11)、一人の息子(12)を生み出した。

なぜなら［28 ±2 ］［29……………（途中4文字判読可能）……………］［30……………（途中3文字判読可能）……………］［31 A ］の中で[13]［ B（A＋B＝±13）］[14]【67】私の［ ±2 ］思考の［中で ±9 ］[15]。私はお前の母に対する甘い欲望[16]を覚えた。正にその時、われわれの永遠の認識*の活力がわれわれの中で失われてしまった。そして、無力さがわれわれがわれわれの後を追ってきた。こうしてわれわれのいのちの日数が少なくなったのである。[17]すなわち、私は自分が死の支配の下に入ってしまったことに気がついた。

---

（1） 複数形。
（2） 旧約聖書との関連では創六2を参照。本文書自体の内部では、おそらく§47の「イエッセウス、マザレウス、イエッセデケウス」と同じ。
（3） マクレイの復元による。
（4） マクレイの復元による。
（5） 「彼らは［ ±5 ］を［越］えてい［た］」以下ここまでについて、次のような推定復元の提案がある。(1)「彼らは栄光［において諸力］を越えて［いた］」（ヘドリック）、(2)「彼らは［その本質において、私が見た者たち］を越えていた」（ベルツ）、(3)「彼らは［私が見た者たちと異］なっていた」（カッセ）。
（6） ヨハ・アポⅡ§80（**31** 5―6）参照。
（7） セツのこと。§4で注（11）を付した文章を受ける。§11の注（9）の箇所も参照。
（8） 「いのちがそのもとに到来している人間」以下ここまでについて、「いのち――お前とお前の妻エバが捨てたいのち――がそのもとに戻ってきている人間」と修正する提案（モラール）がある。
（9） 創三7、ヨハ・アポ§55、アルコ§5―6参照。
（10） マクレイの復元による。
（11） 造物神とエバの性交はヨハ・アポ§68でも語られる。
（12） 本文が不鮮明で判読が困難な箇所。マクレイとモラールの読解に従う。レイトンはカイン（創四1）と同定する。
（13） モラールは「外で」。
（14） 「なぜなら」以下ここまでの欠損部に、「私が神である。他にはいない。私の他に神はいない」（イザ四五5、四六9）、および「あなたは塵だから塵に戻る」（創三19）という旧約引用を推定的に復元する提案がある（ベルツ、カッセ）。
（15） ヘドリックは「私は汚された」と復元する。
（16） エバに対するアダムの性的欲情について、ヨハ・アポ§68参照。
（17） 創六3参照。

## 四　洪水、ノアの子孫と「別の種族」

**§10**　さて、わが子セツ*よ、お前にも示すことにしよう、私が眼の前に見たあの者たちが初めに私に啓示してくれた事柄を。(1)
　私がこの世代（「種族」も可）の時を終え、この世代の年数［が］(2)終りに至ったとき、正にその時［28　±5　］奴隷［29　±8（行末に2文字の痕跡）］［30…（行全体欠損　±12）…］(3)【68】(4)

**§11**　【69】［……………（行全体欠損）……………］なぜなら、万物*を支配する神の《万物を支配する神の》豪雨が襲ってくるであろうから。それは彼がすべて肉*なるものを《それは彼がすべて肉なるものを》、それが(5)探し求めたもののゆえに(6)、地上から滅ぼし去るためである。(7)しかも、私とお前の母エバから出てきた認識*のいのちが(8)そのもとへと移っていた人間たちの種子(9)*に由来する者たちも諸共に(10)。なぜなら、彼らはその神にとっては異質な者であったからである。

**§12**　これらのことがあった後、大いなる天使たちが高い雲に乗ってやって来る。それはその人間たちを、いのちの霊の在る場所へ受け入れるためである。(11) 26………(12)【70】［　±15（途中4文字判読可能）　］栄［光］(13)の［2

±11（途中2文字の痕跡）　］そこで［3　±10（途中2文字判読可能）　］天から地［上］へやってくる。

**§13**　［その時には］5肉なるものの［大半が水］の中に取り残されるだろう。それから、その神は怒りを和らげるだろう。そして、彼の力を水の上に投げかけるだろう。10そして、［彼は］(14)彼の息子たちと彼らの妻たちに、方舟によって力を与える(15)だろう。また、彼の気に入った家畜、15彼が名付けて地に放った天の鳥にも。

---

（1）　アダムがセツに黙示を語るという設定において、『アダムとエバの生涯』二九章（小林稔訳『聖書外典偽典・別巻・補遺I』二一九頁）に似る。その他、ヨセフス『ユダヤ古代誌』I, 67-70にも、セツとその子孫が天文学に関する理論を発見したが、アダムがやがて洪水によって世界が破滅することを予言したために、それをレンガと石の柱に刻んだという典外伝承が記されている。

（2）　ベーリッヒとマクレイの復元による。

（3）　「正にその時」以下の欠損部について、「正にその時、［われわれを造った主なる神の僕ノアがやってくるだろう。そして、洪水が襲ってくるだろう］」と復元する提案（ベルツ）がある。

（4）　**68**頁はパピルスの表面があまりに粗いために、空白のままスキップされている。

（5）　「肉なるもの」を指す。以下パラグラフ末まで構文解釈が困難な箇所。

（6）　マクレイとモラールの読解に従う。ベーリッヒとクラウゼは「彼らの周囲に在ったものによって」。

（7）　創六—七章、ヨハ・アポ§78、アルコ§13参照。

（8）　「啓示」と読む提案（ベーリッヒ、クラウゼ）がある。

（9）　セツの種族のこと。アダムとエバから失われてしまった認識（いのち、栄光）が、そのまま滅びてはしまわずに、セツとその子孫の中に移動して、存続するということ。

（10）　あるいは「者たちの間で」。§4注(11)、§7注(7)の箇所も参照。

（11）　セツの子孫は、洪水が到来する前に、安全な場所に移されるということ。ヨハ・アポ§78もほぼ同じ文脈で、「揺らぐことのない種族の多くの人間たちもある場所へゆき、（そこで）光の雲で身を隠したのである」と語る。

（12）　26行以下約四行分欠損。遅くともこの欠損部までにノアと方舟の話が導入されていたと推定される。§10注(3)参照。

（13）　この前後について、「［彼らはその安息の大いなる］栄光［を理解するだろう］」（ヘドリック、マクレイ、リンダ

§14 そして、その神はノア――世々の人間たちは彼のことをデウカーリオン[1]と呼ぶだろう――にこう言うであろう、『見よ、私はお前[2]を方舟によって、お前の妻、息子たち、彼らの妻たち、彼らの家畜、お前が名付け、［地に放った天］の鳥と諸共に守った。……[3]【71】それゆえ、私は大地をお前に与えよう。すなわち、お前とお前の息子たちに。まことに、お前はその（大地）の上に支配するであろう。すなわち、お前とお前の息子たちが。そして、お前の中から生じてくる人間種族は、必ず私の前に（全く）別種の栄光を輝かせて立つことになるだろう[4]』。

§15 その時、彼ら[5]は大いなる光の雲のようになるだろう[6]。大いなるアイオーン*と天使たちの認識*から送られた者たち[7]がやってくるだろう。彼らはノアとアイオーンたち[8]の前に立つだろう。

§16 すると、あの神はノアに対してこう言うであろう、『何ゆえお前は私が命じておいたことから外れてしまったのか。お前が今や別の種族を造り出したのは、私の能力を貶めるためなのか』。すると、ノアはこう言うであろう、『私[9]はあなたの力にかけて証しします。この人間たちは［私から］出たのでも、［私の息子たちから[10]］出たのでもありません。［……（途中3文字の痕跡）……］……[11]【72】［ ±6 ］認識[12]。

§17 ［そ］し［て］、［彼は］その人間たちを［ ±5 ］[13]、また、彼らを彼ら自身の土地へ連れてゆき、（そこに）聖なる住処を建てるだろう。彼らはあの名前[14]で呼ばれ、六百年にわたり、不滅性の認識*と共に在るであろう。

大いなる光の天使たちも彼らと共に住むだろう。彼らの心の中には、いかなる怠惰な業《わざ》も住まず、ただ(真の)神についての認識だけが住むだろう。

**§18** それから地上では、ノアがすべての土地を彼の息子たち、ハム、ヤペテ、セムに分け与えるだろう。[15] 彼は彼らにこう言うだろう、[16]『息子たちよ、私の言葉を聞きなさい。ごらん、私はお前たちに土地を分け与えた。さ

---

ー)、あるいは「[あのアイオーンの]栄光[が彼らのものとなるだろう]」(ベルツ)と復元する提案がある。

(14) ノアあるいは造物神を指す。

(15) 「力を与える」の代わりに「惜しむ」と読む提案(ベーリッヒ、クラウゼ)があるが、写本から判読される限りでは困難である。

---

(1) 古代ギリシアの洪水神話の主人公。アルコ§14注(6)参照。

(2) 原文は誤って「彼」と筆写。

(3) 以下約四行分欠損。

(4) 構文が混乱していて、正確な文意が取りにくい箇所。原文を直訳すると、「私の前に(全く)別種の栄光を輝かせて立つことにならないような人間種族がお前の中から生じてくることはないだろう」となる。後続の§16との繋がりでは、むしろ傍点を付した否定辞を削除して、「私の前に全く異質な栄光を輝かせながら立つような種族(セツの子孫)はノアの子孫の中からは現れないはずだ」という造物神の期待を表現する文に修正するべきであろう。

(5) おそらくセツの子孫を指す。

(6) ベーリッヒとクラウゼは§14の造物神の直接話法をここまでとする。

(7) モラールの読解に従う。レイトン「分離されていた者たち」と訳して、カインの子孫を指すと見做す。

(8) 造物神に属する「諸々のアイオーンたちと諸々の力」(§3)。

(9) ここに始まる二重の直接話法は、おそらく**72**頁にかけての欠損部の途中で終っていたものと思われる。

(10) マクレイ、クラウゼの復元による。

(11) 以下約四行分欠損。

(12) 構文上の機能は不詳。ベーリッヒは「認識を外れて」。ベルツは前頁の27行以下を、「[むしろ、真理の永遠の神と]認識[から出てきたのです]」と復元する。

(13) 「[解放する]だろう」(ヘドリック)、「[救い出す]だろ

あ、恐れと奉仕の内に、お前たちの生涯のすべての日にわたって、その土地[1]に仕えなさい。そして、お前たちの子孫が万物*の支配者である神の面前から逸れることのないように気をつけなさい。[2]［26 ±5 ］私とお前たちの［26 ±3 ］［27……（途中3文字の痕跡）……］28……

**§19** ［その時］[3]**【73】**ノアの息［子セムが言うだろう］[4]、『［私の］子孫はあなたとあなたの力[5]にとって心地よい者と［なるでしょう］。あなたの強き御手をもって、恐れと戒めと共に、それを封印して下さい。そうすれば、私から生じてきたこのすべての子孫があなたと万物*の支配者である神から逸れてゆくことはないでしょう。むしろ、彼らは謙遜と彼らの認識[6]の恐れの内に仕えることでしょう』。

**§20** それから、ハムとヤペテの種子*から別の者たちがやってくるだろう。四十万人の者たち[7]が。彼らはまた別の土地へ入ってゆくだろう。彼らは永遠の大いなる認識*から生じてきたあの人間たち[8]のもとに留まるだろう。なぜなら、彼らの力の陰が彼らのもとに留まる者たちを、あらゆる邪悪な事柄とあらゆる汚れた欲望から守るであろうから。

**§21** それから、ハムとヤペテの子孫は十二の王国をかたち造るだろう[9]。そして、彼らの子孫［も］[10]別の民の王国の中に入ってゆくだろう[11]。［その時 ±2 ］は協議するだろう［31 ±9 ］アイオーン*［ ±2 ］**【74】**死んだ［ ±2 ］不滅性の大いなるアイオーンの[12]。

**§22** そして、彼らは彼らの神サクラ*のもとへゆくであろう。彼らは諸力*のもとへ行って、栄光に満ちたあの大いなる人間たちを告発するだろう。彼らはサクラに向かってこう言うだろう、『あなたの前に立ち現れているこの者たち、ハムとヤペテの種子*から運び去られ、四十万人[13]を数えることになるだろうこの者たちの力は一体何なのか。彼らはもともと彼らがそこから来ていた〈のとは[14]〉別のアイオーン*へと受け入れられた。彼らはあなたの力とあなたの手が揮う支配のあらゆる栄光を覆してしまった。ノアの子孫は彼の（あの）息子[15]を通して、あなたの欲する

---

う」(クラウゼ)という推定復元の提案がある。

(14) セツとその子孫の名前を指す。

(15) 創九18-19参照。

(16) ここに始まる二重の直接話法は、おそらく**73**頁にかけての欠損部の途中で終っていたものと思われる。

- - - - - -

(1) 原文は三人称・男性・単数形の代名詞。「彼」(造物神)と解することもできる。

(2) 26行以下は約四行分の欠損部であるが、これについて、「むしろ、私とお前たちの兄弟セムは彼に仕えるだろう。彼こそはわれわれを造った神である」と復元する提案がある(ベルツ)。

(3) ベルツとモラールの復元による。

(4) クラウゼ、レイトン、モラールの復元による。

(5) ノアあるいは造物神を指す。

(6) 真の認識とは区別され、価値的にはそれよりも劣る認識。

(7) 四十万という数字の意味はよく分からない。ヨセフス『ユダヤ古代誌』VII, 320には、ダヴィデ時代のユダ族の人口が四十万であったという記述がある。『マニ教説教集』では、エノシュ、セム、シェームの子孫の義人たちの総数(*Manichäische Homilien*, hrsg. H. J. Polotsky/H. Ibscher, Stuttgart 1934, S. 68)。

(8) セツの子孫を指す。

(9) ヘブル語旧約聖書に基づく邦訳旧約聖書の創一〇2、6では、ヤペテの子孫として七民族、ハムの子孫として四民族、計十一民族の名が挙げられている。しかし、ギリシア語旧約聖書(七十人訳)は創一〇2でヤペテの子孫が一民族増えて八民族、ハムの子孫との合計は十二民族となっている。

(10) マクレイの復元に従うが不確実。

(11) 「別の民の王国」はおそらく§42で言う「第十三の王国」のこと。そこに入ってゆく「彼らの子孫」とは§20で言う「四十万人」。

(12) 30行以下の欠損部について、次のような推定復元の提

ところをことごとく行ない、あなたの力が支配するアイオーンの中であらゆる力を揮った。しかし、この人間たちは、彼らの栄光の中に留まっている者たちと同様、あなたの欲するところを行なったことがない。［25むしろ］、彼らはあなたに属する無数の民をことごとく蔑ろにしてしまった』。

## 五　火による迫害

**§23**　それから、諸々のアイオーン*の神が彼らに、［彼］に仕える者たちの内から何人かを与えるだろう。［29……………（途中±11文字判読可能）……………］彼らはあ［の土］地へやってくるだろう。【**75**】すなわち、今まで汚れに染まったことがなく、これからもいかなる欲望によっても汚されることのない大いなる者たちがいる土地へ。なぜなら、彼らの魂は汚れた手によって生じたのではなく、永遠なる天使[1]の大いなる命令によって生じたのだから。その時、火と硫黄と瀝青がその人間たちの上に投げつけられるだろう。[2]そして、火と暗雲がそれらのアイオーン[3]の上に（も）襲いかかるだろう。そして、光り輝く者*（フォーステール）たちの力の眼[4]は暗くなるだろう。それらの日には、アイオーンたちはもはや眼で見ることができなくなるだろう。

**§24**　そして、大いなる光の雲[5]が降りてくるだろう。そして、彼らの上には別の光の雲が大いなるアイオーン[6]*から降りてくるだろう。アブラサクス*（Abrasax）とサブロー（Sablo）とガマリエル[7]（Gamariel）が降りてくるだろう。彼らはあの人間たちを火と怒りの中から救い出すだろう。彼らは彼らを諸々のアイオーンの上に、諸々の力の支配の上に、引き上げるだろう。また、彼らを［28　±9　］から［取り］去るだろう。［29　A（A＋B

=±11)　]いのちの[29　B　]30[ま]た、彼らを[　±6　か]ら取り去るだろう。アイオーンたち[31　±11　]**【76】**大[いなる　±5　]の住[処(8)]そこで聖なる天使とアイオーンたちと共に。(9) その人間たちはその天使たちに等しい者となるだろう。なぜなら、彼ら(その人間たち)は彼ら(その天使たち)と異質な者たちではなく、むしろ、不滅の種子*の中で働くからである。

---

案がある。(1)「アイオーンたちの[アルコーンたちは]、死んだ[知識を捨てて]不滅性の大いなるアイオーンと取り替える者たちに対抗するために、協議するだろう」(ヘドリック)、(2)「[そして、彼らは言うだろう、『この者たちが造りだしたこのアイ]オーンは一体何なのだろう。なぜなら、[彼らは]死んだ[泥]水を不滅性のアイオーンの偉[大さにもたらしたのだから]』」(カッセ)。

(13)　写本は誤って「四百」と筆写。

(14)　マクレイの読解に従って補充。

(15)　ベルツは脱文を想定して、〈セム〉と補充する。

- - - - - - - -

(1)　単数形。

(2)　ソドムとゴモラの滅亡(創一九24‐26)参照。エジ福でも「ソドムは大いなるセツの牧草地」(§41)と言われるのに続いて、大火災(§43)に言及される。後七九年のヴェスヴィウス火山の大噴火に関係付ける解釈がある。詳しくは巻末の本文書解説第五章を参照。

(3)　造物神の配下のアイオーンたち。

(4)　おそらく太陽と月のこと。

(5)　ヨハ・アポ§78にも同じ表現が出る(§12注(11)で引用した文章を参照)。

(6)　「真の神」のアイオーン。

(7)　以上三つの名前はエジ福§26、三プロ§29にも出る。

(8)　この欠損は**75**頁31行の欠損の一部。

(9)　**75**頁29行以下ここまでの欠損部について、次のような推定復元の提案がある。(1)「[そして彼らに永遠の]いのちの[栄]光を[与えるだろう。そして彼らは]アイオーン[の力を]受けるだろう。[不朽のアイオーンが、あの大いなる光り輝く者たち]、聖なる天使たち、そしてアイオーンたちの[住処である]」(クラウゼ)、(2)「[永遠の]いのちの[水の場所へ。そして]彼らは彼らを[アイオーンたちの住処]、神[々]の逗留する[幸いの場所]、光り[輝く者たち]、聖なる天使たち、そしてアイオーンたちが[いる場所]へ移すだろう」(カッセ)。

# 六　光り輝く者(フォーステール)の到来

**§25**　認識*の光り輝く者*(フォーステール)(1)が、三度目(2)にまた大いなる栄光の内に、通りすぎるだろう。それは、ノアの子孫(3)およびハムとヤペテの息子たちの中から(何人かを)残すため、また、彼が自分自身のために、実を結ぶ木を残すためである(4)。そして、彼は彼らの魂を死の日から救い出すだろう。なぜなら、死せる大地から生じてきたすべての模造物(5)は、死の支配の下に服することになるであろうから。

**§26**　しかし、永遠なる方、すなわち、神についての認識*を心の中に抱く者たちは滅びないだろう。なぜなら、彼らはこの(現下の造物神の)王国からのみ霊を受け取ったのではなく、永遠の天使の［27　±2　］(6)を通して受け取ったのであるから。［28　±10　］光り輝く者*(フォーステール)［29　±9　］がやって来る［だろう］。［30　A(A+B=±6)　それは］死せる［　B　である。］［31……(行末6文字判読可能)……］**【77】**［　A　］セツの［　B(A+B=±5)　］(7)。

**§27**　そして、彼(8)は徴と奇跡を行なって、諸力*と彼らのアルコーン*たちを辱めるだろう。すると、諸力の神は動揺して、こう言うだろう、『われわれよりも高いこの人間の力は一体何なのか(9)』。

**§28**　それから彼はその人間(10)に向かって激しい怒りを燃やすだろう。その時、栄光は立ち去り、自分のために選んであった家々に住むことになるだろう。そして、諸力*はその栄光を眼で見ることもなければ、その光り輝く者*を[見]ることもないであろう。それから彼らは、聖霊がその上に到来したこの人間の肉体*を撃つだろう。[11]

§29 その時、天使たちとあらゆる世代の諸力*たちは、この名前[12]をあたかも一つの惑わしであるかのように扱って、[13]こう言うだろう、『これ(惑わし)は一体どこからやって来たのか』、あるいは、『すべての諸力たちがいまだ解

---

(1) セツのこと。
(2) 数え方については諸説がある。詳しくは巻末の本文書解説第二章を参照。
(3) 文脈から推して、セムとその子孫を指す。
(4) クラウゼ、マクレイの読解による。モラールは「それは、それ(栄光)がノアの子孫およびハムとヤペテの息子たちによって残るため、また、それ(栄光)が彼自身のために実を結ぶ木によって、残るためである」。
(5) 人間の肉体を指す。
(6) 「一人」(ベーリッヒ)、「(永遠の)賢い(天使)」(ヘドリック)と復元する提案がある。
(7) **76**頁28行以下ここまでの欠損部について、次のような推定復元の提案がある。(1)「[それから、認識の大いなる]光り輝く者(セツ)が死せる[被造物]の上に[やって来るだろう。それ(被造物)は]セツの[種子によって破壊されるだろう]」(ヘドリック)、(2)「[そして直ちに、認識の]光り輝く者が死せる[地の上に到来して]、セツの[名前によってそれを封印するだろう]」(ベルツ、カッセ)。
(8) §26との関連でおそらく「光り輝く者セツ」のこと。
(9) ヨハ・アポ§56、起源II§44―47、フィリ福§41参照。
(10) レイトンはイエス・キリストのことと解する。
(11) 研究者により解釈が大きく分かれる箇所。ベルツとレイトンはイエスの十字架刑、ベーリッヒはキリスト教以前にユダヤ教内部に存在したという「苦難のメシヤ」の意味に解する。マクレイは死海文書の『ハバクク書注解』(1QpHab)IX, 2がハバクク書二8を注解して、「悪しき裁きによる彼の打撃、そしてはげしい苦痛の病による悲惨を彼らは彼に対してなした。しかも、彼のからだに復讐を加えた」(日本聖書学研究所編訳『死海文書』山本書店、一九六三年、二一八頁)と述べることを参照指示する。なお、最後の引用に言う「彼」とは、クムラン教団の最初の指導者である「義の教師」を指す。
(12) セツの名前のこと。§17注(14)参照。
(13) 直訳「惑わしにおいて」。

きかねているこれらの惑わしの言葉は、一体どこからやって来たのか』と。

## 七　光り輝く者（フォーステール）の由来に関する諸説

**§30**　［すると］、第一の王国は［彼（光り輝く者）*について、こう言う］、『彼は［（途中2文字判読可能）から］到来し［た。］[1]［31……（行全体喪失）……］【**78**】ある霊が天へ［　　］[2]。彼は諸々の天の中で養われた。彼はあの方から栄光と力を受けたのである。彼は彼の母の子宮*の上へやって来た。こうして彼は水の上にやって来た[3]』。

**§31**　さて、第二の王国は彼についてこう言う、『彼は大いなる預言者のもとから到来した[4]。一羽の鳥がやって来て、生まれたばかりの幼子を運び去り、ある高い山へ連れて行った。彼はその天の鳥によって養われたのである。そこへ一人の天使がやって来て、こう彼に言った、「立ちなさい。神がお前に栄光をお授けになった[5]」。彼は栄光と強さを受け取った。こうして彼は水の上にやって来た』。

**§32**　第三の王国は彼についてこう言う、『彼は処女なる子宮*から生まれた。彼は母と共に彼の町から追われ、荒涼たる場所へ導かれた[6]。彼はそこで自らを養った。彼はやって来て、栄光と力を受け取った。こうして彼は水の上へやって来た』。

§33　第［四の］王国は［彼についてこう］言［う］、『彼は［一人の処女からやって］来た。［　±9　］[7]ソ［ロモン］[8]が【79】彼女の後を追った。彼とフェールサーローとサウェール[9]と送り出された彼の軍隊[10]が（彼女の後を追った）。ソロモン自らも、その処女の後を追いかけるために、悪霊から成る彼の軍隊を送り出した[11]。しかし、彼らは後を追いかけた女を見つけることができなかった。彼らは（その時たまたま）彼らに与えられた（別の）女を拉致した。ソロモンが彼女を受け取った。その処女は妊娠し、その場で幼子を産み落とした。彼女はその子をある荒涼とした山峡で育てた。その子は成長すると、あの種子*、すなわち、彼がそこから生まれて来た種子から、栄光と力を受け取った。こうして彼は［水］の上に［やって］来た』。

---

（1）　直訳「生じ［た］」。
（2）　この空白は**77**頁31行の欠損の一部。**77**頁30行以下ここまでについて、「彼は［聖なる、高貴なる王国の主から生まれた］。ある霊が［彼を］天に［運んだ］」と復元する提案（ベルツ）がある。
（3）　この表現は以下§42まで、合計十三の王国の発言のそれぞれの結びで定型的に繰り返される。その場合「水」は、シェーム§4、11、41、64他、セツ教§3と同じように、終始否定的に「下方の領域」、「暗黒（恐怖）の水」の意味で用いられていると解される。ヨルダン河でのイエスの洗礼（マコ一9-10）と結び付ける解釈（レイトン）は困難である。
（4）　直訳「生じた」。
（5）　ここは三重の直接話法となっている。内容的には王上一七4-6、一九5-8を参照。
（6）　母と共に荒野へ導かれることについて、黙一二章、『ヤコブ原福音書』一九、二二章（八木誠一・伊吹雄訳『聖書外典偽典6　新約外典I』教文館、一九七六年所収）参照。
（7）　「彼女は彼を密かに身ごもった」と復元する提案がある（カッセ、ベルツ）。
（8）　マクレイ、カッセ、クラウゼの復元による。
（9）　エジ福§50の「イサウェール」、あるいはコプト語魔術パピルスに現れる「サエール」（A. M. Kropp, *Koptische Zaubertexte I*, Bruxelles 1931, S. 77）と関連付ける説がある。
（10）　ソロモンとサウェールのいずれを指すか判然としない。
（11）　ソロモンと悪霊の関連については、真証§37注（15）、起源II§38注（9）参照。

**§34** 第五の王国は彼についてこう言う、『彼は天の雫[1]から生まれた。それ(雫)は海に投げ込まれた。深海が彼を受け止め、彼を産んだ。そして、天へともたらした。彼は栄光と力を受け取った。こうして彼は水の上にやって来た』。

**§35** 第六の王国は彼についてこう[言う]、『ある[ ±3 ][2]下なるアイオーン*に向かって[ ±10 ][3]。**【80】**それは彼がさまざまな花を摘む[4]ためであった。彼女[5]はそれらの花への欲望によって妊娠した。そして、その場で彼を産み落とした[6]。花園[7]の天使たちが彼を育てた。彼はその場所で栄光と力を受けた。こうして彼は水の上へやって来た』。

**§36** さて、第七の王国は彼についてこう言う、『彼は一滴の雫[8]である。それは天から地に降りて来た。龍たちが彼を洞窟[9]の中へ連れて行った。彼は長じて一人の若者となった。ある霊が彼の上に到来した。それが彼を高きところへ、その雫がそこから生じてきた場所へ導いた。彼はそこで栄光と力を受けた。こうして彼は水の上にやって来た』。

**§37** 第八の王国は彼についてこう言う、『ある雲が地の上に到来し、ある岩を取り巻いた。彼はその中から生まれ[10]たのである。雲の上にいる天使たちが彼を育てた。彼はそこで栄光と力を[受け]た。[こうして彼は水の上]にやって来[た]』。

§38 【81】「第九」の王国は彼についてこう言う、『九人のピエリデスの一人が離れて出て行った。[11] 彼女は高い山の上にやって来た。そこに座して時を過ごした。すると、自分自身に欲望し、アンドロギュノスとなった。[12] 彼女は自分の欲望を満たし、その欲望によって妊娠した。彼が生まれた。欲望を司る天使たちが彼を育てた。彼はそこで栄光と力を受けた。こうして彼は水の上にやって来た』。

---

（1） §36注（8）参照。
（2） ヘドリックは「王国が」と復元する。
（3） 「下なる露のゆえに生まれた」（ベーリッヒ、カッセ）、あるいは「降りてくることに同意した」（ヘドリック）と復元する提案がある。
（4） ベーリッヒは「広げる」。
（5） 指示対象不詳。
（6） 女性あるいは女神が花によって妊娠する話は、ヘレニズム世界の神話にも見当たらない。プルタルコス『エジプト神イシスとオシリスの伝説について』一一章（柳沼重剛訳、岩波文庫、一九九六年、二九頁）には、「また彼ら（エジプト人）は、太陽神が蓮の花から赤ん坊として生まれたと信じているわけではなく、日の出の時太陽が蒸気の中からぱっと輝き出る、その様をこのように『蓮から生まれる』と象徴的に言い表しているのです」とあるのが最も近い並行例であるが、女性が花によって妊娠するわけではない。フィロストラトス『テュアナのアポロニオスの生涯』I, 5によると、アポロニオスの母は神に導かれて、野原で花を摘んでいる時にアポロニオスを出産するが、やはり妊娠するわけではない。
（7） 原語はanthеônos. ギリシア語で「花」を意味するanthosと「神々の家」を意味するpantheon（パンテオン）の語呂合わせとする説（カッセ）に従う。
（8） 三部教§13（**62** 8）「泉の雫」、§63「彼らはそこ（彼らが初めからそれであったところのもの）からの一滴」、起源II §71「光の一滴」、知恵§34、50「光の雫」参照。いずれも積極的な意味で言われているが、性的なニュアンスが含まれる。真証§26（注（10））では、男性の精液の意味で否定的に用いられている。目下の箇所には、先行する§34の「天の雫」の場合と同様、天と地、あるいは天と海の間の性交から世界の生成を説くヘレニズムの一定の神話論が前提されているのかも知れない。
（9） 『ヤコブ原福音書』一九2では、イエスも洞穴で生まれたことになっている。

§39　第十の王国は彼についてこう言う、『彼の神が欲望の雲[1]を愛した。その神は彼を自分の手の中に生んだ。その神は自分の側[2]にあった雲の上に、（何滴かの）雫を投げかけた。すると彼が生まれた。彼はそこで栄光と力を受けた。こうして彼は水の上にやって来た』。

§40　第十一の王国は彼についてこう言う、『父親が自分の娘に欲情した。娘は自分の父親に［よって］孕んだ。彼女は［28 ± 3］を投げ捨てた［29 A］墓[3]［29 B（A＋B＝±12）］【82】外の砂漠で[4]。（その）天使がそこで彼を育てた。こうして彼は水の上にやって来た』。

§41　第十二の王国は彼についてこう言う、『彼は二人の光り輝くもの*（フォーステール）[5]から生じた。彼らがそこで彼を育てた。彼は栄光と力を受けた。こうして彼は水の上にやって来た』。

§42　さて、第十三の王国[6]は彼についてこう言う、『彼らのアルコーン[7]*がもたらすあらゆる誕生は一つのことば（ロゴス）*である。そのことば（ロゴス）はその場所で一つの定めを受けた[8]。彼は栄光と力を受けた。こうして彼は水の上にやって来た。そうして、これらの諸力*の欲望が満たされた』。

§43　しかし、王なき種族[9]*はこう言う、『（真の）神こそがあらゆるアイオーン*の中から[10]彼を選んだ。（真の）神こそが、真理の汚されざる方[11]についての認識*を彼の［中に］生じさせたのである。彼[12]は言った、「大[13]いなる光り輝く者（フォーステール）が別種の霊気(14)［から］、大いなるアイオーン*［から］到来して、【83】自分のために選び出してあった人間の種族を光り輝か［せた］。それは彼らがアイオーン全体の上に輝くためであった(15)』。

---

(5) 太陽と月を指す。
(6) おそらく§20―22で言及される四十万人の改悛者を指す。エジ福§48―49、ゾス4 25―27にも十三の諸力のアイオーンについて言及がある。
(7) 単数形。
(8) ベーリッヒは「宣言した」。
(9) セツの子孫を指す。巻末の用語解説も参照。
(10) 「あらゆるアイオーンの中から」は「永遠の初めから」とも訳すことができる。この場合は、予定論的な意味合いとなる。
(11) 抽象的に「純粋さ」と訳すこともできる。
(12) 「（真の）神」と「王なき種族」のいずれを指すかはっきりしない。
(13) 以下は三重の直接話法。
(14) エジ福§20「大気的な地」、§46「大気的な天使」参照。
(15) 「王なき種族」の直接話法をここで終らせるのはカッセ、マクレイ、レイトン。

(10) 「その中から」は「雲の中から」、あるいは「岩の中から」の意。後者を採れば、岩から誕生するミトラ神という周知の神話に並行する。この神話を表現する多くの彫刻と図像が残っている。*Lexicon Iconographicum Mythologiae Classicae*, VI, Zürich/München 1992, Bd. 1, pp. 593-595, Bd. 2, pp. 328-331 (No. 32-80).
(11) ギリシア神話において学問、芸術、詩歌を司る女神ムーサイのこと。
(12) 両性具有の存在。

- - -

(1) 「雲」は女性名詞であることに注意。
(2) 「側に」は P. Nagel, "Die Wolke neben ihm" (ApkAd 81, 9), in: *Wissenschaftliche Zeitschrift der Martin-Luther-Universität Halle-Wittenberg* 22 (1973), S. 111-115 に従う読み。クラウゼは「遠くに」。
(3) マクレイの読解による。
(4) 構文上のつながりは不詳。「彼女は」以下ここまでについて、「彼女は［（生まれた）子を］砂漠の洞窟へ投げ捨てた」と復元する提案がある（ヘドリック、カッセ、ベルツ）。

# 八　最後の審判

§44　それから、あの種子はその力に逆らって闘うだろう。すなわち、水の上で万物の*手によって彼の名前を受け取るであろう者たちに逆らって。[1]そして、闇の雲が彼らの上に到来するだろう。その時、諸々の民たちは大声で叫んで、こう言うだろう、『あの人間たちの魂は幸いだ。[2]なぜなら、彼らは真理の認識*によって（真の）神を知ったからだ。彼らは永遠から永遠まで生きるだろう。なぜなら、彼らは自分たちと天使たちの欲望によって滅びず、諸力の*業《わざ》を行なわなかったからである。彼らはむしろ、（真の）神に対する認識の内に、その神の面前に立った。それはちょうど火と血から抜け出た来た光のようであった。しかし、われわれはあらゆる業を諸力の無知の内に行なってきた。われわれは自分たちの［すべて］の業の過ちを誇った。われわれは［真理］[3]の［神］に逆らって［叫んだ］。なぜなら、すべて彼の業は［……………（途中5文字の痕跡）……………］【84】永遠である。[4]これらはわれわれの霊に逆らうものだ。すなわち、われわれは今や気がついたのだ、われわれの魂が必ず死ぬということに』。

§45　その時、一つの声が彼らに届いて、こう語った、『ミケウ（Micheu）とミカル（Michar）とムネーシヌース（Mnêsinous）よ、[5]聖なる洗礼*を司る者たちよ、一体なぜお前たちは活ける神に逆らって叫んだのか。[6]無秩序な声、定めなき舌、血と汚れた業《わざ》に満ちた魂[7]をもって。お前たちは真理のものではない業で満ち満ちている。お前たちの道は悦楽と快楽で一杯である。なぜなら、お前たちは生命の水を汚したからである。お前たちはそれ（水）を

20諸力*の欲するところに引きつけてしまった。お前たちは彼らに仕える者として彼らの手中に委ねられてしまったのだ。お前たちの考えは、25お前たちが迫害する人間たちの考えには似ても似つかない。［27……………（途中9文字判読可能）…………］［28 ±2 ］欲望［28 ±11 ］（8）

**§46** **【85】** 彼らの実は汚れることがない。むしろ彼らは大いなるアイオーン*にまで知られるであろう。なぜなら、

---

（1） 構文が混乱していて翻訳がきわめて困難な箇所。本文に示した訳（クラウゼ、モラール）の他に、「それから、あの種子、すなわち、水の上で彼と彼らすべての名前を受け取るであろう者たちは、その力に逆らって闘うだろう」と訳す提案がある（カッセ、マクレイ、レイトン）。

（2） 「あの種子」、すなわちセツの子孫を指す。

（3） カッセの読解による。

（4） この文章の欠損部について、次のような推定復元の提案がある。「彼のすべての業は［勝利を収めた。なぜなら、彼は］永遠であるから」（ヘドリック）、「彼のすべての業は［真実である］。そして彼［のアイオーンは］永遠である」（ベルツ）、「彼のすべての業は時［機に叶って行］なわれた。［彼は］永遠である」（カッセ）。

（5） 以上三つの名前はエジ福§50、三プロ§29、最初の二つはゾス**6** 15—16にも超越的な神的世界に属する存在として現れる。

（6） ここではミケウ、ミカル、ムネーシヌースが前注に挙げた並行例とは反対に、「活ける神に逆らって叫ん」で「生命の水を汚す」者たちとされている。この不自然さを解消するために、写字生による誤記を想定して、パラグラフの冒頭からここまでを次のように修正して訳す提案（レイトン）がある。「その時、一つの声が彼らに届いた。すなわち、聖なる洗礼を司るミケウとミカルとムネーシヌースがこう語った、『一体なぜお前たちは……』」。この場合、語りかけ（叱責）の対象である「お前たち」は、§44の冒頭の「水の上で万物の手によって彼の名前を受け取るであろう者たち」、あるいは、同じことであるが、同じパラグラフ後半の「われわれ」を指すことになる。しかし、そのような修正を無理に施すよりも、後出注（8）に述べる理由から、この文章を含めて§45全体を二次的な付加と見做す方がよい。

（7） 不定冠詞を伴う複数形。

（8） 第27行以下ここまでの欠損部について、次のような推定復元の提案がある。(1)「［なぜなら］、彼らは［お前たち

彼らが守ってきたことば(1)*、すなわち、諸々のアイオーンの（真の）神のことばは、この世代(2)に限られず、文字に書かれてもこなかったからである。むしろ、天使のような者たちがそれら（のことば）をもたらすだろう。しかし、どの世代の人間たちも彼ら（その天使のような者たち）のことを知るには至らないだろう。なぜなら、それら（のことば）はある高い山(3)の上の真理の岩の上に到来するであろうから。この理由から、それらは「不滅性〔と〕真理のことば(4)」、すなわち、認識の知恵と永遠(5)の天使の教えの内に在って、永遠の（真の）神を永遠に知る者たちのためのことば、と呼ばれるだろう。なぜなら、彼（真の神）はすべてを知っているからである』(6)。

## Ⅲ　結　び

**§47**　以上がアダム*が彼の息子のセツ*に啓示し、彼のその息子が彼の子孫に教えた黙示である。これがアダムの隠された認識*（グノーシス）であり、彼がセツに与えたものである。それは永遠の認識を知る者たちのための聖なる洗礼*のことである(7)。それは「ことば*から生まれた者たち」（logogeneês）と滅びることのない光り輝く者*（フォーステール）たち、すなわち、あの聖〔なる種〕子*から出て〔来た〕者たち、すなわち、イェッセウス（Iesseus）、マ〔ザ〕レウス（Ma〔z〕areus）、〔イェッセ〕デケウス（〔Iesse〕dekeus）(8)、〔活け〕る水を通して（授けられる）。

アダ〔ム〕の黙〔示〕録

の」欲望に従わなかったからである」（ヘドリック、クラウゼ）、⑵「お前たちは自[分たち]の欲望に従って[進むために]彼らを迫害する」。なお、パラグラフの冒頭からここまでの時称は一貫して過去時称であるが、次の文章（**85**$^{1}$）からは未来時称に変わっている。アダムが息子のセツに未来を予告するという§10から続いている状況設定からすれば、少なくともパラグラフ冒頭の「こう語った」は「こう語るだろう」（未来形）でなければならない。この点から見ても、§45全体を二次的な付加と見做す想定（モラール）には蓋然性がある。

---

（1）　複数形。

（2）　原語のコプト語 tschôôme には「世代」と「書物」の二つの意味がある。後者の語義を採って、「書物の形を取らず」と訳すのが多数意見であるが、文脈上には前者の語義の方が馴染むと思われる。モラールがこの見解。

（3）　アルコ§13には「シルの山」、エジ福§55には「カラクシオーと呼ばれる山」について言及がある。

（4）　三重の直接話法。

（5）　マクレイの読解による。

（6）　この引用符は§2の冒頭の引用符に対応する。

（7）　真の洗礼は儀式ではなくて、認識そのもののことだということ。

（8）　以上三つの名前はエジ福§50とゾス**47**$^{5-6}$にも現れる。

# シェームの釈義

大貫　隆訳

## 内容構成

## 黙示に登場する主な役柄と観念

1　無窮の光（§8、23他）、光（§3他）、プレーローマ（§26）　＝「生まれざる霊」（5）、「闇」（6）と並ぶ三原理の内で至上の原理。

2　大いなる方（§1、14、17他）、いと高き無窮なる方（§16、20他）　＝至高神。「無窮の光」（1）と実質的に同一。その「御心」によって本文書が物語るすべての出来事を背後で導く。

3　デルデケアス（§1、18、60他）　＝「無窮の光」、「大いなる方」の御子で、本文書の黙示の虚構の語り手。

4　ロゴス（§4、17、24、26、27、32他）　＝「無窮の光」の発語的側面。実質上はデルデケアスと同一。

5　生まれざる霊（§1、3他）、霊（§4、5、16他）　＝「無窮の光」と「闇」の間の中間の原理。シェームとその種族が由来する場所。

6　闇（§3、4、5、6、10他）、陰府（§7、13、23他）、ハデス（§13、23、60他）、タルタロス（§29）、

7　カオス（§9、11、28、45他）　＝「無窮の光」と「生まれざる霊」の下に位置する最下位の悪の原理。

8　ヌース（§4、8、9、10他）＝闇の中に捕らわれ、分散している光。その回収が本文書全巻の主題。

9　ピュシス（§10、11、15他）　＝「闇」の下位に存在する可視的自然界を神話論的に擬人化したもので、巨大な女性器のイメージで描かれる。

10　処女膜（§11、15）、処女膜の雲（§23、31、60他）　＝ピュシスが分裂して生じる四つの雲の内の最上位のもの。

11　胞衣（§11、15）、沈黙の雲（§15、25、32、60他）　＝ピュシスが分裂して生じる四つの雲の一つで、おそらく上から二番目のもの。胞衣は羊膜と同じ。

12　力（§11、15、33他）、暗黒の力（§11）、　＝ピュシスが分裂して生じる四つの雲の一つで、「中間の場所」（§27、29、60他）とも呼ばれる。

13　水（§4、5、11、41、64他）、暗黒の水（§5、15）、恐怖の水（§65）、恐怖の雲（§15）　＝ピュシスが分裂して生じる四つの雲の内の最下位のもの。

14　子宮（§9、10、25、26、29、38、45他）　＝ピュシスの最下部の「暗黒の水」の中に潜む女性原理。

15　風たち（§4、39、41、49他）、悪霊たち（§39、41、49他）　＝「闇」とピュシスから生じてくる力で、前者は女性原理、後者は男性原理。星辰と同一視される。

16　火（§4、33、41他）、暗黒の火（§28）　＝ピュシスの力の一つ。

17　光の衣（§18）、火の衣（§33）、不敗の衣（§60、72）　＝デルデケアスが光の世界からピュシスの最も深いところにいる子宮に向かって下降する際に順次身につける。

18　獣（§36）　＝デルデケアスが子宮の前で着る肉体。

エロールカイオス、アモイアス、ストロファイアス、ケルケアク、ケルケア、アイレウー、スピンテール、オセイ、ソフィア、サファイア、サファイナ、モリュクタ、ソーク（§56―57、60、78）　＝超越的な光の世界から闇の世界の底部の子宮までの空間に層状に広がる天球、あるいはその住人。

19 モルファイア（§80）、義なる者（§51、63、74、80） ＝終りの時に現れて「信仰」をもたらす。

20 「信仰（ピスティス）」（§51、54―58、60、62、64、74、78他） ＝一方では悪霊と、他方ではデルデケアスと行動を共にする女性の両義的存在で、神話論的に擬人化されて言及される。

21 ソルダス（§55、68） ＝水の洗礼に係わる悪霊の一人。

22 レブエール（§69―70） ＝水の洗礼を施す悪霊から生まれる女で、斬首される。

23 シェーム（§1他） ＝本文書の黙示の受け手。おそらくノアの長子で、洪水の後に生じている種族（グノーシス主義者たち）の代表。

# 【1】

## シェームの釈義

### I 副題

**§1** 生まれざる霊についてのシェームの釈義[1]。すなわち、私シェームにデルデケア〈ス〉[2]が大いなる方[3]の御心に

（1） 本文書の黙示の虚構の受け手。以下繰り返し呼びかけの対象になる。コプト語の綴りは終始一貫して「セーム（sêem）」。旧新約聖書の内外でこの綴りから最初に連想される人物名はノアの長子シェーム（創六10、ヘブル語では shêm、邦訳では「セム」）である。事実後出の§44―46にはノアの洪水（創六―八章）の暗示がある。また、§37に「地の上に二度目に生み出されるであろう者たち」とあるのも、ノアの洪水の後の世代のことを指していると思われ

従って啓示してくれた事柄。

## Ⅱ　黙示文学的枠(シェームの脱魂状態)

§2　私のからだの中に在った思考が私の同胞たちの間から私を取り去った。それは被造物の世界の頂まで運び上げた。その頂は全世界の上に輝く光の近くに在った。そこで[1]私は地上的なものを何一つ目にしなかった。むしろ光であった。そして、私の思考は、まるで眠りの中にあるかのように、闇のからだから離れた。[2]私は一つの声[3]が私にこう言うのを聞いた。

## Ⅲ　デルデケアスからシェームへの黙示

### 一　三つの原初的な力(光、生まれざる霊、邪悪な闇)

§3　「[4]シェームよ、お前は混じりなき力からの者、地上では最初の存在。[5]だからこそ聞いて、理解しなさい。私が現れる以前の太初に存在した大いなる(三つの)力について、私がこれからお前に初めて語ることを。光と闇が在った。その中間に(生まれざる)霊が在った。お前の根っこ、すなわち、生まれざる霊の中に在ったものは、忘却の中に沈んでしまった。だから私は今お前に(三つの)力に関する真理を明らかにしようとしているのである。[6]

る。§46ではシェームはその世代に対して啓示者として働く。§3がアダムではなく、シェームを「地上では最初の存在」と呼んでいるのもこの意味で理解すべきである。以下われわれはヘブル語の発音に準じて「シェーム」と表記する。コプト語写本、あるいはそのギリシア語原本が、これをsēemと表記した理由はよく分からない。

なお、アウグスティヌス『異端者について』XIX に、アダムとエバの第三子の「セツ」(創四25、邦訳「セト」)をノアの子と混同している者たちがいるという報告があることを根拠にして、本文書の「シェーム」(ノアの長子)もセツを指すのではないかとする仮説(F・ウィッセ)があるが、賛同する研究者は少ない。但し、他でもないナグ・ハマディ第Ⅶ写本は本文書の後に、『大いなるセツの第二の教え』(第二文書)と『セツの三つの柱』(第五文書)という、いずれも「セツ」の名前を冠した文書を二つ収めている。このことが単なる偶然の仕業ではなく、一定の分類作業に基づくものだとすると、後四世紀後半にこの写本の製作に携わったパコミオスの修道院の僧たちの間でも、同じ混同が起きていたと考えるべきかも知れない。

(2) 本文書の黙示の虚構の語り手。形はギリシア語であるが、語義はよく分からない。この名前 Derdekeas に含まれる子音の内 d, r, d, k をアラム語の等価に移すと「男の子」を意味する単語(d r d q ʾ)になるとする仮説(ウィッセ)がある。

(3) 本文書が前提する神話の至高神であり、以下特に本文書の前半に「無窮の光」、「いと高き者」などの別称でも頻出する。ほとんどの場合「大いなる方の御心により」という定型表現で現れ、デルデケアスのあらゆる行動と救いの出来事を背後から導く力と考えられている。

---

(1) M・クラウゼの読解に従って、場所の副詞として読む。

(2) 黙示(啓示)の受け手が脱魂状態になるのは、黙示文学とヘルメス文学にも見られる定型表現(トポス)の一つ。『ヘルメス文書』I, 1; X, 5-6; XIII, 3(荒井献・柴田有訳、朝日出版社、一九八〇年)、『パウロ黙示録』三(佐竹明訳『聖書外典偽典6 新約外典I』教文館、一九七六年に収録)、『スラブ語エノク書』三(森安達也訳『聖書外典偽典3 旧約偽典I』教文館、一九七五年に収録)参照。

(3) 黙示文学に通常つきものの幻視は本文書には全く現れない。

(4) ここに始まる直接話法は§71の末尾まで続く。

(5) (ノアの)洪水後について言われている。§1注(1)および創一〇1参照。

(6) 万物の生成を「光」、「霊」、「闇」の三つの原理(「力」)から説き起こす点で、ヒッポリュトス『全反駁』V, 19, 1-22, 1に報告されたセツ派の神話の冒頭部(V, 19, 1-3)

§4　その光は聞くこととロゴス*（ことば）に満ちた思考であった。それらは一つのかたちに結ばれていた。その闇は【2】風[1]であり、水[2]の中に在って、ヌース[3]*を持っていたが[4]、それ（ヌース）は混沌とした火に包まれていた[5]。それら二つ（光と闇）の間に在る霊は静かな、控えめな光[6]であった。これらが三つの根源である。

　それらはそれぞれ自分自身を支配していた[7]。そして、それぞれの力をもって互いに覆い合った。しかし、光は大きな力を持っていたので、闇が卑小で無秩序であること、すなわち、その根が真っ直ぐではないことに気がついた。そして、闇のねじれとは知覚がないこと、すなわち、自分の上には誰もいない（と思い込んだ[8]）ことである。

## 二　闇が霊に気付いて、それと等しくなろうとする

§5　闇は、自分の悪を抑えることができる間は[9]、水に覆われていた[10]。ところが[11]その闇が動いた。その騒音で霊*が震え上がった。霊は自分の場所に昇って行くと、大いなる暗黒の水を眺めた。そして、吐き気を催した。霊の思考は下方を凝視した。それは無窮の光を見た。それは悪しき根によって無視されていた光である[12]。しかし、大いなる光の意志によって、暗黒の水が分かたれた。そして闇が恥ずべき無知に覆われて、立ち現れてきた。それは闇が誇ったヌース*がやがて分かたれるためであった[13]。

§6　さて、闇が動いたとき、【3】霊*の光が闇の前に現れた。闇はそれを見たとき、驚いた。闇は知らなかった

との類似性が著しい。このセツ派の神話全体が構造的に本文書の神話論的枠組みとどう同じで、どう違うかについては、巻末の解説で詳説することとし、以下の訳注では、文言上あるいはモティーフ上特に顕著な並行関係に限って、必要に応じて個々に指示するにとどめる。同じことはマニ教の神話との並行関係についても当てはまる。マニ教の神話については、後八世紀末(七九〇年頃)のシリアの学者テオドーロス・バル・コーナイの著作『注釈書』(Liber Scholiorum) XI と一〇世紀末(九八七／九八八年頃)のアラビア人学者イブン・アン・ナディームの著作『学術著作目録』(Fihrist) の二つがある。以下、前者は Th. b. Kônai と略記し、*Corpus Scriptorum Christianorum Orientalium* 66, ed. A. Scher, Paris/Leipzig 1912, pp. 313-318 の頁数と行数、後者は Fihrist と略記し、G. Flügel, Mani. Seine Lehre und seine Schriften, Leipzig 1862 の頁数によって該当箇所を表示する。

(1) 闇の「風」について、セツ派の神話／ヒッポリュトス『全反駁』V, 19, 13. 16. 18 (風、嵐、波濤) 参照。

(2) 闇の「水」について、セツ派の神話／ヒッポリュトス『全反駁』V, 19, 5 (恐怖の水)、21, 2 (暗黒の水) 参照。

(3) ギリシア語で「叡知」の意の男性名詞。以下、本文書では常に価値的にはプラス、すなわち神的起源の男性原理。

(4) セツ派の神話／ヒッポリュトス『全反駁』V, 19, 6 でも「闇」は理解力を備えている。但し、そこではそれに先立って、「光」と「闇」が混り合う出来事が語られている (V, 19, 5) のに対して、本文書はそのような混合のプロセスについては一切語らず、ヌースが闇の中に分散していることを原事実として出発する。

(5) マニ教では、以上に挙げられた「闇」、「風」、「水」、「火」に「煙」を加えて、原初的な対立原理の内の一極「闇の大地」を構成する五つの下位領域とする (Th. b. Kônai 313, 19-22; Fihrist 94)。逆に、その反対の極「光の大地」にも「大気」、「風」、「光」、「水」、「火」の五つの種族が在って、やがて「原人」はこれを「甲冑」としてまとって、闇の世界へ下降する。以下、本文書でもこれらプラスとマイナスそれぞれ五つの存在が頻出する。特に§18参照。

(6) 「静かな、控えめな光」について、マニ教神話の「静かな大気」(Fihrist 87) 参照。

(7) 三つの原理が相互に干渉し合わないで存在していたということ。次の文章から§5にかけて、その原初的な状態が崩れて、相互干渉が始まる。

(8) ウィッセに従って補足。自分を越える存在に関する無知というモティーフは、ヨハ・アポ§41、アルコ§23—25他にも現れる。

(9) **10**$^{5-8}$ (§21) 参照。

のである、自分よりも上に別の力が存在するとは。そして闇は自分の外見がその霊に比べて暗いことに気がつくと、傷ついた。そして、その傷ついた思いから、自分のヌース*を闇の諸々の肢体(1)*の高みへと送った。そのヌースとは苦い悪の眼(2)のことである。闇は自分のヌースをして、霊の諸々の部分の一つのかたちを取らせた。それは、自分の悪を霊が眺めれば、霊を(自分に)等しくすることができるだろうと考えたからである(3)。しかし、闇はそうすることができなかった。不可能なことをしようとしたからである。事は成らなかった(4)。

## 三　光の御子デルデケアスが霊を助けるために到来する

**§7**　しかし、闇のヌース*、すなわち、苦い悪の眼は、滅ぼされてしまうことがないように——というのは、それは部分的に(霊に)*(5)似たものとされてしまっていたからである——立ち上がった。そして火のような光で陰府(6)全体の上に照り輝いた。それはやがて欠乏*なき光に等しい者(7)が明らかになるためであった。なぜなら、霊は偉大さの内に現れていたので、闇のあらゆるかたちを利用したからである。

**§8**　さて、いと高き、無窮の光が現れた。それは大いなる喜びの中に在った。そして、自分を霊*に現したいと願った。すると、いと高き光の像(8)が生まれざる霊に現れてきた。【4】私が現れた。私は汚れなき無窮の光の御子である。私は(あの生まれざる)霊の姿で現れた。なぜなら、私は遍き光からの光線であるから。それ(遍き光)が私に現れたのは(9)、闇の中のヌースが陰府に留まり続けないようにするためであった。というのは、闇は肢体*のある部分の中で、自分をヌースに似たものとしていたからである。

(10) 創一2参照。
(11) 原文は「そして」。
(12) 「霊の思考は下方を凝視した」以下ここまで、クラウゼの読解に従う。霊は下方の暗黒の水の中に捕縛された光(ヌース)が限りなく分散してしまっていることに気付いて、吐き気を催したということ。ウィッセはその分散した光を至高神「無窮の光」と読み違えた訳。
(13) このヌースの分離と回収が以下全巻のテーマ。そもそも「闇が動いた」ことが、闇にとっては、やがてヌースを失うことの初動因だということ。セツ派の神話／ヒッポリュトス『全反駁』V, 19, 7でも、闇は「光の断片」を放すまいとし、光と霊はその回収に着手する。

---

(1) 「闇の諸々の肢体」は闇が有機体(生き物)と考えられていることを示すもの。
(2) 「ヌースとは苦い悪の眼」について、セツ派の神話／ヒッポリュトス『全反駁』V, 19, 7参照。そこでは闇とそれに捕らわれた「光の断片」の関係が、人間の瞳が眼球の暗黒を背後に、外から受け入れた光を静かに湛えている様子に譬えられる。目下の箇所もヌースと闇の関係を同じ比喩で表現しようとするもの。§34注(5)も参照のこと。
(3) 原文の主語は三人称・複数形。これをウィッセと共に三人称・男性・単数形に修正。
(4) 同様の神話論的トポスはマニ教神話にも現れる。Th. b. Kônai 313, 23, Fihrist 87参照。
(5) ウィッセに従って補足。
(6) 「陰府」は闇の領域全体に対する別称。以下ギリシア語で「ハデス」とも表記される。グノーシス主義の宇宙観では、現実の地上世界が超越的な神的世界から最も遠く隔たった領域と見做される。そのため、伝統的な世界観のように、「陰府」を地上世界の更に下位の地下の世界に限定する用法はない。
(7) 「欠乏なき光に等しい者」は次の§8に出る「いと高き光の像」、「無窮の光の御子」と同じで、デルデケアスのこと。
(8) §7注(7)参照。
(9) 文脈上は「私(デルデケアス)が霊に現れたのは」とあって欲しいところ。

# 四　闇と子宮の間の性交、ヌースの一部が霊のもとへ

**§9**　シェームよ、私は大いなる方(1)の御心に従って、闇が闇自身にとって闇となるようにと、また、闇がそれまで揮っていたあらゆる力を剝奪されてその業《わざ》を止めるようにと、その闇の中に現れた。そのときヌース*はそれら(2)を覆っていたカオスの火*(3)を投げ捨てた。闇と（恐怖の）水の直中で。闇の中で水が雲(4)となった。その雲から子宮(5)*が形を成してきた。あのカオスの火——これは迷い（プラネー）のことである——はそこ（子宮）へと赴いた。

**§10**　さて闇はそれ（子宮）を見ると欲情した。彼（闇）は水をかき混ぜ、その子宮*を愛撫した(6)。彼のヌース*はピュシス(7)の深淵の中へ落ちて行った(8)。それ（ヌース*）は闇の苦い力と混じり合った。彼女（ピュシス）の眼(9)は邪悪さから裂けてしまった。その結果、彼女はもう再びヌースを生み出すことができなくなった。というのも、ヌースは**【5】**暗黒の根からピュシスに（与えられた）種子*であったのである。そして、ピュシスが闇の力によってそのヌースを自分に受けたとき(10)、彼女の中にあらゆる模像*がかたちを取った。そして、闇がヌースの模像となったとき(11)、それ（闇または模像）はあの（生まれざる）霊*のようになった。ピュシスはそれを追い払おうと、立ち上がったが、それに対抗する力がなかった。なぜなら、彼女は闇からのかたちを持っていなかったからである。彼女はそれを雲の中に産み落としたからである(12)。

そして、その雲が輝いた。その（雲の）中に一つのヌースが現れた。それはまるで恐るべき、誇る業火のようであった。それ（ヌース）は生まれざる霊に向かって突進した(13)。それにはその霊との類似性が備わっていたからである。

その結果、[20]ピュシスはカオス*の火を欠いたものとなった。

## 五　ピュシスが四つの雲に分裂する

§11　するとたちまち、ピュシスは四つの部分に分かれた。それら（の四つの部分）はそれぞれ異なった雲となって

(1)　§1注(3)参照。マニ教神話でも「光の大地」の至高神は「大いなる父」と呼ばれる(Th. b. Kônai 313, 16)。
(2)　指示対象不詳。
(3)　「カオスの火」は§11で「処女膜」、「胞衣」、「力」の三つと同定される。
(4)　闇の中の「雲」について、マニ教神話(Fihrist 94)参照。
(5)　闇の領域の底辺に生成する女性原理で、次の§10では「ピュシス」とも呼ばれ、闇と性交する。「子宮」が可視的自然界全体の隠喩であることは、§11で明瞭になる。また、闇が男性原理であることは、§39、41が闇の悪霊たちのペニスに言及することからも明らかになる。
(6)　§35、39(最終行)と並行。
(7)　ギリシア語で「自然」の意の女性名詞。以下「子宮」と同様に、擬人化されて繰り返し登場する。
(8)　射精の隠喩。
(9)　ここではおそらく女性器の外陰部を指す隠喩。§34では反対に積極的な意味で用いられる。
(10)　妊娠を指す。セツ派の神話／ヒッポリュトス『全反駁』V, 19, 11-14でも、天地自然がヌースを閉じ込める「子宮」と呼ばれ、その「妊娠」について語られる(後出の注(13)も参照のこと)。さらに同V, 19, 19-20では、「光の全きロゴス」が蛇に変装してその子宮の中に入り込んで、人間が生成する。
(11)　§8の最終行と並行。
(12)　「なぜなら」以下ここまでの文意は正確には分からない。ピュシスの出産は流産となり、ヌース(「闇からのかたち」)を含んでいなかったということであろうか。
(13)　「突進」は「衝突」と同じ。セツ派の神話／ヒッポリュトス『全反駁』V, 19, 11では、「光」、「霊」、「闇」の三原理が衝突する「第一の衝突」から、「子宮」としての天地自然が生成する。

現れてきた。それらは「処女膜[1]」、「胞衣[2]」、「力」、「水」と呼ばれた。処女膜と胞衣と力はカオス*の火である。それからヌース*は闇と水の中央から——というのは、ヌースはピュシスと暗黒の力の直中に在ったからである——引き離された。それはその害する水がヌースにまとわりつかないためであった。

【6】こうしてピュシスは、私の意志によって、分かたれた。それはヌースが自分の力へ立ち戻るためであった。その力とは、ヌースと混じり合った闇の根っこがヌースから受け取っていたものである。

## 六　残されたヌースは中間の場所と処女膜の雲へ

§12　すると、闇の根っこが子宮*の中に現れてきた。そしてそれ(闇の根っこ)は、ピュシスが分裂した時、闇の力——これを闇の根っこはヌース*から得ていたのである——から離れた。ヌースは中央にある力、とはつまり、ピュシスの中間の場所*へ赴いた。光の霊は、ヌースが押しかけて、重荷となった時、驚愕した。しかし、その驚愕[3]の力はその重荷を投げ捨てた。そして、それ[4]は自分の熱[5]の方に向きを変え、霊*の光を着た。

§13　ピュシスが霊*の光の力から離れたとき、重荷が戻ってきた。しかし、光の驚愕《驚愕》はその重荷を(再び)投げ捨てた。それ[6]は処女膜の雲と結合した。すると闇の中のすべての雲、すなわち、陰府(ハデス)から分かれていたすべての雲が、その見知らぬ力のゆえに叫び声を挙げた。光〈の〉[7]霊がそれら(の雲)の間から到来した[8]。そして、大いなる方の御心により、霊は無窮の光を見上げた。それは彼(霊)の光が憐れみを見いだし、その似像[9]*が陰府(ハデス)から引き上げられるためであった。

# 七　デルデケアスが光の衣を着て、処女膜の雲へ下降する

**§14**　そして、霊が見上げたとき、その時私が【**7**】——大いなる方の御子であるこの私が——光の波濤のように、不死なる霊の旋風のように現れた。そして私は処女膜の雲から、生まれざる霊の驚愕の上へ吹きつけた。するとその雲は裂け、諸々の雲を照らした。これら(の雲)も裂けた。それは霊が立ち返*るためであった。そのためにヌースはかたちを取った。ヌースの安息*は終りを迎えた。

---

(1)　原語はギリシア語で「ヒューメーン」(hymên)。§9—10での「子宮」についての言及と合わせれば、「ピュシス」、すなわち自然界が巨大な女性器として表象されていることが分かる。真証§4も参照。

(2)　原語はギリシア語で「コリオン」(chorion)。ヒトを含む動物の胎児を包んでいる薄い強靭な皮膜(羊膜)のことで、産婦人科医の証言によれば、多くの場合胎児と共に母体の外へ出てくる。しかし、胎児が自力で肺呼吸を始めるためには、自ずと破れるか、そうでなければ、人工的に破られることが必要なもので、胎盤と共に後産とも呼ばれる。復活§15はこの「胞衣」を老年を迎えて磨滅し、死後に残される肉体の隠喩として用いている。

(3)　「霊」の「驚愕」は以下全巻にわたってプラスの意味で語られる(§43参照)。

(4)　原語は三人称・男性・単数形の人称代名詞であるが、指示対象が不鮮明。文脈上はヌースを指すのが最も自然。

(5)　クラウゼの読解に従うが、文意がよく通らない。ウィッセは「重荷」。

(6)　原語は三人称・男性・単数形の人称代名詞であるが、指示対象が不鮮明。文脈上近いところでは、「驚愕」あるいは「霊」のいずれか。

(7)　ウィッセの本文修正に従う。

(8)　「霊はそれらのもとから到来した光である」(クラウゼ)、「彼はそれらの間から到来した光の霊である」(ウィッセ)。

(9)　デルデケアスを指すとする解釈(ウィッセ)があるが、§5の最終行で提示される主題の変奏の一つと見て、闇の中に混在するヌースの意に解するのがよいであろう。

§15 なぜなら、ピュシスの処女膜は摑み難き雲であったからである。それは大いなる火である。同様に、ピュシスの胞衣は沈黙の雲である。それは高貴な火である。そして、ヌース*と混じり合っていた力、これもピュシスの雲であった。この雲はピュシスを不浄へと搔き立てた闇と結ばれていた。さて、暗黒の水は恐怖の雲であった。そして、ピュシスの根っこは下方に在って、ねじれていた。なぜなら、それは重荷を負わせ、損なうものであったから。その根っこは盲目であった、測りがたく、（かつ）多くの顔つきをした光の鎖に対して[1]。

§16 私はヌース*が先に受け取っていた霊*〈の〉[2]光を憐れんだ。私は自分の場所に戻り、いと高き無窮の光に向かって祈った。【8】霊の力がその場所[3]の上に広がり、暗黒の汚れを受けずに満ち満ちるようにと。そして私は畏まって[4]言った、『あなたこそは光の根源。あなたの隠されたかたちが現れました。いと高き無窮なる方[5]よ。どうか霊のすべての力が広がり、それ自身の光で満ち渡りますように、いと高き無窮なる方よ。そうすれば、霊は生まれざる霊と合体することはできず[6]、驚愕の力はピュシスと混じり合う[7]ことができないでしょう』。

§17 大いなる方の御心により、私の祈りは聞き届けられた。そして、ロゴス*の声が大いなる方、生まれざる霊を通して[8]こう言うのが聞こえた。『見よ、その力は全きものとなった。私を通して自らを現した者[9]が霊*の中に現れた。私はもう一度[10]現れるだろう[11]』。

§18 私はデルデケアス、不朽で無窮の光の御子。無窮の霊*の光が病んだピュシスのもとへ降り、ピュシスのあらゆる不浄が消し去られるまで、しばらくの間とどまった。それはピュシスの闇が辱められるためであった。私は私の衣を着た。それは大いなる方の 35 光の衣、[12] すなわち、私のことである。私は霊の姿で現れた。【9】それは、

(1) 以上、ピュシスが五層で表象されていることが分かる。
(1)処女膜の雲＝摑み難き雲 → (2)胞衣の雲＝沈黙の雲 → (3)力の雲 → (4)暗黒の水の雲＝恐怖の雲 → (5)ピュシスの根っこ＝ねじれて、盲目。

(2) ウィッセの本文修正に従う。

(3) 処女膜の雲のことか。

(4) ウィッセの読解に従う。クラウゼは異なる解釈。

(5) 至高神「大いなる方」と同じ。

(6) 文脈上この否定の目的文は肯定の目的文であって欲しいところ。

(7) セツ派の神話／ヒッポリュトス『全反駁』V, 19, 5. 15; 21, 2 にも光の原理と闇の原理の混合に関する議論がある。

(8) クラウゼの読解に従う。ウィッセは異なる解釈。

(9) ウィッセに従って、本文の ouôh を ouônh と修正。

(10) おそらく§8での出現に対して「もう一度」。

(11) セツ派の神話／ヒッポリュトス『全反駁』V, 19, 20 では「光の全きロゴス」が蛇に変装して「子宮」の中へ出現する。デルデケアスとロゴスは§26、32、60でも密接に関連して現れる。目下の箇所でも、直接話法の範囲が不明瞭であり、もし次の§18の冒頭の句「私はデルデケアス」も同じ直接話法に属すると見れば、デルデケアスとロゴスは同一の存在となる。

(12) 以下、デルデケアスがピュシスの五つの層(§15注(1))を上から下へ下降してゆく間に、目下の箇所の「光の衣」を初めとして、彼の着るさまざまな「衣」について言及が行なわれる。§24、31は処女膜の雲の中にある衣の「三つの部分」、「三つの上着」、「三つのかたち」に言及し、§60はその衣を「ケルケアク」という固有名で呼ぶ。§31、32は沈黙の雲の中にある「また別の衣」とその「二つの部分」に言及し、§60はそれを「ケルケア」という名で呼び、「二つのかたち」をしていると言う。§33、35、38ではデルデケアスは「火の衣」を着ている。§60はさらに、彼が中間の場所の雲(力の雲)の中で着る衣を「ケルケ」、陰府(ハデス)で着る「不敗の衣」を「光の星」と呼ぶ。§67では方向が逆転して、地上での使命を終えて光の世界へ戻るデルデケアスの後に従うさまざまな「衣」について語られる。しかし、これらの衣の間の空間的な位置関係、異同、着脱の順番については、どの叙述も余りに曖昧で、確定で

大いなる方の御心に従って、暗黒の底に在るすべての光のことを思い起こすため、そして霊がロゴス*によって、無窮の光の力を借りずに、彼（霊）自身の光によって満たされるためであった。

## 八　捕らわれていた霊の救出と自立

**§19**　さて、私の願いによって、霊*は自分の力で立ち上がった。彼（霊）には恵みによって偉大さが与えられた。それは彼が自分自身の光のすべてによって満ち渡り、闇のあらゆる重荷から抜け出すためであった。なぜなら、この後者は暗黒の火であり、霊の上に吹きつけて、その重荷となっていたからである。すると霊は恐怖の水から救い出されたことを喜んだ。しかし、その（霊の）光は大いなる方に等しくはなかった。しかし、無窮の光によって霊に恵まれたもの、（それが霊に恵まれたのは、）霊が彼のすべての肢体*の中で唯一の光の像*として現れるためであった。

**§20**　さて、その霊が水の上に現れたとき、彼[1]の黒い姿が顕になった。そして霊はいと高き者を崇めて言った、『真にあなただけが無窮なる方であられます。あなたはあらゆる生まれざるものを越えておられ、私を闇の中から救い出して下さったからです。あなたがそう欲せられたとき、その時私は暗黒の力を越えたのです』。

**§21**　そして、シェームよ、何一つお前に隠されたままではいないように言うならば、霊*が大いなる方によって考えた考えは、その通り実現したのである。**【10】**なぜなら、闇は自分の悪を抑えることができなかったからである。[2] かえって、それが[3]現れたとき、あの三つの根源が太初から在った姿で知られることになった。もし仮に闇が自分の悪を抑えることができていたならば、ヌース*が闇から分かたれることも、別の力が現れるということもなかったであろう。しかし、その(別の)力が現れたとき、その時以来、人々は私[4]、すなわち、大いなる方の御子を見た。それは、霊の光が弱くなってしまわないため、また、それが私を見つめたから[5]という理由で、ピュシスがそれを支配することにならないためであった。

## 九　処女膜の雲がヌースを自分の中から注ぎ出す

**§22** さて、大いなる方の御心によって、私の等価[6]が現れてきた。それはその力に属するものが明らかになるためであった。あなたがた[7]こそは存在するようになった大いなる力。私こそは完全なる光。私は霊*と闇を越える者、汚れた愛撫の性交のゆえに闇を恥じ入らせる〈者〉[8]。なぜなら、大いなる方はピュシスを分かつことで、誉れを受

---

きない。マニ教神話では、闇の世界へ下降する「原人」が「大気」、「風」、「光」、「水」、「火」を「甲冑」として身に帯びる(Th. b. Kônai 314, 1-4)。

(1) 指示対象は不鮮明であるが、おそらく「(恐怖の)水」であろう。

(2) §5の冒頭および後続参照。

(3) 後出の「その(別の)力」を先取り。

(4) この「私」、すなわち、デルデケアスは直前の「その(別の)力」と実質上同一。

(5) **6** 31—32(§13)参照。

(6) おそらく§21の「その(別の)力」を指す。

(7) この二人称・複数形の人称代名詞は文脈上唐突であるが、おそらく§43のそれと同じで、シェームとその種族を指す。

(8) ウィッセに従って補充。

け、霊の思考の高みにまで至ろうと欲したのである。そして霊は彼の力の中で安息*を得た。なぜなら、光の像*は生まれざる霊から分かつことができないからである。立法者たちは、ピュシスのどんな雲に因んでもそれを名付け（1）ることができなかった。そもそもそれに名前を与えることは不可能なのである。なぜなら、【11】ピュシスが分けたあらゆる像は混沌とした火——とはすなわち、物質的な種子*——の力だからである。闇の力を取り上げた者は、それをその（闇の力の）肢体*の直中に閉じ込めた。

**§23** そして、大いなる方の御心によって、ヌース*と霊*のすべての光がピュシスのあらゆる重荷と労苦から救い出されるようにと、霊から処女膜の雲へ一つの声が届いた。そして、驚愕の光が自分に与えられたその声を喜び始めた。そして、光の大いなる霊がその処女膜の雲の中にいた。彼は無窮の光と遍き像*——とはすなわち、大いなる方の御子なるこの私——を崇めて言った（2）、『アナッセース・デュセース（3）、あなたこそ無窮の光。あなたの光は、大いなる方の御心によって、この場所（4）で霊のすべての光を建て直し、ヌースを闇から分かつために与えられたものです。なぜなら、霊の光にとって、陰府（ハデス）の中に留まることはふさわしいことではなかったからです。あなたが欲した時、霊は立ち上がり、あなたの偉大さを見たのです』。

**§24** シェームよ、私がこれらのことをお前に語ったのは、お前が知るためである。【12】すなわち、大いなる方の御子という私の像*は私の無窮の思考からくるのである。なぜなら、私は彼にとって、遍き像、しかも偽ることなき像であり、あらゆる真理を越える者、ことば*の起源だからである。彼（大いなる方）は私の美しい光の衣、すなわち、測りがたき思考の声に現れている。われわれは存在するようになった唯一の光である。それ（唯一の光）は別の根っこから現れた。それは霊の力が病んだピュシスから立て起こされるためであった。なぜなら、大いなる光の御心によって、私はいと高き霊から処女膜の雲へと下った。私の遍き衣を着けずに。するとロゴス*がピュシスの処女膜の最初の雲の中で、私を霊によって自分のもとへ引き寄せた。私は大いなる方と生まれざる霊が私にふさわしいものとしてくれた衣を着た。そして私の衣の第三の部〈分〉[5]が、大いなる方の御心によって、ただ一つのかたちでその雲の中に現れた[6]。そして私の像は私の衣の光で覆われた。雲は動揺し、私の像に耐えることができなかった。それ(雲)は霊から受け取っていた最初の力[7]、すなわち、私が霊のロゴス[8]によって現れるよりも前に、最初からその上に輝いていた力を注ぎだした。その雲は【13】そのどちらにも耐えることができなかったに違いない。

## 一〇　中間の場所の光

**§25**　さて、その雲から出てきた光は沈黙の(雲の)間を通り抜け、中間の場所*へやってきた。すると、大いなる方の御心によって、光がそれと混じり合った。その光とは沈黙の(雲の)中に在る霊*、すなわち、光の霊から分かた

(1)　指示対象がはっきりしないが、おそらく「光の像」。
(2)　原文の三人称・複数形を三人称・男性・単数形に修正。
(3)　文脈からするとデルデケアスの別称。しかし、正確な語義は分からない。
(4)　処女膜の雲の中。
(5)　ウィッセに従って、原文の ouôt を ouôn に修正。
(6)　クラウゼは「そして私の衣の第三の」以下ここまでを、「同じこの方が私の三つの上着を雲の中に現した」。§31の「私の衣」の「三つのかたち」と並行。
(7)　原文の tschiff を tschtis に修正。
(8)　§17とセツ派の神話／ヒッポリュトス『全反駁』V，19，20参照。

れていた霊のことである。それは沈黙の雲によって光から分かたれていた。その雲は沸き立った。火の炎を静めたのはその霊であった。それは暗黒の子宮*を宥めた。それは闇の中からまた別の子孫を現す(1)ことにならないためであった。それ（霊）は彼ら(2)をピュシスの中間の場所に監禁した。雲の中の彼らの場所に。彼らは自分たちがどこにいるのか分からないために、動揺した。なぜなら、彼らはいまだに霊についての遍き理解を持っていない者たち(3)なのである。

§26 さて、私が大いなる方、無窮の光に向かって、霊*の混沌とした力が行きつ戻りつするように(4)、暗黒の子宮*が不妊となり、私の像*が処女膜の雲の中に現れて、私が私よりも前を行った霊の光に包まれたかのようになることを祈ったとき(5)、——。そして大いなる方の御心と祈りによって、私は雲の中にやってきた。それは私の衣——それはロゴス(6)*のプレーローマ*の霊の【14】力からくるものであった(7)。闇の中でそれを持っていた肢体*たちから(8)〈 〉。なぜなら、彼らのゆえにこそ、私はこの惨めな場所に現れたのである。なぜなら、私は名前を呼ばれたすべての者の助け主である。

§27 私がその雲の中に現れたとき、霊*の光は恐怖の水から、また、暗黒のピュシスから分かたれていた火の雲から、自分を救い出し始めた。私は彼らに永遠の誉れ(9)を与えて、彼らが再び汚れた愛撫に巻き込まれないようにした。処女膜の中に在った光は私の力によって沸き立った。そして私の中央を通り抜けて行った。それは遍き思考によって満たされていた。そして霊の光のロゴス*によって、再び安息*に立ち返った。それは根っこのところでかたちを得て、欠けるところなく光り輝いた。そして、それとともに沈黙（の雲）から出てきていた光は中間の場所*

へ進み、その場所[10]へ帰って行った。そしてその雲が輝いた。

§28 その雲の中から消すことのできない火が生じてきた。驚愕から分かたれていた部分は忘却を着た。それは暗黒の火によって欺かれた。[11] その驚愕の驚愕は雲の重荷を投げ捨てた。【15】それ[12]は悪しき性質のものであった。なぜなら、不潔であったから。火は水と混じり合って、水は害するものとなった。すると、動揺していたピュシスが急いで無為の水の中から立ち現れた。彼女のその立ち現れ方は恥ずべきものだった。ピュシスは火の力を取った。彼女はピュシスの中に在った霊*の光のせいで強くなった。彼女の像*が水の中に、恐るべき獣の姿で現れた。それは多面相で、下半身はねじれていた。一つの光が靄と埃にまみれながらカオス*の上へ降って行った。それはピュシスを害するためであった。そして、中間の場所*に在った驚愕の光が闇の重荷を投げ捨てた後で、その光のもとへやってきた。それは霊が立ち上がった時、喜んだ。なぜなら、それは雲から暗黒の水を眺め下ろして、ピ

---

(1) 原文の主語は三人称・男性・単数形で、文脈上は「霊」を指すことになるが、内容的にこれでは不整合。内容的には、むしろ三人称・女性・単数形に修正して、「子宮」を指すようにするのがよい。

(2) おそらく「別の子孫」を指す。

(3) ウィッセは「持っていなかった者たち」。

(4) 創一2、§73注(4)参照。

(5) 主文章を欠いた破格構文。

(6) §17、24参照。

(7) 文章のつながりが悪く、破格構文で訳すか脱文を想定すべき箇所。

(8) 文章のつながりが悪く、本文が壊れていると思われる箇所。

(9) 原語はギリシア語 timē. ウィッセの読解に従う。クラウゼは「刑罰」。

(10) 処女膜の雲のこと。

(11) 霊の一部が失われたということ。

(12) 三人称・男性・単数形の人称代名詞。指示対象ははっきりしないが、「重荷」のことか。

ュシスの深みに在る光を見たからである。

**§29** そこで私は自分を現した。それをきっかけにタルタロス(1)に向かって降りてゆくためであった。重荷を負っている霊*の光のもとへ(ゆき)、悪しき重荷からそれを解き放つために。そして、彼(2)が暗黒の領域を眺め下ろすと、あの光が再び【16】到来した。その結果、子宮*も再び水の中から立ち現れてきた。彼女は私の意志によって出てきたのである。見開かれたその眼は狡猾さに満ち満ちていた。中間の場所*に現れていた光、驚愕から分離していた光が安息*を得て、彼女の上に輝いた。そのとき子宮はそれまで一度も見たことのないもの(3)を目にしたのである。彼女(子宮)の上に光が輝いたとき、彼女はその光の中で喜んだが、それは彼女の邪悪さのゆえだった。中間の場所に現れたその光は彼女のものではなかったのだから。

**§30** そして、子宮*はそれまで目にしたこともないようなこと(4)を見た。彼女は水に向かって引き下ろされたが、(自分では)光の力に達したのだと考えていた。彼女は自分の根っこが光の像*によって無為にされたことも、その像が自分のところへ走ってきたということも知らなかった。中間の場所*に在って、初めであり、終りであった光が驚いて目を見張った。そこで彼(その光)の思考は急いでいと高き光を見上げた。彼は叫んで言った、『主よ、私を憐れんで下さい。私の光と私の業《わざ》は滅びてしまいました。もしあなたの善良さが私を再び建て起こして下さらないならば、私は自分がどこにいるのかわからないでしょう』。

## 二　デルデケアスが火の衣を着て、中間の場所へ下降する

**§31**　すると、大いなる方は彼の声を聞くと、彼のことを憐れんだ。そして私が処女膜の雲の中に、沈黙の(雲の)内に、**【17】**わが聖なる衣をまとわずに、現れた。私は自らの意志で私の衣を崇めた。それは三つのかたちで処女膜の雲の中に在った。[5] すると、沈黙の(雲の)中に在った光、すなわち、歓喜の力からの光が私を包んだ。私はそれを着て運んだ。その二つの部分が一つのかたち[6]で現れてきた。もう一つの部分は火のために現れてこなかった。私は処女膜の雲の中で語ることができなくなった。なぜなら、その火は恐ろしく、燃え上がって止むことがなかったからである。

**§32**　それから私は、私の偉大さとロゴス[7]*が明らかになるように、沈黙の雲の中にも私のまた別の衣を同じように置いた。私は中間の場所*へ進み、そこに在った光、すなわち、忘却の内に置かれ、驚愕の霊から分かたれていた光を着た。なぜなら、それは(すでに)重荷を投げ捨てていたからである。私が欲すると、彼(その光)の前に何一つ可死的なものは現れなかった。むしろ霊*が彼に与えたものはすべて、不死の存在であった。そして彼は光の思

(1)　陰府(ハデス)と同じ。
(2)　文脈上は「私が」に修正すべきところ。
(3)　複数形。
(4)　複数形。
(5)　**12** 25―26(§24)参照。
(6)　**12** 28―29(§24)参照。
(7)　§17、24、26、27参照。

考の内に在って、こう言った、『アイ　エイス　アイ　ウー　ファル　ドゥー　ヤ　エイ　ウー(ai eis ai ou phar dou ia ei ou)[1]。なぜなら、私は大いなる安息*に到達した。[2]彼は彼の根っこのところで、私の光に安息を与え、【18】害するピュシスから私の光を運び出すであろう』。

**§33**　それから私は、大いなる方の御心によって、私の光の衣を脱ぎ、それとは別の火の衣[3]を着た。その衣にはかたちがなかった。その火はあの力のヌース*から来るものであった。すなわち分離され、私のために、私の意志によって、中間の場所*に準備されていたヌースから。なぜなら、中間の場所は、私が来てそれを着るようにと、暗い力でそれを覆っていたからである。

## 二　子宮がヌースを注ぎ出す

**§34**　私はカオス*に下って行った。すべての光をその下から救い出すために。なぜなら、闇の力なしでは私はピュシスに闘い[4]を挑むことができなかったのである。私がピュシスの中にやって来たとき、彼女は私の力に耐えることができなかった。しかし、私は彼女の輝く眼の上に留まった。その眼は霊*から来た光であった[5]。なぜならそれ(眼)は霊によって私のために、衣として、また、安息*として準備されていたのであるから。[6]彼は私を通して下の陰府に向かって眼を開いた。彼は自分の声を暫くの間だけピュシスに恵んだ。

**§35**　さて、私の火の衣は、大いなる方の御心に従って、強きものに向かって、そしてピュシスの汚れた部分に向かって、すなわち、闇の力が覆っていたものに向かって、降って行った[7]。私の衣は彼女の衣に覆われたピュシスを擦った[8]。彼女の汚れた雌の部分は強力だった。すると子宮*が怒って現れて来た。【19】そしてヌース*をまるで魚のように干上がらせてしまった。そのヌースには一滴の火と火の力が宿っていたのに。

## 一三　デルデケアスが獣を着て、ピュシスに天地を創造させる

**§36** ヌース*を投げ捨てたとき、ピュシスは錯乱して泣いた。彼女は痛みを覚えたとき、涙とともに霊*の力を放出した。(そして)私と同じようになった。私は霊の光を身にまとい、私の衣を着て、その魚を眺めながら安らいだ。そして、ピュシスの業《わざ》が滅ぼされるために――なぜなら、彼女は盲目だから――、多くのかたちをした獣(動物)たち[9]が、疾風の数に合わせて、彼女の中から現れてきた。彼らはすべて陰府の中に存在するようになった。そしてかたちを取るべき[10]ヌースの光を探し求めた。彼らはそれ(ヌースの光)に逆らって立つことができなかった。

---

(1)　この文章は全くの隠語なのか、あるいは、直後に続く文章がその訳解なのか、よく分からない。

(2)　指示対象がはっきりしないが、おそらく「霊」を指す。

(3)　ここまで着ていた「光の衣」を「火の衣」に衣替えするということ。§18注(12)参照。

(4)　マニ教神話で「原人」が闇と交える闘いに並行。Th. b. Kônai 314, 1-4, Fihrist 87-89 参照。

(5)　§6注(2)、§10注(9)参照。

(6)　おそらく「霊」を指す。

(7)　原文の三人称・男性・単数形の主語を三人称・女性・単数形に修正し、「衣」を主語として訳す。

(8)　性的愛撫のこと。「火の衣」には情欲が含意されているのであろう。セツ派の神話/ヒッポリュトス『全反駁』V, 19, 13-14 では、「風」、「波濤」、「嵐」が子宮を妊娠させる。

(9)　マニ教神話(Th. b. Kônai 316, 26)参照。

私は彼らの無知を喜んだ。彼らは大いなる方の子であるこの私が多くのかたちをした子宮*の前にいるのを見つけた。私は獣を着た(1)。そして彼女に大いに請願した。(彼女から)一つの天と一つの地が生じるようにと。それはすべての光が立ち上がるためであった。なぜなら、霊の力は鎖から解放されることができなかったであろうから、私が獣の姿(2)で彼女の前に現れる以外の仕方では。このゆえに、彼女は、【20】あたかも私が彼女の子であるかのように、私に感謝した。

**§37** 私の求めに応じて、ピュシスが立ち上がった。彼女は霊*と闇と火の力を持っていたからである。すなわち、彼女は自分のかたちを脱ぎ捨てたのである。それを投げ捨てると、彼女は水の上に吹きつけた。天が造られた。また、天の泡から地が生じてきた。そして私が欲すると、それ(地)は獣の数に応じて、あらゆる種類の食物を生み出した(3)。それはまた、あなたがたの(4)ため、また、地の上に二度目(5)に生み出されるであろう者たちのために、風から露をもたらした。なぜなら地には混沌*の火の力が備わっていたからである。そのため、地はあらゆる種子*を生み出した。

**§38** そして、天と地が造られたとき、私の火の衣がピュシスの雲の真ん中に立ち上がり、ピュシスが乾くまで、被造物全体の上に輝いた。地を衣として覆っていた闇は、害する水の中へ投げ捨てられた。中間の場所*は闇から清められた。しかし、子宮*はこの出来事のゆえに、嘆き悲しんだ。彼女は自分の肢体*の中を眺めた。そこでは水が鏡のようであった。彼女は眺めたとき、どうしてそうなった(6)のかと驚愕した。だから彼女は寡婦であり続けたのである。同じように驚くべきは、【21】それ(水)が彼女の中になかったことである。なぜなら、かたち(7)には、まだ火と光の力が残っていたからである。その力が残っていたのは、ピュシスからすべての力が取り去られる時まで、彼女の中にいるためであった。なぜなら、霊*の光が三つの雲によって完成されたのと同じように、陰府(ハデス)にある力も定められた時に完成されることが、必要だからである。すなわち、大いなる方の恵みによって、私は二度目に水の中から彼女[8]の前にやってきた。私の顔が彼女を嬉しがらせた。彼女の顔も喜んでいた。私は彼女に言った、『種子*と力がお前の内から地の上に生じるように』。

(10) 直訳「取った」。

(1) 「光の衣」(§18)から「火の衣」(§33)へと衣替えしながら巨大な女性器ピュシスの中を下降してきたデルデケアスは、ついに女性器の中でも最も奥深い子宮の前で「獣」を着るということ。この「獣」は人間の肉体を指す。闘技者§5他参照。

(2) セツ派の神話/ヒッポリュトス『全反駁』V, 19, 20では、「光の全きロゴス」が「恐怖の水の長子」である蛇の姿で子宮(天地自然)の中に入り込んで、人間を生む。

(3) 創一30参照。

(4) §22で注(7)を付した「あなたがた」と同じ事情。§43参照。

(5) §44の(ノアの)洪水の後の地上に、という意味。§46「二度目に地上に存在するようになるはずの者たち」、§50「洪水の後に地上に存在するようになるはずの種子」参照。セツ派の神話で「二度目」が大きな意味を持つのは、三つの原理の間の「第一の衝突」に続いて、天と地の間のさまざまな「力」の間で、いわば「第二の衝突」が無数に起き、そこからさまざまな生物が生成してくる場面である(ヒッポリュトス『全反駁』V, 19, 12-13)。『シェームの釈義』では、この「第一の衝突」に部分的に並行する事件は語られるが(§10注(13)参照)、「第二の衝突」に該当するものは見当たらない。

(6) 原文の主語は三人称・男性・単数形で、文脈上一番近い指示対象は「水」。

(7) 複数形。§39の冒頭に出る「彼女のかたち」と総合すると、子宮あるいはピュシスの配下の存在で、生殖能力を備えている。今や子宮(ピュシス)は空になったが、彼女の配下の「かたち」の中には、なお「火と光の力が残っている」ので、その抜き取り作戦が必要になるということ。

(8) ピュシスまたは子宮を指す。

# 一四　デルデケアスの再度の出現、ピュシスからのヌースの解放

**§39**　彼女は霊*の御心に従った。それは彼女が無力な者となるためであった。彼女のかたち[1]は戻ってくると、互いに舌を絡ませて、交尾した。そして諸々の風と悪霊を、そして火と闇と霊からくる力を生み出した。しかし、ただ独り残っていたかたちは、自分から獣を投げ捨てた。彼女は性交しなかった。むしろ自分で自分を愛撫したのである。[2] そして彼女も一つの風を生み出した。その風には火と闇と霊からの力が備わっていた。また悪霊たちも**【22】**汚れた性交によって得ていた力に関して無力な者となるように、一つの子宮*が水のような風とともに生じてきた。そして、一つの汚れたペニスが悪霊たちとともに生じてきた。闇を範型*に、また、彼(ペニス)が初めから子宮を愛撫してきた姿で。[3]

**§40**　ピュシスのかたちは互いに結合し合った後、また互いに離れた。彼らは自分たちに生じた欺きに驚いて、力を放出した。彼らは永遠の嘆きを嘆いた。彼らは自分たちの力で自らを覆った。そして私は、彼らを貶めた後、私の衣を着て、力強く立ち上がった。そして……[4]それは光の獣の上にある。[5] それは私がピュシスを荒れ地とするためであった。

暗黒のピュシスの中に現れていたあのヌース*、すなわち、闇の心臓の眼[6]であったヌースが、私がそう欲したことによって、風と悪霊たちを支配した。私は彼に火の像*と光と聞くことを与え、邪気のないことば(ロゴス*)を分け与えた。こうして彼は偉大さを分与され、その力において、力[7]にも霊*の光にも闇の性交にも依らない強い者とな

った。それは、やがてピュシスが滅ぼされる【23】終りの時に、彼が誉れある場所で安らぐことになるためである。なぜなら、彼は(かつて)ピュシスが闇と犯した淫行に吐き気を催したが、そのことを信義に値すると見做されるであろうから。ヌースのその強い力はヌースと生まれざる霊から生じてきたのである。

## 一五　劣った種族とシェームの種族

**§41**　しかし、風たちは水と火と闇と光から生じてきた悪霊であって、(互いに)性交し合って、滅びてしまった。そしてその風たちはこの性交によって、自分たちの子宮*の中に、悪霊たちのペニスの泡を受け入れたのである。風たちは自分たちの穴[8]に力を孕んだ。風たちの子宮[9]は喘ぎ[10]ながら、出産の時が到来するまで、互いに帯で結び合った。彼女たちは水へ降りて行った。

(1)　複数形。後続から判断すると女性的存在。しかし、相互に性交して「風たち」(女性的)とペニスを持った男性的存在の「悪霊たち」を生み出す。§49によると、この「風たち」と「悪霊たち」はそれぞれの「星」に乗っている。
(2)　自慰行為。
(3)　§10の冒頭部参照。マニ教神話でも、闇の諸力の間の性交(乱交)について語られる(Fihrist 90-91)。
(4)　本文が壊れているか、脱文のために文意が通らない箇所。
(5)　あるいは「それは獣を越え、光である」とも訳すことができる。しかし、いずれにせよ、正確な文意は不詳。
(6)　§6注(2)参照。
(7)　相前後して現れる二つの「力」の間の異同関係はよく分からない。
(8)　「穴」は陰門のこと。§47にも「彼女の暗黒の穴」。
(9)　ここは複数形。
(10)　原文の apnoê を修正して、§42第一行に出るギリシア語 anapnoe「喘ぎ」に合わせる。目下の文脈では性交時の激しい吐息を指すが、同時に創二7に対するセクシュアルなパロディーだとする解釈がある(M・ロベルジュ)。

§42 さて、その力は、愛撫の最中の喘ぎ——これが出産を促すのである——によって、生み出された。そして、あらゆる種類の出産がその力からかたちを得た。出産の時が近づいた時、すべての風たちが、地に近い水の中から集まってきた。彼女たちはあらゆる種類の淫行を生み出した。そして、その風[1]が独りで吹き渡った場所は、淫行に満たされた。その場所から不妊の妻たちと不能な夫たちが生じてきた[2]。【24】なぜなら、彼ら／彼女らの生まれ方と生み方は同じだからである。

§43 他でもないあなたがた[3]のために、霊*の像*が地と水の中に現れた[4]。なぜなら、あなたがたは光に似た者たちだからである。なぜなら、あなたがたにはあの風たちと悪霊たちの一部が、そしてまた、あの驚愕の力の光からくる思考が備わっているからである[5]。すなわち、それ[6]が子宮*によって地上に生み出したものはどれも、子宮にとっては善きものではなく、むしろ嘆きと悲しみであったが、それもあなたがたの内に現れた霊からの像のゆえなのである。あなたがたはあなたがたの心においていと高き者たちである。

## 一六 シェームの種族に対する迫害(洪水と塔の建設)

§44 さて、シェームよ、もし誰かに魂*を光の思考にまで運ぶような部分が与えられているとしたら、それは幸いなことなのだ。なぜなら、魂は闇にとっては重荷[7]なのだから。そして、魂の根っこがどこからきたものなのか知る者たちは、ピュシス(の本性)も捜し出すことができるだろう。なぜなら、魂は淫行の業《わざ》[8]であり、光の思考にとっては屈辱だからである。[9]

すなわち、すべて生まれざるものに関して啓示したのはこの私である。そして、ピュシスの罪が満ちるようにと、私は沸き立つ子宮*を快適にした。盲目の知恵……。[10] それは私が無益なものとすることができるためであった。そして【**25**】私が欲すると、それ[11]は暗黒の水および闇と共に謀って、あなたがたの心のあらゆるかたち(種類)を傷つけることにした。なぜなら、霊*の光の意志によって、彼らはあなたがたを取り囲み、一つの誓約によってあなたがたを縛りつけたからである。さて、それ[12]は自分の計画を無益なものとするために、一つの霊[13]を送り出した。

---

(1) 単数形。「風たち」の中のある特定の「風」だけは「独りで吹き渡った」、つまり自慰行為に耽った、ということであろう。

(2) この「不妊の妻たちと不能な夫たち」は次の§43で「あなたがた」と呼びかけられるシェームの種族と対照させられている。後者をいわゆる「霊的種族」、前者を「心魂的種族」、さらに§42に「彼女たちはあらゆる種類の淫行を生み出した」とあるのを「物質的種族」の意に解して、多くのグノーシス主義救済神話に見いだされる三種族論をこの文書にも読み取ろうとする試み(ロベルジュ)がある。

(3) シェームとその種族(子孫)を指す。§22注(7)、§37注(4)参照。この二人称・複数形は本文書の著作意図が説教的な語りかけにあることを示している。

(4) ヨハ・アポ§45にも似た場面がある。

(5) シェームの子孫たちは「光」の原理を備えてはいるが、同時に「風たちと悪霊たち」という闇の原理にも現実に染まっているということ。

(6) 三人称・男性・単数形。「驚愕」、「光」、「思考」のどれを指すか不詳。

(7) **47** 8―13(§79)では、「肉体という重荷」の表現が出る。

(8) §59では、肉体が「汚れた業」と言われる。

(9) 本書がヌース(光、霊)、魂、肉体の三つを人間論の枠内でどう関連付けているか明瞭ではないが、このパラグラフ冒頭に言う「魂を光の思考にまで運ぶような部分」がヌースのことだとすれば、やはり三分法的な人間論が考えられていると言えよう。

(10) 本文が壊れていて、文意が通らない箇所。

(11) 三人称・男性・単数形の人称代名詞。指示対象が特定できない。

(12) 前注と同じ事情。ウィッセは「私」と修正して、§45

その結果、彼女(1)の悪の計画が宣言された。すなわち、それは洪水(2)をもたらして、あなたがたの種族を滅ぼし、光を取り上げて、信仰から奪い取るためである。

**§45** しかし、私は直ちにその霊*の口を通して宣言した。すなわち、悪霊たちと彼らの種族——とは水のこと——の中に残された光の小片(3)のもとまで、一つの塔(4)が建てられるであろうと、そしてその霊は混沌としたカオス*から救い出されるであろうと。

さて、子宮*がこれらのことを謀ったのも、私の意志によることであった。それは彼女が余すところなく注ぎだしてしまうためであった。その霊によって、一つの塔が建てられた。闇は欠乏*のゆえに動揺した。彼（闇）は子宮の筋肉を弛緩させた。そして、その塔の中へ入って行こうとしていた霊は救われた(5)。それは彼を通して諸々の種族が存続し、組織を成すようになるためであった。すなわち、彼にはあらゆるかたちからくる力が備わっていたのである。

## 一七　シェームの種族の祝福された将来

**§46** シェームよ、今から後は立ち返り、【26】あなたの種族と信仰を大［いに］喜びなさい。なぜなら、それ（シェームの種族）はからだも必然性も離れ、あらゆる闇のからだから守られて、偉大な聖なることがらについて証しするだろうから。それは私の意志によって、彼らの思考の中に啓示されたものである。そして、彼らは生まれざる霊の中で、嘆くことなく、安息*を味わうであろう。

しかし、シェームよ、お前が光の雲の外側で、からだの中に留まったのは、お前が信仰を貫くためである。その信仰がお前に訪れるだろう。そして、その（信仰の）思考が取られて、お前に光の良心と共に与えられるだろう。これらのことを私はお前の種族の益となるように、光の雲の中から語った。私はあらゆることについても同じように語るだろう。私はお前に余すところなく現すであろう。それはお前がそれらのことを、二度目に地上に存在するようになるはずの者たち(6)に現すためである。

## 一八　洪水の後の迫害

**§47** シェームよ、私の意志によって（前述の）動揺が生じたのは、それによってピュシスが虚ろなものとなるた

---

の第一行と内容的に並行させることを提案している。おそらくそれが妥当であろう。

(13) 原語はギリシア語で「ダイモーン」。他では「悪霊」を意味する。しかし、ここでは後続（§45）の文脈から推すと、デルデケアスの代弁者としてピュシスに逆らう存在を指すので、「霊」と訳しておく。ノアを暗示すると見る解釈がある（K・Mフィッシャー）。

---

(1) 指示対象がはっきりしないが、ピュシスか子宮。

(2) ノアの洪水（創六―八章）参照。ヨハ・アポ§78参照。

(3) 原語のコプト語 schilme の正確な語義は不詳。クラウゼは「境目」あるいは「芳香」と訳すが不確実。われわれの訳はウィッセに従うもの。ウィッセはストアの自然学（混合論）の術語と関連付ける。**34** 7（§60）と**35** 3（§61）にも出る。

(4) バベルの塔（創一一4-5）参照。

(5) この「塔」の建設はシェームの種族にとっては、「ノアの方舟」と同じ役割、つまり、救済の場所という積極的な役割を果たす。ノアの方舟とバベルの塔の建設が混合されているのだと思われる。

(6) §37注（5）参照。

めであった。すなわち、闇の怒りは鎮まった。シェームよ、闇の口は閉じられた。被造物の上に輝いていた光は、私の意志により、もはやその中に現れない。そして、ピュシスが彼女の願いは満たされたと語ったとき、その時あらゆるかたちが、高慢な無知によ［って］、【27】水の下に呑み込まれてしまった(1)。彼女（ピュシス）は彼女の暗黒の穴の向きを変えて(2)、火の力を自分から投げ捨てた。それは初めから、闇の愛撫によって、彼女の中に在った力である。

**§48** その火は立ち上がり、義なる者の代わりに(3)、全被造物の上に輝いた(4)。そして、彼女のあらゆるかたちが自分たちの力を火の炎のように天にまで送り、あの汚れた、そして、立ち上がっていた光に対する助けとなった。なぜなら、彼らは混沌とした火の肢体*であったからである。しかし、彼女（ピュシス）は自分を害したことを知らなかった。彼女が自分の持っていた力を投げ捨てたとき、彼女はそれを関節(5)から投げ捨てたのである。

**§49** 子宮*をあらゆる仕方で興奮させたのは、迷いの悪霊であった。そして彼女はあたかも偉大なる業《わざ》をなすかのごとく、悪霊たちと風たちに、それぞれ一つの星を分け与えた。なぜなら、風と星なしには、地上には何事も起きないからである(6)。なぜなら、地は、闇と火と力と光から解き放たれたあらゆる力で満ちているからである。すなわち、彼らの闇と火が互いに交じり合った場所、（そこに）他の獣たちが生み出された。そして、闇と火とヌースの【28】力と光の場所、（そこで）人間たちが霊*から生じてきた。

**§50** 光の思考、すなわち、私の目は、すべての人間たちの中に存在するわけではない(7)。なぜなら、風と悪霊たちから洪水が到来する前に、悪が[8]人間たちに生じたからである。しかし、塔の中に在る力がなおも生み出され、地の上に安らぐこととなるために、その時沸き立つピュシスは、洪水の後に地上に存在するようになるはずの種子[9]*に害を加えようと欲した。悪霊たちが彼ら（種子）のもとへ送られた。そしてまた、迷いの風たち、重荷を負わす天使たち、恐るべき予言者、言葉の滅び[10]も。

**§51** それは、シェームよ、私がお前に教えるためである、お前の種族がどれほどの盲目から救われたものであるかを。私が語られたことをすべてお前に告げ終ったならば、その時こそ、あの義なる者が[11]被造物の上に私の衣を着て現れるだろう。そして、夜と昼が分けられるだろう[12]。そして、私は被造物のもとへ急ぎ下って、「信仰[13]」が見られる場所[14]に光を運んでゆくだろう。そして、霊*の光についての認識*を生み出す者たちに現れるだろう。なぜ

(1) 洪水の隠喩の続き。
(2) 「彼女の暗黒の穴」とは陰門のこと（§41注（8）参照）。その「向きを変えて」については、魂§7「彼女（魂）の子宮の向きを変えるであろう」参照。
(3) 原語は単数形で定冠詞つきであるから、ある特定の救済者が考えられているのだと思われる。おそらく§80の「モルファイア」と同じ。
(4) やがて§57、60に「義なる火花（スピンテール）」という表現が出るのは、この箇所を受けると思われる。
(5) 原文のコプト語 ra tôge の正確な語義は不詳。クラウゼは「植えること」。われわれはウィッセの提案に従っているが、不確実。
(6) クラウゼの読解に従う。ウィッセは本文の修正を提案しているが、訳文はそれと食い違い、クラウゼの訳と同じになっている。
(7) 創六3、5と文言上で似る。
(8) ウィッセの本文修正に従う。
(9) §37注（5）、及び§16注（6）を付した箇所参照。
(10) バベルの塔（創一一7-9）の話（§45）の続き。
(11) §48注（3）、§80注（2）参照。
(12) 創一16-18参照。
(13) ギリシア語で「ピスティス」。

なら、私の大いなる方が現れたのは、彼らのためだからである。

## 一九　シェームがソドムの住民に宣教する

**§52**　もし彼[1]が地に、すなわち、ソドム[2]と呼ばれる土地[に]現れる時には、シェームよ、【**29**】私がお前に与えるであろう知覚を、しっかりと守りなさい。なぜなら、心の清い者たちが、お前の語ることばのゆえに、お前のもとに集まって来るであろうから。しかし、お前が被造物の中に現れると、暗黒のピュシスはお前に逆らって、風たちと悪霊[3]とともに震え、(お前の)知覚を滅ぼそうとするだろう。

**§53**　しかし、お前は急いでソドムの住民たちにお前の普遍の教え[4]を告げ知らせなさい。なぜなら、彼らはお前の肢体*なのだから。しかし、人間の姿をしたその悪霊はその場所から離れるだろう。なぜなら、私の意志によって、彼は無知であるから。彼はこの告知に(対して)防御するだろう。しかし、ソドムの住民たちは、大なる方の意志によって、普遍的証言について証言するだろう。彼らは清らかな良心をもって、彼らの安息*の場所、すなわち、生まれざる霊の中に安らぐだろう。しかし、これらのことが起きるとき、ソドムは不当にも、邪悪なピュシスの手によって焼かれるだろう。なぜなら、悪は止むことなく、お前の大いなる方がそこに現れる時にまで至るであろうから[5]。

## 二〇　悪霊ソルダスの業、水の洗礼による束縛

§54　その時、【30】あの悪霊が「信仰」とともに出てゆくだろう。そして、被造物の四つの方角[6]に現れるだろう。また、「信仰」が最後の姿で現れるとき、その時には彼女（「信仰」）の外貌が明らかになるだろう。なぜなら、その悪霊は長子として、ピュシスの調和の中に多くの顔を備えて出現したからである。それは、彼の中から「信仰」が現れるためであった。なぜなら、その悪霊が被造物の中に現れるその時には、邪悪な怒り、地震、戦争、飢饉、そして侮辱が生じてくるだろう。彼のゆえに、全世界が混乱に陥るだろう。彼は「信仰」の力と光を捜し

---

（14）　クラウゼと共に場所の副詞と解する。

---

（1）　「大いなる方」あるいは「義なる者」を指す。

（2）　創三13、一四8、10-12参照。

（3）　この「悪霊」はこれまで繰り返し登場してきた「悪霊たち」と異なり、単数形である。初出のこの箇所では不定冠詞を伴う形であるが、以後§54の末尾まで常に定冠詞つきで現れる。その後、§55第一行では、洗礼者ヨハネがことよく似た「もう一つの悪霊」という表現で呼ばれているから、目下の箇所でも彼と並ぶような個人が考えられているのかも知れない。ウィッセはイエスである可能性を示唆している。しかし、もしイエスのことだとすると、目下の§52では語り手のデルデケアス（「私」）は、当然そのイエス（「悪霊」）とは別人ということになる。しかし、§63では両者の救済者としての働きが同一視されているとも解釈できることと旨く整合しない。

（4）　この表現は以下繰り返し現れる。すなわち、本文書の著者は本文書の内容に普遍的真理性があると自負しているのである。この自負には、初期カトリック教会が自分たちの教説に同様の普遍的真理性があることを主張したことに対する論争的な意味が含まれているかも知れない。

（5）　原文は目的節。

（6）　直訳は「部分」。

求めるだろう。しかし、見いだせないだろう。

§55　というのも、まさにその時に、もう一つの悪霊がその川の上に現れ、不完全な洗礼*で洗礼を授け[1]、水を鎖にして世界を煩わせるだろう[2]。しかし、私にとっては、「信仰」の認識*の肢体*たちの間に現れて、私の力に係わる大いなる事柄[3]を啓示することが必要である。私はそれ（認識）をその悪霊、すなわち、ソルダス（Soldas）[4]から引き離すだろう。それから、私は彼が霊*から受けていた光を、私の不敗の衣と混ぜ合わせるだろう。また、私がお前のため、【31】また、邪悪な闇から救われるであろうお前の種族のために、闇の中に出現させるあの者とも（混ぜ合わせるだろう）。

## 二一　シェームに啓示される「証し」

§56　弁えるがよい、シェームよ。エロールカイオス（Elôrchaios）[5]、アモイアス（Amoias）、ストロファイアス（Strophaias）、ケルケアク（Chelkeak）、ケルケア（Chelkea）、アイレウー（Aileou）の助けなしには、誰もこの邪悪な領域[6]を通りすぎることはできないだろう。これが私が（お前に）与える証言である。すなわち、私はそれによってこの邪悪な領域に打ち勝ってきたのである。また、私はその恐ろしい水から霊*の光を取り去った。なぜなら、その悪霊の定められた日々が近づき、彼が偽りの洗礼*を行なうならば、その時私はその悪霊の洗礼の中に現れて、「信仰」の口を通して、彼女（「信仰」）に属する者たちに、一つの証言を行なうだろう。

**§57** 私は証言します、スピンテール[7]、すなわち、消しがたき者、あなたのことを。オセイ(Osei)、すなわち、光の選ばれた者、天の目よ。「信仰」、すなわち、最初にして最後の者よ。ソフィア(Sophia)とサファイア(Saphaia)とサファイナ(Saphaina)よ。義なる火花よ[8]。また、お前[9]、東よ。西よ。北よ。南よ[10]。上なる大気よ。下なる大気よ[11]。すべての力と権威たちよ。不純な光よ。そして、お前[12]、モリュクタ(Molychtha)よ。また、ソーク(Sôch)よ。【32】お前たちは被造物の中にいる。そして、(お前たちは)ピュシスのあらゆる業《わざ》とあらゆる汚れた

(1) 洗礼者ヨハネのこと。マコ一4-5参照。
(2) 著者は水による洗礼を拒否する立場である。このことは§64―66でさらに旗幟鮮明になる。
(3) 複数形。
(4) 「その悪霊、すなわち、ソルダス」と先行する「もう一つの悪霊」、すなわち洗礼者ヨハネとの相互関係が今一つはっきりしない。研究者の間では次の三つの解釈が提案されているが、いずれにも決め手がない。⑴ソルダスは「悪霊」ではなく、むしろデルデケアスと同一人物で、洗礼者ヨハネとは敵対する者(フィッシャー)、⑵洗礼者ヨハネと並ぶ匿名の洗礼運動の指導者(D・Aバートランド)、⑶地上のイエス(ロベルジュ)。最後の説⑶については、§68注(1)も参照。
(5) 以下§57までに列挙される固有名詞の語義は、僅かな例外(スピンテール、ソフィア)を別とすれば、ほとんどすべてについて不明である。但し、それぞれが本文書の神話論的枠組み(特に宇宙論)において果たす役割については、§60で解説が行なわれる。その解説の冒頭に「天球」という語が出るように、いずれも超越的な光の世界から、闇の世界の底部の子宮までの間の空間に層状(雲状)に広がる天球、あるいはその住人と考えられているのだと思われる。
(6) 前注に言う層状(雲状)の天球領域のこと。
(7) ギリシア語で「火花」の意。
(8) §48注(4)参照。
(9) 女性・単数形。
(10) 東西南北の方角は、マニ教神話でも重要な役割を果たしている(Fihrist 101-102)。
(11) マニ教神話でも「光のエーテール」(上の大気)と「低層の大気」が区別される(Fihrist 86)。
(12) 男性・単数形。しかし、§78では、同じ「モリュクタ」が女性形で呼びかけられている。

労苦からの者たちだ。

## 二二　デルデケアスと悪の水の対決、霊の力の救出

**§58**　それから私はその悪霊を通して水に降りてゆくだろう。すると、水はつむじ風となり、火は炎となって、私に逆らうだろう。それから私は「信仰」の光と消しがたき火を着た後、水から上がってくるだろう。それは、霊*の力が、私に促されて、(向こうに)渡るためである。すなわち、風と悪霊と星たちによって被造物の中に散らされていた霊の力が。そして、彼らの間ではあらゆる淫行が満ちるであろう。

## 二三　結　び

**§59**　そして最後にシェームよ、お前は自分自身を省み、光の認識*において成長しなさい。そして、お前の思考を火とも暗黒の肉体*——これは汚れた業《わざ》である(1)——とも交わらせてはいけない。私がお前に教えたこれらのことは、正しいことがらである。

# IV　「証し」の釈義

**§60**　以下がその釈義である(2)。なぜなら、お前はお前の種族が他でもない天球から救い出されたということを覚

えていないからだ。

エロールカイオス(Elôrchaios)とはあの大いなる光の名前、すなわち、私がそこからやってきた場所、比肩するもののないことば(ロゴス*)のことである。そして、その似像*は私の誉れある衣である。

また、デルデケアス(Derdekeas)とは[ ±2 ](3)、【33】光の声(4)で語[った]者のことで[ある](5)。

ストロファイア(Strophaia)とは祝福された輝き、すなわち霊*のことである。そして、ケルケアク(Chelkeak)とは私の衣のことである。彼は驚愕からやって来た。彼は処女膜の雲の中にいて、三態の雲(6)の姿で現れた者である。

また、ケルケア(Chelkea)とは私の衣のことで、二つのかたちをしていた。沈黙の雲の中にいたのは彼である(7)。ケルケ(Chelke)とは私の衣のことで、それは彼にあらゆる領域(8)から与えられたものである。それは偉大さの手から、唯一のかたちで彼に与えられた。中間の場所*の雲の中にいたのが彼である(9)。すでに言及した光の星(10)とは、私が陰府(ハデス)でまとった不敗の衣(11)のことである。これ(光の星)は証しする者

---

(1) §44注(7)参照。

(2) 直訳では「これがその釈義である」。§59までに対する結びの文章と解する(フィッシャー)のは少数意見で、以下に続く部分に対する小見出しと見做すのが定説。本文書の表題「シェームの釈義」もこの小見出しに由来する。

(3) ウィッセは「[私]のヌ[ース]」と推定。

(4) **41** 8—9(§71)ではデルデケアスは「火の声」で語ったことになっている。

(5) 以上、ウィッセの読解に従う。クラウゼは「デルデケアスは光の声で語った彼の話の[名]前である」。

(6) **12** 25—26(§24)、**17** 3—4(§31)参照。

(7) **17** 5—10(§31)参照。

(8) 直訳は「部分」。

(9) §33参照。

(10) ここまでのところで「光の星」についての言及はない。ウィッセは**31** 7(§56)の「アイレウー」と推定的に同定す

たちの考えと証言を越える恵みのことである。そして、その証しについてはすでに語られた。[1] すなわち、最初で最後のもの、「信仰」、闇の風の叡知。[2]*

ソファイア（Sophaia）とサファイナ（Saphaina）[3]は、混沌の火から分離された者たちの雲の中にいる。義なる火花とはお前たちの間で輝いた光の雲のことである。すなわち、私の衣はそれに乗ってカオス*へと降りてゆくであろう。

しかし、【34】強力で闇の中に現れた不純な光、これは暗黒のピュシスに属する。そして、上なる大気、下なる大気、諸々の力と権威たち*、悪霊たち、そして星たち、これらの者たちは一片[4]の火と霊からくる光を備えていた。また、モリュクタス（Molychthas）とは一つの風のことである。なぜなら、それなしでは何一つ地上に生み出されないからである。彼は蛇と一角獣に似ている。彼の突起部はさまざまなかたちの翼から成る。（以上の最後に）残るものは沸き立つ子宮*である。[5]

## V　デルデケアスからシェームへの黙示（続き）

### 一　シェームの種族の救い

**§61**　シェームよ、お前は幸いである。なぜなら、お前の種族は多くの顔つきをした暗黒の風から救い出されたからである。そして彼らは、普遍的な証言[6]のこと、「信仰」[7]の汚れた愛撫のことを証しするだろう。そして、光を想起することによって、心を高めるだろう。

シェームよ、肉体*を負っている者は誰一人、これらのことを仕上げることはできない。しかし、想起によって彼は摑むことができるだろう。そのようにして、彼の思考が肉体を離れるならば、(8)その時にこれらのことが彼に示されることになるだろう。それらのことはおまえの種族には(すでに)明らかにされている。

シェームよ、肉体を負っている者には、誰であれ、[これらのこ]とを仕上げるのは、[すでに]お前に言った[通り]、困難なのである。【35】そして、それらのことを仕上げるのはほんの少数の者たち、すなわち、一片のヌース*、霊*の光の認識*を持ち合わせている者たちだけである。彼らは自分たちのヌースを汚れた愛撫から守るであろう。(9)

## 二　ピュシスの種族の運命

**§62** ピュシスの種族の多くの者たちは力による庇護を捜し求めるだろう。しかし、彼らはそれを見いだすことも、「信仰」が意志することを行なうこともできないだろう。なぜなら、彼らは普遍的な悪の種子*だからである。彼

る。

(11)　§18注(12)、§72参照。

---

(1)　§56の最終行、§57の第一行参照。

(2)　「これ(光の星)は証しする者たちの考え」以下ここまでは、構文の解釈が困難で、正確な文意が取りにくい。

(3)　§57と§78の同じリストと比べると、中間の「サファイア」が筆写ミスで脱落。

(4)　§45注(3)参照。

(5)　§56―57、78のリストと比べると、「ソーク」が筆写ミスで脱落。

(6)　§53注(4)参照。

(7)　ウィッセは「闇の」と修正することを提案している。

(8)　§2、78(第一行)参照。

(9)　本文書の著者の性的禁欲主義を裏付ける文章。

らは多くの艱難に出会うだろう。風と悪霊たちも彼らを憎むだろう。肉体の鎖*は過酷である。すなわち、風、星、そして悪霊たちが霊*の力によって投げ捨てられるところ、(そこで)彼らの上に悔い改めと証しが現れ、恵みが彼らを生まれざる霊のもとへ導くだろう。そして、その時悔い改める者たちは、完成と「信仰」の内に、処女膜の場所で安らぐだろう。この「信仰」が虚ろにされていた場所を満たすだろう。しかし、光の霊にもこの「信仰」にも与らない者たちは、[闇]の中で、すなわち、**【36】**悔い改めが訪れなかった場[所]で、解消されてしまうだろう。

## 三　救い主・啓示者デルデケアス

**§63**　太初から閉じられていた永遠の門[1]を開けたのはこの私である。彼[2]はそれらの門を、質の高い生活を望み、安息*にもふさわしい者たちに現した。感受性のある者たちに知覚を恵んだのはこの私である。私は彼らに義なる者[3]についてのあらゆる考えと教えを開示した。私は決して彼らの敵にはならなかった。しかし、私は、この世界の怒りに耐えたとき、勝利を収めた[4]。私を知っている者は誰もいなかった。諸々の火の門と果てしない硝煙が私に逆らって開いた。あらゆる風が私に逆らって吹きすさんだ[5]。雷と稲光がしばらくの間、私に向かって沸き起こるだろう。そして彼らの怒りを私の上にもたらすだろう。そして、彼らは、私のゆえに、肉*に従って、彼[6]らの上に種族ごとに支配するだろう。

## 四　不純な洗礼の鎖

**§64** 迷わす肉*を負っている多くの者たちは、風と悪霊たちの手によって、害する水へと降りてゆくだろう。[7] そして、彼らはその水に現に縛られている。それ(水)が行なう癒しは無駄な治療になるだろう。それは迷いに導き、世界を束縛するだろう。そして、ピュシスの意志を行なう者たち、彼らの部分は「±18(途中±3文字の痕跡)」**【37】**邪悪な[8]水とピュシスの諸々のかたちの中で二回。[9] しかし、彼らがそうすること[10]は、「信仰」が彼らを滅ぼして、あの義なる者を自分のもとに受け入れる時には、叶わないことになるだろう。

---

(1) 複数形。
(2) 人称変化が唐突な箇所。ウィッセは「私は」と修正することを提案している。
(3) §48注(3)参照。
(4) ここにイエスの受難と復活の暗示を読み取る解釈(フィッシャー)がある。§52注(3)、§55注(4)、§68注(1)も参照。
(5) マニ教神話における「闇の大地」の描写(Fihrist 94)に似る。
(6) 指示対象不詳。
(7) これは水の洗礼に対する激しい拒絶発言であり、§54—55を受け、次の§65につながる。真証§36にも同質の拒絶発言がある。但し、ここで拒絶されているのが、同時代のキリスト教正統主義の洗礼式なのか、それとも洗礼者ヨハネも含むユダヤ教の内外での洗礼運動(クムラン教団、マンダ教団など)の洗礼儀礼なのか、はっきりしない。
(8) 原文は pehoou で直訳すると「日」。これをクラウゼと共に pethoou と修正する訳。
(9) この副詞句の構文上の役割は不詳。
(10) 「そうすること」が何を指すかは、先行する本文が欠損しているため不詳。

**§65** シェームよ、思考がロゴス*（ことば）によって呼ばれ、霊*の力の鎖が恐怖の水から[1]救い出されることが必要である。そして、誰であれ、高貴なことを瞑想し、高貴な時間と鎖のことを知ることがゆるされるならば、それは幸いなことである。なぜなら、その水はもっとも卑小なからだである。そして、人間たちは解放されない。彼らはその水に縛られているからである。その有り様は、ちょうど霊の光が太初から縛られているのと同じである。

シェームよ、彼らはさまざまな種類の悪霊たちによって騙されているのである。そして、暗くて虚弱で怠惰で害する水が、汚れた洗礼*によって、諸々の罪を取り除いてくれるなどと考えている。そして、彼らは知らないのである。その水からその水へ鎖が繋がっていることを。また、迷い、淫行、妬み、殺し、不倫、偽証、分派、略奪、欲望、広言、怒り、苦渋、大きな誹［謗 ±10 ］**【38】**それゆえ、多くの死が存在して、彼らの思考に重荷を負わせているのである。

**§66** すなわち、私は理解力[2]のある者たちにこのことを予め告げるのである。彼らは不純な洗礼*から身を引くだろう。また、霊*の光から理解力を受ける者たちは、あの不潔な愛撫とは係わらないだろう。そして、彼らの心は弱まることがないだろう。彼らは呪うことも、その水を讃えること〈も〉ないだろう。呪いのあるところ、そこに欠乏*がある。名誉があるところ、そこに盲目がある。なぜなら、彼らは邪悪な者たちと混じり合うと、その暗黒の水の中で空っぽになってしまうからである。すなわち、その水が名前を呼ばれたところ、そこにピュシス、誓い、虚偽、損失がある。なぜなら、生まれざる霊の中、すなわち高貴な光が安らぐところ、そこでのみ、これまでその水の名前が呼ばれることがなかったし、これからもないであろうから。

## 五　デルデケアスの使命の終了

**§67**　すなわち、これが私の啓示である。地上で割り当てられた時を満たした時には、私は［闇］の［衣］(3)を投げ捨てるだろう。［そ］して、**【39】**並ぶもののない私の衣が私の上に輝くだろう。また、霊*の驚愕から生じたすべての雲の中で私が身に着けた他の衣も（私の上に輝くだろう）。すなわち、大気が私の衣を引き裂くだろう。(4)そして、私の衣は輝き、あらゆる雲を引き裂いて昇り、ついに光の根源に至るだろう。ヌース*は安息*であり、私の衣である。私のその他の衣、すなわち、左側の衣と右側の衣は後ろ側から輝くだろう。それは光の像*が現れるためである。なぜなら、私が三つの雲の中で着た衣は(5)、最後の日に、それらの根源で、つまり、生まれざる霊の中で、安らぐだろうから。なぜなら、それらの雲の分裂によって、それらの衣には欠乏*がないからである。(6)

**§68**　それゆえ、私は欠けのない者として、それらの雲のために現れた。それはそれらの雲が（私に）比すべくもないからであり、ピュシスの邪悪が終りを迎えるためである。すなわち、彼女（ピュシス）はまさにその時私を拉致

(1)　**19** 32―33（§36）に照らして、「霊の力が恐怖の水の鎖から」と修正すべきであろう。
(2)　原文のコプト語 ountou hēt の正確な語義は不詳。
(3)　クラウゼの復元に従う。ウィッセは復元を断念している。
(4)　おそらく主語と目的語を入れ換えて、「私の衣が大気を引き裂く」と修正すべきであろう。
(5)　複数形。
(6)　以上このパラグラフ全体を貫く「衣」の隠喩に関しては、§18注(12)参照。

したいと欲していた。彼女はまさにソルダス——すなわち、暗黒の炎、迷いを仕〔上〕げるためにやって来た者——を固くして[1]、彼に私を拉致させようとするところだった。【40】彼女は虚栄心から自分の信仰を気遣かった。

## 六　レブエールの斬首の予告

**§69**　まさにその瞬間、光が闇から離れようとした。そして、一つの声が被造物の中に聞こえた。それはこう告げた、『お前を見た目、私の意志に従ってお前の偉大さに耐えたヌース*は幸いである[2]』。(さらに)上からこう告げられるだろう、『人間のあらゆる種族の中で、レブエール[3]よ、お前こそが幸いである。なぜなら、お前[4]だけが見たのだから』。そして、彼女(レブエール)は聞くだろう。

**§70**　しかし、彼らはその女、すなわち、知覚を持ち、お前が地上で啓示するであろうその女の頭をはねるだろう[5]。そして、彼女は、私の意志によって、証しをするだろう。そして、ピュシスとカオス*のあらゆる虚しい労苦から離れて、安らぐだろう。すなわち、その時頭をはねられる女とは、あの悪霊[6]の力の支えのことである。その悪霊は暗黒の種子*に過酷な洗礼*を施して、その種子を淫行に染まらせるだろう。彼は一人の女を生んだ。その女がレブエールと呼ばれたのである[7]。

## 七　結び

**§71** 見なさい、シェームよ、私がこれまで語ってきたことはすべてその通り実現してきた。[そ]して、お前がまだ欠いている[ことはすべて]、**【41】**私の意志によって、お前がそれらをあるがままに現すべきその場所で、お前に示されるだろう。お前の思考を肉体*と係わらせてはいけない。私はこれらのことを、火の声[8]を通して、お前に告げた。それは私が雲[9]の真ん中に入ったからである。私は一人ひとりの言語で語った。これがお前に語った私の言語である。そして、それはやがてお前から取り去られるだろう。そして、お前は地上でこの世界の声で語るだろう[10]。それ[11]はお前に顔と声で明らかになるだろう。私がお前に語ったすべてのことも。お前は今から後は信仰に歩んで、被造物の底で輝きなさい」[12]。

---

（1） 「固くして」の原語はギリシア語 pêssein. 文脈上何を意味するのかよく分からない。ソルダスを地上のイエスと同定して、ここにイエスの十字架刑の暗示を読む解釈（ロベルジュ）がある。§70注（7）参照。

（2） 文言の上でルカ一〇23に部分的に似る。

（3） 後続が示すように女性名。語義は不詳であるが、§70では洗礼者ヨハネが「生んだ」女。

（4） 女性・単数形。

（5） 後続から推すと、洗礼者ヨハネの斬首事件（マコ六14-29参照）のことを指す。

（6） 単数形。§55を受けて、洗礼者ヨハネを指す。

（7） §69と合わせて判断すると、洗礼者ヨハネの水の洗礼は悪の行為であるが、そのヨハネが「生んだ」女レブエールはプラスの価値となる。このレブエールについては、洗礼者ヨハネの洗礼と区別された使信（メッセージ）を限定的に指すとする説（フィッシャー）とイエスの十字架刑の救済論的側面を指すとする説（ロベルジュ）があるが、いずれも説得的ではない。

（8） **33**[1]（§60）の「光の声」に注意。

（9） 複数形。

（10） ここまでのデルデケアスの黙示は地上的世界の言語ではなかったということ。

（11） 三人称・男性・単数形の人称代名詞。指示対象不詳。

（12） この引用符は§3の冒頭の引用符に対応する。

# VI シェームによる黙示

## 一 シェームの脱魂状態の終了

§72 さて、私シェームは、まるで深い眠りから覚めるように目覚めた。私は光の力とそのすべての思考を受けたとき、驚いた。そして、「信仰」とともに歩んだ。それが私とともに輝くように(1)。すると、義なる者が私の不敗の(2)衣を着てわれわれの後ろに従った。

## 二 世界の終末に関するシェームの予言

§73 そして、やがて地上に起きるだろうと彼が私に告げたすべてのことが、その通り起きた。ピュシスは「信仰」に引き渡された。それは「信仰」がピュシスを転覆し、闇の中に立つ(3)ためであった。彼女(ピュシス)は、【42】行きつ戻りつしながら(4)、「裸に」なり、夜も昼も魂*に安息*を得なかった(5)。これらが彼女の業《わざ》の仕上げとなった。

§74 その時私は光の思考の中で喜んだ。私は闇から抜け出て、「信仰」の内に、ピュシスの諸々のかたち(6)が在る場所を、地の頂まで、予め備えられたもののもとまで歩んだ。お前の(7)「信仰」は一日中地の上に在る。なぜなら、「信仰」は夜も昼も何時もピュシスを取り囲み、義なる(8)者を受け取るであろうから。すなわち、ピュシスは重荷を負い、混乱している。なぜなら、（彼女の）陰門のかたち[9]を開くことができるのは、それらの外見に慣れたヌース*一人の外には、誰もいないであろうから。すなわち、ピュシスの二つのかたちの外見は恐ろしく、盲目なのである。

**§75**　しかし、自由な良心を備えた者たちは、多弁なピュシスから離れるものである。なぜなら、彼らは普遍的な証言を担うであろうから。彼らは闇の重荷を脱ぎ捨て、光のことば（ロゴス*）を着るだろう。そして、もはや卑小この上ない場所に**【43】**引き［止め］られはしないだろう。そして、ヌース*の力から得ているもの、それを彼らは「信仰」に渡すだろう。彼らは苦痛を味わうことなく、受け入れられるだろう。彼らが持っている混沌とした火[10]については、彼らはそれをピュシスの中間の場所*に残して行くだろう。そして、彼らは、私の衣[11]によって、雲[12]の中にいる者たちのもとへ連れて行かれるだろう。彼ら[13]が自分たちの肢体*を導いて行くのである。彼らは苦しむこと

（1）　原文は直訳すると「私は私と共に輝くように、信仰において歩んだ」で、「輝く」の意味上の主語がはっきりしない。
（2）　§18注（12）、§60注（11）参照。
（3）　クラウゼの読解に従う。ウィッセは「彼女（ピュシス）を闇の中に打ち立てる」。
（4）　創一2、§26注（4）、ヨハ・アポ§42参照。
（5）　彼女（ピュシス）は行きつ戻りつしながら」以下ここまで、ウィッセの読解に従う。クラウゼは「それ（信仰）は身を引き、夜も昼も進んだので、また、魂に安息を得なかったので、［動］揺を引き起こした」。
（6）　§39注（1）参照。
（7）　この「お前」が誰を指すのか不明。ここではシェームが黙示の語り手であり、その聞き手のことか。
（8）　§80注（2）参照。
（9）　複数形。
（10）　§43注（5）参照。
（11）　複数形。
（12）　複数形。
（13）　指示対象が不鮮明。直前の「雲の中にいる者たち」か。

なく、霊の中に安息するであろう。

このゆえに、定められた「信仰」の期間が地の上に、暫くの間ではあるが現れたのである。そして、闇が「信仰」から取り去られ、私によって啓示された「信仰」の証しが現されるに至った。「信仰」の根っこからの者であることを証明する者たちは、やがて闇とカオス*の火を脱ぎ捨てるだろう。彼らはヌースの光を着て、証しをするだろう。なぜなら、私が語ったことはすべて、必ず実現しなければならないからである。

**§76** 私が地上に在ることを止めて、私の安息*へと立ち返って行った後には、大いなる悪しき迷いがこの世界に訪れるであろう。また、ピュシスのかたちの数に応じて、多くの悪が（訪れるだろう）。**【44】**災いの時が来るだろう。そして、ピュシスの時が滅びに近づくと、闇が地の上に広がるだろう。（残された日の）数は少ないだろう。そして、火のような姿をした一人の悪霊が力からやって来るだろう。彼は天を引き裂き、東の方の深淵で安らぐだろう。被造物全体が揺れ動くだろう。この世界は迷って、混乱に陥るだろう。そして、多くの場所が(1)風と悪霊たちの妬みのゆえに、洪水に没するだろう。彼ら（風と悪霊たち）には、フォルベア（Phorbea）とクロエルガ（Chloerga）(2)という、愚かしい名前がついている。彼らはその教えによってこの世界を支配している者たちである。彼らは無秩序と淫乱で多くの（人間たちの）心を迷わすだろう。多くの場所が血の飛沫を浴びるだろう。

**§77** そして、五つの種族(3)が自分たちだけで存続している。彼らは自分の息子たちを喰らうだろう。しかし、南の領域(4)は光のことば（ロゴス）*を受け入れるだろう。しかし、この世の迷いと東(5)から出てきた者たちは、〈〉(6)。蛇の腹から一人の悪霊が出てくるだろう。彼は**【45】**荒野(7)に隠れていたのである。彼は多くの奇蹟を行なうだろう。[8] そして、多くのものが彼を忌み嫌うだろう。彼の口からは女のようなかたちをした風が出てくるだろう。その名前はアバルフェー(Abalphê)[9]と呼ばれる。その名前は世界の東から西まで支配するだろう。それからピュシスの最後の時が来るだろう。そして、星たちは空からいなくなるだろう。迷妄の口が開き、邪悪な闇は無為となって、沈黙するだろう。最後の日には、ピュシスの諸々のかたちが、風とすべての悪霊たちもろともに滅ぼされるだろう。彼らは、太初にそうであったように、暗黒の塊と化するだろう。[10] そして、悪霊たちによって重荷を負わされていた甘い水は涸れるだろう。なぜなら、霊*の力が通りすぎたところ、そこには私の甘い水があるからである。ピュシスのその外の業《わざ》は現れないだろう。それらは無限の暗黒の水と混じり合うだろう。そして、彼女のすべてのかたちが中間の場所*からなくなるだろう。

(1) 語義不詳。
(2) 語義不詳。
(3) マニ教神話に言う「暗黒の五つの種族」と「光の五つの種族」に似る(Fihrist 89)。
(4) マニ教神話における東西南北の意味について§57注(10)参照。
(5) 前注参照。
(6) 一定量の本文が脱落していると思われる箇所。
(7) 黙一三6参照。
(8) 黙一三13参照。
(9) 語義不詳。
(10) 「暗黒の塊」はマニ教神話の始源論と終末論に独特な術語。ボストラのティトス(三七八年以前の没)『マニ教徒反駁』I, 30、ヘゲモニウス(四世紀半ば)『司教アルケラオスとマニの論争録』XI にその証言がある。Fihrist 90 は術語というよりは、物語の語り口で同じことを証言している。

## 三　シェームが「証し」を暗唱する

§78 私シェームがすべてこれらのことを完成した。私の心は暗黒の肉体*から分離し始めた。私の【46】時間[1]が満ちた。私の心は不死の証しを着た。そして、私は言った[2]、「エロールカイオス(Elôrchaios)よ、私はあなたが私に現して下さった証しを是とします。また、アモイアイアス(Amoiaias)よ、セデルケアス(Sederkeas)[3]よ、あなたの無邪気よ、ストロフェアス(Stropheas)よ、ケルケアク(Chelkeak)よ、ケルケア(Chelkea)よ、ケルケ(Chelke)よ、そして、エライオス(Elaios)[4]よ。あなたがたは不死なる証しです。私はあなたのことを証しします、消し難き者、火花よ、天の眼、光の声よ。また、ソファイア(Sophaia)、サファイア(Saphaia)、サファイナ(Saphaina)、義なる火花、「信仰」、第一の者、最後の者、上の大気、下の大気《また、あなたケルケアク、ケルケ、エライオスよ。あなたがたは不死の証しです。私はあなたのことを証しします、消し難き者、火花よ、天の眼、光の声よ。また、ソファイア、サファイア、サファイナ、義なる火花、「信仰」、第一の者、最後の者、上なる大気、下なる大気》被造物の中に在るすべての力と権威*たちよ。そして、お前、不純な光よ、お前、東よ、お前、西よ、お前、南よ、お前、北よ、お前たちは【47】人間世界の領域[5]である。そして、お前モリュクタ[6](Molychtha)、また、エッソーク(Essôch)[7]、お前たちは邪悪の根、ピュシスのあらゆる業《わざ》と汚れた営み」。これらのことを私は想起し終った。

# 四　シェームが脱魂状態での天空の旅について報告する

**§79** 私はシェーム。その日私は今まさに肉体＊から抜け出ようとしていた。私の思考が肉体の中に留まっている間に、私はまるで深い眠りから覚めるように目覚めた。そして、あたかも肉体という重荷から立ち上がるかのように立ち上がった時、私はこう言った、「すでにピュシスが老いたように[8]、人類のその日も同様である。眠っている間に、自分たちの思考が一体どのような力の中に休らいでいるのかを知った者たちは幸いである」。プレアデス(昴)が裂けたとき、私は通り抜けて行くべき雲を見た。すなわち、霊の雲は純粋な緑柱石のようである。また、処女膜の雲は輝くエメラルドのようであり、沈黙の雲は咲き誇る不凋花のよう、中間の場所＊の雲は藍玉のようである[9]。

---

(1)「時」の原語はギリシア語で「クロノス」。

(2) 以下の直接話法は§56―57でデルデケアスがシェームに啓示し、§60で解説(釈義)した「証し」をシェームが想起・暗唱するもの。おそらく、シェームとその種族、すなわち、グノーシス主義者のヌースは、地上から生まれざる霊と光の世界へ帰昇してゆく途中で、諸々の天球(§56注(6)参照)を通過しなければならないと考えられていて、その通過のための合言葉として以下の「証し」が暗唱されるのである。

(3) デルデケアス(Derdekeas)の書き間違い。

(4) おそらく31 7(§56)の「アイレウー」(Aileou)と同じ。

(5) 原語はギリシア語の「クリマックス」(klimax)で「梯子」の意。これをウィッセに従って「領域」(kilma)と修正する訳。

(6) 女性・単数形。しかし、§57では同じ「モリュクタ」が男性形で呼びかけられている。

(7) §57では「ソーク」(Sôch)。

(8)「ピュシスが老いた」はラテン語エズラ五55が言う「被造物は老化して」に似る。

(9) シェームの報告はここで突然中断し、以下は再びデル

# VII　デルデケアスからシェームへの黙示(続き)

## 一　最後の完成

**§80**　「そして、義なる者がピュシスの中に現れた時[1]、その時、ピュシスは怒って、痛みを覚えた。彼女は【48】モルファイア(Morphaia)[2]に探査して天にまで至ることを許した。それは一つの時で十二の時を訪れるようにするため、そうして彼の時が素早く満ちて、ピュシスが無為となるためである。一方、義なる者は十二の時[3]を訪れる。死の預託金、すなわち、重荷を負わす暗黒の水から身を守る者たちは幸いである。なぜなら、彼らを僅かな時間で打ち負かすことは至難の業《わざ》であろうから。というのも、彼らはこの世界の迷妄から脱出しようと急いでいるからである。もし打ち負かされる時には、彼らは引き止められて、終りの時まで暗黒の中で苦しめられるだろう。終りが到来して、ピュシスが破壊されたならば、その時初めて彼らの思考は闇から分離されるだろう。すなわち、ピュシスは彼らにほんの短い期間だけ重荷を負わせたのである。そして、彼らは生まれざる霊のえも言われぬ光の中に在って、かたちを持たないだろう。私が初めから言ってきたように、叡知*については以上のようになるであろう。

## 二　シェームへの最後の勧告

§81 今から後は、シェームよ、恵みの内に歩み、地にあって「信仰」を貫きなさい。なぜなら、あらゆる光と火の力が私によって、【49】お前のために、完成されるだろうから。お前がいなくては、それら(4)は啓示されないだろう。お前が公に語るまでは。お前が地上に在ることを止めるときには、それらはふさわしい者たちの手に渡されるだろう。彼らには、この解明とは別に、お前についても地の上で語らせなさい。なぜなら、彼らは軽やかな調和の土地を手に入れるのだから」。

---

デケアスがシェームに語る黙示となる。本文書は構成上未完の書であると思われる。

(1) ウィッセはこの後に一定量の本文の脱落を想定する。しかし、以下の訳はクラウゼの読解に従う。

(2) 前後の文脈から推すと「モルファイア」は後続の「義なる者」の名前。

(3) 「時」の原語はギリシアで「カイロス」。マニ教神話の終末論では「第三の使者」が自分の補助者として「十二人の処女」を呼び出す(Th. b. Kônai 316, 1-3)。

(4) 指示対象不詳。後続から推すと、やがてシェームが「公に語る」べきこと、つまり、今正に終ろうとしているデルデケアスの黙示を指す。

# 大いなるセツの第二の教え

筒井賢治訳

## 内容構成

導入(§1―2)
救済神話(§3―24)
説教(救済の約束)(§25―32)
旧約聖書・正統教会批判(§33―48)
説教(教会の一致について)(§49―62)

### 神話に登場する主な役柄と概念

1　大いなる者(§1他)　＝至高神。父、(真理の)「人間」、「存在する者」とも。
2　母(§1)
3　子(§1他)　＝人の子、イエス、キリスト、「私」(本文書の語り手)。
4　ソフィア(§5、6、9)　＝この世に降り、娼婦(§5)となっている。エンノイアたちと「子」のために身体を準備する。
5　エンノイアたち(§3)　＝下の世界にいて、上の世界への救済を待っている。

6　（天の）教会（§3、5、11他）＝プレーローマの構成員からなる共同体。本文書の担い手であるグノーシス主義教会の天における原像。

7　コスモクラトール（§10他）＝創造神。ヤルダバオート（§12、59）とも。

8　アルコーンたち（§7他）＝コスモクラトールの配下で、一緒にこの世および正統教会を支配している。

9　アドーナイオス（§9、17）＝元来はアルコーンの一人であるが、ソフィアが降ってきた時にコスモクラトールに反乱する。

---

**§1**　【49】しかし、(1)完全な大いなる者(2)は、彼らすべての、そしてあなたがたすべての母の真理(3)の中で、言い表せない光の内に憩っている。完全なのは私ただ一人であり〈　〉私に到達する者たち〈　〉言葉ゆえに〈　〉(4)。なぜなら、私は霊*の大いなるもの(5)全体と一緒にいるからである。それ（霊）は私たちの、そして同じく同族の者たちの友である(6)。私は、私たちの父の栄光のために、彼の慈しみ(7)と滅びることのない思考とを通して言葉を発した——すなわち彼の内にある言葉*を。

**§2**　それゆえ、私たちが「キリストと共に」——（すなわち）滅びることも汚れることもない思考と共に——「死ぬ」なら、それは奴隷（になること）に他ならない(8)。（それは）理解しがたい奇蹟(9)（である）。私たちから出る、説明しがたい水についての書物(10)、それはこの言葉である——「あなたがたの内にいるのは私であり、あなたがたは私の内にいる。ちょうど父があなたがたの内に(11)悪意なく(12)いるのと同様に(13)」。

§3 【50】「われわれは集まって(天の)教会(の会合)を開こう。われわれは彼[14]の創造物を訪問しよう。われわれは誰かをその中へ遣わし、下の部分(世界)のエンノイアたち[15]を訪問させよう[16]」。このように私は、喜ぶ大いなる者[17]に属する大いなる教会の全群衆に向かって言った。真理の父の家全体はこれを喜んだ。私も彼らの一員なので[18]、私は汚れることのない霊*から出たエンノイアについて、水の上への[19]、すなわち下の部分(世界)への下降について

(1) 巻末の本文書解説参照。
(2) 原語は抽象名詞。直訳すれば「偉大さ」「大きさ」。ここでは至高神のことであろう。
(3) あるいは「真理」と「母」を同格と解釈して、「真理の中に、(すなわち)彼らすべての、そしてあなたがたすべての母の中に」と訳す案がある。
(4) テキストが壊れていると思われる。なお「私に到達する者たち」と訳した原文は、「私に関わる事柄」という意味にもなり得る。
(5) この「大なるもの」は意味的にみて至高神のことではないと思われる。プレーローマのことか。
(6) ヨハ一四15以下の聖霊(パラクレートス)論とイメージ的に類似しているという指摘がある。
(7) あるいは「キリスト性」。ギリシア語でChristos(キリスト)とchrēstos(至善の、慈しみ深い)とが実質的に同じ発音であったため、両語の無意識の混同や意識的な同一視が広く行なわれた。
(8) 「キリストと共に死ぬ」という救済・洗礼理解(ロマ六3-11、コロ二20等参照)に対する批判。§33注(8)も参照。「(再び)奴隷になる」という表現はガラ四9等にも見られる。
(9) あるいは「謎」「秘義」。
(10) 「しるし」と訳す案もある。「水について」という説明が付いていることから、何らかの洗礼儀式が前提されていると思われる(§37も参照)。
(11) テキスト欠落を想定して、「〈私と〉あなたがたの内に」と補う提案がある。
(12) この「悪意なく」を次の文に掛けて、「悪意なく、われわれは集まって(天の)教会(の会合)を開こう」と解釈することもできる。
(13) ヨハ一七21-23参照。
(14) 創造神コスモクラトール=ヤルダバオート。
(15) 以下、ennoiaというギリシア語の女性名詞が本来の意味「思い」と人格化された意味との両方で用いられる。

提案したのである。

**§4** 彼らは思い(エンノイア)を一つにした。それ(思い)は一つから出たからである。彼らは私に指令を下した。私は喜んで出発した。私の同族の者たちと仲間である霊*たちとに栄光を啓示するために。

**§5** なぜなら、世にいた者たちは、われわれの姉妹であるソフィア*の意志で準備されたのである。悪意の欠如のゆえに(1)娼婦となっている彼女の(意志で)。彼女は派遣されたのでもなく、彼女が全体者に、あるいは(天の)教会の大いなるものに、あるいはプレーローマ*に、何かを願ったのでもない――彼女がかつて【51】光の子と同労者たちのために住む所と場所(2)を準備するため出ていった時に。彼女は下にある諸元素を取り、身体*という家を彼らのために組み立てた。しかし彼らは虚しい考えに陥り、彼らが住みついた家の中で破滅してしまった。

**§6** それら(家)を準備したのはソフィア*なので、彼らは再生の言葉を受け取ろうと待ち受けている――言い表せない一者による、(上で)待っている者たち全員の大いなる(天の)教会による、そして私の中にある者たちによる(再生の言葉を)。

**§7** 私は身体的な家を訪問した。私はその中にすでに入っていた者を追い出し、そして私自身がその中に入った。アルコーン*たちの大群全体は混乱した。アルコーンたちの物質*全体は、地で生まれた諸力(3)*と共に、混合した似像*の姿を見て震えた。それ(似像)の中にいたのは私であり、以前にそこに入っていた者には似ていなかった。

なぜなら、彼は【52】世に属する人間であったが、私の方は諸天よりもさらに上から来たのだから。

**§8** 私は彼らを斥けず、むしろキリストになった。[4] しかし私は自分を、彼らに対して、私から出る愛においては啓示しなかった。[5] 私は、私が下にある部分（世界*）においてよそ者であることを示した。

**§9** 世の場所全体において大きな混乱が、そして騒動と逃亡が起きた。そしてアルコーン*たちの計略（も混乱した）。しかしある人々は、私によって行なわれた大いなる業《わざ》を目にして、私を信じた。そして降った者たち全員は逃げる〈　〉そして下の種族〈　〉玉座から希望のソフィアのもとへ逃げた者〈　〉。[6] 彼女（ソフィア）が以

前者の場合には「思い（エンノイア）」、後者の場合には単に「エンノイア」と訳す。ここでは「エンノイア」が複数形で使われており、「エンノイアの分身たち」というような意味になっている。

（16）「分離させよう」（＝救い出させよう）という意味に解釈する説もある。

（17）至高神あるいはプレーローマ。

（18）この句を前文に掛ける解釈案もある。

（19）「水の上へ来る」という言い回しはアダ黙§30以下（何度も）、シェーム§58にも見られる。

---

（1）解釈困難。この句を「悪意を消去するために」と解釈する説があるが、「悪意の欠如」がコプト語では一語（mnt-atkakjia）で表現されているため難しい。

（2）ヨハ一四2で「住む所」と「場所」の両語が一緒に使われている。

（3）直訳すれば「地の出産の諸力」。

（4）コプト語の構文がおかしく、テキストが崩れている。なお、「キリスト」は「至善なる者」と解釈することもできる。§1注（7）参照。

（5）ヨハ一四22とその前後を参照。

（6）この文は解釈不可能。テキストが壊れていると考えられる。主動詞「逃げる」は現在の習慣・習性を意味する形。「玉座から希望のソフィアのもとへ逃げた者」は、続く記述や§17から判断してアドーナイオス（次注参照）のことであろう。「希望のソフィア」と（とりあえず）訳した部分は、

前、私たちのために、そして私と一緒にいた者たち、（すなわち）アドーナイオス[1]の種族から出た者たちすべてのために、合図を与えてあったからである。

**§10** また他の人々も逃げた。あたかも、コスモクラトール[2]および彼と一緒にいる者たちによって。彼らが私にあらゆる懲罰を加えたからである[3]。

**§11** そして彼らの理性の逃亡も生じた——私について何を計略すべきかに関して。というのは、彼らは（彼らにとっての）「大いなるもの[4]」がすべてだと思っており、「人間[5]*」についても、また（天の）教会の大いなるもの全体についても、偽りの証言を語ったからである。**【53】**彼らは、誰が真理の父、大いなるものに属する「人間」であるかを知ることができなかった。

**§12** 彼らはこの名[6]を穢れ[7]と無知のゆえに名乗ったのである。それ[8]はアダム*の破壊のために彼らが創造した燃焼と容器[9]であり、彼らが同じく彼らに属する者たちに着せるために生み出したもの[10]である。しかし彼ら[11]、ヤルダバオート*の場所に属するアルコーン*たちは、天使たちの軌道[12]を啓示した。これは人類が、「真理の人間[13]」を知らなかったために、追いかけ続けていたものである。

**§13** なぜなら、アダム*が、すなわち彼らが創った者が彼らに現れたからである[14]。しかし彼らの家全体において、恐れゆえの動揺が起きた。もしや、彼らを取り巻く天使たちが離反するのではないか、と。なぜなら、賞め讃えていた者たちのゆえに[15]私は死んだのである――(但し)現実にではなく。なぜなら彼らの大天使は虚しかったからである[16]。

**§14** そしてその時、コスモクラトールの声が天使たちに降った、「私が神であり、私以外に他(の神)はいない[17]」。しかし私は、彼の虚しい思い込みを考え、喜んで笑った。しかし彼はさらに言った、**【54】**「『人間*』とは何者か[18]」。

---

§17を参考にして「ソフィア、すなわち希望」と解釈することもできる。

(1) 元来は旧約聖書における神の呼称の一つ。本文書では創造神であるコスモクラトール(次注参照)と対立する存在として描かれている。§17にも言及がある。本文書の解説参照。

(2) 「世界支配者」「宇宙支配者」という意味のギリシア語。

(3) この段落も解釈が困難。福音書の受難物語においてイエスが逮捕された後に逃げ出す弟子たちのこと(マタ二六56並行)を指しているのであろうか。

(4) 至高のプレーローマを指すべき表現であるが、コスモクラトールとアルコーンたちはそれを知らず、自分たちの領域を「大いなるもの」と呼んで得意になっている、という非難。

(5) 至高神。数行後の「人間」を参照。また巻末の用語解説の「第一の人間」の項を参照。

(6) 「人間」という名。「アダム」の元来の意味でもある。

(7) 写本の読みは「塗油」。

(8) この代名詞(関係詞)が何を受けるのか不詳。構文的にも少々不自然な文。文の内容から見れば人間の身体を指しているはずである。

(9) Ⅱコリ四7(人間=「土の器」)、またシェーム§59参照。

(10) 身体を(魂の)衣装とする観念が前提されている。§62の「肉体の雲」という表現も参照。

(11) ギリシア語の接続詞 alla がそのまま書かれているが、どうして逆接なのか不詳。

(12) 惑星天。星辰信仰が創造神と結びつけられ、斥けられている。

(13) 至高神。

(14) ヨハ・アポ§45―46、アルコ§4参照。

(15) 「賞め讃えていた者たちなしで」とも訳せる。具体的意味は分からない。

(16) 意味不詳。「大天使」とはコスモクラトール=創造神のことか。

天使たちの軍団全体は、アダム*と彼の家を見て、彼の小ささを笑った。そしてこうして彼らの思い（エンノイア）は諸天の大いなる者から離れ去った。すなわち彼らが、その名が小さな住処に住んでいるのを見た、真理の人間[1]から。彼らが虚しい思い（エンノイア）の中で愚かで小さいため——すなわち彼らの笑い——それは彼らの穢れであった[2]。

§**15** 霊の父性の大いなるもの[3]全体は自らの場所に憩っており、私はそれと一緒にいた。私は唯一の流出の思い（エンノイア）を持っているからである。永遠なる者たち、汚され得ない、測ることのできない、不可知の者たちからの（流出の思いを）。

§**16** 私はそれを、すなわち小さな思い（エンノイア）を、世の中へと置いた。彼らを混乱させ、天使たちとアルコーン*たちの大群全体を恐れさせた後で。私は彼らすべてのもとを、私の思い（エンノイア）のために、火と炎をもって訪れた[4]。そして彼らは、すべての行ないを、私ゆえに行なったのである。

§**17** 混乱と争いがセラフィムたちとケルビムたち[5]の周囲で起こった。彼らの栄光が消滅することになるからである。【**55**】そしてアドーナイオスの周囲の騒動が、こちら側と向こう側で、また彼らの家で、そしてコスモクラトール（のもと）まで（広がった[6]）——さらにある者は「彼を捕らえよう[7]」と、さらに他の者は「計画を実現させてはならない[8]」と言った。なぜなら、アドーナイオスは私を「希望[9]」のゆえに知っているからである。

**§18** しかし私はライオン[10]たちの口の中にいた。そして、私について彼らが、自分たちの迷いと愚かさとの消滅のために[11]企んだ計略に対して、私は、彼らの計略の通りには争わなかった。私は全く苦しめられなかった。あの者たちは私に懲罰を加えたが、私は現実に死んだのではなく、見かけにおいてのみ(死んだの)である。私は彼らによって恥辱を被ることはなかった。なぜなら彼ら[12]は私の一部*なのだから。

**§19** 私は恥辱[13]を自分から切り離した。私は、彼らによって私に起きたことのゆえに憶病になることはなかった。(そうでなければ)私は恐れの奴隷になるところであった。しかし私は、彼らの眼と考えにおいて(のみ)打たれた

(17) イザ四五5、21、四六9。§47、またヨハ・アポ§35、41、エジ福§37、アルコ§2、23、起源§23等を参照。

(18) 詩八5にある言葉であるが、「人間」の両義性のため、創造神にとって無知と思い上がりゆえの命とりの発言となる。

---

(1) 至高神。

(2) テキストが壊れていると思われる。

(3) プレーローマのことであろう。

(4) ルカ二三49参照。

(5) 起源Ⅱ§32参照。

(6) どのような領域関係が前提されているのか不詳。

(7) マタ二六4及び並行箇所参照。

(8) イエス逮捕の場面での弟子たちの抵抗(マタ二六51及び並行箇所)、あるいはイエスを処刑させまいとしたピラトの画策(特にヨハ一八28—一九16)が暗示されているという解釈がある。

(9) §9注(6)参照。

(10) 受難の比喩であるが、ヤルダバオートがライオンの姿をしているという観念とも関係している可能性がある(ヨハ・アポ§28、起源Ⅱ§12参照)。

(11) あるいは、「消滅を防ぐために」という意味にも解釈できる。

(12) この「彼ら」は、これまでの文脈での「彼ら」、すなわち「私」を苦しめた者たちを指すのではないように見えるので、この文の前に何らかの欠落を想定するべきかもしれない。

(13) 身体を意味すると思われる。

のである。それによって、彼らについて[1]語るべき言葉が決して見いだされないように[2]。

§20 なぜなら、彼らが（本当に）起こったと考えた私の死は、彼らにとって、彼らの迷いと盲目において起こった（に過ぎない）のである[3]。彼らは、彼らの人間を釘付けにした。彼ら（自身）の死のために。なぜなら、彼らの思い（エンノイア）は【56】私を見なかったからである。彼らは耳が聞こえず、目が見えなかったのである。しかし彼らは、これらのことを行なうことによって、自分たちに裁きを下している。

§21 （確かに）彼らは私を見、私に懲罰を加えた。（しかし）胆汁と酢を飲んだ[4]のは別の者、彼らの父[5]であった。私ではなかったのである。彼らは葦で私を打っていた[6]。十字架を肩に担いだのは別の者、シモン[7]であった。彼らが茨の冠をかぶせた[8]のは別の者であった。

§22 私は喜んでいた——上から、アルコーン*たちのすべての富を、そして彼らの虚しい思い込みの迷いから出た子孫とを見下しながら。そして、彼らの無知を私は笑っていた。彼らの力すべてを私は奴隷にした。

§23 なぜなら、私が降りてきた時、誰も私を見なかった。私は私のかたちを変え続け、次から次へと姿を変化させていたからである。そしてそのため、私が彼らの門の前に来たとき、私は彼らの姿を装い続けていた。なぜなら、私は静かにそれ（門）を通り抜け、（それぞれの）場所を見、恐れず、恥じなかった。なぜなら、私は汚れていなかったからである。そして私は彼らと語り、私に属する者たちを通して彼らと交わり、そして【57】彼らの頑なさと妬みを踏みつけ、そして火を私は消した。これらすべてを、私は自分の意志で行なった。上なる父の意志に従って私が望んだものを成し遂げるために。

§24　そして下の部分に隠されていた大いなる者の子を[9]われわれは[10]高みへと運び上げた——すべてのアイオーン*と一緒に私がいる[11](高みへ)、誰も見たことがなく理解したこともない(高みへ)、結婚の衣装の結婚[12]が、(それも)新しい、古いそれ(結婚)とは異なる、滅びることのないそれ(結婚)がある(高みへ)。なぜなら、それは諸天に属する完全な新しい新婦の部屋*だからである。

§25　私は三つの道[13]があることを啓示した。それはこのアイオーン*の霊*における穢れのない秘義であり、滅びる

---

(1)　あるいは「これら(の出来事)について」。
(2)　あるいは「……言葉を彼らが決して見いださないように」。
(3)　「起こったのである」という語句は写本には欠けている。写字生の書き落としではないかと思われる。
(4)　マタ二七34(胆汁)、マタ二七48及び並行箇所(酢)参照。
(5)　「彼らの父」という読みのままで正しければ、窮極的に胆汁と酢を飲まされる(＝裁きを受ける、§20末尾参照)存在という意味でコスモクラトール＝ヤルダバオートを指していることになる。
(6)　マタ二七30及び並行箇所参照。
(7)　キュレネ人シモン。マタ二七32及び並行箇所参照。
(8)　マタ二七29及び並行箇所参照。
(9)　「大いなる者」＝至高神＝(真の)「人間」という本文書の神観に従えば、その「子」とは「人間の子」、すなわち「人の子」を意味することになる。
(10)　写本の読みの通り(ntanntf)。これを一人称単数(ntantf「私は運び上げた」)に修正する提案もある。
(11)　写本の読みの通り。これを「私がいた(高みへ)」と過去形に修正する提案もある。
(12)　「結婚が、結婚の衣装〈をまとうこと〉が」と修正する提案がある。

ことがなく、部分的でもなく、それについて語ることもできないもの、むしろ分割できない、遍在的で永続的なものである。

**§26** なぜなら、高みから出た魂*はこの場所での迷いについて語らず[1]、これらの諸アイオーン*から自らを移し変えることもないだろうから。なぜならそれは、自由人となり、世において生まれの高貴さを実証した時、移し変えられるであろうから――**【58】**苦しみも恐れもなく父の前に立ち、イデア[2]の力の叡知*(ヌース)と常に混合した状態になる時に。

**§27** 彼らは私を、あらゆる方向から、憎しみなしに見るであろう。なぜなら彼らは、私を見ることによって[3]、自分たちが互いに混ざり合っている[4]様子を見る[5]のだから。私は彼らから恥辱を被らなかった。だから彼らも恥辱を被ることはなかった[6]。私を彼らは恐れなかった。だから彼らも、すべての門[7]を、恐れることなく通り抜けるだろう。そして彼らは第三の栄光[8]において完成されるだろう。

**§28** 世は私の明らかな私の高みへの上昇を[9]、明らかな似像*における私の三度目の洗礼[10]を受け入れなかった――彼らが七つの権威の火[11]から逃げた時に[12]。そしてアルコーン*たちの力の太陽は沈み、暗闇が彼らを捕らえ[13]、そして世は貧しくなった。彼らは彼を何重にも縛り[14]、十字架に釘付けにし、そして四本の青銅の釘[15]で固定した。彼は自分の神殿の垂れ幕*を両手で引き裂いた[16]。

**§29** 振動が地の混沌*を襲った。(17) 地下で眠りについていた魂たち*は解き放たれ、復活*した。彼らは大胆に歩き回った(18)——**【59】**無知と愚かさゆえの妬みを死んだ(19)墓の脇に棄て、新しい人間を着、永遠であり把握され得ない父に(属する)、そして無限の光に属するあの至福で完全な者、すなわちこの私を知ったことによって。

**§30** 私が私に属する者たちのもとに来て彼らと一体になった時、(20)多くの言葉は不要である。(21)私たちの思い(エ

---

(13) 意味不詳。但し§28注(10)参照。

---

(1) あるいは「弁明せず」。

(2) ギリシア語 idea。

(3) この後にテキストの欠落を想定する提案がある。

(4) あるいは「彼らと混ざり合っている(様子を)」。

(5) あるいは受動的に「見られる」。

(6) マコ八38/ルカ九26参照。

(7) プレーローマへ到達するために通過する諸天の門。§23、また§61注(3)参照。

(8) 意味不詳。プレーローマが三段階に分けられており(例えばナグ・ハマディ文書『パウロの黙示録』や『セツの三つの柱』の場合のように)、その最高の場所にまで到達するという意味か。§28注(10)も参照。

(9) 「世は私の杭(=十字架)を、明らかな私の高みを……(受け入れなかった)」と解釈する研究者もある。

(10) 意味不詳。§25「三つの道」、§27「第三の栄光」としてこの「三度目の洗礼」に何か共通の意味があるのかもしれない。

(11) 巻末の用語解説「七人」の項を参照。

(12) この句を次の文に組み入れ、「彼らが……から逃げ、そしてアルコーンたちの太陽が沈んだ時、暗闇が彼らを捕らえた」と解釈する案もある。

(13) マタ二七45及び並行箇所参照。

(14) この句を前文に掛け、「そして世は貧しくなった——彼らが彼を何重にも縛った時に」と読むこともできる。この場合、「彼」と訳した代名詞を「世」を受けるものとして解釈する可能性が出てくる(ガラ六14、フィリ福§53参照)。

(15) 写本の読みは「恵みの」。

(16) マタ二七51及び並行箇所参照。

(17) マタ二七51及び並行箇所参照。

ンノイア）は彼らの思い（エンノイア）と一緒だったからである。そのため彼らは、私が言うことを理解した。アルコーン*たちの解消について、私たちは計画を立てたのである。そしてそのため、私は父の、すなわちこの私の、意志を実行した。

**§31** 私たちが自分の家から出た時(1)、私たちがこの世へと降り、この世において身体をまとった時、私たちは憎まれ、迫害された。無知の者(2)たちだけでなく、キリストの名において富んでいると自分では考えている者たちによっても。彼らは無知ゆえに虚しくなっている(3)。彼らは、理性のない動物と同じく、自分が何者であるか分かっていないのである。私によって自由になった者たちを、彼らは憎んで迫害する。もし門が閉じられるならば、彼らは泣きわめくだろう(4)。そしてそのわめきは何の役にも立たないだろう。【60】なぜなら、彼らは私を完全には理解しなかったからである。むしろ、彼らは二人の主人に仕えたのである(5)。あるいは、さらに多くの主人に。

**§32** しかしあなたがたは、何事においても勝者となるであろう。妬みと怒りゆえに起きる戦争においても、争いにおいても、分裂においても。しかしまっすぐなわれわれの愛において、われわれは悪意のない、純粋な、善なる者たちである。言い表せない秘義の内にある父の思考をわれわれは持っているからである。

**§33** なぜなら、（それは）(6)笑い物だった。それが笑い物であったことを証しするのは、この私である。アルコーン*たちは知らないのである。それが(7)、光の子らの内にあるような穢れのない真理の、言い表せない結合であることを。それの模倣物を彼らはつくり、死んだ人間の教えと(8)（数々の）虚偽とを告げ知らせた——完全な教会の自由と純粋性を模倣し、自分たちを恐れ、隷属、この世的な用心、そして(実際には)廃棄されている祭儀へと、教義によって縛り付ける[9]ことによって。

§34 彼らは取るに足らない[10]、無知な者たちである。彼らは真理の高貴な生まれを認めず、自分たちの目的である者[11]を憎み、自分たちの目的でない者を愛している。なぜなら、彼らは【61】大いなるもの[12]の認識*を、それが上

(18) マタ二六52-53及び並行箇所参照。

(19) あるいは「無知ゆえの妬みと愚かさを」。

(20) この時間句(もしくは理由句)を前文の「この私を知った」にかける案もある。

(21) 写本には現在形で書かれているが、過去形の誤りかもしれない。あるいはこの句を「多くの言葉を必要としない仕方で」という意味の従属文として解することもできる。

- - - - - - - - - - - - - - -

(1) この句を前文に掛けることもできる。

(2) 非キリスト教徒。

(3) 正統教会のキリスト教徒。

(4) マタ二五1-13の「十人の乙女の譬え」、特に10節以下を参照。「泣きわめく」という表現はマタ二四51他に。

(5) マタ六24及び並行箇所参照。

(6) 原文では主語が書かれていない(代名詞もない)ため、何を指しているのか不詳。「世」と解釈する案もあるが、主語を特定せず、感嘆文風に「笑い物だったことよ!」のように解釈する方がよいと思われる。いずれにせよ、後続する内容は正統教会の教義に向けられた非難である。

(7) 女性単数形。(天の)教会を指すと思われる。

(8) 「死んだ人間」とはイエスのこと。その死に救済の根拠を見る教義に対する批判。§2注(8)の他、ペト黙§10を参照。

(9) 写本の読みは「殺す」。

(10) 直訳すれば「数少ない」であるが、ここでは質的な侮蔑の意味で用いられている。§60にもみられる表現。

(11) 「目的である」と訳した部分はコプト語原文では意味の非常に広い前置詞一語(n-)だけであるため、解釈が難しい。「自分たちがその中にいる者」「自分たちがそれである者」という訳も行なわれている。続く否定表現「自分たちの目的でない者」もこれに準ずる。

(12) 天の教会、あるいは至高神。

から、真理の泉から来るということを、そしてそれがこの世の物質*に対する隷属、妬み、恐れ、望みから来るのではないということを、認識しなかったからである。

**§35** なぜなら彼ら[1]は、自分のものでないものと自分のものであるものとを、恐れず自由に享受するからである。彼らは欲望しない。彼らは、彼らが欲するであろうものに対する権利と律法[2]とを、自分自身から受け取っているからである。

**§36** しかし、持たざる者たちは、すなわち、何かを持っておらず、それを欲している者たちは、貧しい。そして彼らは、彼ら[3]によって自らの自由の真理を所有するようになった者たちを迷わせる。われわれを用心と恐れの軛《くびき》と強制へと束縛したのと同じように。[4]彼は隷属の状態にある。しかるに、暴力と脅迫の強制によって捕えられた者は、「神」[5]によって見張られた。

**§37** しかし父から出た高貴な生まれの者は皆、見張られることがない。彼は、自分のものを自分自身で、命令も強制もされず、見張るからである。彼は自分の意志と結合しており、それ(彼の意志)は父性の思い(エンノイア)だけに従属している。それ(父性)が、活ける水[6]によって、完全で口に出せないものとなるために――**【62】**それがあなたがたの間の知恵において、耳に聞こえる(だけの)言葉においてのみならず、実際に、実現された言葉*において存在するようになることによって。なぜなら、完全な者たちはこのようにして確立され、私に結び付けられるのがふさわしいからである。彼らの内にいかなる敵意もないようにするために。

**§38** 善い友愛の中で、善なる者の内で、私はすべての業《わざ》を行なう。なぜなら、真理の絆とは、彼らの内にいかなる反対者もない、ということなのだから。分裂を引き起こす者は皆——その者は彼らの知恵を何も学ばないであろう。彼は分裂を引き起こすのであり、友ではないのだから。彼は彼ら全員の敵である。

**§39** 他方、命令によってではなく本性から、部分的にではなく全面的に、兄弟愛に基づく一致と友愛の内にある者[7]は、真に、父の意志である。それは普遍的[8]であり、完成された愛である。

**§40** なぜならアダム*は笑い物だった。彼は人間*の型の模倣物として、[9]第七の者[10]によって造られたのである。あたかも、私と私の兄弟たちよりも彼の方が強くなったかのように。われわれは、これに関して無実である。われわれ

---

(1) 前の文脈から見ればこの代名詞は正統教会を指していることになるが、内容的には、「恐れず自由に」という表現をはじめとして、§35と§34とは明らかに対照をなしている。さらに、§34と内容的に並行する§36は「しかし」(de)で始まっている。従って§35はグノーシス主義者についての記述であろうと考えられる。

(2) あるいは単に「法」。

(3) グノーシス主義者のことか。

(4) 誰(または何)を指すのか不詳。

(5) コスモクラトール＝ヤルダバオート。「神」が軽蔑的な意味に用いられている(§47参照)。

(6) §2注(10)も参照。

(7) あるいは「もの」。もしくは、構文の乱れを想定して、「……者は——これが真に父の意志である。それは……」。

(8) 「カトリック(普遍的、遍在的な)」にあたる語。正統的教会の自己呼称が意識されているのかもしれない。

(9) ヨハ・アポ§46—47、アルコ§4—5、エジ福§37等を参照。

(10) コスモクラトール＝ヤルダバオート。続く§41—44にも。巻末の用語解説「ヘブドマス」の項参照。

れは誤り[1]を犯さなかったのだから。

**§41** アブラハムとイサクとヤコブは笑い物だった。彼らは第七の者によって名付けられたのである。すなわち「父祖の模倣物」という名を[2]。あたかも、【63】私と私の兄弟たちよりも彼の方が強くなったかのように。われわれは、これに関して無実である。われわれは誤りを犯さなかったのだから。

**§42** ダビデは笑い物だった。彼の子[3]は、第七の者の仕業で「人の子」[4]と名付けられたのである。あたかも、私と私の同族の者たちよりも彼の方が強くなったかのように。しかしわれわれは、これに関して無実である。われわれは誤りを犯さなかった。

**§43** ソロモンは笑い物だった。彼は、第七の者のせいで思い上がり、自分をキリスト（メシヤ）だと思ったのである[5]。あたかも、私と私の兄弟たちよりも彼の方が強くなったかのように。しかしわれわれは、これに関して無実である。私は誤りを犯さなかった。

**§44** 十二預言者[6]は笑い物だった。彼らは真理の預言者の模像*として出現したのである。彼らは、第七の者によって、模倣物として成ったのである。あたかも、私と私の兄弟たちよりも彼の方が強くなったかのように。しかしわれわれは、これに関して無実である。われわれは誤りを犯さなかったのだから。

**§45** モーセ、すなわち「忠実な従者」[7]は笑い物だった。彼はまた「友」[8]とも呼ばれたが、これらは邪悪な証言であった。なぜなら、彼は私を知らなかったのだから。彼も、また彼以前の者たちも、アダム*からモーセと洗礼者ヨハネに至るまで、誰も私を知らなかったし、【64】私の兄弟たちを知らなかった。

**§46** なぜなら、彼らが持っていたのは天使たちの教え[9]、食べ物についての規定や(その他の)苦しい隷属であった。

---

(1) 「罪」「罪過」とも訳せる語。続く§41—44、46—47それぞれの末尾にも。

(2) アブラハム、イサク、ヤコブは古代イスラエルの代表的「父祖」としてしばしば三人一組で言及される。新約聖書ではマタ八11、二二32、マコ一二26、ルカ一三28、二〇37、使三13、七32に例がある。

(3) イエス。「ダビデの子」はイエスの尊称の一つであった。マタ一1、ロマ一3等を参照。

(4) イエスの尊称の一つ。使七56参照。本文書では、真の意味での「人の子」は至高神(「人間」)の子(＝啓示仲介者、本文書語り手の「私」)を指す。§24、61等を参照。

(5) 「キリスト」はヘブライ語「メシヤ」のギリシア語訳で、意味はどちらも「油を注がれた者」。油を(頭に)注ぐのは、とりわけ王の即位の儀式であった。ソロモンが「油を注がれた」という記事は代上二九22参照。また代下一1-12(特に12節)も見よ。

(6) これは今日「十二小預言者」と呼ばれるホセア、ヨエル、アモス、オバデヤ、ヨナ、ミカ、ナホム、ハバクク、ゼファニヤ、ハガイ、ゼカリヤ、マラキを指す用語であるが、本文書の著者はイザヤ、エレミヤ、エゼキエル、ダニエルがこれに入っているものと思っているのかもしれない。旧約聖書の主要人物が一斉に「笑い物」にされ、比較的影の薄い「十二預言者」まで「犠牲」になっているのに、いわば「大物」の預言者四人だけがそれを免れているのは不自然だからである。

(7) 民一二7(七十人訳)、ヘブ三5、『クレメンスの第一の手紙』17, 5参照。

(8) 出三三11、フィロン『神のものの相続人』21、『モーセの生涯』1, 156参照。但し「神の友」という異名はアブラハムに付けられることの方が多い(代下二〇7、イザ四一8、ヤコ二23、『クレメンスの第一の手紙』10, 1; 17, 2等参照)。

(9) ヤルダバオートの配下。律法が天使を仲介として与えられたという考え方は、新約聖書ではガラ三19、使七53、ヘブ二2等にも。

彼らはこれまで決して真理を知らなかったし、これからも知ることはない。なぜなら、彼らの魂*は大きな欺瞞で覆われており、彼らには、彼を知るための自由の叡知*（ヌース）を見いだすことが決してできないからである——彼らが人の子[1]を知るまでは。私の父のゆえに、世は私を知らなかった。そしてそれゆえ、それ（世）は私と私の兄弟たちに対して反抗した。しかしわれわれは、これに関して無実である。われわれは誤りを犯さなかった。

**§47** なぜなら、アルコーン[2]*は笑い物だった。彼はこう言ったからである。「私は神である。そして私よりも大いなる者はいない。私だけが父であり、主であり、そして私の他にはいない。私は妬む神であり、私は父親の罪を三世代、四世代にわたって子供たちに負わせる[3]」。あたかも、私と私の兄弟たちよりも彼の方が強くなったかのように。しかしわれわれは、これに関して無実である。われわれは誤りを犯さなかったのだから。

**§48** このようにわれわれは彼の教えに打ち勝ったが、彼は虚しい思い込み[4]に固執し続け、われわれの父に従わないでいる。このように、友愛によってわれわれは彼の教えを打ち破ったが、彼は虚しい思い込みに固執して思い上がったまま、われわれの父に従わないでいる。なぜなら、彼は、**【65】**（彼の）裁きと偽りの預言もろとも、笑い物だったからである。

**§49** 目の見えない者たちよ。あなたがたは、自分たちの盲目性を見ない。彼は知られていなかったのである。彼は一度も知られなかったし、理解もされなかったのである。彼について、彼らは力ある告知を聞かなかった。それゆえ、彼らは迷いの裁きを下すために奔走し、汚れた、人殺しの手を彼に掛けた。まるで空気を打つように。

そして愚かな者たち、目の見えない者たちは常に愚かであり、常に律法とこの世的な恐れの奴隷である。

**§50**　私はキリスト、人の子、あなた方から出て、あなたがたの内にある者である。あなたがたのために私は侮られている。それによって、あなたがた自身移ろいゆくものを忘れるために[5]。女になってはならない。悪と（その）兄弟たちを産まないために。妬み、分裂、怒り、憤怒、恐れ、二心[6]、（真に）存在しない虚しい欲望を。しかし私は、あなたがたにとって、言い表すことのできない秘義である。

**§51**　そして、世の基礎が据えられる前、（天の）教会の全群衆は一つの場所に、オグドアス[7]*の場所に集まり、**【66】**計画を決めた後、統合における霊的*な結婚を行なった[8]。そしてこのようにして、言い表せない場所において、活ける言葉*によって、それ（霊的な結婚）は完成された。穢れのない結婚が成就されることによって——彼らすべての中に宿り、彼らを捕らえ、力ある、分割できない愛の内にあるイエスの仲介[9]によって。

---

（1）「人間」すなわち至高神の「子」。
（2）単数形なので、ここでは創造神コスモクラトール＝ヤルダバオートのこと。
（3）イザ四五5-6、四六6（§14も参照）、出二〇5、三四7の組み合わせ。
（4）あるいは「（虚しい）栄光」。原語はギリシア語 doxa であったと推定される。次行の「思い込み」についても同様。
（5）直訳すれば「変化」「変転」「相違」。
（6）あるいは「疑い」。
（7）起源II§33に「オグドアスの中にある教会」という表現がある。
（8）あるいは、「……結婚を行なう計画を決めた」。
（9）ギリシア語 mesotēs、本来は「中間」「中間性」、グノーシス主義では特に「中間界」を意味する語。しかしここでは mesitēs「仲介者」「仲保者」（新約聖書ではガラ三19、

§52　しかし彼(イエス)は、自らを(彼ら全員に)見せ、彼が彼らすべての一者(モナス)、思考、父であることを彼に示す[1]。彼は一者だからである。そして彼は彼らすべての前に立つ。彼は余すところなく一人で出たのだから。彼は生命である。彼は言い表せない完全な真理の父、その場所[2]にいる者たちの[3](父から)、(そして)平和の統合、善い者たちの友、永遠の生命、穢れのない喜び(から)、生命と信仰の大いなる一致において、父性、母性、姉妹性[4]、理性的な知恵との永遠の生命を通して(彼は出たのだから[5])。

§53　彼らは叡知*(ヌース)と一致した。(すなわち)喜びの統合において広がった、また(さらに)広がっていく(叡知と)。そしてそれ(叡知)は確かであり[6]、【67】誠実[7]に人に耳を傾ける。そしてそれは父性、母性、叡知的な兄弟性[8]と知恵の内にある。そしてそれは真理の結婚、不滅の憩いであり、真理の霊の内に、あらゆる叡知の内に、そして完成された光の内に、名付け得ない秘義の内にある。

§54　しかしこれ(結婚)は、われわれの間で、いかなる部分においても、いかなる場所においても、実現したことがなかったし、これからも実現しないであろう——もし平和が分割され、分裂するならば。これは愛の結合と饗宴[9]であり、(真に)存在する者[10]において全員が完成されている(時にのみ実現するのである)。

§55　それは[11]、天より下にある場所[12]でも実現した。彼らが互いに[13]結合する時に。救済において、分裂のない状態において私を知った者たち、また父の栄光と真理に向けて生きた者たちは、(世から)分けられた[14]後、活ける言葉*

によって、一者において整えられた[15]。

**§56** そして私は母性の霊と真理[16]の内にある。それが[17]、このようにして[18]、この場所[19]で成立したからである。私は常に仲間たちの友愛において結ばれている者たちの中に入った[20]。彼らはいかなる敵意も悪意も知らず、【**68**】私を認識*することを通して、言葉と平和において結ばれている。それ[21]は完全なものとして各人と共に、彼ら全員の中

---

20、Iテモ二5、ヘブ八6、九15、一二24)と同じ意味で使われているのかもしれない。

(1) 解釈が難しい文。「自らを(彼ら全員に)見せ」と訳した動詞句(ef'kōte erof)は、直訳すれば「自ら/彼/それを回す」「自ら/彼/それを(どこかへ)向ける」の他、「彼/それを取り巻く」とも解釈できる。訳文では前者の解釈を採っているが、この場合、文末にある「彼に(naf)示す」は「彼らに(nau)示す」であってほしいところである(誤記か)。後者の解釈を採れば、代名詞の解釈も大きく変わって、「しかし彼(イエス)を取り巻いているそれ(男性形、前の文の「愛?」)は、彼(イエス)/それ(愛?)が彼らの……であることを彼(イエス)に見せる」といった解釈になる。但し、「愛」がこのように人格化されている例は本文書には他にない。

(2) プレーローマ=天の教会。

(3) この形容詞句は「父」ではなく「言い表せない完全な真理」に掛けることもできる。

(4) mntsōne。ギリシア語原語はadelphotēsという語であり、**67** 4(§53)の「兄弟性」との区別はなかったのではないかという指摘がある。本文書の解説参照。

(5) この文は、各構成要素の掛かり具合を特定するのが困難。段落全体の意味もよく分からない。

(6) ギリシア語dokimos.「認証されている」「価値・資格が実証されている」という意味。

(7) 直訳すれば「ピスティスをもって」。ギリシア語pistisは「信仰」を意味する語でもあるが、ここでは「信義」「誠実さ」という意味。

(8) §52注(4)参照。

(9) 「饗宴」という訳は文脈には合うが、語学的裏付けに少々問題がある。原語kiōrkjは通常「罠」、「準備」「装備」、もしくは「居住」「移住」といった意味になる。

(10) 至高神。

(11) 女性単数形の代名詞なので、「結婚」や「統合」(男性名詞)を指すことはできない。従って「愛」を指している

にある。[1]

**§57** そして、私の型[2]の似像*を受けた者たちは、私の言葉*の似像を受けるだろう。彼らは永遠の光において[3]、また霊*における互いの友愛において出る[4]だろう。彼らはあらゆる点で、分裂のない状態で、(真に)存在する者[5]が一者であること、そして彼ら全員も一つであることを理解したのだから。このようにして彼らは一者のことを、また(天の)教会とそこに住んでいる者たちのことを学んだ。

**§58** なぜなら、彼らすべての父は、測ることができず、変わることもないのだから。叡知*(ヌース)、言葉*、分裂、妬み、火[6]。しかし彼は余すところなく一者であり、一つの教えにおいて[7]、彼らすべてにとってのすべてである。なぜなら彼らすべては一つの霊*から出ているのだから。目の見えない者たちよ、なぜこの秘義をあなたがたは真に理解しなかったのか。

**§59** しかしヤルダバオート*とその取り巻きのアルコーン*たちは不従順だった。姉妹であるソフィア*から彼(ヤルダバオート)のもとへ降ったエンノイアのことで[8]。彼らは、自分たちだけで、自分たちのために同盟をつくった。火のような雲[9]の混合物——すなわち彼らの妬み——の中で彼らと一緒にいた者たち、【69】そしてその他の、彼らの被造物によって生み出された者たちと一緒に。あたかも(天の)教会の高貴な楽しみをこね上げるかのように。そしてそれゆえ、彼らは火と土と殺人者の模倣物によって無知の混合物をつくり出した。

**§60** 彼らは取るに足らず、(10) 無知であるため、分かっていないのである。彼らはこれらのことを敢えて行なったが、理解しなかった。光は光と、闇は闇と、汚れたものは滅びゆくものと、不滅のものは汚れざるものと（それぞれ）交わるものだ、ということを。

**§61** しかし私は、（すなわち）キリストなるイエス、人の子であり、諸天よりも高く挙げられたこの私は、これ

---

と考えられる。

(12) 地上の世界。

(13) あるいは「彼らと」。

(14) 「救われざる群衆（非グノーシス主義者）から別れて」という意味にも、「死後において」という意味にも解釈できる。

(15) あるいは「一者の中に移住した」。§54注(9)と同じ語が動詞として使われている。

(16) あるいは「霊と、母性の真理」。

(17) 男性単数形。「活ける言葉」「結合」あるいは「霊」を指す。

(18) これを「次のようにして」という意味に理解し、後続する記述に掛ける解釈もある。

(19) 地上の世界。

(20) この句を前文に組み入れる案もある。

(21) 男性単数形。文法的に「愛」や「認識」を受けることはできないので、「言葉」「霊」、あるいは「結ばれてい

る」という状態を指す。

(1) この段落も、各文の意味的なつながりを特定するのが難しい。

(2) §40参照。

(3) 写本の読みは「永遠に、光において」。また「において」の代りに「から」とも訳せる(少し下にも)。

(4) どこから「出る(ei ebol)」のか不詳。この世から「出ていく」という意味かもしれない(§61参照)。

(5) 至高神。

(6) 文意が通じない。「妬み(kōht)」を「炎(kōh)」と読み変える提案もあるが、それでもよく分からない。写本の読みをかなり修正して、「(彼は)叡知、言葉であり、分裂も妬みも火(=争い)もない」と解釈する説がある。

(7) 自分たちの教義だけが唯一の正しい教えであるという主張が込められている。

(8) §5参照。

らのことをあなたがたに授けた、完全な者たち、汚れざる者たちよ。（すなわち）汚れざる、完全な、言い表せない秘義について（の教示を）。しかし彼らは考えている〈　〉[1]われわれは、世の基礎が据えられる前に[2]、これらのことを決定した。世の場所からわれわれが出るとき、認識*との霊的な結合に由来する不死の印[3]を示すことができるように、と。

**§62**【**70**】あなたがたはこれを理解しない。肉体*の雲があなたがたを覆っているからである[4]。しかし、ソフィア*の友であるのは、私だけである。私は最初から、真理と大いなるものとの子らの場所で、父のふところの中にいた[5]。私と共に憩いなさい、私の仲間である霊たち*[6]、私の兄弟たちよ、永遠に。大いなるセツの第二の教え。

---

（9）ヨハ・アポ§28、エジ福§34に、創造神話の文脈で類似のモティーフが見られる。

（10）§34注（10）参照。

- - -

（1）底本の英訳はここにテキスト欠落を想定している。また、「しかし彼らは考えている」の代りに「（次のことを）知らせるために」と訳す提案もある。

（2）§51参照。

（3）ギリシア語 symbolon。死んだ人間の魂が本来の故郷であるプレーローマへ戻る際に（§27「すべての門を……通り抜ける」参照）、途中で通過するそれぞれの惑星天の門番ないし支配者にいわば通行証として見せるべき印、あるいはその時に言うべき科白を指す。例えばパウ黙§14を参照。

（4）最終的な認識＝救済は、死後、霊が肉体を離れて初めて実現するという意味であろう。

（5）ヨハ一18参照。

（6）§4参照。

# ペトロの黙示録

筒井賢治訳

## 内容構成





**§1** **【70】**[13]ペトロの黙示録。救い主は[15]神殿で、建物の中、十番目の柱の場所に座っており、穢れのない、活ける大いなる者(1)(に属する人々)の群れの上で憩っていた(2)。

(1) 直訳すれば「大いなるもの」「偉大さ」(抽象名詞)。

(2) 「救い主は」以下、テキストの欠損もあって意味がよ

**§2** 彼は私に言った、「ペトロよ、父に属する者たちは幸いだ。彼らは諸天の[1]（さらに）上に位置している。彼（父）が、生命から出ている者たちに、私を通して生命を啓示したのである。私は、強いものの上に建てられている[2]者たちに、私の言葉を聞くよう、そして不正や不法の言葉と正義（の言葉）とを区別するよう指示した。**【71】** 彼ら[3]は、真理のこのプレーローマ*（充満）の、あらゆる至高の言葉から出ているのだから。彼らは、諸支配[4]が探し求めている者から、光を受けて喜んだのである。しかし彼ら（諸支配）は彼を見いださなかったし、預言者たちのどの種族[5]も、彼のことを語らなかった。

**§3** 今、彼は現れた——啓示された者、すなわち諸天よりも高い人の子において、そして（人の子と）本質を同じくする数多くの人間[6]たちにおいて。しかしあなたは、ペトロよ、あなたの名にふさわしい[7]完全な者として、あなたを選んだ私自身と一緒に留まりなさい。あなたを最初に、そして（続いて）残りの者を、私は認識*へと呼び出したのである。だから、最初にあなたを呼び寄せた者の義を模倣する者がいなくなるまで、強くありなさい。

**§4** 彼があなたを呼び寄せたのは、あなたが彼を正しく認識するためである[8]。それによってあなたが彼を、彼の両手と両足の捕縛を、中間界に属する者たちによる戴冠を、そして名誉ある報酬に仕えることを目当てに捕らえられる彼の見せかけの肉体*を、区別して斥けるために[9]。**【72】** このために彼はあなたを今夜のうちに三度戒めるであろう[10]」。

**§5** これらのことを彼が話していると、祭司たちと民衆とが、石を手に、私たちの方に向かって、私たちを殺そうとして走ってくるのが見えた。[11] 私は、私たちは殺されるのではないか、と恐れた。すると彼は私に言った、「ペトロよ、私はあなたに何度も言った。彼らは、道案内人のいない、目の見えない者たちなのだ、と。[12] 彼らの目が見えないことを確かめたいなら、両手とマントで目を覆ってみなさい。[13] そして、何が見えるか言ってみなさい」。私はその通りにしたが、何も見えなかった。私は言った、「何も見えません」。再び彼は私に言った、「もう

---

く分からない。「造営（または、契約）から三百年目、十番目の柱の月、活ける大いなる者の群の上で憩う日（または、憩いながら）、救い主は神殿の中で座っていた」というような意味に解釈する提案もある。「神殿で……」についてはマタ二六55、マコ一四49／ルカ二二53参照。

（1） 「父は」と訂正する案がある。

（2） マタ七24-27／ルカ六46-49、マタ一六18参照。

（3） あるいは「それら（＝正義の言葉）」。

（4） 抽象名詞形（アルケー）だが、実質的には「支配者（アルコーン）たち」と同じ（巻末の本文書の解説参照）。

（5） 「種子」を意味する語（sperma）。

（6） 写本の読みは「（人間たちの）恐れ」。

（7） 「ペトロ」は「岩」を意味する。マタ一六18参照。

（8） 最初の代名詞「彼」は、話者である「私」が自分を三人称で指しているものと思われる。続く「彼を」については、これが同じく「私」を指すのか、あるいは前文の「模倣する者」（＝続く文の「彼」）を指すのか、明確でない。

（9） この文（「それによって」以下）は解釈が非常に困難であり、本文伝承の乱れが想定される。主旨は、イエスの受難伝承において「捕縛」されたり（マタ二六47以下及び並行箇所）「戴冠」を受けたり（マタ二七29及び並行箇所の「茨の冠」）するのは「模倣物」であって「私」すなわち「活けるイエス」ではない、という点にある（§25以下参照）。訳文の「見せかけの肉体」は、直訳すれば「光の肉体」となり、イエスの変容物語（マタ一七1-8及び並行箇所）を連想させるが、この文脈でなぜ変容物語が出てくるのか分からないので、ギリシア語原文に phan- あるいは dok- 語根の二義的な語があったと想定して訳文のように解釈した。

（10） 「三度」の背景にペトロがイエスを三度否認する伝承（マタ二六69-75及び並行箇所）あるいは眠っているペトロをイエスが三度戒める伝承（マタ二六36-45及び並行箇所）があると思われる。

（11） マタ二六47以下、マコ一四43以下／ルカ二二47以下（ヨハ一八3以下）参照。

一度やってみなさい」。

**§6**　すると、私は恐れ、また喜んだ。なぜなら、昼の光よりも明るい、新しい光が見えたからである。そしてそれは救い主の上に降りた。[1] 私は、見えたものを彼に話した。

**§7**　すると彼はさらに私に言った、「両手を耳にあてがって[2]、祭司たちと民衆が何を言っているのか、聞いてみなさい」。**【73】**私は祭司たちが律法学者たちと一緒に座って話している言葉に耳を傾けた。群衆は声を上げて叫んでいた。彼は、私からそれを聞くと、私に言った、「耳を澄まして、彼らが何を言っているのか聞きなさい」。私は再び耳を立てた。「あなたは座っており、彼らはあなたを賞め讃えています[3]」。そして私がこう言うと、救い主は私に言った、「私はあなたに言った。彼らは目が見えず、耳が聞こえないのだ、と。

**§8**　さあ今、秘義においてあなたに語られるものを聞き、そして守りなさい。それをこの時代（アイオーン）*の子らに話してはならない。なぜならあなたは、これらの時代（アイオーン）においては憎まれるだろうから。人々はあなたを知らないからである。しかし認識（グノーシス）*を得た人々によって[4]、あなたは賞め讃えられるだろう。

**§9**　なぜなら多くの人は、私たちの教えを最初は受け入れるが、後で、彼らの迷いの父の意志に従って離反していく。彼らは彼（彼らの迷いの父）の望む通りに振舞ったのである。そして彼は、裁きの場で、誰が言葉*に仕えたかを明らかにするであろう。しかし彼らと交わった者たちは【74】彼らの捕虜になる。彼ら（捕虜になる者たち）は愚鈍だからである。他方、清く善なる純粋な者は死刑執行人の前へと引きずり出される。

**§10** そして、万物*の更新[5]と共にキリストを賞め讃える者たちの王国が到来するまで、彼らは偽りを宣べ伝える人間たち——すなわち、あなたの後継者たち——を賞め讃え、また彼らは死人[6]の名前に固執するであろう。それによって自分たちは清くなる、と彼らは考えるのである。しかし（実は、それによって）彼らはますます汚れるであろう。そして彼らは迷いの名へ、また悪しき術策を弄す者[7]へ、そして多くのかたちを持つ教説（ドグマ）の手中へと陥るであろう。こうして彼らは異端[8]によって支配されるのである。

---

（12） マタ一五14／ルカ六39参照。

（13） 写本の読みは「あなたのマントの目を両手で覆ってみなさい」。「マント」を「身体」（＝人間の非本来的な身体性）という意味で解釈すれば、このままでも一応筋は通る（「身体の目ではなく霊的な目で見なさい」）。しかし不自然な表現であることに変わりはないので、底本の修正案に従って訳しておく。

---

（1） §31参照。

（2） 直訳すれば「両手を挙げて」。

（3） ここでペトロの見る状況が一変するため（また「私は言った」のような地の文もないため）、この言葉の前にテキストの欠落を想定する説がある。

（4） 直訳すれば「認識（グノーシス）において」。

（5） ギリシア語 apokatastasis. 使三21参照。終末待望については§14、23参照。なおこの一節を前文に組み入れ、「死刑執行人の前へと、そして万物の更新においてキリストを賞め讃える者たちの王国へと引きずり出される」と解釈する研究者がある（この場合、「万物の更新」の教義は本文書において斥けられていることになる）。あるいは、同じ構文解釈に基づいて、「死刑執行人の前へと引きずり出され、そして（それによって、すなわち殉教によって）万物の……の王国へと移し入れられる」のように訳す案もある。

（6） 肉体としてのイエス。

（7） パウロを指している可能性がある。本文書の解説参照。

（8） あるいは「分派」。

§11　なぜなら彼らの一部は、真理を冒瀆し、悪の教えを唱えるであろう。彼らは互いに中傷し合うであろう。また、ある者たちは、アルコーン*たちの勢力の中に留まり、多くの形態と情念を持つ裸の女を連れた男[1]と呼ばれるであろう。そして【75】これらのことを言う者たちは、夢について尋ねるであろう。そしてもし、『夢が悪霊（ダイモーン）から来た[2]』と彼らが言うなら——彼らの迷いにふさわしい発言である——、そのとき、彼らには不滅性の代りに破滅が与えられるだろう。

§12　なぜなら、悪は善い実を実らせることができないのだから。[3]なぜなら、それ（実）を生み出す場所は、それぞれ、自らに似たものしか実らせないからである。すべての魂*が真理から出ているわけではないし、不死から出ているわけでもないからである。この時代に属する魂はすべて、われわれにとって、死に属するものなのだから。それ（魂）は常に奴隷であり、それが創られたのは、自身の欲望のため、そしてそれら（その欲望）の永遠の破滅のためなのである。それ（欲望）はそれ（永遠の破滅）の中にあり、またそれ（永遠の破滅）から出ているのである。それら（魂）は、自らと一緒に出た物質*的被造物を愛しているからである。

§13　しかし不死の魂*は、ペトロよ、これらとは似ていない。しかし時がまだ来ていない間は、それは死すべきそれ（魂）と似ており、自らの本性を見せはしないだろう。それだけが不死であり、【76】不死の思考を持っている[4]のであるが。それは信じ、そしてこれらのもの[5]を捨て去ろうと欲している。

**§14** 『なぜなら、誰も』――賢い人間ならば――『茨やアザミから無花果を採らないし、野薔薇から葡萄を採りもしない[6]』。なぜなら、それ（実）は、いつでも、それを生み出したものの中にある。もしよくないものから出たならば、（それを生み出したものが）それ（魂*）にとって、破壊となり、死となる。他方それ（不死なる魂）は永遠なる者の内に、生命と不死の内にある〈……〉生命の〈……〉それに似ている〈……〉[7]。（真に）存在しないものはすべて非存在へと解消するであろう。

**§15** なぜなら、耳の聞こえない者たちと目の見えない者たちは、自分たちの仲間とのみ交わるからである。しかし、ある者たちは、邪悪な教えと民衆を迷わせる秘義から離れるだろう[8]。

**§16** またある者たちは、秘義を理解せず、知りもしないことを語り、それにもかかわらず高慢になり、真理の秘義は自分たちのもとだけにある、と言うだろう。そして思い上がって【**77**】抵当になった[9]不死の魂*を思い上がって妬み始めるだろう[10]。なぜなら、諸アイオーン*のあらゆる権威*と支配と諸力*は、造られた世界の中で[11]、彼らと

---

（1）魔術師シモンとヘレネーのことか。本文書の解説参照。
（2）本文書の解説参照。
（3）マタ七18／ルカ六43参照。
（4）直訳すれば「不死を思考している」「不死なる仕方で思考している」。
（5）「死に属する」魂、あるいは「物質的被造物」。
（6）マタ七16／ルカ六44参照。
（7）写本の読みが文法的にうまく説明できないため、テキストの欠落ないし誤記が想定される。
（8）写本の読みのままでは文脈と合わないので、テキストが壊れているのかもしれない。
（9）「誓いを立てた」と訳す案もあるが（ブラウン／ブリックス）、いずれにしても意味不詳。次注参照。
（10）この文は「思い上がって」が二回繰り返される（しか

一緒にあることを望んでいるからである。それによって、(真に)存在しない者たちが、自分を忘れた(真に)存在する者たちによって賞め讃えられるために——(だからといって)彼らは彼らによって救われたこともなければ導かれたこともないのであるが。(それでも)彼らは、解消されざる者たちのようになることを常に望んでいるのである。

**§17** なぜなら、もし不死の魂*が叡知的*な霊*から力を受け取るならば、直ちに迷わされた者たちの一人に取り憑かれてしまうから[1]である。

**§18** しかし他の、真理に逆らう数多くの者たち、すなわち迷いの使者たち[2]は、私の純粋な思いに対して、彼らの迷いと法と[3]を準備するだろう。彼らは一つ(の視点)から見る(だけな)ので、善と悪は一つから出ていると考えるのである。彼らは私の言葉で商売する。[4]**【78】**彼らは、不死の魂*の種族が——私が再臨するまで——その中で虚しく走り続ける、困難な宿命をつくり出すであろう。なぜなら、(再臨の際に)彼ら(不死の魂の種族)は彼ら(真理に逆らう者たち)の支配下から出るであろう[5]。そして、敵たちによって彼らが陥る罪過を私は赦す。私は、彼らが従っていた隷属に対する彼らの身代金を受け取り、彼らに自由を与えた。

**§19** なぜなら、彼らは死者の名前にさらに[6]模倣物をつくるだろう。すなわちヘルマス、不義の長子(の教義)である[7]。それによって、小さい者たちが[8](真に)存在する光を信じないために。しかし、この種の者たちは、外の暗闇へと投げ出され、光の子らから引き離される働き手である[9]。なぜなら、彼らは(自ら)入りもしないし、彼らの解消を目指して集まろうとする者たちを通しもしないからである[10]。

**§20** しかしまた、情念(パトス)*に取り憑かれている者たちの中には、次のように考える者もいる。自分たちが、**【79】**真に存在する兄弟性の知恵を完成させるであろう、と。それは根を共有する仲間との霊的な友愛*であり、それによって不滅の結婚が顕になる、と(彼らは言うのである)。(しかし実際に)顕になるのは模倣的な一変種、姉妹性[11]に過ぎない。彼らが、自らの兄弟たちを虐待しながら言うのである、『これを通して、われわれの神は憐れむのだ。こうすることによって、救いがわれわれに与えられるのだから』。彼らは、小さい者たち[12]にこれを行なっ

も二度目は語法的に不自然な形で)ことなどから、何らかの伝承の乱れが想定される。

(11) あるいは「世界の創造以来」。

---

(1) 直訳すれば「迷わされた者たちの〈　〉がそれ(男性単数)にくっついてしまうのが常だから」。〈　〉の部分は、単語が欠落していると考えることもできるが、「一人」にあたる表現が省略されていると考えることもできる。「それ」は「叡知的な霊」あるいは(条件文で言われている事態がその身に起きる)「その人間」、「その者」を指していると考えられる。

(2) あるいは「迷いの天使」。

(3) あるいは「律法」。

(4) Ⅱコリ三17参照。

(5) 直訳すれば「なぜなら、彼らは彼らから出るであろう」。「から出る」の代わりに「のもとに留まる」と訳す案もある(デジャルダン)。この場合、「再臨の際に」ではなく「再臨までは」と補うことになる。

(6) あるいは「残りの」「余計な」「単なる」。

(7) 本文書の解説参照。

(8) マタ一〇42、一八6、10、14(マコ九42)参照。本文書におけるグノーシス主義者の自己呼称の一つ(§20、22、23にも)。

(9) マタ八12等の言い回しを参照。

(10) マタ二三13／ルカ一一52参照。

(11) コプト語原文では訳文二行前の「兄弟性」とうまく対照をなしているわけであるが、このコントラストがギリシア語では表現し難いため、本文書がコプト語に訳されてから(あるいは訳される際に)意図的に手が加えられたのではないかという可能性がある。詳しくはセツ教の解説を参照。

た者たちのことで喜ぶ者たちの受ける罰を知らない――(すなわち)彼らが見いだして捕らえた彼ら(小さい者たち)に(これを行なった者たちのことで)。

**§21** しかしまた、われわれの[1]数に入らない者たちの中に、自分を『司教』と、あるいは『助祭』と呼ぶ者も現れるであろう。神から権威を授かってでもいるかのように。彼らは第一の座(に着く者)の裁きに服従する[2]。彼らは干上がった水路である[3]」。

**§22** 私は言った、「あなたの話を聞いて、私は不安です。**【80】**私たちにとって、小さい者たち[4]の方が(むしろ)模倣物であるかのように思えるからです。(逆に)活ける者たちの群れを迷わせ、(そして)押し潰してしまうであろう者は、数多くいます。彼らがあなたの名を語れば、人々は彼らを信じてしまうでしょう」。

**§23** 救い主は言った、「彼らの迷いの量に応じて決められている期間だけ、彼らは小さい者たち[5]を支配するだろう。しかし迷いが終った後、不死の思考を備えた老いることのないものが新しくされ[6]、彼らは(それまで)彼らを支配していた者たちを支配するようになる。そして彼らの迷いをそれ[7]は根こそぎにし、さらしものにするであろう。そしてそれ(根)は、それまでに身に帯びていたあらゆる自由(放縦)と共に顕にされるだろう[8]。そして、そのような者たちは、変わらざる者になるだろう、ペトロよ[9]。

**§24** さあ、来なさい。穢れのない父の決定の成就のために進もう。見よ、自分自身を裁く者たちがやってくる。

彼らは自分自身をさらしものにするだろう。しかし彼らは私に触れることができない。だがペトロよ、あなたは彼らの直中に立つだろう。臆病になって恐れてはならない。【81】彼らの思考は閉ざされるだろう。なぜなら、見えざる者が彼らの前に立ったからである」。

**§25** 彼がこのように言ったとき、私には、彼が彼らによって捕らえられたように見えた。そこで私は言った、「私は何を見ているのでしょうか、主よ。捕まえられているのは、あなた自身なのですか。あなたが私にすがりついているのですか。また、十字架の傍で(10)喜んで笑っているのは誰ですか。彼らが両足と両手を釘で打っているのは、別の誰かなのですか」。

**§26** 救い主は私に言った、「あなたが見ている、十字架の傍らで喜んで笑っている人物は、活けるイエスであ

(12) §19注(8)参照。

(1) 「あなたがたの」とも訳せる。
(2) マタ三6参照。
(3) Ⅱペト二17参照。
(4) §19注(8)参照。
(5) §19注(8)参照。
(6) 新しい不老の(=永遠の)時代(アイオーン)が始まる、という意味か。
(7) 前注の解釈に従えば、新しい時代(アイオーン)。
(8) あるいは「そしてそれ(魂)は、それ(認識)を受け取った後、完全に自由になって姿を現すであろう」とも解釈できる。
(9) この呼び掛けは、続く命令文「さあ、来なさい」に掛けてもよいように思われるが、写本は「ペトロよ」の(前ではなく)後に読点を付けているので、少なくとも写字生はこれを前文に組み入れている。彼がどのような根拠でこのように区切ったのかは不明である。
(10) 「十字架の上で」と訳すこともできる(§26、28にも同じ表現)。

る。しかし両手と両足を釘で打たれているのは、彼の肉的*な部分、すなわち『代価(1)』である。彼（活けるイエス）の模倣物として成ったものを彼らは辱めているのである。しかし、彼と私を見なさい(2)」。

**§27** 私は見て言った、「主よ、あなたを見ている人は誰もいません。この場所から逃げましょう」。しかし彼は私に言った、「あなたに言ったではないか。彼らは目が見えないのだ(3)、と。放っておきなさい。そして見なさい。彼らが、何を言っているのか自分でも分かっていない様子を。**【82】**なぜなら彼らは、私の僕《しもべ》ではなく、彼ら自身の栄光の子を辱めたのだから(4)」。

**§28** すると、誰かがわれわれの方にやって来るのが見えた。その姿は彼に、また十字架の傍らで笑っていた人物に似ていた。彼は聖なる霊*で満たされていた(5)。それは（他ならぬ）救い主だった。大いなる言い表せない光が彼らを取り巻き、言い表せない見えざる天使たちの群れが彼らを賛美していた。彼が賞め讃えられながら(6)現される様子を私は見た。

**§29** しかし彼は私に言った、「強くありなさい。あなたにこれらの秘義が啓示として与えられたのだから。次のことをあなたが知るように――釘付けにされたのは悪霊（ダイモーン）たちの長子であり、彼らの家であり、彼らが住む土の容器(7)であり、エロヒーム(8)に属するもの、律法の下にある十字架に属するものであること(9)、そして、彼の傍らに立っているのが活ける救い主、捕らえられた者の中の第一の部分である。

**§30** [30]彼は解放され、彼を迫害した者たちが仲間割れする様子を喜んで眺めているのである。【83】彼は彼らの愚鈍さを笑っているのである。彼は、彼らが生まれつき目が見えないということを知っているからである。

**§31** だから、[5]苦しみを受ける部分が残るのである(10)。身体が『*代価』(11)なのだから。解放されたのは、私の非身体的な身体である。しかし私(自身)は、輝く光で満たされている叡*知的な*霊である。[10]私のもとに来るのをあなたが見たのは(12)、われわれの叡知的な完成(13)(プレーローマ)であり、完全な光と私の聖なる霊との結合である(14)。

---

(1) マタ一六26／マコ八37参照。
(2) 「彼」は「模倣物」、「私」は「活けるイエス」を指し、「見なさい」は「区別しなさい」という意味であろうと考えられる。§4参照。
(3) §5、7参照。
(4) Ⅰコリ二8参照。
(5) 写本の読みは、普通に訳せば(聖なる霊で)「書かれていた」。「満たされていた」という修正の他、写本の読みのままで「織られていた」と訳す提案もある(シェンケ、NHS VI(1975)277-285参照)。
(6) 写本の試みは「賞め讃えながら」。
(7) Ⅱコリ四7参照。
(8) 旧約聖書における神の呼称の一つであるが、ここでは(グノーシス主義的な意味での)造物主を意味しているのであろう。
(9) ガラ三13、コロ二14参照。
(10) 写本の読みは、直訳すれば「苦しみを受けるものが成るであろう」。この「成る」を「残る」あるいは「来る」の意味に解釈する案の他、テキスト欠損を想定して、「苦しみを受けるものが苦しむであろう」と読む案がある(ヴェルナー)。
(11) §26注(1)参照。
(12) §6参照。
(13) あるいは、「叡知によってのみ把握可能な」。
(14) あるいは、「……あなたが見たのは、われわれの叡知的なプレーローマ、完全な光と私の聖なる霊とを結合させるものである」。本文書の解説参照。

**§32** あなたが見たものを、あなたは、この時代に属していない、別の種族の者（アロゲネース）たち（だけ）に伝えなければならない。なぜなら恵みは、不死でない者には誰にも与えられず、不死の本質のゆえに選ばれた者にのみ与えられるからである――『あり余るものを与える者』を受け入れることができることが示された本質から。それゆえ私は言ったのである。『誰であれ、持っている者は（さらに）与えられ、彼はあり余るようになるであろう。しかし、持っていない者からは』――すなわち、全面的に死んでいる、出［産］の創造の種蒔［き］[1]から出た場所に属する人間、【84】不死の本質から誰かが現れたならば、彼を捕らえようと考える人間からは――『取り上げられる[2]』――そして（真に）存在する者に付け加えて与えられるのである。

**§33** だから、あなたは勇気を持ちなさい。決して恐れてはならない。なぜなら、私があなたと共に留まっている。敵が誰もあなたに打ち勝つことができないように。平和があなたにあるように。強くありなさい」。

**§34** 彼（救い主）がこのように言ったとき、彼（ペトロ）はわれに返った。ペトロの黙示録。



（1） あるいは、「（この）種族の創造の種蒔き」。

（2） マタ一三12、二五29参照。

# セツの三つの柱

筒井賢治訳

内容構成

# 序

§1 【118】ドーシテオスによる啓示[1]。活ける不動の種族の父であるセツ*の三つの柱[2]について。彼（ドーシテオス）はそれを見、そして理解した。そして彼はそれを読んで記憶した。そして彼はそれを、選ばれた者たちに、そこに書かれてあった通りに伝えた。

§2 何度も私は[3]諸力*と共に賞め讃えた。そして私は、それらによって、測ることのできない大いなる者たち[4]にふさわしい者となった[5]。それ（三つの柱）には次のように書かれている。

## 一 第一の柱

§3 セツ*の第一の柱。私はあなたを賛美します、父なるゲルアダマスよ[6]、あなたの子であるわたしエンマカ・セート（セツ）[7]が。あなたは私を、産むことなく生み出しました。私たちの神の祝福として[8]。なぜなら私はあなたの子であり、あなたは【119】私の叡知*（ヌース）です、父よ。そして私は蒔き、生み出しましたが、あなたは大いなる者たち[9]を［見］ました。あなたは不滅の者として確立しました[10]。

§4 私はあなたを賛美します、父よ。私を祝福して下さい、父よ。私があるのはあなたのおかげであり、あなたがあるのは神のおかげです。あなたのおかげで、私はあの方(神=至高神)と共にあるのです。

**§5**　あなたは光です。[11] あなたは光を見ているのですから。あなたは光を啓示しました。あなたはミローテアスです。あなたは私のミローテオスです。[12] 私はあなたを神として賛美します。私はあなたの神性を賛美します。

---

(1) 巻末の本文書の解説参照。

(2) 本文書の解説参照。

(3) ドーシテオス(§1)を指すと思われる。本文書の解説参照。

(4) 原語は「大きいこと」「偉大さ」を意味する抽象名詞の複数形。具体的には、本文で賛美される三者、すなわちゲルアダマス/アウトゲネース、バルベーローそして至高神を指していると思われる。

(5) あるいは受動的に「それらによって……にふさわしい者とされた」。

(6) 「聖なるアダマス」という意味か。ヨハ・アポII§24注(3)、起源II§46、ゾス**6** 23参照。

(7) ゾス**6** 25、**51** 14—15参照。「エンマカ」という言葉の意味は不詳だが、エジプトの神セートの呼称と関連付ける説がある(ヴェーケル)。

(8) あるいは「私たちの神を賛美するために」。なお原語では(例えば英語の bless と同じく)「祝福(する)」と「賛美(する)」の単語レベルでの区別がない。

(9) 原語は「大きいこと」「偉大さ」を意味する抽象名詞の複数形。ここでは第二・第三の柱で賛美されるバルベーローと至高神を指しているものと思われる。

(10) 「不滅の者として」は、直訳すれば「滅びることのない状態において」。根元的な神的存在が「確立する」(aherat=、直訳すれば「しっかりと立ち上がる」)という表現は本文書§6、12、アロゲ§12(**59** 17—23)、§13(**60** 19—36)、トマ福・語録五〇の他『偽クレメンス文書』H, 18, 6, 4, 他、アパメイアのヌメニオス(ギリシア語 hestōs、fr. 15 Des Places)等にも見られる。

(11) 「アダマス=光」という観念はエジ福§18にも。

(12) 「ミローテアス」と「ミローテオス」の意味および相違は不詳。「運命の神」「神の一部分」といった解釈案がある。§9とエジ福III§18注(1)も参照。

§6 善なるアウトゲネース*（自ら生まれた者）、確立した者、最初に確立した神(1)は偉大です。

§7 あなたは善においてやって来ました。あなたは現れ、そしてあなたは善を啓示しました。私はあなたの名を口にするでしょう(2)。なぜならあなたは最初の名前なのですから。あなたは生まれざる者です。あなたは、永遠なる者たちを啓示するために現れました。あなたは（真に）存在する者です。それゆえあなたは真に存在する者たちを啓示しました。あなたは声によって口に出される者です。しかし叡知*（ヌース）によってあなたは賞め讃えられます。あなたはあらゆる場所で力を持っています。それゆえ感覚界(3)もまた、あなたとあなたの種子*のゆえに、あなたを知っています(4)。

§8 あなたは憐れみ深い(5)。【120】そしてあなたは異邦の種族(6)に属しており、そしてそれ(7)は異邦の種族(8)の上に立っています。しかし今、《あなたは異邦の種族に属しており、そしてそれは異邦の種族の上に［立って］います(9)、》あなたは異邦の種族(10)の出身です。あなたは［似てい］ないのですから。しかしあなたは憐れみ深い。［あなたは］永遠なのですから。しかしあなたは種族(11)の上に立っています。あなたが彼ら全体を増大させたのですから。私の種子*のゆえに。あなたはそれを知っているのですから——それが出産の中に位置していることを。しかし彼らは異邦の諸種族(12)から出ている者たちです。彼らは似ていないのですから。彼らは異邦の諸種族の上に立っています。彼らは生命(13)の中に位置しているのですから。

§9 あなたはミロテオス(14)です。私は、私に与えられた彼(15)の力を賛美します。（あなたは）真の男性性を三重に男性的であるようにした者(16)、ペンタス（五）へと分割された者(17)、三重の力において私たちに与えられた者、産むことなく生み出された者、より優れたもの(18)から出た者です。彼は、より劣ったもの(19)のゆえに、中央から(20)出ました。あなたは父による父、命令からの言葉(21)です。

**§10** 私たちはあなたを賛美します、三重に男性である者よ。あなたが、全体をこれらすべてによって(22)一つにし

---

(1) §3注(10)参照。
(2) §24との相違に注意。
(3) 中期プラトン主義哲学に由来する概念。五感の知覚によって把握される世界。
(4) あるいは「あなたを認識します」。
(5) 直訳すれば「あなたは憐れみです」。二行後の「憐れみ深い」についても同様。
(6) 直訳すれば「別の種族」。プレーローマのことであろう。
(7) 直前の「異邦の種族」（前注参照）。
(8) 直訳すれば「別の種族」。セツの種族、すなわちグノーシス主義者たちのことであろう。
(9) テキストが乱れている。《　》内は明らかに重複筆写であるが、単純に写字生の目が滑ったと考えるだけでは「しかし今」という語句の存在が説明できないので（あるいは、「しかし今」も二度書かれていなければならないはずである）、より大きな規模のテキスト混乱を想定せざるを得ないと思われる。この段落の意味が分かりにくいのもそのためであろう。
(10) 直訳すれば「別の種族」。プレーローマ界のことであろう。注(6)参照。
(11) 〈異邦の〉、〈別の〉という語句を補うべきか。注(8)参照。
(12) 直訳すれば「別の」。注(6)参照。
(13) あるいは「啓示」。
(14) §5注(12)参照。
(15) 「生まれざる者」（至高神）のことか。この「彼」を「あなた」に修正する提案もある。
(16) アウトゲネースの登場をもって「三位一体」が完成したことを指していると思われる。但し「三重」という形容はしばしば単なる強調の意味でも使われる。ヨハ・アポ§13、ゾス$83_{10}$等を参照。
(17) この「分割された」は受動の意味。「五」の意味は不詳。エジ福§14他の「五つの封印」、あるいはヨハ・アポ§18

たのですから。私たちに力を与える[1]ことによって。あなたは一者から成り、一者から出、一者のもとへ戻りました[2]。あなたは救いました、あなたは救いました、あなたは私たちを救いました。冠を受ける者[3]、冠を与える者よ。

§11 【121】私たちはあなたを永遠に賛美します。救われた私たちは、完全な一人ひとりとして[4]、あなたを賛美します。(私たちは)あなたのゆえに完全なのであり、あなたと共に完全[となっ]たのです。(あなたは)完成された者、完成させる者、彼らすべて[5]によって完全である者、あらゆる場所で同じである者[6]です。

§12 三重に男性である者よ、あなたは確立しました。あなたは最初に確立しました[7]。あなたはあらゆる場所で分割されました。(にもかかわらず)あなたは一者であり続けました。そして、あなたが望んだ者たちを、あなたは救いました。しかしあなたは、しかるべきすべての者たちが救われることを望んでいます。あなたは完全です。あなたは完全です。あなたは完全です。セツ*の第一の柱。

## 二　第二の柱

§13 セツ*の第二の柱。最初のアイオーン*、男性的処女バルベーロー*、見えざる父の最初の栄光、完全な者と呼ばれる者(女性)は偉大です。

§14 あなたが最初に、真に先在する者を、彼が非存在[8]であることを見たのです。そして彼から、彼を通して、永遠においてあなたは先在していました。30一つの、分割できない三重の[力]から出た非存在の者よ。あなたは三重の力です(9)。[あなたは]純粋な[モナ]ス(一)から出た大いなるモナスです。【122】あなたはより優れた(10)モナスであり、聖なる父の最初の[影](11)であり、光から出た光です。

**§15** 5[私たち]はあなたを賛美します。完全(性)を生み出す者、アイオーン*を与える者よ(12)。あなたが、永遠なる者たちを、彼らが影(13)から出ることを[見]たのです。そしてあなたが多をもたらしたのです。そして、一方であなた

---

の「アイオーンの五個組」と関連しているのかもしれない。

(18) あるいは「選ばれたもの」。

(19) この世におけるグノーシス主義者のことか。但しこの箇所は単数形。「より優れた者／もの」と「より劣った者／もの」との対照表現は§29にも見られる。

(20) あるいは「中央へと」。「中央」とは中間界のことか。

(21) アロゲ§3(**51** 36)以降参照。

(22) あるいは「すべてをすべてにおいて(一つにした)」。

- - - - - -

(1) 「力を与える」という表現は三プロ§12にも。

(2) 直訳すれば「来ました」「行きました」。

(3) ゾス**129** 16参照。

(4) あるいは「完全な一人ひとりのゆえに」。「完全な一人ひとり」という個人性を強調する表現は§20、23にも。また§31も参照。

(5) すべての霊的存在のことか。

(6) 直訳すれば「似ている」。

(7) §3注(10)参照。

(8) ギリシア語 anousios, §24の他、ゾス**79** 7、マルサ**4** 17–18、**5** 14他多数、アロゲ§1(**47** 34、**49** 33)、§5(**53** 31–32、**55** 29)参照。

(9) ヨハ・アポ§13参照。

(10) あるいは「選ばれた」。

(11) §15、16、20の他、ヨハ・アポ§58、起源II§2、アルコ§9、10、22参照。

(12) ヨハ・アポII§9では「アイオーンを(分け)与える」という表現が至高神について使われている。

(13) §14の注(11)参照。

は自ら一人であり続けましたが、[1]他方、分割して多をもたらすことによって、あなたは三重です。真にあなたは三重であり、(他方で)あなたは一者からの一人です。そしてあなたは彼の影から出た者であり、「隠された者」[2]であり、世であり、認識*です。[3]あなたが、一者に属する者たちは影から出ていることを知ったのですから。

§16 そして彼らは[4]心においてあなたのものです。彼らのゆえに、あなたは永遠である者たちに存在において力を与え、神性に生命において力を与え、認識*に善において力を与えました。[5]あなたは一者から注ぎ出る影[6]に至福において力を与え、彼に認識において力を与え、別の者に創造において力を与えました。あなたは等しい者と等しくない者に、似ている者と似ていない者に力を与えました。出産においてあなたは力を与え、存在「する」者において他の者たちにかたち(エイドス)を与えました。「　A　」および出「産　B(A+B=約半行)　」。「あなたは」彼らに力を「与えました」。【123】彼が[7]心「の中にあって」「隠されている者」です。

§17 そしてあなたは彼らのもとへ、そして彼ら「から」出「ました」[8]。あなたは彼ら「の間で」分割されます。そしてあなたは大いなる、男性的な、叡知*(ヌース)的な「最初の顕現者」[9]となります。

§18 父なる神よ、神なる子よ、多をもたらす者よ。真に存在するすべての者たちの分割に応じて、あなた(男性)は彼らすべてに言葉*を啓示しました。[10]そして彼らすべてをあなたは所有しています――生み出されたのではない、永遠の、(そして)あなた(女性)のゆえに滅びることのない仕方で。[11]救いが私たちのもとに来ました。救いはあなたからのものです。

**§19** あなたは知恵（ソフィア）、あなたは認識*（グノーシス）[12]、あなたは真理です。あなたゆえに生命はあります。あなたから生命は来ます。あなたゆえに叡知*（ヌース）はあります。あなたから叡知（ヌース）は来ます。あなたは叡知（ヌース）です。あなたは世です。あなたは真理です。[13] あなたは三重の力です。あなたは三重（の存在）です。真にあなたは三重であり、諸アイオーン*のアイオーンです。[14] 先在する永遠の者たちと生まれざる者たちとを純粋に

---

（1）逐語訳すれば「あなたは自らを一人である状態のままで見いだしましたが」。

（2）ギリシア語 kalyptos（カリュプトス）が kls という短縮形で書かれている。短縮形を使うのは神的な尊称（いわゆる nomen sacrum）であることの表示である。§17、28、またゾス**2** 23他多数、アロゲ§1（**45** 31、**46** 31(?)）、§3（**51** 17）、§11（**58** 19）、三プロ§21、ブルース写本『無題のグノーシス文書』15（341,5 Schmidt/Schenke）他を参照。

（3）「世であり、認識です」は「認識の世です」とも訳せる。

（4）グノーシス主義者。

（5）存在—生命—認識という三つ組について、§27注（6）と解説を参照。但しこの箇所でパラレルをなしているのは厳密には存在—生命—善である。

（6）§14注（11）参照。

（7）誰（または何）を指すのか不詳。

（8）この文の直後に欠落を想定する説（ヴェーケル）がある。

（9）ギリシア語 prōtophanēs。ゾス**13** 4他多数、アロゲ§1（**45** 36、**46** 35）、§3（**51** 20）、§11（**58** 17）、ブルース写本『無題のグノーシス文書』15（341,6 Schmidt/Schenke）参照。

（10）あるいは「言葉において現れました」。

（11）難解な文。なお、「あなたのゆえに」を次の文に掛け、「あなたのゆえに救いが……来ました」とする構文解釈も可能。

（12）「あなたは知恵、あなたは認識」を「あなたは認識の知恵」と解釈することもできる。

（13）「あなたが世です。あなたが真理です」を「あなたが真理の世（＝真の世界）です」と訳すこともできる。

（14）「真にあなたは」以下、次のように解釈することもできる。「真にあなたは三重です。諸アイオーンのアイオーンよ、あなただけが……を見るのです」。

見るのも、また他方、最初の分割(1)を見るのも、あなただけです——あなたが分割されたのと同様に(2)。

**§20** あなたが一体にされたのと同様に、私たちを一体にして下さい。あなたが見るものを、私たちに教えて下さい。私たちに力を与えて下さい。【124】私たちが永遠の生命へと救われることができるように。［私たちはそれぞれ］あなたの影(3)なのですから。［　A　］最初に存在した［者の］影［　B（A＋B＝一行弱）　］。最初(4)に私たち（の願い）を聞いて下さい。私たちは永遠なる者です。完全な一人ひとり(5)としての私たち（の願い）を聞いて下さい。あなたは諸アイオーン*のアイオーン、一つの場所に位置している(6)、すべてにおいて完全な者です。

**§21** あなたは聞きました。あなたは聞きました。あなたは救いました。あなたは救いました。私たちは感謝します。私たちは常に賛美します。私たちはあなたを賞め讃えるでしょう。セツ*の第二の柱。

## 三　第三の柱

**§22** 第三の柱(7)。私たちは喜ぶ。私たちは喜ぶ。私たちは喜ぶ。私たちは見た。私たちは見た。私たちは見た、初めから真に在る者（男性）を、彼が真に先在する者、最初の永遠の者であることを。

**§23** 生まれざる者よ、あなたから出ているのです、永遠なる者たち、諸アイオーン*、一つの場所に位置している(8)、すべてにおいて完全な者たち、完全な一人ひとり(9)は。

§24 私たちはあなたを賛美します。非存在(10)なる者、諸存在(ヒュパルクシス)に先立つ存在(ヒュパルクシス)、諸実在(ウーシア)に先立つ最初の実在(ウーシア)、神性と生命の父、叡知*(ヌース)の創造者、善を与える者、至福を与える者よ。私たちすべてはあなたを賛美します、認識する者よ、[賞め讃える]賛美(11)において。【125】[彼らすべて]の(存在の)根[拠である]方よ。[　　A　　]あなた[だけを通して(12)]あなたを知っている[

---

(1) 複数形なので、分割されて生じた諸部分を意味していると思われる。グノーシス主義者たちのことか。

(2) この修飾句は解釈が難しい。直後(§20)の「あなたが一体にされたのと同様に」と対句を成していると見ることができるため、文を組み変えて、「先在する……者たちとを純粋に見るのはあなただけです。あなたが分割されたのと同様の最初の分割(前注参照)を、(すなわち)私たちを一体にして下さい、あなたが一体にされたのと同様に」と読むこともできる。あるいは、テキストの欠落を想定して、「あなたが分割されたのと同様に〈私たちも分割されたのです〉。(ですから)あなたが一体にされたのと同様に、私たちを一体にして下さい」と解釈すれば、意味は非常に分かり易くなる。但し、写本では上述の訳文における文の切れ目(この注の番号の位置)に点が打たれており、従って少なくとも写字生は前記訳文のように解釈していたと思われる。

(3) §14注(11)参照。

(4) 「最初に」を次の文に入れ、「最初に(=元来)私たちは永遠なる者なのです」と解釈する案もある。

(5) §11注(4)参照。

(6) 「プレーローマに位置している」、あるいは「しっかりと立っている」(§6注(1)参照)という意味であろう。§23にも。

(7) §3、13に合わせて「〈セツの〉第三の柱」と補足する提案あり。

(8) §20注(6)参照。

(9) §11注(4)参照。

(10) §14注(8)参照。

(11) または「[純粋な]賛美」と復元。

(12) あるいは、「あなた[自身を通して]」と復元。

B（A＋B＝約一行半）　　　　］。なぜなら、あなたより前に［活］動する者[1]はいないのですから。あなたが唯一の活ける［霊］*です。そして［あなたは］一者を知って［います］。一者は、あらゆる場所で、あなたに属しているのですから。

**§25** 私たちは彼[2]を口に出して言い表すことができません。なぜなら、あなたの光が私たちを上から照らすのですから。私たちに、あなたを見ることを命じて下さい。それによって私たちが救われるように。あなたを認識*すること、それが私たちすべての救いです。命じて下さい。あなたが命じるならば、私たちは救われたのです。

**§26** 真に、私たちは救われたのです。私たちは叡知*（ヌース）においてあなたを見たのです。あなたは彼らすべてです。なぜならあなたが彼らすべてを救う者なのですから。彼らによってあなたが救われるのではなく、救われたのでもありません。なぜなら、あなたが私たちに命じたのですから。

**§27** あなたは一者です。あなたは一者です。あなたに向かって（次のように）言う者が一人であるのと同様に[3]。「あなたは一者です。あなたは唯一の活ける霊*です[4]」と。どのように私たちはあなたに名前をつけるべきでしょうか。それを私たちは持っていません[5]。なぜなら、あなたが彼らすべての存在（ヒュパルクシス）、あなたが彼らすべての生命、あなたが［彼ら］すべての叡知*（ヌース）[6]なのですから。［なぜなら］あなたのために［彼らすべて[7]］が喜ぶのですから。**【126】**あなたは彼らすべてに命じました。あなたの［言葉］において［救われるようにと］。［　　A　　］彼らを［　　B　　］彼の前にある［唯一の[8]］栄光［　　C（A＋B＋C＝約一行）　］。

**§28** 「隠[された者][9]」よ、至福なるセーナオーン[10]よ、自分自身を産む[者よ]、[アシ]ネウス[11]よ、[メ]フネウス[12]よ、オプタオーン[13]よ、エレマオーン[14]よ、大いなる力よ、エムーニアル[15]よ、ニバレウス[16]よ、カンデーフォロス[17]よ、アフレードーン[18]よ、デーイファネウス[19]よ、私のアルメードーン[20]である者、力を生み出す者よ、タラナテウス[21]よ、アンティテウス[22]よ。あなた自身の中にいる者よ、あなた自身の以前にいる者よ。そしてあなたより後[23]に活動を始め

---

(1) ギリシア語エネルゲイン(energein)。§28にも。

(2) 「一者」。但しここでは文脈上「あなた」(=「生まれざる者」、至高神)と同じ。

(3) アロゲ§5(**54**$_{26}$)参照。

(4) あるいは、引用符に入れるのは「あなたは一者です」だけにして、「あなたは唯一の活ける霊です」は地の文として解釈する説もある(ヴェーケル)。

(5) §7との相違に注意。

(6) ここで存在、生命、叡知の三者が一つの組を成している。これと同じ、あるいはほぼ同じ三つ組が本文書§16、24(?)、アロゲ§1(**49**$_{26-38}$)、ゾス**15**$_{2-12}$にあり、さらに新プラトン主義者である五世紀のプロクロス(『神学要綱』101―103)、四世紀のマリウス・ウィクトリーヌス(『アリウス反駁』4, 5, 21,『カンディドゥスの手紙』1, 3)にも見いだされ(さらに二世紀後半の『カルデアの託宣』fr. 4 Des Places = Majercik にも?)、ナグ・ハマディ文書と中期・新プラトン主義との関連を巡る重要なトピックの一つとなっている。

(7) グノーシス主義者たちのことか。

(8) あるいは「[最初の]」と復元。

(9) §15注(2)参照。

(10) アロゲ§5(**54**$_{28}$)参照。

(11) アロゲ§5(**54**$_{29}$)参照。

(12) 不詳。

(13) アロゲ§5(**54**$_{31}$)参照。

(14) アロゲ§5(**54**$_{30}$)(「エレマオニ」)参照。

(15) 不詳。

(16) 不詳。

(17) 不詳。

(18) ゾス**86**$_{13}$、**88**$_{18}$、**122**$_{7}$、アロゲ§5(**54**$_{23-24}$)参照。

(19) ゾス**86**$_{16}$、**119**$_{8}$参照。

(20) ゾス**86**$_{19}$、**119**$_{5}$、**120**$_{3}$、**126**$_{23}$、**127**$_{9}$、アロゲ§1(**45**$_{36}$)、§5(**54**$_{12}$)、§11(**58**$_{17}$)、三プロ§9参照。

(21) 不詳。

た者は誰もいません。

§29　何によって私たちはあなたを賛美しましょうか。私たちにはできません。しかし私たちはあなたに感謝します。あなたよりも劣った者として。なぜならあなたは、より優れた者[1]として、私たちに命じたのですから。私たちの力が及ぶ限り[2]、あなたを賞め讃えるように、と。私たちはあなたを賛美します。私たちは救われたのですから。常に私たちはあなたを賞め讃えます。私たちがあなたを賞め讃えるのは、永遠の救いへと私たちが救われるためです。私たちはあなたを賛美しました。なぜなら、私たちにはそれができるからです。私たちは救われました。あなたが、私たちすべてが常にそうするようにと望んだからです[3]。

§30　私たちすべてはそのように[しました]。[……………(約一行半欠損)……………]

【127】[…………………(約五行半欠損)…………………]

## 結　び

§31　これらのことを覚えていて常に賞め讃える者は、完全な者たちの中でも(特に)完全な者となり[4]、あらゆるものを超越し、苦しみを受けることのない者となるだろう。なぜなら彼らすべては、一人ひとり、一緒に集まって、昇る。彼らを賛美するからである。そしてその後、彼らは沈黙[5]するだろう。そして彼らは、定められている通りに昇る。沈黙の後、彼らは第三から降りる。彼らは第二を賛美する。その後で第一を。昇りの道は降りの道である[6]。

**§32** だから、生きている者として、あなたたちは（認識に）*到達したのだということを知りなさい。そしてあなたたちは自らに無限のものを教えたのである。(7) これらの中にある真理に驚きなさい。そして啓示に。(8) セツ*の三つの柱。

**§33** この書物は父(9)のものである。それを書き記したのは子(10)である。私を祝福して下さい、父よ。私はあなたを

(22) 不詳。

(23) 「先に」の誤りか、あるいは「あなたより後に独自に活動を始めた者は誰もいません」という意味であろう。なお、「活動」の原語はエネルゲイン（§24注（1）参照）。

---

(1) あるいは「選ばれた者」とも訳せる。

(2) 「私たちの力が及ぶ限り」を次の文に掛けて、「私たちの力が及ぶ限り、私たちはあなたを賛美します」と解釈することもできる。

(3) この文をもって「第三の柱」が終ったと考える説がある。

(4) 「完全な者たち」の完全性に量的な区別があるというような理論ではなく、個人個人の責任において進んで賛美の儀式に参加せよ、という読者に対する動機付けを読み取るべきであろう。§11注（4）も参照。

(5) 「沈黙」のモティーフは秘教的文学には頻繁に見られるが、例えばマルサ$8_{21}$、$\mathbf{55}_{12}$、アロゲ§13（$\mathbf{60}_{13-18}$）参照。

(6) ヘラクレイトス断片 DK B60（＝ヒッポリュトス『全反駁』IX, 10, 4）参照。なおここまでを「第三の柱」の写しとする解釈もある。

(7) あるいは、「……あなたたちは無限のものに到達したのだということ、そして（それを）自らに教えたのだということを知りなさい」。

(8) あるいは「そして（この）報告に」。文書冒頭の§1「（ドーシテオスは）伝えた」参照。仮に§1が二次的な付加だとすれば、それに伴う二次的挿入と考えることもできる。

(9) あるいは「父祖たち」。直訳すれば「父性」。

(10) あるいは「子孫」。直訳すれば「子性」。

賛美します、父よ、平和のうちに。
アーメン。(1)

(1) この「後記」(§33全体)の帰属については本文書の解説参照。

# ノーレアの思想

小林稔訳

内容構成



## 万物の父とその天的仲間へのノーレアの呼びかけ

**【27】** 11「万物の父*、光の［思考］（エンノイア）、高きに、［地の］方の側の上に［住む］叡知[1]*、15高き［に］住む光、真理［の］声、［真っ直ぐな］叡知、［それに］触れ（ることのでき）ない［その］ロゴス*、［そして］それ［について話す］ことの（でき）ない声[2]、20（誰も）［到ることの］（でき）ない父よ[3]」[4]。

---

（1） ヴァレンティノス派プトレマイオスの神話でも至高者（ビュトス）とその対である「思考」（エンノイア）から叡知（ヌース）が生まれたといわれている。

（2） 三プロ§18などでは「音」を意味する語。

### 呼ばわったノーレアのプレーローマへの復帰

これは彼らに［呼ばわる］(1)ノーレア(2)*（である）。

彼らは［聞き］(3)、彼女を彼女の場所の内部に永遠*に受け入れた(4)。彼らは彼女に叡知*の父、アダマ(5)、そして聖なるものたちの(6)他の声を与えた(7)。【28】それは彼女が、話し（得）ない思い（エピノイア）の内に(8)［自らを］休息させるようになる（ため）(9)、〈彼女が〉受けた原初の叡知を(10)〈彼女が〉受け嗣ぎ(11)(12)、そして〈彼女が〉神的アウトゲネース*の内に(13)〈自ら〉を(14)［休息］させ（るようになるため）、［彼女］も［生ける］ロゴス*を受け嗣いだように(15)、彼女が自分自身を生じさせ（るようになるため）、そして、彼女が消滅［しない］ものたち皆に順応し、そして、父の叡〈知〉の内にあって［話す］ようになるためであった。

### プレーローマ内部でのノーレアの働き

そして、彼女は［生命］の言葉で話し［始めた］。そして、〈彼女は〉高き者の面前で、世界*が生じた［日よりも］前に、自分が受けたもの［を捉え］続けた。彼女には［不可視の者］の［大いなる叡知*］が［ある(16)。そして］［彼女は］〈彼女の〉(17)父に栄［光を帰する(18)。そして彼女が］いる［のは ±5 ］たちの内部(19)、プレーローマ*の内部［である。そして］彼女が見る［のは］プレーローマ［である］。

### ノーレアの将来の救いと彼女の助け手

（次のような）日々が来るであろう(20)、彼女がプレーローマ*［を見る］ようになり、そして、彼女が（もはや）欠乏*の

(3) ピアーソンはもう一つの推定復元として「[限定]不可能な」をも提示している。ヨハ・アポ§7参照。

(4) ヨハ・アポ§4―5では救い主が父であり、母であり、子である三重の像と言われている。以上をピアーソンは資料にあった祈りの一部と考えている。

---

(1) アルコ§16参照。

(2) 巻末の用語解説の他、アルコ§14の大貫による傍注(6)(本シリーズ第一巻一四〇頁)を参照されたい。

(3) ピアーソンによれば、「[彼女]（の声）[を聞き]」と復元するには二字分ばかり欠損部分が小さい。

(4) 文字通りだと「あらゆる時」。

(5) 写本の通りに音写しておくが、ふつうには「アダマス」。ここでは文脈から明らかなように、ヨハ・アポ§45の「第一の人間」と同様、至高者をさしている。ヒッポリュトス『全反駁』V, 8, 2のナーハーシュ派についての報告の中にも同様の例がある。

(6) 「の」が二つあるが、底本に従い、重複誤記と見做して省く。

(7) 「においてそれを与えた」も可能。

(8) 文字通りだと「〈それ〉について話し(得)ない思い(エピノイア)の内に」。「〈それ〉について」はヘブライ語の関係文と同様、関係代名詞の関係文中の機能を表す前置詞と人称語尾。写本では男性人称語尾だが、ピアーソンの校訂を採って「思い」に合わせる。ここから14行目にかけて、人称接尾語や人称接頭語の性と数がそのままでは意味をなさないことが多く、ピアーソンの校訂を採る。

(9) アナパウシスと訳し分けたが「安息」と同義。

(10) 写本は「彼が」。

(11) あるいは「以前からの叡知」「先在する叡知」。ピアーソンによれば、二世紀の中期プラトニズム（デ・プラス校訂のヌメニウス断片一七）では最高神が「第一の叡知」と呼ばれていたという。

(12) 写本は「あなたが」。

(13) 写本は「彼が」。

(14) 写本も同様だが、性は主語と同じで「彼を」。

(15) 文字通りだと「[彼女の]受け嗣いだのも他ならぬ[生ける]ロゴスそのものであったように」とでもいったことになるが、ロベルジュのように hōōf を接続詞の一部のように理解する。

(16) 叡知（ヌース）が神を特徴付けるものであり、叡知を持っていることがグノーシス主義者の魂の特徴とされる。「ヘルメース・トリスメギストスなるポイマンドレース」（荒井・柴田訳『ヘルメス文書』朝日出版社、一九八〇年、四七―八三頁）でも同様。ここではノーレアが叡知を持っていると言われるゆえ、彼女は魂の象徴と見做せよう。

(17) 写本は「あなたの」あるいは「彼らの」。

(18) 天的存在のささげる賛美というモティーフは、ヨハ・

内にはいないようになる(、そのような来るべき日々がある)。

さて、彼女には、彼女のために万物の父*のもとで使者となってくれている、(そのような)聖なる助け手が四人いる。[1] (万物の父とは)アダマス[2]*(であり)、これは【29】アダマスたち皆の内部の側にいる者である。[3] (そのアダマス)〈たち〉[4]にはノレア[5]の洞察行為(ノエーシス)[6]があり、(そのノーレア)は二つの名前[7]について話し、(その二つの名前)は単一の名前[8]を形成しているのである。[9]

アポ§13—14や「ヘルメース・トリスメギストスなるポイマンドレース」I, 26-27（前掲書、七四—七六頁）にも、また挙げられた魂のささげる賛美は、上掲ヘルメス選集I, 30-32（前掲書、八〇—八二頁）にも見られる。

(19) 続く「プレーローマの内部」と同じ前置詞なので合わせたが、「……たちの間」も可能。

(20) 文字通り訳すれば「日々[がある]」。（その日々は）生じることになっており、……」とでもいうことになろうか。七十人訳の文体の訳と見做すなら、「彼女がプレーローマ[を見る]ようになり、そして、彼女が（もはや）欠乏の内にないようになる時、（そのような）日々[がある]」と訳することもできよう。

すでにプレーローマに復帰したはずのノーレアについて、ここで将来の復帰が述べられる。ヴァレンティノス派プトレマイオスの教説では「上なるソフィア」がすぐに復帰する（本シリーズ第一巻、二一四—二一五頁）のに対し、彼女が復帰に際して棄てた（同二一四頁）下のソフィア「アカモート」は、完成の日を待ってプレーローマに復帰する（同二三七頁）。

(1) ヨハ・アポ§23には万物の上にあるアウトゲネースのもとに四つの光「ハルモゼール、オーロイアエール、ダベイテ、エーレーレート」があるといわれており、アルコ§16—18ではエレレートがオーレア（=ノーレア）を救いに降りてくる。

(2) 写本は「アダマ」。

(3) 叡知（ヌース）によって洞察行為をするアダマスたち（グノーシス主義者たち）全員の内部に、アダマスなる万物の父がいるという。二二三頁注(16)参照。ここでは同じ名で呼ばれており、神の似姿としての人間（創一26-27）を想起させる。

(4) 「彼らには」と読んだが、写本は「彼には」。

(5) 写本の通りに音写しておくが、「ノーレア」の誤記であろう。

(6) ピアーソンによれば、叡知（ヌース）によってのみ得られるグノーシス。

(7) ピアーソンによれば「アダマス」と「ノーレア」、あるいは神なるアダマスと人類としてのアダム（あるいはアダマス）。

(8) ピアーソンによれば「アダマス」。唯一の名については、フィリ福§12aでも言及されている。

(9) 二つのものが一つとなることについては、トマ福、語録一〇六でも言及されている。

# アロゲネース

小林稔訳

## 内容構成

# 第Ⅰ部　ユーエールの告げた五つの啓示

## §1　第一の啓示

【45】……「……[1]「　±12　」彼らは「各自[2]」「全き」者たち[3]であって、「そして」彼ら皆が「一つの」所「に」位置しているから[4]である、「彼らは」私が与え[5]「ている」あの「叡知*」（つまり）あなたに教えた（あの叡知）「と一致しているのである」。そし「て」あなたの中に「ある」あの力である。[6]（その力は）何度も「言葉*として自らを伸ばし」た。（言葉は）三重の力に「由来するもの[7]」（であり、三重の力は）、「測る」ことの（でき）ない者とともに「本当に存在する、[8]これら」すべてのもの「の」（力である）。（測ることのできない者とは）あの「現れ」出たグノー「シス*」「の」「永遠」まで（続く）あの「光[9]」、男性の処女「の若者」、アイオーン*たちの「原初のもの[10]」、単一にして三重の「力」の「アイオー」ンに由来するもの、「本当に存在する、[11]あの」三重の力（である）。なぜなら、彼が「鎮め」られたとき、〈彼は〉「伸ばされ」、そして彼は「伸ばされたとき」、全「き」ものとなり、「そして」それら「すべての内部」から「力」を受けたからである。彼は「自らを、また不可」視「の、全き霊*を」知っているのである。そして、彼は「一つの」アイオーン「の内に生じ」た。彼女は自分があの者を知っている「ことを」知っているからである。[12]「そして」彼女は、彼女に分かっているものたちの中で働いたカリュ「プ」トスとなったからである。彼は全きプロー「ト」ファネース、「ハ」ルメドーン「の」見え「ざ」る叡知である。「他方」彼女は個々のものに力を与えるのである。彼女は三（重）の「男性」である。他方彼女は個々に【46】………するのである。……[13]「一方で個々のものは一つの」所「にあるからであり」、他方「なぜなら彼女がこれらのもの」の「実在」（ヒ「ュパル」クシス）であり、そして彼ら「もまた」本当に〈存在

している限り〉(14)、彼女は彼らをす［べ］て［見］るからである。［彼女］には神の(15)アウ［トゲネ］ース*がある。(16)

彼女は自分の実［在］（ヒュパ［ルクシス］）を知ったとき、そして彼女が［自分］の足で立っているとき、彼女はこのもの(17)［をもたらした］。彼女はこれらのものを［すべて］、［彼らが］各自、［（各自）が］彼女の内［に］生じているそのやり方で生じているのを、見るからである(18)。そして、［彼らが］生成し［たとき］、――（それは）彼である［から］(19)――、［彼らが］見［ることにな］るのは、神［なる］三重の男性、（つまり）神［よりも高く挙げられている］あの力である。

---

（1） **45**頁の1―5行目は欠損。

（2） 見慣れない語をターナー二四三頁は、ギリシア語 ta kath'hen を訳者が単語ごとにコプト語に置き換えた可能性を挙げ、ta idia や ta merika と同義としている。

（3） または「完全な一人ひとり」（筒井訳、柱§11、§20、§23）。ゾス**18** 16―17、**41** 17、19にも出る。

（4） または「一緒にいる」。柱§23、ゾス**40** 14―15、**125** 5―7にも同じ記述がある。「一緒にいるもの」は前注の語と対照され、本文書§6では「汎完全者」と呼ばれている。プロクロス『神学綱要』命題59、127、157では合成的なもの、ta syntheta, ta koina, ta katholū にあたるようである。原因よりも不完全なものとされている。本文書ではプロートファネースと結ばれているようである。対照される個別者については、同、命題170、180参照（田中美知太郎（編）『プロティノス全集』第一巻、中央公論社に邦訳がある）。本文書では個別者はアウトゲネースと結ばれているようである。

（5） §3冒頭の「そして、その時、私に再び、わが子メッソスよ、まったく栄［光］あるユーエールが言った」を見ると、前半の啓示者は冒頭からユーエールのようである。

（6） この主語は女性であるが、ここまでに出た名詞は叡知をはじめ、すべて男性名詞であるため、それがなんであるのか不明。

（7） 三重の力のものについては、柱§14、§19、三プロ§5、ヨハ・アポ§13、§30、ゾス**97** 2―3参照。

（8） または「本当に生じている」。重要な差違だが、言葉の上では区別できない。

（9） バルベーローのこと。バルベーローは、ヨハ・アポ§13、三プロ§6でも光と呼ばれている。

（10） または「アイオーンたちに先立ってあったもの」。

（11） または「本当に生じている」。

（12） 「彼女が［自らを］知っているからである。［なぜなら］彼女はあの者を知っており、」と読むことも可能。また、逆に三重の力が自らを知ることによってバルベーローが生

（その力は）一つの所［にある］これらすべてのものの［思考］（エンノイア）［である］。もしも彼が［彼らを探し出す］なら、［彼が］探し出す［のは］大いなる男性なる［プロートファ］ネース、［　±5　］叡知*、これらのもの［の原初］（からあった）[1]［道である］。もしも［彼が］彼女を見る［なら、彼が見るのは］（これ）［また本当に存在しているも[2]のたち］、原初（からあった）道、［そして一つの所］に（ある）［これらのものたちである］。そして、その彼［が］それらのものを［見］たときには、彼はカリ［ュプトス］を見た。そしてもしも彼がカリュプ［トス］（隠されたもの）たちの一つ［を見る］なら、［彼が］見る［のは］バルバロー[3]のアイオーン*［である］。そして、生成している［この者の］生まれざるものたちの発生（について言えば）、誰かが彼を、彼が通常どのように［生きる］かを［見る］なら、【47】
…………[4]［　±7　］

彼らのおのおのの［豊かさについて］、あなたは［確かさ］のうちに［聞い］ている。［だが］不可視の、霊*の、三重の力については、――聞きなさい――、［彼は］（他の者が）［彼］を見ることのない［一者］として［存在する］[5]。［彼は］彼ら皆を、彼を見ることがないものたちとしている［からである］[6]。彼には［彼］の内部にこれらのものすべてがあるからである。というのは、［彼らが］生成しているのは皆、［彼の］ゆえだからである。彼は全きものであり、そして全きものよりも［偉大であり］、そ［し］て祝されたもの［なの］である。彼はどの時も一［者］なの［であり］、そして彼らすべての［内部］にある［のである］。それ［について］話すことの（でき）ないもの［であり］、彼は名前をつけられず、すべてのもの［の手］を通して存在しながら、彼は［一者なの］である。この者は、［もし］誰かが［彼のことを］洞察する［なら、常に起こることとして］、（何かが）自分の前［にあっ］ても、もう何も欲しくなくなってしまう、そのようなもの（である）。実在（ヒ［ュ］パル［クシス］）［がある］これらのものの（うちの何も欲しくなくなってしまうのである）。というのは［彼は］あの［泉］であり、［すべてのものは］（その泉）から［送り出されてきている］のである。

［彼はあの完全性に先立つものだからである。彼は］［一切の］神性［に先立つものであっ］た。そ［して］、彼は一切の祝福［に］先立つものだからである。彼は一切の力の方へと手はずを整えるからである。そして、彼は非存在性でありながら、存在（ウーシア）〈である〉。彼は、その頭の上に神性、（つまり）彼の偉大さと美し〈さ〉を超越する者、（そのようなもの）がない、そのような一人の神だからである。**【48】**…………［力］[7]……。もしも彼らが一つの場に来るなら、これらのことの現出[8]を受けることは［彼らにとって不可能ではない］。なぜなら、全き者よりも高くあ

---

じるのであろう。プロティノスは『エネアデス』III, 9, 1, 15-26 ではここと同じように考えているが、同 II, 9, 1, 33-34 ではそれを否定している。

(13) **46**頁の1―5行目は欠損。

(14) あるいは「生じている」。

(15) 冠詞がないのでターナーは「神的な」と訳出している。

(16) 同格による置き換えが多いのでわかりにくいが、以上バルベーローには、カリュプトス、プロートファネース（＝ハルメドーン）、アウトゲネースの三者があるといわれているようである。ヨハ・アポ§13―16では、バルベーローに第一の認識、不滅性、永遠の生命の三者があるといわれている。

(17) 男性単数形。アウトゲネースのことか。

(18) あるいは「存在しているようにして存在している」。

(19) 繋辞と代名詞だけの文で、意味不明。「（彼らを生成させたのは）彼である［から］」とでも言った意味か。独立文

であることも可能。

(1) あるいは「これらのものに［先立って］（あった）」。

(2) または「本当に生じている」。

(3) そのまま音写するが、バルベーローと同じ。

(4) **47**頁冒頭の4行は欠損。

(5) 文字通りだと「［彼は一者］として［存在する］」。彼は［彼］を見ることのない者たちのものである」。「存在する」は「生じている」も可能で、語の上では区別できない。

(6) 文字通りだと「［彼は］、自らに、彼ら皆を見ることをさせないものたちとしている［からである］」とでもいったことになりそうである。

(7) **48**頁冒頭の5行は欠損。

(8) または「啓示」。この文書ではもっぱら「啓示」の意味で使われているが、同じ語を『エウグノストス』や『イエスの知恵』では発生の意味をも含みうるので「現出」と訳したため、また動詞形「現し出される」「現れ出る」に

る［あの］場［に横たわっている］万物*を把握することは個々のものには不可能なことだからである。だが、彼らはいつも、先立ってあった(1)思考（エンノイア）の手を借りて受けるからである。生じるものとしてではなく、［むしろ］生成と、実在（ヒュパルクシス）の隠れている［もの］を与えることによってである。彼はすべてのもの［を、自分］の方に向けて手はずを整えるのである。なぜなら、自分を洞察するなら、（その）［将来］（の時）彼がなることとなるのは彼自身（に）だからである。さて、この者は［生成の原因］また泉として(2)存する［一者］である。そして、非物質的な［物質］*、［また］数えられない［数］、またかたち（エイドス）［のないかたち（エイドス）］、また姿（モルフェー）［のない姿（モルフェー）］、また［力のないものにして、力、また非］存在［的な存在（ウーシア）、また動きのない運動、また動きのない働き］(3)である。［だが、彼は］［手はずを整える者たち］の手はずを整える［もの、また］神性［の］神性［だから］、いずれにせよ、もしも彼らが受けるなら、彼らは、原初の(4)生命性と、分かれることのない働き、（つまり）本当にあった原初の(5)一者の実体（ヒュポスタシス）とに関与するのを常とする。それで第二の【49】働き……(6)が、その……は……(7)である。……(8)［　±5　］…………［　±5　(9)彼には］祝福と善［性］がある。なぜなら、［もしも］彼が、あの不可視の［霊］*の無［限界］性を通り過ぎる者として洞察される［なら］、（その霊というのは）彼の内に［存するものである］（が、ともかくそのように洞察されるなら）、それ（つまり無限界性）はそれ（つまり通り過ぎる者）を［それ］（つまり不可視の霊）［の方へと］向かわせるからである。（無限界性が向かわせるのは）それ（つまり不可視の霊）の内に［あるもの］が何であるかを、そしてそれがどのようにして［生じ］ているかを、自らが知るためである。そして、この者は、本当に生じているものたちの原因となっていることにより、あらゆる［もの］の救いとなりつつあった［からである］。というのは、この者を通して彼のグノーシス*はずっと待ち続けている(10)のである。なぜなら、彼が何であるかがわかっているのは彼だからである。で、これらものは自分たちの外側

[からは]何も、力[も]秩序も栄光もアイオーン*も(もたらさなかっ)た。というのは、彼らは皆永遠まで(続く)ものだからである。彼は生命性、また知性性、そして存在している者[11]である。というのは、その時、在りて在るもの[12]にはその(ずっと)留まっている生命性と知性(ノエーテース)があるからである。そして、[13]生命性には存在(ウーシア)[14]と知性性がある。知性(ノエーテース)には生命と、存在しているもの[15]とがあるからである。[16]そして、三(である)者は、個々のものとしては三つのものたちでありながら、一者である」。

---

合わせて、この訳語を用いる。

(1) あるいは「原初の」。

(2) または「[生成の原因]また泉の上に」

(3) または力動性。

(4) あるいは「先立ってあった」。

(5) あるいは「先在の」。

(6) **49**頁1行目は、この後eが続いた後、右の方は欠損。2行目は左の約二字が欠損。

(7) 2行目の右の方も欠損。

(8) 3行目はoutの左約五字が判読不可能。outの右と4行目は完全に欠損。

(9) 5行目は判読不可能な三字の左約五字と、右の約六字が欠損。その右にuntがあり、その右は完全に欠損。

(10) または「待った」。いずれにしても完了。

(11) または「生じている」。

(12) 文字通りだと「これであるこのもの」(「他ならぬこのもの」とでもいった意味か)。コプト語では本動詞としてのbe動詞(存在すると)繋辞(……である)は、ふつう別の語が使われるので、本文のように訳すことには問題がある。しかし、原語がギリシア語であることを考慮すると、底本の英訳に従って出三14のように訳すことも可能かと思われる。

(13) 写本ではここに「持っている生命」という二語があるが、前後とつながらず、ターナーはこれを外している。

(14) ターナーの校訂による。写本は「非存在性」。

(15) または「生じている」。

(16) 以上(**49** 28―36)の三者の相互内在には、プロクロス『神学綱要』命題103「存在(オン)の中には生命(ゾーエー)と知性(ヌース)が、生命(ゾーエー)の中には存在(エイナイ)と知性(ノエイン)が、そして知性(ヌース)の中には存在(エイナイ)と生命(ゼーン)がそれぞれ存在しているが、……」(田之頭安彦訳に括弧内の片仮名(名詞主格と不定法の音写)を挿入。柱§27でも「存在」(ヒュパルクシス)「生命」「理性」(ヌース)(筒井訳)の三者が挙げられており、ゾ

## §2　それに対するアロゲネースの反応

さて、私はこれらのことを聞いたとき、わが息子【50】［メッソスよ、[1] 私は］恐れ［た］。そして、［私はあの］群衆［の方に］（身を）［めぐらせた］。[2] ……［　±10　考］え[3]…………［…………］［……］これらのこと［を］知る力［のある者たちに、その偉大なもの］よりも大いなる現出［によって］力［を与える］……。[4] 他方、私はといえば、［私］の上に与えられている肉体*があったが、私は力があった。［私は］それらのことをあなたから、［また］それらの内部にある教えのゆえに、聞い［た］。内部にある考えは、［その］計測を越えた［それ］らのものとそれらの［理］解不可能なもの[5]を分けた。このゆえに、私は、私の教えが適したものを越えた何かになってしまったのではないかと恐れる。

## §3　第二の啓示

そして、その時、私に再び、わが子メッソスよ、[6] まったく栄［光］あるユーエール[7]が言った。彼女は私［に開］示し、そして言った、「何者たりとも、これ［ら］のことは、大いなる力たちだ［け］を別にして、聞くことができないのが常である。アロゲネースよ、あなたには大いなる力が与えられている。[8] その（力）は万物の父*、永遠まで（続く）方が、あなたがこの場にまだ来ていなかった、それより以前、あなたに与えたものである。（父が与えた）のは、分けることが難しいこれらのものをあなたが分けるため、また、この群衆には理解不可能なそれらのものを、あなたが知るため、そして、あなたが救われ（て、）あなたのものである者のもとへ（到）るため、（つまり）先立って[9]救われた者、また救われる必要のないのが普通である者（のもとに到るため）であった。[10] 【51】…………［……[11]あなた[に、一つの]かたち(エイドス)[と]、それを(誰も)見ることのできない三重[の力の]霊*[の現]出を……。(その三重の力の霊)の外側[に]、分[割]できない、非物体的な、[永遠ま[で](続く)グノー[シス]*が[横たわっている]のである。(12)

[すべて]のアイオーン*たちの内にあるやり方に従って、バルベ[ーロ]ー*のアイオーンが生じている[のであり]、(そのアイオーン)にはまた、本当に生じているものたちの、諸原型(テュポス)と諸々のかたち(エイドス)、カリ

---

ス15 2―22、プロティノス『エネアデス』VI, 6, 8, 17-22でも同様。プラトン『ソピステス』248e の伝統的解釈に由来し、アリストテレス『形而上学』XII, 7 (1072b27)の影響も見られるとされる。

(1) 解説と重複するが、ポルフュリオスは『プロティノス伝』16で、「彼の時代に多数のキリスト者が現れたが、そのなかに、古代哲学から流れを引くアデルピオスとアキュウリノスの一派があった。彼らはリビアの人アレクサンドロス、ピロコモス、デモストラトスおよびリュドスの著作をきわめて多数所有しており、またゾロアスター、ゾストリアノス、ニコテオス、アッロゲネス、メッソスその他そのような者たちの黙示録なるものを誇示し、そしてプラトンは英知的実有(直知されうる実在)の深奥にまでは到達しなかったと説いて、己れ自らも欺かれつつ、多数の人々を欺いていたのである」(水地宗明訳)と書き、アロゲネースとメッソスに言及している。

(2) 50頁2行目はこの右の一字が判読可能でその右側は欠損。

(3) または「考える」。3行目は十字前後の欠損の後、この単語を推定復元できるが、その右は欠損。4行目は完全に欠損。5行目は左端に四字見えるが判読不可能。その右は完全に欠損。

(4) 5行目の欠損のため、人称時称などは不明。

(5) 動詞に合わせるなら「(他のものには)わからない」。

(6) 写本は「まったく栄光あるユーエールが『わが子メッソスよ』と言った」だが、ターナーの校訂に従い、導入句 če を削除して読む。

(7) エジ福§13にも出る。ゾス125 12―17でも同じ形容詞がつけられている。

(8) あるいは「与えられた」。

(9) あるいは「最初に」「原初に」。

(10) 柱§26ではヌースによってヒュパルクシスを見ることが救いとされている。

(11) 1―5行目は欠損。6行目冒頭には hē が見えるが、

ユプトスの像*(エイコーン)があるのである。で、(そのバルベーローのアイオーン)には、それらのものの知性ある言葉*があるのである。彼は像(エイコーン)に従って[1]、男の叡知*のプロートファネース(最初に現れた者)を生み出すから[2]である。そして、彼は、技術のうちであれ、知悉のうちであれ、部分的な本性のうちであれ、個々のもののうちで活動するからである。彼には、一つの像(エイコーン)に従って神的アウトゲネース*(自ら生じる者)があるからである[3]。そして、彼はそれらの一つひとつを知っているからである。彼は部分的にまた個々に活動する、失敗(した者)たち、本性に由来するものたちを、繰り返し、自分の足で立たせるというかたちで(活動する)からである。彼には、それらすべてのものの救いとして、三重の神的な男性と不可視の霊*がある[4]。彼は熟考から(出た)言葉である。〈彼は〉全き若者である。そして、この実体[5](ヒュポスタシス)は一つの【52】……………」。

## §4　それに対するアロゲネースの反応

……………[6][私の心魂*は弱くなってしまっ]た。そして、私は[外へ逃]げ出し[た。私は]ひどく当[惑した]。そし[て]、私は私を自分[自身]の方にめぐらせ[た]。私は私の(周りを)[めぐっている]あの光と、内部にある善を見[た]。私は神的になった[7]。

## §5　第三の啓示

そして、まったく栄光あるユーエール[が]再び私に塗油*した。彼女は私に力を与えた。彼女が私に言った、「あなたの教えが全きものとなり、あなたの内にあるあの善をあなたが知ったので、あの三重の力について、あなたが大いなる静けさ[8](シゲー)と、大いなる秘義のうちに[守]る[9]こととなるそれらのことを聞きなさい。なぜならそれらのことは値する者たち、聞くための力がある者たちを別にして誰にも言われないのが常だからである。教えのない世代に対し、全きものよりも高くにある万物*について、それらを言うのもふさわしくないのである。だが、三重の力のゆえに、〈それらのものが〉あなたにはある、（つまり）祝福と善性のうちに生じているもの、それらすべてのものにとって原因であるものが（あなたにはある）。

彼の内部には多大な偉大さが生じているからである。彼は生じている限り、……[10]の内にあって一者である。**【53】**………………[11]［先立つ思考（エンノイア）］の……[12]、（つまり）把握［とグノー］シス*と［知悉］の内に生じているものどもから消え去ることのない［もの］[13]……。［そして］、あのもの［は］支配［する］もののうちで、不動［性］のう

その右、中央の約九字の推定復元をターナーは断念している。

(12) プロティノス『エネアデス』VI, 8, 18, 1-37も、叡知が一者の外部で、一者を取り巻いており、一者に接触している限りにおいて、叡知であるというようなことを書いている。

---

(1) あるいは「像のようにして」「像のやり方で」。

(2) あるいは反対に「から起こる」。

(3) §1注(16)参照。

(4) または「それには、それらすべてのものの救いとしての三重の神的な男性が不可視の霊とともにある」。

(5) または「現実」。

(6) **51**頁の最後の行はouaで終るが、それに続く**52**頁は1—5行目が欠損。6行目には三字の欠損と、解読不明な一字と十字前後の欠損があるが、ターナーは推定復元を断念。6行目最後の二字から訳出する。

(7) 『ヘルメス文書』I, 26にも見られるモティーフ。

(8) または「沈黙」。カローフに沈黙の訳語を宛てたので、このように訳語統一する。

(9) プロティノス『エネアデス』VI, 9, 11参照。

(10) 不定冠詞らしきouが**52**頁末尾に見えるが、**53**頁冒頭欠損のため、何であるかは不明。

(11) **53**頁は冒頭4行が欠損。5行目も左端にsoの二字が見えるだけ。6行目から訳出する。

(12) 次注(13)に記した箇所から男性名詞であることがわかるが、5行目が欠損しているため、何であるのか不明。

(13) 前注(12)に記した欠損部分の男性名詞にかかる。

ちに動いた。それは、彼が知性性の他の活動により、限界のないものの内部に将来沈んでしまうようなことのないためであった。そして、彼は自分自身の内部へと行った。彼は一切の限定、全きものよりも高くにある万物*である状態で、現れ出た。

もっともグノーシス*に先立つのはこのように私を通してではない。全きものを把握する力は存在しないゆえ、彼が知られるのはこのようにしてである。で、これは知性性の第三の沈黙と、先立ってあった思考[1](エンノイア)、それはバルベーロー*のアイオーン*であるが、(その思考)の内に現れ出た、分かれることのない第二の活動、および分割される似像*の分割されないもの、そして三重の力と、存在のない実在(ヒュパルクシス)のゆえである」〈。〉

〈そして〉あの力が[2]一つの活動を通して現れ出た。(その活動)は鎮まっており、そして沈黙している。それは(かつては)、ッザ、ッザ、ッザというような声を出したのであった。だが、彼女[3]はあの力(の声)を聞いたとき、満たされた。【54】……[ ±15 ]……[4][ ±13 ]で、あなたは[5][ ±11 ]……ソルミス[ ±8 ]……[6][あなたのもとにある]生命性[と]先立ってあった[7][活動]に[し]たがって……[8]。(その活動)に由来するそのものは神性である[9]。あなたは偉大なものである、アルメードーン[10]よ。あなたは全きものである、エピファネウスよ。

さて、あなたのもとにある[11]、あの活動によって、(つまり)第二の力と知性性――〈その〉(知性性)からのものが祝福であるが――(によって)、アウトエールよ、ベーリテウスよ、エーリゲナオールよ、オーリメニオスよ、アラメンよ、アルファレゲスよ、エーレーリウーフェウスよ、[ラ]ラメウスよ、イェテウスよ、ノエーテウスよ、あなたは偉大なものである。[あなた][12]を知るものは万物を知っている。あなたは一者である。あなたは一者[13]、よいものである、アフレードーン[14]よ。あなたはアイオーン*たちのアイオーン、いつも存在しているもの[15]である」。

その時、彼女は次のように言って、万物なる一者を賛美した、「ララメウスよ、ノ[エーテ]ウスよ、セーナオーンよ、アシネ[ウ]スよ、[オー]リファニオスよ、メレファネウスよ[16][、]エレマオーニよ、スムーンよ、オプタオーンよ[17]、存在するものよ[18]、あなたは、存在しているもの[19]、アイオーンたちのアイオーン、生成なきものたちよりも高くにある、あの生成なきものである、ヤトメネオスよ。あなたのために生まれなきものたちが皆生まれた、そのあなただけが、名前をつけられないもの【55】……[ ±12 ]……[20][ ±6

---

(1) あるいは「原初の」。
(2) 写本は「存在のない実在(ヒュパルクシス、つまり)あの力のゆえである」と伝えているが、ターナーの校訂に従う。
(3) おそらく「活動」。
(4) **54**頁は最初の4行が完全に欠損。5行目右三字のうち右端は ne と判読できる。
(5) 以下(**54** 6—37)の次々に称号を挙げる賛美は柱§20—22、§28—29にも見られる。
(6) ここまでは断片的で文の体をなしていない。「ソルミス」はゾス**126** 4に出る。ターナーはこれが実存の段階での称号で、カリュプトスに対応すると見ている。プロティノス『エネアデス』VI, 7, 40, 18-19 は存在を産み出すものを第一の働きと呼んでいる。
(7) あるいは「原初の」。
(8) ここに入る内容は8行目中央までの欠損のため、推定復元できない。
(9) ターナーは「神性に由来する活動に従って」と逆にし、前にかけて訳している。
(10) 柱§28にも出る名。ゾス**85** 22—**87** 23には他の名前もとに出、同**127** 8—9ではプロートファネースと同格で並べられている。ターナーはこれを「分かれることのない第二の活動」(本文書**53** 25—26)、生命性に関連して賛美されるプロートファネースに対応するものと見ている。
(11) 写本には関係代名詞と先行詞の間に、もう一つの小辞詞「で」(de)があるが、ターナーの校訂に従い、省いて読む。
(12) ターナーはこのように校訂しているが、文末注では「[自分]を」かも知れないと書いている。そうすると自己認識が闘技者§2—3と同様に評価されていることとなる。
(13) 「あなたは一者である」は柱§27にも出る。
(14) 柱§28にも出る名。ターナーは、この前後に出る多くの称号を、知識と関連して賛美されるアウトゲネースに対応するものと見ている。

］知性［性］……」。

### §6　それに対するアロゲネースの反応

［さて、この私は］それらのことを［聞いたとき］、私は［全きものたち］おのおのの［栄光を］、［また］汎完全者たち[1]、一つの所［に］[2]存在しているものたち[3]と、［全きもの］たちの前に（ある）汎完全者たち［を見］た。

### §7　第四の啓示

再び私に［大いに］栄光［ある］ユーエール［が］言った、「アロゲネースよ、あなたが知っているのは［知ることのない知］のうちにである。なぜなら［三重の力］が、［それらの栄光の］前に存在しているから[4]である。それらのものは［存在しているものたちとともに］存在はしない[5]。それらのものは［一つの所に］[6]存在しているものたちとともに存在はし［ない］し[7]、［また］本当に［存在しているものたち］（とともに存在もしない）[8]。［そうではなく、これらすべてのもの］が存在しているのは、[9]［神性］や［祝福や］実在（ヒュパルクシス）としてである。［また］非存在［性］や存在することのない［実在］[10]（ヒュパルクシスとしてである）」［と］。

### §8　それに対するアロゲネースの反応

［そして、その時私は現出が］私に起こるようにと祈っ［た］。

### §9　第五の啓示とその結び

［そして、その時］、まったく［栄光ある］ユーエールが私に［言った］。「［アロゲ］ネース［よ］、［確かに、三重の］男性は、［何か］存在（ウーシア）［以上の］もの［である］。だが、それが［かりに一つの非存］在であっ［たなら］……[11]【**56**】……………………[12]［本当］に存在しているもの[13]［たちの一族］との［つながりのうちに］存在しているものたち……[14]。［三重の男性］に加えて、アウ［トゲネース］*（自ら生じるもの）たちが存在している[15]［のである］。

---

（15）「いつも」は文字通りだと「どの時にも」。「存在している」は言葉の上では「生じている」と区別できない。
（16）三プロ§9にも出る名。
（17）セーナオーン、アシネウス、エレマオーン、オプタオーンは柱§28にも出る。
（18）または「生じている」。
（19）または「生じている」。
（20）**55**頁は冒頭の9行が完全に欠損。10行目も十二字前後の後に一字見えるが、判読不可能。その右側も欠損。

- - -

（1）§1注（4）参照。「全きもの」とそれが発出するものとの関係についてはプロクロス『神学綱要』命題64参照。
（2）あるいは「一緒に」。
（3）あるいは「生じている」。
（4）または「生じている」。
（5）または「［生じているものたちとともに］生じはしない」。
（6）または「一緒に」。
（7）または「生じているものたちとともに生じはし［ない］」。
（8）または「［また］本当に［生じているものたち］（ともに生じもしない）」。
（9）または「生じているのは」。
（10）言葉の上では、「生じることのない［実在］」も可能。一者が有であると同時に非有であるという議論については、プラトン『パルメニデス』161e-162b 参照。
（11）**55**頁末尾に pi と読めるが、**56**頁冒頭の数行が欠損しているので、意味不明。
（12）**56**頁冒頭は7行欠損。9行目の二字目、三字目が判読できるので、ターナーは8行目末尾から9行目を ebol と推定復元するが、文にはならない。10行目から訳出する。
（13）または「生じている」。
（14）または「生じている」。
（15）または「生じている」。

もしもあなたが［全］うされた探求［でもって探し求める］なら、［その］将来の［時］になって、あなたはあなたの心［の内にある］あの［善］を知るであろう。その時、［あなたはあなた］自身［を知るであろう］。（つまり）［原初に］本当に［存在している］あの神［の内に存在している］(1)あのものを（あなたは知るであろう）。［で、百］年［の後、あのものの］開示［が］、［サラメクス］とセ〈ル〉メン［とアレー］、（つまり）［バル］ベーロー*［のアイオーン*］の光り輝く*もの［たち］を通して、［あなたになされる］であろう。そして、あなたに適した［ものを超えるものを］、はじめのうち(2)は［あなたは知ることがないであろう］。［あなたが自分の］種族［に害を与えることのない］ためである。［だが、もしもこのよう］（になるなら）、その時、もしも［あなたがこのものの］思考（エンノイア）［を受けるなら、その時、あなたは］その言葉［で完成へと］全うされるのが常なのである。そして、その時、［あなたは神的になるのが常であり］、そして［あなたは全きものとなるのが常である。あなたは］一方ではそれらのものを［受けるからであり］、(3)……**【57】**……［ ±4 ］探［求］……［ ±2 ］実在（ヒュパルクシス）……(4)［も］しもそれが(5)［何かを捉える］なら、［それは］あのもの［によって］、また把握されているあのもの、当のそのものによって、捉［え］られているからである。そして、その時、把握している、そして大いなるものを知っているものは、偉大なものよりも、（つまり）把握されている、そして知られているものよりも、より大いなるものとなるのが常だからである。が、もしも自分の本性の上に（降りて）来るなら、彼は劣ったものとなるのが常である。というのは、非物体的な諸本性は偉大さとは提携しなかったからである。それらのものにはこの力があるからである。それらのものはあらゆる場所にあり、またどの場所にもないからである。それらはあらゆる偉大さよりも偉大だからであり、そしてあらゆる小ささよりも劣っている」。

さて、まったく栄光あるユーエールはこれらのことを言ったとき、私から分かれた。彼女は私を残した。

## §10　受けた啓示を百年間熟考していたアロゲネース

だが、私は自分の聞いたこれらの言葉に失望しなかった。私はそれらの中で自分を準備した。私は百年間、これを熟考していた。そして非常に歓んでいた。自分が大いなる光と祝された道にいるからである。なぜなら、一方で私が見るに値する者とされたそれらのものども、また同時に私が聞くに値する者とされたそれらのものども（は、諸々の）大いなる力だけにふさわしいものども（だ）[6]からである。【**58**】……………………［±10］[7]……

（1）または「［先立って］本当に［生じている］あの神［の内に生じている］」。
（2）「先立って」「前もって」も可能。
（3）最終行の右半分は欠損。
（4）**57**頁は1―4行目が欠損。5行目、6行目は本文に記したような単語がそれぞれ一つずつ推定復元されるだけ。7行目から訳出する。以下、非物体的なものや一者の遍在的内在については、プロティノス『エネアデス』III, 9, 4; VI, 4, 3, 17-19; VI, 8, 16 参照。場所に限定されないことについてはゾス**21** 6―7でも言われている。
（5）女性代名詞だが、何であるかは不明。
（6）「なぜなら」の後は関係文を伴う代名詞が並んでいるだけで、繋辞など、それらをつなぐものはない。
（7）**58**頁目の1―4行目は欠損。5行目は左側十三字前後の欠損の後、四字が見え、そのうち真ん中の二字をターナーはenと推定復元しているが、文意をとるには到らない。その右側にも欠損がある。6行目は左に十字前後幅の欠損があり、その右にbと読める。その右から訳出を始める。

# 第Ⅱ部　知識から生命と実在への上昇

## §11　百年後にアロゲネースが見たもの

百年［の完成］が［近づいた］、その［神］の……。[1] それは私に、善良性に満ちた、永［遠］まで（続く）希望の祝福を［もたらした］。私は見た、[2] 神的なアウトゲネース*（自ら生じた者）の善さと、三重の［男］の全き若者に[3]他ならないソーテ［ール］（救い主）と、この者の善性（つまり）叡知的な、全き、ハルメドーンのプロートファネース（最初に現れた者）と、カリュプトスの祝福と、祝福の原初の[4]起源[5]（つまり）バルベーロー*の、神性に満ちたアイオーン*と、起源なき者の原初の起源（つまり）霊的*な不可視の三重の力（すなわち）全き者よりも高い万物*とを（私は見た）。

永遠まで（続く）光によって、私の上に与えられているあの衣装から、[6]〈私が〉取り去られた時、[7] そして、聖なる場所の上に、その似像*がこの世で現し出されることは不可能な（そのような場所に）私が受け入れられた（時）、その時大いなる祝福により、それらについて聞いていたすべてのものを、私は見た。そして私はそれらすべてのものを賛美した。私は【59】自分のグノーシス*の上に［自分の足で立ってい］た。

## §12　バルベーローの光り輝く者たちの戒め「無知であれ」

［私は］万物*［の］グノーシス*（つまり）バルベ［ーロー］*のアイオーン*の方を［向い］た。そして私は（諸々の）［聖なる］力を、男［性］の処女なるバルベ［ーロ］ーの光［り輝く］*ものたちによって見た。この世の中に生じることを私が試すことができるようになる［ため］、彼らが［次のこと］を［私に言う］のを（私は見た）。「アロ［ゲ］ネースよ、あな

たのもとにある祝福を、静けさ（シゲー）の内にそれがどのように生じているかを、その内にあって（こそ）あなたが自分をありのままに知っている（その祝福を）見なさい。そして、自分（自身）を探し求めて、生命性へと、それが動いているのをあなたが見ることになるその（生命性へと）、引きこもりなさい[8]。そしてあなたが自分の足で立っている力がないなら、何も恐れるな。かえって、もしもあなたの足で立っていたいと欲するなら、実在（ヒュパルクシス）へと引きこもりなさい。そうすれば、あなたは将来そ（の実在）を、それが自分の足で立っており、それが、本当に自らを鎮めており、そしてこれらすべてのものを沈黙と非活動性のうちに捉えている者の似像*として[9]、自

（1） 6行目前半にいたる欠損のため、推定復元不可能。

（2） 他の数え方も可能だと思うが、以下には、アウトゲネース、ソーテール、プロートファネース、カリュプトス、起源なきものの起源という五個組が挙げられる。名前は異なるが、五個組はヨハ・アポ§18にも見られる。

（3） エジ福§12では「三重の男児」が「塗油された」と言われ、三プロ§5では「至善で塗油した」と言われる。ここでは善がこの三重の若者の特徴とされている。

（4） 文字通りだと「先立ってあった」。

（5） または「はじめ」「原理」。続いて出る二つの用例も同様。

（6） 秘儀で衣服を取り去ることについては、プロティノス『エネアデス』I, 6, 7, 5-7 参照。肉体から離れることを意味するのであろう。同 VI, 9, 3, 1-3 をも参照。天の上まで上げられて観ることについては、プラトン『パイドロス』247c をも参照。但し、先行する「光によって」と同じ前置詞なので、訳し分けを避けるなら「衣装によって」となる。

（7） または冒頭ある et を「私が見た以上のものたち」を先行詞とする関係代名詞と見做し、「彼らは私を取り去った。そして、……私を受け入れた」と読むことも可能。ここではターナーに従い、その et を、状況を現す副文の導入句（普通は e）と見做して、34行目で始まる主文にかけておく。この場合、文法的には「受け入れられた」が浮いてしまうが、長い文の中で e が忘れられたものと見做す。

（8） 自己認識の必要が、『ヘルメス文書』I, 21 でもいわれる。

（9） あるいは「これらすべてのものを……のうちに捉えている者に似て」。

らを鎮めているのを、見いだすであろう。そして、あなたがこの者の現出[1]を、理解不可能な方の、原初の現出[2]によって、受けるなら、——もしもあなたがこの方を知(らなければならない)なら、あなたは彼について無知であれ——、そしてあなたがあの場を恐れるなら、諸活動のゆえに、後ろへと引きこもりなさい[3]。そして、あなたがあの場所で全きものとなるなら、自らを鎮めなさい。そして、あなたの内に生じている範型*(テュポス)に従い、そのやり方で(あなた)も知りなさい。【60】[これらすべて]の中でそれが生じているのは、そのやり方で、この型に従ってである[ことを]。そし[て]、それ以上に散らす[な]。あなたが自分の足で立っていることができる[ために]。[また、活動的]であろうと欲するな。理[解不可能な]方の、[あなたの内にある]非活動[のところで、どんなにであれ]あなたが消え去ることのない[ために]。その方を知るな。というのはそれは不可能だから[4]。むしろあなたは光の内にある思考(エンノイア)によってその方を知るのであって、その方に無知であれ」。

## §13 その戒めに従って引きこもるアロゲネース

さて、あの者たちがこれらのことを言ったとき、それらのことを私は聞いていた。私の内に静けさ(シゲー)の静寂が生じていた。私は祝福を、私が自分をそれによってありのままに知った、その(知らせてくれた祝福)を聞いた。

そして、私は〈私〉(自身)を探し求めて、生命性へと引きこもった。そして、私はその中に入ろうとして、それと提携した。そして、私は確かさのうちにではなく、静寂のうちに自分の足で立っていた。そして、私は、永遠まで(続く)、知性ある、分けられることのない動きを見た。(その動きは)かたち(エイドス)のない、なんらかの限定によってそれを限定しない、すべての力のものである。

そして、私は確かさのうちに自分の足で立ちたいと欲したので、[5] 私は実在（ヒュパルクシス）へと、（つまり）それが自分の足で立っており、自らを鎮めているのを私が見いだしたそのもの（へと）引きこもった。（それが自らを鎮めているのは）私に与えられているものの像*（エイコーン）と似像*（のやり方）に従って（であり、それが私に与えられているのは）分割できないものと自らを鎮めているものの現出によって（である）。

## §14 理解不可能な者についての啓示

私は現出によって、理解不可能な方の原初の現出[6]によって、満たされた。【61】私はその方に無知であった［ので］、その方を［知り］、その方から力を受けた。永遠まで（続く）強さ[7]を自分の内に受けたとき、私には、自分の内に［存在している］[8]者と、三重の［力］と、自分の内に容りきらない者[9]の現［出］とがわかった。そ［して］、原初の［現］出[10]によって、（すなわち）彼ら皆にとって［理］解不可能な、原初の方[11]の（つまり）全き者よりも高くにある神の

---

（1）　つまり「本当に自らを鎮めており、そしてこれらすべてのものを沈黙と非活動性のうちに捉えている者」。

（2）　文字通りだと「先立ってあった」。

（3）　プロティノス『エネアデス』III, 8, 9, 29-32 も「自己自身を自己の後にあるものに引き渡」（田之頭安彦訳）すよう求めている。同 VI, 9, 3, 1-13 をも参照。

（4）　文字通りだと「というのは彼は無力性であるから」。主語と繫辞の性が不整合だが、繫辞の性は補語に引かれて同化したものと見做す。

（5）　あるいは「欲したとき」。etaei を eaei のように読む。

（6）　文字通りだと「先立ってあった」。

（7）　あるいは「永遠まで［の］心の強さを」。ターナーは「恒常的に」と訳している。

（8）　あるいは「生じている」。

（9）　文字通りだと「自ら［のものである］自分を容れない者」。

（10）　または「先立つ現出」。文字通りだと「［現］し出しの先在性」。

（11）　または「先立って生じている」。

(原初の現出によって)、私はその方と、彼ら皆の内に存在している[1]三重の力とを見た。私はその方について話せない、そして理解不可能な神を探し求めていた。もしも誰かが彼を知るなら、その人はその方について全面的に無知であるのが常である[2]、そのような方、三重の力の仲介者、静寂と沈黙の内に横たわっており、そして理解不可能な者である方を。

そして、私がこれらのことを自分に確信させてしまっている状態の時に、光り輝くもの*たちの(諸々の)力が私に言った、「さあ、あなたの内に生じている非活動性を、把握できないものたち(を次々に)追い求め(ること)によって、散らしてしまうのはもうやめなさい。むしろその方について、原初の現出[3]と現出とによって可能である[4]そのやり方で、聞きなさい。

さて、その方は、その方が存在している[5]そのやり方で、何ものかである。(つまり)あるいは存在している[6]から、また生じようとしており[7]、あるいは活動しており、あるいは知っている(という状態で何ものかである)。彼は生きていて、彼には叡知*がなく、生命も、実在(ヒュパルクシス)も(なく)、把握不可能性のうちにあって非実在者でもないからである。**【62】**［そ］して、何ものか、また自分に属するものとなっている［もの］だからである。また［何］らかの型に従って残されているもの[8]、(すなわち)あたかも彼が［何も］のかを、(つまり)試されており、あるいは純粋であり、［あるいは］受け、あるいは与える[9](ような何ものかを)与えるかのように(残されている)ものでもないからである。また、何からの型に［従って］、(つまり)彼の欲求そのもの［によるのであれ］、他のものを通して彼が与えるのであれ、あるいは受けるのであれ、(何らかの型に従って)［削減さ］れるのを常とするのではないからである。彼には、自身からも、他のものからも、何らの欲求がない。それが彼のところへ来ることはないからである。しかし、彼が何らかのものを自らを通して与えることもない。他の型によって彼が削減されるようなことが将来起こることのないためである。このために、彼は通常、叡知にも生命にも、万事について何ものにも全く欠けるところがない。彼は、彼に属する欠落性においても、理解不可能性、つまりそれは存在することのない実在[10]（ヒュパルクシス）であるが、（その理解不可能性）においても、諸々の万物*よりも優れているからである。なぜなら、彼には静けさ（シゲー）と沈黙があるからである。削減されるのが常ではないものたちによって、彼が将来削減されるようなことのないためである。

彼は[11]神性でも、祝福でも、完全性でもなく、むしろそれは[12]彼の理解不可能な具体化である。それは彼に属することではなく、彼自身は他のものなのである。彼は祝福や神性や完全性よりも優れているからである。というのは、彼は全きものではなく、より優れた他の**【63】**ものなのである。彼は限界の「ないもの」でもなければ、「他のものに」よって限定を課せ「られる」ものでもなく、むしろより優れたものである。彼は物体でもなければ非物体「でもない」。彼は大いなる「もの」でもなければ、「小さな」もの「でもない」。彼は数でも[13]ない。彼は「創られたもの」で

---

（1） または「生じている」。
（2） または「もしも誰かが全面的に彼を知るなら、その人はその方について無知であるのが常である」。
（3） 文字通りには「先立つ現出」。
（4） 文字通りには「力がある」。
（5） または「生じている」。
（6） または「生じている」。
（7） または「存在しようとしており」。
（8） 文字通りだと否定詞があるので「残されていない」だが、全体が否定を含む接続詞で導入されるので、これを強調する否定と見做し、二重否定には訳さない。
（9） 5—6行目の四つの動詞の主語は全体の主語である絶対者ともとれるが、「何ものか」を主語として訳出した。
（10） または「生じることのない」。
（11） 以下（**62** 30—**63** 25）はヨハ・アポ §8と並行している。究極存在である一者の類比的把握の否定についてはプラトン『パルメニデス』137c-142a をも参照。
（12） ターナーは「神性と祝福と完全性」と理解している。
（13） ターナーは「量」と説明している。

もない。彼は存在している何ものか(1)(つまり)誰か[が]知ることのできるものでもない。そうではなく彼に属する、より優れた他の[何ものか]、(つまり)誰もそれ[を]知ることのできないものである。

彼は原初の現出(2)であり、また彼に属するグノーシス*(である)。彼を知っているのは彼だけだからである。なぜなら、彼は存在しているものたちの一つでは[なく]、より優れたものたちよりも優れた他のものである、彼に属するものと較べても、また彼に属さないものと較べても(3)(より優れた他のものだ)からである。彼はアイオーン*(永遠)にも関与しないし、時間(クロノス)にも関与しないからである。彼は他のものから何かを受けることを常としないし、また彼は削減されないし、また何ものも削減しないし、また削減不可能なものでもないからである。だが、彼は自分自身を把握するものである。ちょうど彼が何か理解不可能なものであるように、それと同じようにして、ちょうど彼の理解不可能性においても、よいものどもよりも優れているように(彼は自分を把握するのである)。

彼には祝福と完全性と沈黙が、――(といっても)〈あの〉祝福でもあの完全性でもない(が)――そして静寂があるからである。しかし、これ(4)は存在している(5)彼の具体化、誰も【64】[知る]ことができず、そして自ら[を]鎮めている方(の具体化)である。むしろ彼らは、彼ら皆にとって理解不可能な方の具体化である。

彼は美し[さ]において、それらの[よいもの]すべてよりもずっと高いからである。この方はこのようにして、いかなる型を基準にしても、(6)彼ら皆にとって[理解不可能なもの]である。その上、彼がそれらすべてのものの上にある、そのそれらすべてのものを通して、理解不可能なグノーシス*として(つまり)その方のありかたで生じているもの(として)(7)だけ(理解不可能なものなの)ではない。そし[て]、彼を見ている理解不可能[性]を通して、彼は(それらのものと)一致しているのである。あるいは[もしも]〈誰か彼を〉、彼がどのようにして理解不可能なものであるのかを〈見る者がある〉[8][なら]、あるいはもしも誰か、あらゆる基準に照らして彼が(そのやり方)で存在している[9]、そのやり方に従って彼を見る者があるなら、あるいはもしも誰か彼のことを、グノーシス*のような何ものかであると言おうとする者があれば、その者は彼に対して不敬虔(の罪)を犯してしまっている。彼には、神についてわかっていなかったという裁きがあるからである。彼はあの方によって(つまり)何ごとにも関心がなく、また何の欲求もないその方[10](によって)裁きを受けようとしていたのではない。そうではなく、それ[11]はその者自身から(である)。彼は本当に存在しているあの起源[12]を見いださなかったからである。その者はあの現出の、自らを鎮めている目の(つまり)自らを活動させているもの(の、すなわち)不可視の霊*の、原初の思考[13](エンノイア)の三重の力に由来するもの(の)外側(にあって)盲目であった。この方はこのようにして……[14]から生じているからである。

**【65】**…………[15][　±3　]何か[16]……[　A　]について[17][確信]させてしまっている[18]……[　B(A+B=±8)　]

---

(1) または「生じている」。
(2) 文字通りだと「先立ってあった」。
(3) 文字通りだと「彼に属するもののように、また彼に属さないもののように」。
(4) つまり「祝福と完全性と沈黙と静寂」という至高者の属性。
(5) あるいは「生じている」。
(6) もう少しくだいて表現すれば「いかなる観点から見ても」。
(7) くだいて言えば「彼に固有のものである(他のものには)理解不可能なグノーシスとして」。
(8) 行の類似冒頭に起因する写字生の目のずれを想定し、ターナーの推定復元する1行を補う。
(9) または「生じている」。
(10) すべての単語を訳するなら「何ごとにも彼には関心がない、また彼には何の欲求もないその方」。
(11) 「彼」つまり「その人」ともとりうるが、男性名詞「裁き」を人称代名詞で受けたものと見做す。
(12) あるいは「はじめ」「原理」。
(13) 文字通りだと「先立ってあった」。
(14) **65**頁の上約40%が欠損しているため、復元不可能。
(15) **65**頁は1—14行目が完全に欠損。15行目も左五字分の美し[さ]と、先立って行なった(1)静寂と、沈黙と、静寂さと、測深できない偉大[さ]と(……(2)について確信させてしまっている……(3))。彼が現れ出たとき、彼は時間(クロノス)に欠けることもなく、永遠を〈受けることもなかった〉。むしろ彼は自分自身を測深不可能性において測深できないものである。将来自分を鎮めているものとなるために自分を活動させないからである。彼は将来欠落する(ものが)ないために実在(ヒュパルクシス)でさえないのである。彼は場所の中にあっては物体(的)であるが、他方、離れている時には非物体(的)である。彼には存在することのない実在(ヒュパルクシス)があるからである。彼は、彼ら皆のため、自分に何らの欲求がない(4)状態で、自分に対して存在しているからである。しかし、彼は偉大さの(中でも)最高に大いなるものである。そして、彼は自分の静穏さよりも高くにあるからである。それは……(5)【66】…………(6)[ ±10 彼は彼ら]を見[た]。彼は[彼ら皆に]、彼ら(の方)はあの[方]とともに[自分]に全[く]関心が[ない]が、(彼は彼ら皆に)[力を]与えた。もしも誰かが繰り返し彼から受けるとすれば(7)、彼は力を受けないのが常である。また、誰も彼を、[自ら]を鎮めている単一性に従って活動させないのが常である。というのは、彼は理解不可能なものだからである。というのは、彼は、無限界性の、息のない場所*だからである。彼は限界がないもの、また力のないものであり、そして生じることのないもの(8)(である)から、彼は生成を与えるものではなかった。むしろ彼ら皆を自分の中に容れており、自らを鎮めており、いつも(9)、自分の足で立っているものから(離れて)(10)、自分の足で立っているからである。永遠まで(続く)生命が、(つまり)見ることのできない、そして三重の力の霊*が、(すなわち)これら存在しているものすべてのうちにあるもの(11)、(そのような生命が)が現れ出たからである。そして、彼はそれらすべての周りに(あって)それらすべてよりも高いからである。一つの陰……(12)。【67】…………(13)彼は[一つの力で満たされた。そして彼はそのもの]たちの前に、それらすべてに力を与えつつ、自分の足で立っ[た]。彼は彼らすべてを満たした。

## §15　結びと表題

そして、これらすべてのこと「について」、確かにあなたはある確かさをもって聞いた。そして、もうそれ以上は何も探し求めるな。むしろあなたのところへ往け。25理解不可能な方に（次のものが）ある（かどうかという）ことは、われわれにはわからない。その方に天使たちがある（かどうかという）こと（も、その方に）神々（があるかどうかと

---

欠損の後、一字見えるが、判読不可能。

（16）16行目は三字分の欠損の後、この単語の後に一字 a が読みとれるが、意味を読みとれない。

（17）一応このように訳したが、en とだけしか読みとれない。

（18）16行目の欠損のため、主語・時制など不明。

- - -

（1）あるいは「原初に亢進した」。

（2）17行目の約八字分の欠損のため、意味不明。

（3）§14注（18）参照。

（4）プロクロス『神学綱要』命題8―10参照。

（5）**65**頁末尾には目的節を導入する接続詞があるが、その内容は**66**頁の欠損のため不明。

（6）**66**頁は1―14行目が欠損。15行目は十三字前後分の欠損の後、三字が見え、そのうち二字は nē と読めるが、訳出不可能。16行目から訳出する。

（7）19行目の eša を標準語の ešare に相当するものとして読む。

（8）または「存在することのない」。

（9）または「どの時も」。

（10）あるいは「に基づいて」。

（11）あるいは「これら生じているものすべてのうちにある一者」。

（12）**66**頁末尾には不定冠詞つきの「陰」なる語が見えるが、**67**頁の欠損のため、以下は不明。

（13）**67**頁は1―14行目が完全に欠損。15行目の左には二字分の空白の後、一字が見えるが、判読不可能。16行目には二字分の空白の後、六字が見え、そのうち五字は読めるが、ターナーも復元を断念している。17行目から訳出する。

いうこと)も(われわれにはわからない)。また、自らを鎮めている者、その者に、静寂(つまり)それは、将来彼が削減されるようなことのないため、彼自身に他ならないが、(その静寂)以外に、その者の上に何らかのものがあった(かどうかという)ことも、(われわれにはわからない)。あなたが探すために、もうこれ以上、時を散らす(1)のもふさわしくない。それはあなたがたが〈あなたがた〉だけ(が)知るに値し、そして彼らは互いに話すに(値し)ていた。だが将来あなたはそれらを受けるであろう。【68】………………(2)[…………そして、彼が]私[に言った]、「私があなたに[言]おうとしている、そし[て]あなたの後でふさわしいものなる人々のために、あなたに思い起こさせようとしている(3)[諸々のことを]書きなさい。そしてあなたは将来この書物を一つの山の上に置き、あの守護者に向かって『さあ来い、恐ろしい奴(フリクトス)よ』と呼ばわるであろう」と。

さて、彼はこれらのことを言ったとき、私から分かれた。だが、この私は喜びに満ちた。で、私は自分に定められたこの書物を書いた、わが子メッソスよ。それは私が将来あなたに、私の前に開示された(諸々の)ことを告げ知らせるためである。さて、最初(4)、私はそれらを大いなる静けさ(シゲー)のうちに受けた[。]そして、自分を準備しながら、私のやり方で(5)、自分の足で立った。これらが私に開示されたことである、わが【69】[子メッソスよ]。…………(6)

[それらのことを告げ]
知らせ[よ、わが]
子メ[ッソ]スよ。
アロ[ゲ]ネース
[の]すべての[書]物

［の］封印［として］。
ア［ロ］ゲネース

（1）「機会を散らす」「時を過ごす」。

（2）**68**頁は1―14行目が欠損。15行目には十三字前後分の空白の後、二字見えるが、判読不可能。16行目から訳出する。

（3）あるいは文字通りに「考えさせようとしている」。

（4）「先立って」「原初に」などと訳したのと同じ語。

（5）あるいは「自分自身で」「ありのままの自分として」なども可能。

（6）**69**頁は1―14行目が完全に欠損。この頁は16ないし17行目からは文字が真ん中に寄せられ、両端は飾られている。ターナーの推定復元に従い、欠損の大きい14―15行目も同じ形式で飾られていたものと見做す。

# 解説　パウロの黙示録

筒井賢治

## 一　写本と表題

本訳は、ナグ・ハマディ文書第V写本第二文書(17$_{19}$―24$_{9}$)の全訳である。文書末尾(24$_{9}$)に括弧(〈……〉)付きではっきりと『パウロの黙示録(アポカリュプシス)』(tapokalypsis mpaulos)という表題が書かれている。さらに、本文書の冒頭は写本の物理的破損のためほとんど読めなくなってしまっているが、最初の行の末尾にわずかにlosという文字の痕跡と閉じ括弧(〉)が残っており、ここから底本(第六章参照)は文書末尾のそれと同一の表題を復元している([tapokalypsis mpau]los)。第V写本は全体として保存状態があまりよくないのであるが、確認できる限りでは、括弧付きの表題が第一文書『エウグノストス』の末尾、第三文書『ヤコブの黙示録 一』の冒頭と末尾、第四文書『ヤコブの黙示録 二』の冒頭、そして第五文書『アダムの黙示録』の末尾にも記されている。従ってこの復元に疑いの余地はほとんどないと思われる。底本校訂者以外の研究者もほぼ例外なくこの案を受け入れている。

本文書の存在や内容を証言する古代の記録は見つかっていない。エピファニオス『薬籠』XXXVIII, 2, 5は(「カイン派」についての報告の中で)『パウロの昇天(Anabatikos Paulou)』という文書があったことを伝えているが、前後の記述から見て、本文書のことを指している可能性は低い(また何より表題が異なる)。『パウロの黙示録』という表題でギリシア語原文(およびラテン語その他への訳)が伝わっている文書(佐竹明訳『聖書外典偽典6　新約外典Ⅰ』教文館、一九七六年、二七三―三一七頁)は、本文書とは全く別である。

## 二　文体

本文書では、最初にパウロは三人称として扱われるが、§3の冒頭で「私」となる。しかし§3の末尾で再び「彼」に戻り、§6からは文書末まで一人称になる。この言語上の混乱は、本文書の背後に複数の資料があることを示唆しているようにも見えるが、研究者のほとんどはこの推論には懐疑的である。「複数の資料」に加えて、いわば「編集作業の不在」を想定しなければならないためである。おそらく、本文伝承に何か問題があるのか、あるいは原著者が不注意だったものと思われる。なお、本文書の前提となっているⅡコリ一二1-4に一人称と三人称が並んでいることが(詳しくは後述)、本文書における人称の乱れと関連しているのかもしれない。

次に、訳文で頻繁に出てくる「応えて言った」という表現についてここで説明しておく。コプト語原文では、普通に訳せば「(彼は)答えて言った」という言い回しが、直接話法の引用文を導入する際の決まり文句になっており、これが文脈上決して「答え」ではない発言にも使われている(例えば§2冒頭は「小さな子供は答えて言った」で始まるが、その直前の話者も子供であり、従って「答え」ではあり得ない)。この奇妙な言葉づかいがどこから来ているのかは分からないが、本文書の特徴的な文体である。従って翻訳においてこれを普通の言葉に直してしまうのは避けなければならないが、他方、「答えて」のままではやはり違和感が強すぎるので、より意味が広いと思われる「応えて」という漢字を用いることにした。

## 三　構成と伝承

構成という点では、本文書は特に説明の必要もないほど明快である。§1から§3まではパウロと「小さな子供」との対話であり、§4からはパウロが聖霊（＝小さな子供）の案内で天を第三天から順々に上って行き、§17で第十の天に到達して終りとなる。内容面では、§2―3の子供による啓示、§6―8、10の魂の裁き（第四・第五の天で）、そして§13―14の創造神とパウロの対決（第七の天で）に重点が置かれている。この三箇所（次章参照）を除くと、話はただ淡々と進行する。特に第七の天を通過してから後の叙述（§15―17）は、あっけないほど単純である。

本文書が前提にしている伝承は、文書の冒頭が八行ほど欠損しているとはいえ、ほぼ確実に特定することができる。すなわち、§1―3（パウロがエルサレムに上ろうとする）は新約聖書のパウロ自身による書簡ガラテヤ書の一―二章（特に一18、二1-2）を、また§4―17（パウロが天に昇る）は同じくⅡコリント書一二1-4を、それぞれ下敷きにした創作である。その際、「天のエルサレム」という観念（ガラ四26、黙二一2）が両者を融合させるための触媒の役割を果たしている（また「上る／昇る」の両義性にも注意）。

それから三年後に、私はケファ（＝ペトロ）と知己になるためにエルサレムにのぼり、彼のところに十五日間滞在した……

（青野太潮訳、ガラ一18）

次いで十四年経った時、私はバルナバと共に、そしてテトスをも連れて、再びエルサレムにのぼった。私がのぼったのは啓示によってである。

（同、ガラ二1-2）

誇らねばならないのなら、なんら私に益するものではないが、私は主の幻と啓示に言及しよう。私はキリストにある一人の人を知っている。その人は十四年前に——からだにおいてであったのか、私は知らないし、からだの外においてであったのか、私は知らない。答えは神が知っておられる——第三の天にまで運び挙げられた。……すなわち彼は楽園に運び挙げられ、人間にとっては語ることが許されていない、言葉では言い表わせない言葉を聞いたのである。

（同、Ⅱコリ三1-4）

ガラテヤ書にはパウロの上京についての記述が二箇所あり、本文書が特にどちらを念頭に置いているのか、必ずしも明確ではない。しかし、バルナバとテトスが無視されているとはいえ、「エルサレム上り／昇天」に加えて「啓示（アポカリュプシス）」という重要なキーワードがⅡコリ三1と共通していることから、ガラ二1-2の方がそれである可能性が高い。そして、まさにこの語が本文書の表題に使われているのである。

従って、本文書の表題は、慣習に反するとはいえ、「パウロの黙示録」ではなく「パウロの啓示」（あるいは「パウロへの啓示」）と訳す方が、内容的にも、また日本語の語感からも適切である。但し語感の問題は本文書に限られたものではない。「黙示録」という言葉が喚起するおどろおどろしいイメージは、新約正典、ヨハネの黙示録の直接・間接の影響かと思われるが、決して古代の「黙示」文学に共通した特徴ではないからである（本巻巻頭の解説も参照）。本文書におけるパウロと創造神の対決は、後述のように、むしろ平和的・理性的である。

「啓示によって」というガラ二2に対応するのが、パウロと子供との対話である（§1—3）。啓示者が子供の姿を取る例としてはヨハ・アポ§4、『ヨハネ行伝』（大貫隆訳『聖書外典偽典7　新約外典Ⅱ』教文館、一九七六年、一一七—一八九頁）八八以下を参照（またトマ福・語録四も見よ）。後に（§4）この子供は（聖）霊であることが明らかにされる。

「エルサレムに上るにはどの道を通ればいいのですか」というパウロの問いに先立って、現在では失われている最初の八行ほどの中に、エルサレムに上れという子供の「啓示」があったものと推定できる。

Ⅱコリ三2-4の昇天記事は、形の上では三人称で書かれているものの、1節が一人称になっていることからも明らかなように、実際はパウロ自身の体験である(この点については現在ほとんどの研究者が一致している)。この記事を自由に展開する「パウロの昇天物語」が初期キリスト教時代に多数創作されたことは、エイレナイオス(『反駁』2, 30, 7)、エピファニオス(前掲)らが証言しており、またナグ・ハマディ文書ではない方の『パウロの黙示録』(前述)が現にその一例である。本文書の特徴は、パウロ自身の記述と異なって、第三ではなく第十の天まで昇ることである。天が十層から成っているという観念は、伝統的な七層天(巻末の用語解説「七人」の項目を参照)、すなわち被造世界の上に、グノーシス主義的な世界観に対応してさらに三層を加えたものであり(一例として本シリーズ第一巻『救済神話』一二二頁の図を見よ)、従って、第七天と第八天との間に最も重要な断絶がある。本文書でも、第七天での出来事、すなわち第八天に移ろうとするパウロとそれを阻止しようとする創造神との対決が詳しく描写される。これに対して、他の天の描写は、第四天と第五天での魂の裁きの描写を除いて、非常に簡単に済まされている。但し、第一と第二の天への言及がないのは、単に省略されていると考えるよりは、Ⅱコリ三2(聖霊がパウロを第三天まで引き上げる)の忠実な受容として理解するべきであろう。本文書におけるパウロの昇天は、Ⅱコリにおけるそれをそのまま延長する形になっているのである。第八天以降の説明が拍子抜けするほど簡素であることは先に触れたとおりである。僅かに、第八天についてのみ「オグドアス」という特別な語が使われており(§15)、被造世界(第七天まで)を出てプレーローマへ到着したことの意義を際立たせている。また、第十天において初めてパウロ自身が霊になるという点(§17の注(5)を参照)も注目に値する。

本文書においては、パウロの昇天と並行して、地上でもパウロと十二使徒の面会が実現する(§5)。この二重性は、Ⅱコリ一二2-3の「からだにおいてであったのか、私は知らないし、からだの外においてであったのか、私は知らない」と関連している可能性がある。すなわち、「からだの外において」が事実であり、パウロの「からだ」の方は地上に留まって十二使徒を訪問していた、という設定になっているのかもしれない。いずれにせよ、これと対応して、十二使徒も二重化されている。そこで、§9と§11の「私は、仲間の使徒たちが私と一緒に進むのを見た」が地上の描写なのか、天上のそれなのかが研究者の間で議論になっている。後者の場合には、聖霊だけでなく(天上にいる方の)使徒たちもパウロの昇天に随行していることになる。しかし訳者の意見では、彼らは「霊」であり(§3)、第十の天が霊の場所だとすれば(前記参照)、天上の使徒たちは最初から第十天にいてパウロを待っている——そしてまだ地上にいるパウロ(§3)と第八天に入ったパウロに(§15)上から挨拶し、第十天で初めて「仲間」となったパウロから挨拶を受ける(§17)——と解釈するべきであろうと思われる。昇天開始直前の子供の科白「あなたは十二使徒を訪ねます」(§3、また§2も参照)も、こう解釈して初めて、昇天の最終目的を指す言葉として意味を持ってくる。従って、問題の§9と§11の描写は、§5のそれと同じく、天を昇る途中のパウロの目に映った地上の出来事ということになる。

## 四　重要なトピック

先に触れたように、本文書では(1)子供による啓示、(2)魂の裁き、(3)創造神との対決、の三箇所に内容的な重点が置かれている。

⑴子供による啓示（§2—3）

§1は、失われている約八行分を加えれば、状況説明（地の文）を含むパウロと子供（＝聖霊）の対話だったと思われる。しかし§2と§3は子供による一方的な啓示となっている。内容は、一言でいえば、覚醒への呼び掛けである（§3「あなたの理性（ヌース）を目覚めさせなさい」。おそらく同じ言葉が§2にもあったと推定される）。これは昇天のための前提条件として理解することができる。とすれば、本文書の根本的な人間理解・救済理解がここで示唆されていたはずであり、それだけにこの箇所、特に§2後半の八行分ほどのテキスト破損が残念である。§2末尾の「魂の種子に身体を与える者」という表現は、文脈上「諸［支］配……悪霊の全種族」というグノーシス主義においてネガティブな存在と並んでいることから、創造神を指しているのではないかと思われる。但し「与える」と訳した動詞は元来「隠されていたものを明らかにする」「啓示する」という意味の言葉なので（kjōlp）、ある程度の留保が必要である。もし「与える」という意味での解釈が正しければ、魂と身体とを対立させる二元論的な人間理解を読み取ることができる（§8も参照）。§3の「明らかなものを通して隠されたものを知る」という言い回しがここで具体的に何を指しているのかは分からないが、この類の表現はグノーシス主義文書に頻繁に認められる。例えば本文書の直後にも写しがある『エウグノストス』§14（本シリーズ第三巻『説教・書簡』所収）にも類似の言葉がある。なお、啓示が「山」で与えられるという観念は古代一般に認められる（マタイ福音書五—七の「山上の説教」、ヨハ・アポ——本シリーズ第一巻『救済神話』所収——§3等）。

⑵魂の裁き（§6—8、10）

魂の裁きについては、比較的詳しい描写が§6—8（第四の天）、ごく簡単な描写が§10（第五の天）にあり、重複している。さらに、第四の天での裁きが、魂が第五の天に昇ることを許されるか地上に落とされるかの決定として位置付けられている以上（§6の注（7）参照）、第五の天でもまた裁きが行なわれるというのは内容的にも首尾一貫していないことになる。このため、この部分には何らかの形での二次的な挿入・編集の手が加えられている可能性がある。

人間の死後、魂が冥界ではなく天において裁きを受けるという観念は、古くはプラトン『国家』末尾の「エルの物語」（X 614B 以下）以来、さまざまな形で見いだされる。これが古代宇宙論（多層からなる天）と組み合わされると、それぞれの天の支配者ないし門番が、魂の生前の所行を審査する裁判官の役割を果たすことになる。しかし、グノーシス主義においては被造世界に属する（プレーローマより下位の）天が否定的に評価されるため、門番＝裁判官は魂のプレーローマへの回帰を妨害しようとする敵対者として理解される。そしてこれに応じて、焦点は死者の道徳的善悪の審判から、プレーローマに帰属する魂（霊）と被造世界を代表するアルコーンたちの対決、そして前者の勝利のプロセスへと移動することになる。本文書において興味深いのは、この二種類の審判理解が無造作に並んでいるという点である。すなわち、第四天での裁きは魂の生前の道徳的な「罪」についての審査であり、グノーシス主義に特有な救済論は見られない。むしろ第四の天の「取税人」は、不正を罰する存在として、プラスに評価されている。これに対して、第七天での創造神との対決は、創造神に対するグノーシス主義者の優越性を示すための典型的なデモンストレーションである（後述）。この二種類の観念の並列は、すでに触れた「魂の裁き」部分が本文書において二次的挿入である可能性と結びつけることもできる。但し、道徳的な正義およびそれを保証するこの世界の秩序は、グノーシス主義においても肯定的に評価されている例がある（『プトレマイオスのフローラへの手紙』＝エピファニオス『薬籠』XXXIII, 3-7）。

Ⅱコリ三1-4をベースにしたパウロの昇天物語に魂の裁きの場面が取り入れられているのは、本文書ではない方の『パウロの黙示録』(前述)も同様である。しかし内容的な共通性は特に認められない。他にも、昇天物語に裁きの場面を組み入れる例として、旧約聖書偽典『アブラハムの遺訓』(長写本)が挙げられる。さらに同書のコプト語版では、本文書と同じく三人の証人が登場する他、いくつか共通のモティーフが認められるため、伝承史的な何らかの関係が存在するのかもしれない(マクレイ)。証言の内容であるが、かなり謎めいた言い方になっているため、厳密な理解は困難である。時刻の指定は、「第二刻」「第五刻」「第十二刻」がそれぞれ朝、真昼、晩にあたるため、何らかの全体性を示唆しているのであろう(「一生罪を犯し続けた」の意か)。いずれにせよ、ここで行なわれているのは個々の罪状の認定ではなく(そうでなければ、同一の悪行について三人が一致して証言しなければならないはずである)、魂がそもそも罪を犯し(続け)たか否か、というオール・オア・ナッシングの審理である。

有罪と認められた魂は、「下に投げ落とされ……それのために用意されていた身体の中に」入る(§8)。いわゆる「輪廻転生」であるが(但し、この箇所の「身体」が人間以外の動物のそれも含めているのかは分からない)、グノーシス主義の中では、例えばカルポクラテス派がこの教説を採用していたという報告がある(エイレナイオス『反駁』I, 25, 4)。「身体の中に入る」ことが本文書では明らかに魂に対する処罰として理解されているわけであるが、これはオルフェウス教以来の観念であり、ここから本文書の思想史的・宗教史的位置付けを特定するのは難しい。

第五の天での裁き(§10)は、第四天でのそれに比べてごく短い説明しかない。文献批判的な問題については右記参照。「競い合って……魂を追い込む」三人の天使という描写には、背後にギリシア神話における復讐の女神エリーニュエス(これも三人で一組)のイメージがあるのではないかという指摘がある(マードック/マクレイ)。

### (3) 創造神との対決（§13—14）

死後の霊がプレーローマに帰還するべく諸天を順に通過する際に、それを妨害しようとする各天の支配者ないし門番（§12「取税人」）と対決せざるを得ない、というのはグノーシス主義者にとって切実な問題であった。従って、その対決の仕方についての手引きは諸資料の至る所に見いだされる（特に『左ギンザ』、『イェウ第一・第二の書』、『ピスティス・ソフィア』、エイレナイオス『反駁』1, 21, オリゲネス『ケルソス駁論』特に6, 31, ナグ・ハマディ文書の中ではIヤコ黙§32）。一般的に、支配者に対してふさわしい「科白」——本文書のように意味のある言葉である場合と、意味の特定できない「呪文」のような場合がある——を言うこと、または何らかの「印」を示すこと、あるいは本文書の場合のようにその両方によって、対決に勝利を収めて次の天に進むことができることになっている。

これが、本文書では最難関である第七天での創造神——ダニエル書七章等のイメージで、老人として描かれている——との対決に集約して叙述されている。しかしこの対決は、「太陽の七倍」の輝き、またパウロに対する呼び掛け「母の胎にいる時から分けられていた者」（ガラ一15、§2における子供＝聖霊の言葉も参照）によって、意外にも、かなり平和的・融和的な雰囲気で描かれている。§14で創造神は「諸支配と諸権威」を指し示してパウロを一応は威嚇するが、実力行使には至らず、パウロの示す「印」——具体的には不明——にあっさりと屈服する。うなだれて自分の被造物の方へ目をやる無力な創造神の姿の描写がきわめて印象的である。この「平和的な権力委譲」（フンク）——あるいはむしろ「理性的な決着」——は、本文書の思想的特徴の一つとして挙げることができると思われる。

話が前後するが、§13でパウロは創造神に対して言う言葉「私は、私がそこから来た場所に行きます」は、グノーシス主義的救済論の表現であると共に、死後に霊が天の門番と対決する際の科白として、かなりスタンダードな言葉だったようである(エイレナイオス『反駁』1, 21, 5, Iヤコ黙§32、さらにヨハ・アポ§2、ヤコ・アポ§4、34、アレクサンドリアのクレメンス『抜粋』78, 2も参照)。これを受ける創造神の問い「あなたはどこから来たのか」(トマ福・語録五〇、Iヤコ黙§32参照)は、この文脈では、ごく論理的な質問であると同時に、グノーシス主義の救済論を知っている読者にとって極めて「間の抜けた」言葉でもある。パウロはこの問いにまともに答えず、むしろ昇天を終えた後にどうするつもりなのかのかを答える――「私は死者たちの世へと降ります。バビロンの捕囚において捕囚された捕囚(民)を捕囚するために」。「死者たちの世」は、§6「死者たちの世で犯されるあの諸々の不法」から分かるように、陰府ではなく、地上世界を指している(グノーシス主義的な「この世」理解)。従ってパウロのこの言葉は(フンク等が解釈しているように)陰府宣教の宣言ではなく、地上における宣教、すなわち歴史的事実としてのパウロの宣教活動を指している。「捕囚」という語を四回繰り返すくどい表現は、要するに魂ないし霊を身体やこの世から解放することを意味していると考えられる。

## 五　著者・成立年代・場所

本文書の著者について確かなことは何も分からない。その思想的特徴から、既知のグノーシス主義グループの中ではヴァレンティノス派との接触が強いという指摘があるが、あまり説得力がない。また成立年代と場所を特定するための決定的な手掛かりもない。成立年代については、叙述が比較的素朴で、背後にあるグノーシス主義的教義や神話があまり発達していないように思われることから、比較的早い時期(二世紀後半)を想定する研究者が多い。場所については、魂の裁きの伝承について『アブラハムの遺訓』コプト語版との接触があるとすればエジプト(アレクサンドリア等)が候補に挙がるが、これを積極的に推すほどの根拠はない。

## 六　底本と参考文献

① Murdock, W. R., MacRae, G. W., The Apocalypse of Paul, in: Parrott (ed.), Nag Hammadi Codices V, 2-5 and VI with Papyrus Berolinensis 8502,1 and 4 (NHS XI), Leiden 1979, pp. 47-63.（コプト語本文、英訳、解説）

② MacRae, G., The Judgment Scene in the Coptic Apocalypse of Paul, in: Nickelsburg, G. W. E. Jr. (ed.), Studies on the Testament of Abraham (Septuagint and Cognate Studies 6), Missoula, Montana 1972, pp. 285-288.

③ Klauck, H.-J., Die Himmelfahrt des Paulus (2Kor 12, 2-4) in der koptischen Paulusapokalypse aus Nag Hammadi (NHC V/2), in: Fuchs, A. (Hrsg.), Studien zum Neuen Testament und seiner Umwelt, Serie A, Band 10 (1985), S. 151-190.（独訳、解説）

④ MacRae, G. W., Murdock, W. R., Parrott, D. M., The Apocalypse of Paul (V, 2), in: The Nag Hammadi Library in English, Leiden etc. $^{4}$1996, pp. 256-259.（英訳、解説）

⑤ Funk, W.-P., Koptisch-gnostische Apokalypse des Paulus, in: Schneemelcher (Hrsg.), Neutestamentliche Apokryphen in deutscher Übersetzung. II. Band, Apostolisches, Apokalypsen und Verwandtes, $^{5}$1989, S. 628-633.（独訳、解説）

⑥ Morard, F., Les Apocalypses du Codex V de Nag Hammadi, in Painchaud, L., Pasquier, A. (éd.),: Les Textes de Nag Hammadi et le Problème de leur Classification, BCNH Section

《Études》3, Québec 1995, p. 341-357.

⑦ Lüdemann, G., Janßen, M., Bibel der Häretiker. Die gnostischen Schriften aus Nag Hammadi, Stuttgart 1997, S. 281-287.（独訳、解説）

翻訳の底本は①である。右に挙げていない文献については③と⑤、さらに詳しくはScholar, D. M., Nag Hammadi Bibliography 1970-1994（NHMS XXXII）の当該項目を参照。特に③は、形態は論文であるが、本文書の全訳と細かい注釈・解説を載せていて便利である。本訳のパラグラフ分けは基本的に訳者の責任で行なったが、③のクラウクが注釈において試みている段落分けとほぼ一致している。本文書は構成が非常に明確なので、紛れの生じる余地があまりないためである。

# 解説　ヤコブの黙示録　一

荒井　献

## 一　写　本

『ヤコブの黙示録　一』はナグ・ハマディ文書第V写本の第三文書として、第二文書に当る『パウロの黙示録』と第四文書に当る『ヤコブの黙示録　二』（いずれも本巻所収）の間に収められているものである。

本文書で使用されているコプト語は、第V写本所収の他の大部分の諸文書と同様に、サヒド方言を基本とするが、これにアクミーム方言、準アクミーム方言、その他の諸方言の要素を織り混ぜたものである。前半の一一頁（**24**10—**34**28）は保存状態が比較的に良好であるが（但し、各頁の最後の七、八行目に当る部分がかなり欠損している）、後半の一〇頁は頁を追うごとに各頁の上下の欠損部分が拡がり、最後の数頁は復元がほとんど不可能なほどである。

『ヤコブ黙示録　一』も、他のナグ・ハマディ文書と同様に、原文はギリシア語であったと想定される。もっとも、本文書には地名と人名にそれぞれ一回ずつではあるが、シリア語表記が認められる。

「ガウゲーラン」（**30**20）——ギリシア語表記では「ゴルゴタ」。

「アッダイ」（**36**16）——ギリシア語表記では「タダイオス」。

その上、「義人」ヤコブ伝承はユダヤ人キリスト教の中で形成され、この系統のキリスト教はとりわけシリアで優勢であった。従って、『ヤコブの黙示録　一』は、少なくとも本文書の著者が採用した伝承の段階で、シリア語に遡る可能性はあろう。

## 二　表題と文学形式

「ヤコブの黙示録」(tapokalypsis iniakōbos)という表題は、本文の前($24^{10}$)と後($44^{9-10}$)に二度記されている。但し、前書きされている表題の方は――ナグ・ハマディ文書第V写本24頁全体のファクシミリ版を見れば明らかなように――本文書に先行する第二文書に後書きされている表題「パウロの黙示録」と本文書の本文第一行目の間に、「飾り枠」付きで、本文の字母よりは小さな字母で書き記されている。そのために、本文書の校訂本を最初に公にしたベーリッヒは、この表題を第V写本24頁中の行数に入れず、本文書の本文第一行目を$24^{10}$としている。但し、筆者が邦訳の底本としたシェーデル校訂本(最新のヴェーユ校訂本も同様)は、「ヤコブの黙示録」という前書きされた表題を行数に入れて、これを$24^{10}$とし、本文の第一行目を$24^{11}$としている。(このために、ベーリッヒ校訂本とシェーデル/ヴェーユ校訂本とでは行数に一行ずつずれが出てくるが、筆者は――最近の研究者の大半と共に――シェーデル/ヴェーユ校訂本の行数表記に従った。)

いずれにしても、本文書に前書きされている表題「ヤコブの黙示録」は、本文書の本文とこれに先行する文書『パウロの黙示録』との区別を明確にするために、おそらく第V写本の作製者によって事後的に書き込まれたものと想定される。この想定が正しいとすれば、本文書には表題が――ナグ・ハマディ文書の大半の場合と同様に――元来後書きされていた、ということになろう。

なお、邦訳の注(1)にも記したように(本巻三五頁参照)、この表題(「ヤコブの黙示録」)は本文書に後続する文書

(44 11―12)にも表題として用いられているので、混同を避けるために、ベーリッヒ校訂本以来の伝統に従って、本文書を『ヤコブの黙示録　一』、これに後続する文書を『ヤコブの黙示録　二』と呼ぶことにする。

さて、『ヤコブの黙示録　一』は、「主の言葉」をもって始まるが、その後はヤコブの問いと主の答えの繰り返し、つまり質疑応答形式によって、主がヤコブに啓示(黙示)を与えるという、典型的な啓示文学の一つである。もっとも、後半(第II部)ではこの質疑応答形式がやや崩れ、ヤコブの語りかけ、あるいは彼の苦悩を受ける形で主が語る、という文学形式になっている。このような形式の変化は、後半においてテーマが――主の受難に応える――ヤコブの苦悩・苦難とそれに対する主の意味付けとなっていることに起因するであろう。そして、この後半部分はヤコブの殉教の描写で終ると推定されるのであるが、残念ながらこの最終部分は(§42)全体として欠損しており、その内容を再構成することは不可能である。

なお、主はヤコブにこの啓示(黙示)内容の全体を主イエスの十二弟子の一人アッダイ(=タダイオス)に顕すこと、そしてエルサレム陥落後十年目にアッダイにこれを書き記させることを命じている(§34)。従って本文書は、正確には「主からヤコブに啓示され、アッダイによって書き記された黙示録」ということになろう。

## 三　内　容

『ヤコブの黙示録　一』は二つの部分に分けることができよう。第I部は「受難以前における主(イエス)とヤコブの対話」(§2―22)であり、第II部は「復活後におけるヤコブと主の対話」(§23―43)である。

第I部では七つの言葉を介して主からヤコブに「秘義」が啓示される。

まず、ヤコブはイエスの霊的「兄弟」として啓示を受ける資格があることが証明され、次いで主は否定的にしか形容し得ない「存在する者」(至高神)の出自で、その「像」であることを自ら開示する(§2―5)。その後に、主は「明後日」逮捕されることを予告するのに対し、ヤコブは自ら「何をすることができるでしょうか」と問いかける(§6)。それに対して主は、エルサレムから離れることを勧める。――エルサレムは「アルコーンたちの住居である」ゆえに(§7)。

「ヘブドマス」(「七つのもの」「七番目のもの」)が十二あるのか、とのヤコブの質問に対して、主は七十二の広がり(天)があり、それらは十二人のアルコーンたちの権威の下にあって、「彼らの中のより劣った力が自らのために御使いたちと無数の(天の)軍勢を生み出した」と答える(§8―11)。

さらに主は、ヤコブが「肉体の絆」を捨てて「存在する者」に達するなら、もはやヤコブではなく、「存在する者」となるのだ、と言う(§12)。

これに対してヤコブは、天の軍勢が自分に向かって武装しているのに、どのようにして「存在する者」に達するのか、と問う。主は、彼らが武装しているのは、ヤコブに対してではなく「私」(主)に対してであると答え、自らの受難を示唆する(§13―14)。

この後に、ヤコブによる「主」賛歌が続き、自分は彼らから免れるために、何を言うべきかと問うのに対し、主は、救いのみ心にかけよと答える(§15―17)。

ヤコブは主の受難後の顕現について訊ねるのに対し、主は顕現によってあらゆることを、とりわけ彼らが彼(ヤコブ)を捕ええないことを顕す、と約束する(§18―20)。

第Ⅰ部の結びの言葉(§22)の後に第Ⅱ部に移行する。

主「受難」の「数日後」、ヤコブが弟子たちと「ガウゲーラン」(ゴルゴタ)と呼ばれる山上を歩いていたとき、主がヤコブに現われる(§23)。

ヤコブは主に、主との共苦を語り、民への裁きを求めるのに対し、主は自ら苦しみを受けたことはなかったと答え、またヤコブに「義人」なのだから冷静に「定め」を受けるべきであると諭す(§24―29)。

主は、なおも苦しみ続けるヤコブ(§30)に対し、彼が捕えられるであろうことを予告し、その際に「見張人」あるいは「獄吏」による訊問に、次のように答えるように教示する。

(1) 私は「先在する者」の「子」である。

(2) 私と「異質なる者」はアカモートの出自なるがゆえに、一方において異質ではあるが、他方において全く異質ではない。

(3) 私は自ら出て来た場所に帰るであろう。

(4) 私は女性(アカモート)よりも大いなる器である。私は「不滅のグノーシス」すなわち「ソフィア」(アカモートの母)を呼び出す。

そうすれば――と主は語り続ける――彼らは混乱状態に陥り、彼らの「根」と彼らの母の出生を非難するであろう。そして、あなたは「あなたのもの」に昇り行くであろう(以上§31―33)。あなたはこれをアッダイ(タダイオス)に顕さなければならない。十年目に彼にこれを書き記させよ(§34)。

ヤコブは「七人の女弟子とは誰のことか」と問うが、それに対する主の答えは本文の欠損のため不明である(§35―36)。

これに続くヤコブの語り(§37)も内容不明であるが、それに対して主は、すべての不法を投げ捨て(§38)、四人の女性(サロメ、マリヤム、マルタ、アルシオエ)を勇気付けるようにと勧める。そうすれば、朽ちるものは朽ちないものへと昇り行き、女性的要素は男性的要素へと達するであろう（§39）。
ヤコブは、迫害されても主を信ずる者は救われ、この啓示（黙示）は実現するであろう、と告白する（§40）。
そしてヤコブは「十二人」と群衆を叱責し、群衆によって告発され、（殉教の場所へと）出て行った（§41―42）。

## 四　思想とその系譜

『ヤコブの黙示録　一』の思想がグノーシス主義であることは疑い得ないであろう。「ヘブドマス」（「七つのもの」＝「七つの天」）が――おそらくその上に――十二もあり、七十二の「広がり」（天）が十二人のアルコーン（支配者）たちによって支配されている（§8―11）というのであるから、ここには明らかに反宇宙的二元論が前提されている（もっとも、アルコーンたちの長《おさ》に当る宇宙形成者《デーミウールゴス》「アルキゲネトール」は本文書には登場しない）。

他方、ヤコブはイエスの霊的「兄弟」と見做されているだけではなく（§2）、「肉体の絆」を捨て去る時、イエスと共に「存在する者」（至高神）そのものになるといわれる（§12）。これは「人間即神」というグノーシス主義一般に通底する二元的人間観の端的表現といえよう。しかも、イエスはヤコブの「主賛歌」（§15）の冒頭で、「あなたは認識（グノーシス）を持って来ました」と讃えられている（「グノーシス」についてはこの**28** 7の他に**28** 27、**35** 6、**42** 10、24で繰り返し言及されている）。

この他にも、イエスの受難の仮象性の強調（§26）、あるいは女性の「男性化」による救済思想（§39）なども、グノーシス文書に多く見いだされるものである。

但し、『ヤコブの黙示録　一』の出自をグノーシス諸派の中の一つに特定することはかなり困難である。研究者たちがいずれもその手掛りの一つとして挙げるのが、本文書§32―33とエイレナイオス『反駁』I, 21, 5（マルコス派)／エピファニオス『薬籠』36, 3, 1-6(ヘラクレオン派)との間に並行記事が見いだされることである(ちなみに両派ともヴァレンティノス派の分派)。

もっとも、それぞれで語るべく教示されている文言はほぼ共通してはいるが(文言の内容については本巻二八四頁に前述の(1)—(4)参照)、『ヤコブの黙示録 一』とエイレナイオス／エピファニオスとでは語るべき文言の枠付けが全く異なっている。すなわち、前者では、ヤコブが逮捕されて三人の「取税人」に引き渡され、「見張人」あるいは「獄吏」とも呼ばれる彼らによって訊問される際に返答すべき文言になっているのに対し、後者では、臨終の床にあるグノーシス者が終油の秘蹟を受ける際に、死後彼らの「内なる人」が宇宙の諸力に出会った時、彼らの支配を免がれて見えざる領域に帰昇することができるために唱えるべき呪文の文言になっている。

いずれにしても、これらの文言そのものには、ヴァレンティノス派のソフィア／アカモート神話を前提する宇宙観・人間観が語られており(ヴァレンティノス派の救済神話については本シリーズ第一巻『救済神話』三五九—三六一頁所収の荒井献「救済神話」参照)、これらの文言はほぼ間違いなく『ヤコブの黙示録 一』の著者が、エイレナイオスなどが証言しているヴァレンティノス派の秘蹟で語られていた定式文からその文脈を変えて借用したものであろう。エイレナイオスは一八〇年頃ヴァレンティノス派その他のグノーシス諸派に対する『異端反駁』を公にしているのに対し、——後述するように——『ヤコブの黙示録 一』の成立年代は早くても三世紀前半と想定されるからである。

もう一つ、本文書における「十二弟子」(§34)、とりわけ「十二人」(§41)の消極的位置付けは、「十二人のアルコーン」(§11)との関わりにおいて、ヴァレンティノス派の「十二使徒」観と接触がある可能性がある。本文書には欠損箇所が多いために「十二弟子」と「十二アルコーン」との関係は明確に読み取れないが、本文書全体の論旨から推定して「十二使徒は十二アルコーンの型にすぎない」というヴァレンティノス派の言葉(エイレナイオス『反駁』II, 21, 1)が本文書にもおそらく妥当するのではないかと思われる。『ヤコブの黙示録 一』では、ヤコブが十二弟子とは明確に区別されて、「主」との霊的近親関係(「兄弟」!)にあることが強調されている。ここから――ヴァレンティノス派に共通する――正統的教会に対するグノーシス派の批判的スタンスを読み取ることができよう。

このように、本文書には明らかにヴァレンティノス派との接触点が存在する。しかし、必ずしもヴァレンティノス派に固有な特徴とは見做されない諸要素も併存している。例えばイエスの受難の仮象性(§26)、七人あるいは四人の「女弟子」(§35、39)、女性(性)の「男性化」による救済(§39)など。

『ヤコブの黙示録 一』の思想が全体としてグノーシス主義であるとしても、その背後にはユダヤ人キリスト教の伝承が存在するものと推定される。その指標となるのが、他ならぬ「義人」と呼ばれるヤコブの本文書における積極的評価であろう。そもそも「主の兄弟」ヤコブはエルサレム使徒会議(四八年)の頃にはエルサレム教会の指導者的位置を占めていたことは事実であったし(ガラ二9、使三17、一五13参照)、ヘゲシッポス(一八〇年頃)によれば、彼はキリスト者のみならずユダヤ教徒からも「義人」として尊敬されていた(エウセビオス『教会史』II, 23, 4)。他方、パウロが引用している伝承によれば、復活のイエスがケファ(ペトロ)、十二人、五百以上もの兄弟に現れたのち、ヤコブに現れたといわれるが(Iコリ一五5-7)、二世紀の半ばにアレクサンドリアのユダヤ人キリスト者の間に成立した『ヘブル人による福音書』一七によれば、イエスは復活後――おそらくペトロをはじめとする十二弟子に先んじて――「義人」ヤコブに現れている。

ところで、『ヤコブの黙示録 一』において「主」はすでに生前にヤコブに対し排他的に「秘義」を伝授し、復活して「数日後」にヤコブに現れて彼の受難を予告しつつ救済に至る文言を教示している。ヤコブの受難については、本文書では本文の欠損のためその内容を知ることができないが、これはむしろ、ナグ・ハマディ文書第V写本で本文書に後続する『ヤコブの黙示録 二』の第Ⅱ部の主題となっている。

以上要するに、主の兄弟ヤコブの評価は時代が下るに従って次第に拡大し、しかもそれは本文書に至るまでユダヤ人キリスト教の伝承においてである、ということである。その背後に同じくユダヤ人キリスト教の伝承が想定される『トマスによる福音書』においても、ヤコブは異常に高く評価されている。——

イエスが彼ら(弟子たち)に言った、「あなたがたは、あなたがたが来たところ、義人ヤコブのもとに、行くであろう。彼のゆえに天と地が生じたのである」。(語録・一二)

このトマス福音書に編まれているイエス語録の多くはユダヤ人キリスト教出自であり、しかもこの福音書は元来シリアで成立した可能性がある(本シリーズ第二巻『福音書』三二四—三二五頁所収の荒井献による解説「トマスによる福音書」参照)。『ヤコブの黙示録 一』にも、すでに言及したように、シリア語との接触が認められるだけではなく、「主」がヤコブにその教示を書き記させるように命じている「アッダイ」(=「タダイオス」)は(**36**15、22)シリアのユダヤ人キリスト教の伝承では同教会の創立者と見做されている重要人物である(本巻邦訳部分§34の注(2)参照)。とすれば、『ヤコブの黙示録 一』におけるヤコブとアッダイの結びつきにはシリアのユダヤ人キリスト教の伝承が反映していると見るべきであろう。本文書は、おそらくこのような伝承を背景にしてそれのグノーシス主義化のプロセスの中に位置付けてよいのではなかろうか。

もっとも、前述したように、本文書では「十二弟子」が全体として消極的に位置付けられているので、アッダイを十二弟子以外の人物と見る可能性もある(邦訳の§34注(2)参照)。しかし、本文書におけるアッダイは伝承の残滓と見ることもできよう。

## 五　著者・成立年代・場所

『ヤコブの黙示録　一』は、主イエスによってその「兄弟」ヤコブに顕された啓示（黙示）をアッダイが書き記した文書ということになっているが、これはもちろんフィクションであって、本文書の著者については外証がない。おそらくシリアのユダヤ人キリスト教の伝承を背景に持ったグノーシス者、としか言いようがない。

成立年代については、著者がエイレナイオスの『異端反駁』を知っているので、後者の成立年代（一八〇年頃）よりは後であろう。また、イエスとヤコブの関係も――前述のように――『ヘブライ人による福音書』（二世紀後半に成立）におけるよりも強化され、神話化されている（ヤコブはイエスの生前から「霊的」兄弟）ので、本文書の成立は早くても三世紀前半であろう。

成立場所はエジプト、その中でもユダヤ人キリスト者が多く居住していたアレクサンドリアか。

## 六　翻訳底本・参考文献

翻訳に当っては次の校訂本のうち②を底本とし、①と③を参照した。

① Die (erste) Apokalypse des Jakobus, in: *Koptisch-gnostische Apokalypsen aus Coderx V von Nag Hammadi im Koptischen Museum zu Alt-Kairo*, herausgegeben, übersetzt und bearbeitet von A. Böhlig und P. Labib, Wissenschaftliche Zeitschrift der Martin-Luther-Universität, Halle-Wittenberg, 1963 (Sonderband), S. 27-54.

② W. R. Schoedel, The (First) Apocalypse of James, in: *Nag Hammadi Codices V, 2-5 and VI with Papyrus Berolinensis 8502, 1 and 4*, ed. by D. M. Parrott, E. J. Brill: Leiden, 1979, pp. 65-103.

③ *La première Apocalypse de Jacques* (*NH V, 3*) *La seconde Apocalypse de Jacques* (*NH V, 4*), Texte établi et présenté par A. Veilleux, Les presses de l'université Laval, Québec, 1986.

なお、私訳の傍注および本解説における「ベーリッヒ」は①、「シェーデル」は②、「ヴェーユ」は③を指す。

# 解説　ヤコブの黙示録 二

荒井献

## 一　写本

『ヤコブの黙示録 二』はナグ・ハマディ文書第V写本の第四文書として、第三文書に当る『ヤコブの黙示録 一』と第五文書に当る『アダムの黙示録』(いずれも本巻所収)の間に収められているものである。第一文書の『エウグノストス』は既刊の本シリーズ第三巻『説教・書簡』に、第二文書の『パウロの黙示録』は本巻に、それぞれ収録されているので、第V写本の邦訳は本巻をもって完結したことになる。

本文書で使用されているコプト語は、『ヤコブの黙示録 一』とほぼ同様に、サヒド方言を基本とし、これにアクミーム方言、準アクミーム方言、その他の諸方言(特にファイユーム方言)の要素を織り混ぜたものである。本文書の保存状態は比較的に劣悪で、全二十頁(44—63)が断片的にしか保存されていない。すなわち、三頁(53、54、63)を例外として全頁にわたりパピルスの下部が部分的に失われており、その上部にも全体的に亀裂が入っていて、44—52頁の上部はほとんど判読不可能である。

『ヤコブの黙示録 二』も、他のナグ・ハマディ文書と同様に、原文はギリシア語であったと想定される。後述するように、本文書にも『ヤコブの黙示録 一』の場合と同様に「主の兄弟」ヤコブにまつわるシリアのユダヤ人キリスト教の伝承が確認されるので、その部分がシリア語に遡る可能性はあろう。しかし——この点では『ヤコブの黙示録　一』の場合と異なり——その可能性を裏付けるシリア語法は本文書には全くない。

## 二　表題と文学形式

「ヤコブの黙示録」(tapokalypsis iniakōbos)という表題は、本文に前書きされている($\mathbf{44}_{11-12}$)。ベーリッヒ校訂本では同一の表題が本文の後書きとして復元されている($\mathbf{63}_{33}$)。しかしこの復元は——邦訳の最終行に注記したように(本巻八五頁、注(7))——ベーリッヒがパピルスに記された記号を字母と誤読した結果であって、本文書には後書きされた表題は存在しないと最近では一般的に想定されている。

　ところがナグ・ハマディ文書では、各文書の表題は多くの場合後書きされているか、あるいは後書きの上に前書きされているかであって、前書きのみの表題はむしろ例外的である。『ヤコブの黙示録　一』の場合も、元来は表題が後書きされていて、その前書きは事後的に書き込まれたものと想定されている(本巻の同文書の「解説」二八一頁参照)。

　ここから、フンクは次のような仮説を立てる。

　本文書の第I部($\mathbf{44}_{13}$—$\mathbf{61}_{6}$)と第II部($\mathbf{61}_{7}$—$\mathbf{63}_{32}$)は元来別個の文書であった。本文書の編者は、第I部に当る文書の最後の部分と第II部に当る文書の最初の部分をそれぞれカットして、その部分に繋ぎの文章を構成し、こうして二文書を一文書に統合した。その際編者は、第I部に当る文書の表題を本文書の冒頭に置き、第II部に当る文書の表題の後書きを削除した。

　このフンク仮説は、本文書の第I部と第II部における文学形式上の差異を説明する上では有効であろう(ヘドリックもこの点に関する限りフンク仮説を受けいれている)。本文書の場合、全体が義人ヤコブの説話で、それを聞いたマレイムなる祭司が自分の親戚でヤコブの父でもあるテウダに伝えたものといわれ(§2)、第Ⅰ部(§2—14)は確かにその大半がヤコブに開示されたイエスの黙示録になっているが、これは第Ⅰ部のみの文学形式であって、第Ⅱ部(§15—17)は——おそらくマレイムによって伝えられた——ヤコブの殉教物語になっている。

しかし、表題が前書きされているだけで後書きの表題を欠く文書は、ナグ・ハマディ文書の中でも例外的にはあるが存在する。たとえば、第Ⅷ文書の最後に収められている『フィリポに送ったペトロの手紙』の場合(邦訳は本シリーズ第三巻『説教・書簡』所収)、この表題は前書きだけであるのみならず、内容的にはこれに続く手紙の部分のみに妥当し、手紙の部分に後続するこの本書の本体は、ペトロをはじめとする使徒たちとイエスの顕現体から発する「声」との問答様式による教えの啓示である。この『手紙』の場合も、文書全体の成立事情について種々の仮説が提出されているが、少なくとも表題については二文書統合説を立てなくても説明可能である(『フィリポに送ったペトロの手紙』の「解説」——本シリーズ第三巻『書簡・説教』五一三頁以下参照)。

『ヤコブの黙示録 二』の場合、全体が二十頁の中その大半(十七頁)が「黙示」部分で、「殉教」部分は三頁に過ぎない。二文書統合説を立てなくても、本文書の編者がヤコブの殉教に関する伝承を巻末に編んだと想定できるのではないか。そうすることによって編者は「黙示」を「語った」といわれるヤコブの「聖者」性を高め、「黙示」の内容を権威付けようとした。しかも、『ヤコブの黙示録 一』の場合も、本文書と同様に、ヤコブの殉教の報告で終っていたと想定されている。——たとえそれが極めて短く、本文の欠損のため内容が不明であるにしてもである。

なお、邦訳の注(1)にも記したように(本巻六三頁参照)、本文に前書きされている表題(「ヤコブの黙示録」)は本文書に先行する文書(24₁₀)にも表題として用いられているので、混同を避けるために、ベーリッヒ校訂本以来の伝統に従って、本文書を「ヤコブの黙示録 一」、これに先行する文書を「ヤコブの黙示録 一」と呼ぶことにする。

## 三 内容

『ヤコブの黙示録 二』は二つの部分から成っている。第I部は『黙示録』の本体で「ヤコブの言述」(§2—14)、第II部が「ヤコブの殉教」(§15—17)である。

前述したように、本文書の「序」の部分(§2)によれば、この「黙示録」は「義人」ヤコブが(殉教に先立って)エルサレムで語り、祭司の一人マレイムが書き記した「言述」ということになっている。しかもこのヤコブの「言述」は元来、マレイムがヤコブから聞いたものをヤコブの父でマレイムの親戚であるテウダに伝えたものであるという。マレイムによれば、ヤコブが民と群衆を前にして言葉を残した場所は、エルサレム神殿の内庭へ入る「――(特別に)装飾された――階段の五段目」(ニカノルの門の前の広場か――本巻六五頁、注(1)参照)であったらしい(§3)。この場所についても、言述の内容構成についても、本文書には余りにも欠損箇所が多いために、いずれにしても推定の域を出ない。言述の順序と内容はほぼ次のように想定される。

まずヤコブは、「私」章句(一人称単数「私」を主語とする語り)をもって、自らが「啓示」(黙示)の伝え手としての資格が十分にあることを主張する(§4)。

第二にヤコブは、イエスが生前にヤコブに啓示した言葉を伝える。ここでもイエスの言葉が「私」章句で告知されている(§5)。

第四にヤコブは、復活のイエスの顕現について報告する。ここでヤコブがイエスの「父[関係の]兄弟」であることが明らかにされる(§6)。

第五にヤコブは、――おそらく復活の――イエスの言葉を伝える。この言葉はかなり長い。まず言葉の導入にはじまり(§7)、二人の「父」、すなわち真の父(至高神)と「栄光ある者」と称して「暴力を行使する」父(デーミウールゴス)について語られ(§8)、ヤコブが救いと救いの仲介者(「光り輝く者」「解放者」)として称揚され(§9)、「諸々の天も諸々のアルコーン」も「高慢になり……[私が主である]……私は父なのだから」と称する者(デーミウールゴス)も知らない「隠されている者」(至高神)がヤコブに啓示される(§8―10)。

このようなイエスの啓示を受けて(§11)、第六にヤコブは、民と群衆に対してイエスの本質(創造神が「[見ることのでき]なかった者」「命なる者」「光」「存るであろう者」「始まったものに終りを、終ろうとしているものに始めを用意するであろう」者、「聖霊」「見えざる者」「処女」等々)を開示し(§12)、創造「主」から離れて「慈悲深い父」(イエス)に立ち帰るように勧告し、「あなたたちの家」(エルサレム神殿)の崩壊を予言する(§12―13)。以上のようなヤコブの説話に「民と群衆」は説得されず、彼は立ち上って出て行く(§14)。

同じ日に、彼が再び神殿に入って来て話をするが、祭司たちがヤコブを石打ちすることを提案する場面の状況描写(§15)から第Ⅱ部に入る。彼らはヤコブを「大きな隅石の上、神殿(境内)の屋根の端から突き落」し、彼を石打ち刑に処した(§16)。しかしヤコブは両手を拡げ、最期の祈りを「わが神、わが父」に捧げ、沈黙する(§17)。

## 四　文体・伝承・思想

『ヤコブの黙示録 二』はマレイムによるヤコブの説話に関する報告であるだけに、全体として散文で記されているが、ヤコブの語りの部分に――少なくともその中の四つのセクションに――韻文で構成された詩型の文体が見いだされる。

これらの中で三つの部分は、いずれも自らの（あるいは相手の）本質、特にその「アレーテー」――ギリシア語で「徳」の意――を吐露する「アレタロジー」様式の文体で語られている（この様式はナグ・ハマディ文書ではⅥ／2の『雷・全きヌース』やⅫ／1の『三体のプローテンノイア』に特徴的文体である。――いずれも本シリーズ第三巻『説教・書簡』所収）。

第一の部分（**49**$_{5-15}$）は「私」章句（「私は……である」）で語られるイエスの自己啓示部分である（§5）。

第二の部分（**58**$_{2-20}$）は、ヤコブにより第三人称単数を主語として語られる（「彼は……である」）復活のイエスの本質描写の部分である（§12）。

第三の部分（**55**$_{15}$―**56**$_{13}$）は、ヤコブの役割に関して復活のイエスにより二人称単数を主語として語られる（「あなたは……である」§9）。ここでヤコブは「光り輝くもの」（**55**$_{17}$）、「解放者」（**55**$_{18}$）と呼ばれ、人々は彼の「力ある業《わざ》」のゆえに彼を「賞讃するであろう」といわれる（**55**$_{22-23}$）。彼は「天が祝福する者」であり（**55**$_{24-25}$）、彼のゆえに人々は「安息に達するであろう」（**56**$_{2-3}$）、「支配するであろう。［そして］王となる［であろう］」（**56**$_{4-5}$）といわれる。この部分には――後ほど言及するイエスの「兄弟」であり「殉教者」なるヤコブ像と共に――グノーシス主義化されたユダヤ人キリスト教の伝承が用いられているであろう。

さて、アレタロジーの第四の部分（**62**$_{16}$―**63**$_{29}$）は、本文書巻末におけるヤコブの祈りである。この祈りは殉教死直前に「父」なる「神」に捧げられた、ヤコブの最期の祈りということになっている。しかし、その内容から判断すると、迫り来る迫害あるいは試練に直面している者が神に捧げるべき祈禱のモデルと見てよいであろう。この種の祈りにも、例えば「トビトの祈り」（『トビト記』三1―6）に遡るユダヤ教の伝承があった。

「伝承」といえば、本文書にも――『ヤコブの黙示録 一』の場合（本巻二八〇頁以下の「解説」参照）と同様に――

シリアのユダヤ人キリスト教出自と想定される「主の兄弟」にして「義人」ヤコブの伝承が資料として用いられていることは疑い得ないであろう。

まず、ヤコブとイエスとの「兄弟」関係については、ヤコブの父母が「テウダ」と「マリヤ」といわれており(§3)、この両者はイエスの父母「ヨセフ」と「マリヤ」とは別人と思われる。他方、ラテン語訳聖書(いわゆる「ヴルガータ」)の編纂者として有名なヒエロニュモス(三四七頃―四一九／二〇)は、「ヤコブ(とヨセフ)の母マリヤ」(マタ二七56)を「主の兄弟」ヤコブの母と見做しており、実際には彼をイエスの「従弟」と解釈している(『ヘルヴィディウス反駁』11-14)。とすれば、ヤコブの父(本文書では「テウダ」)とイエスの父は兄弟であることが前提されていよう。本文書でもイエスはヤコブの「父[関係の]兄弟」(**50** 23)といわれている。もしこの言表からイエスの父とヤコブの父が兄弟であることを読みとれるとすれば、本文書はヒエロニュモス以前にイエスとヤコブを「従兄弟」と見做していたことになろう。

但し、ヘドリックはこの「父[関係の]兄弟」を前の文脈(ヤコブとイエスは「同じ母乳で育てられた」)から「[乳兄弟]」と意訳しており(ベーリッヒは「乳兄弟」ととれるようにコプト語本文を修正)、ヴェーユはこの「父」を至高神ととって、イエスとヤコブを——『ヤコブの黙示録 一』**24** 13―14の場合と同様に——「霊的」兄弟と解釈している。

いずれにしても、すでに確認したように、他のグノーシス文書ではイエスに帰されている「光り輝くもの」(例えばフィペ手**137** 8)あるいは「解放者」がヤコブに帰されているだけではなく、ヤコブがいわば神(あるいはイエス)の位置に立ってエルサレム神殿崩壊の預言さえしている。

この意味でヤコブはイエスをめぐる人々の中で突出した位置に立つ。彼は大いなる者(イエス)によって最初に召され、[主に]従った者であり(**46** 9―11)、「あらゆる人に隠されていた」ものの「啓示」者なのである。

もう一つ、『ヤコブの黙示録 二』の編者が用いたと思われるユダヤ教あるいはユダヤ人キリスト教の伝承素材が、ヤコブの殉教の記事(§15—17)の背後に認められる。

「義人」ヤコブの殉教に関しては、従来二つの資料が知られている。第一はヨセフス『ユダヤ古代誌』(20, 197-203)であり、第二はエウセビオスが『教会史』(II, 23, 4-18)にヘゲシッポスの『ヒポムネーマタ(回想録)』(一八〇年頃成立)から引用している箇所である。

ヨセフスによれば、「サドカイ派」に属する大祭司アンナス二世が、ローマのユダヤ総督空位期間(六二年)を利用して、最高法院を召集し、ヤコブをはじめとするキリスト教徒を律法違反の廉《かど》で不法にも石打ち刑に処した。これがヤコブの殉教に関するユダヤ側の最古の証言であり、ヘゲシッポスも『ヤコブの黙示録 二』の著者(以下『黙示録』と略記)も「殉教死」そのものに関してはこの証言に拠っていると思われる。

次にヘゲシッポスの証言と『黙示録』の関係についてであるが、これには相違点と共に共通点が見いだされる。相違点を挙げると、ヘゲシッポスの方では、「学者、ファリサイ人」が処刑に直接干渉するのに対し、『黙示録』では「民」と「群衆」がヤコブを告発し、「祭司」が彼を処刑する。そして『黙示録』には、ヤコブの石打ち刑をミシュナーの『サンヘドリン』(VI)の処刑手続きに合わせようとする傾向が出ている(§16の邦訳に対する§7注(7)——本巻八五頁参照)。また、ヘゲシッポス(『教会史』II, 23, 16)と『黙示録』(§17)では、ヤコブの最期の祈りの内容が明らかに異なる。

これに対して、両証言の間に注目すべき共通点も存在する。まず、ヤコブを罵倒する言葉「義人ですら誘わされる者だ!」(『教会史』II, 23, 15——秦剛平訳)と「誤ちを犯した者よ」(**62**$^{7}$)の原語(ギリシア語/コプト語)では同じ動詞が用いられていたと想定される(本巻八三頁、注(6)参照)。また、処刑の方法も大筋において共通している。——

ヤコブを「神殿（境内）の屋根の端」から突き落とし、その後に石打ち刑にする（『教会史』II, 23, 12-18／『黙示録』§16――但し、前述のように後者は処刑手続きをミシュナーに近づけている）。

以上のヤコブの殉教に関するヘゲシッポスの証言と『黙示録』の比較から、両者に共通する点は、それぞれが――ヨセフスの証言とは異なる――一つの伝承資料に拠ったと想定してよいであろう。『黙示録』はこれにとりわけ「ヤコブの祈り」（§17）を付加し、ヤコブを神の試練に直面する「義人」のモデルとして聖化し、第I部の「黙示」部分を権威付けようとしたのであろう。（以上について詳しくは荒井献「義人ヤコブの殉教に関する新資料について」『原始キリスト教とグノーシス主義』岩波書店、一九七一年、第九刷＝一九九八年所収参照。但し、この論文では『黙示録』のヤコブの殉教と『使徒行伝』のステファノの殉教（七1-60）との並行関係を強調し過ぎている。）

最後に『ヤコブの黙示録 二』の思想について言えば、それが全体としてグノーシス主義であることは疑い得ない。しかしそれは、神話論の諸相を扱うに際して、極めて抑制された形でしか言表されていないのである。

例えば、グノーシス神話の宇宙論に共通して登場する「アイオーン」たちや「アルコーン」たちについて、本文書では**53** 8と**56** 19に一回ずつ言及されているに過ぎない。『黙示録』の背後に特定の宇宙論を全体として再構成することができないのである。それを僅かに知ることができるのは、真実の「父」（至高神）と父を知らないもう一人の「父」（デーミウールゴス）という「二人の父」が存在し、後者は「栄光ある者」と自称して「高慢になり」、前者の「父」出自の者たちを捕虜にした後に「自分に似たものに彼らをかたち造った」、という程度のことである（§8）。従って、本文書をグノーシス派の中の特定の一派に帰属させることは不可能である。イエスを知ることによる（**59** 19–21）肉体からの（**63** 10）救済の勧め（**57** 4–8）は、明らかにグノーシス主義に基づくものであるが、これも余りにも一般的に過ぎて、これだけでは本文書の思想の系譜を特定できないのである。

## 五　著者・成立年代・場所

本文書の著者については、『ヤコブの黙示録 一』の場合と同様に、おそらくシリアのユダヤ人キリスト教の伝承を背景に持ったグノーシス者、としかいいようがない。

成立年代については、その手掛りとなるのが、本文書の著者とヘゲシッポス(一八〇年頃)がヤコブの殉教に関する伝承を共有していることであろう。また、イエスとヤコブの関係は、『ヤコブの黙示録 一』の場合と同様に、両者が同一の肉体上の父の「兄弟」であることは否定されているが、『黙示録 一』のごとくに両者が「霊的」兄弟であるとは明言されていない。本文書では両者が従兄弟関係にある可能性を残している。その上、本文書の背後に想定される救済神話も、『黙示録 一』の場合によりも単純である。本文書の成立は『黙示録 一』の場合(二世紀前半と想定——本巻二八九頁参照)よりは早いであろう。二世紀の後半であろうか。

成立場所はエジプト、これも『黙示録 一』の場合と同様に、ユダヤ人キリスト者が多く居住していたアレクサンドリアであろうか。

## 六　翻訳定本・参考文献

翻訳に当っては次の校訂本の中③を底本とし、①②④を参照した。

① Die (zweite) Apokalypse des Jakobus, in: *Koptisch-gnostische Apokalypsen aus Codex V von Nag Hammadi im Koptischen Museum zu Alt-Kairo*, herausgegeben, übersetzt und bearbeitet von A. Böhlig und P. Labib, Wissenschaftliche Zeitschrift der Martin-Luther-Universität, Halle-

Wittenberg, 1963 (Sonderband), S. 56-85.

② *Die zweite Apokalypse des Jakobus aus Nag-Hammadi-Codex V*, neu herausgegeben, übersetzt und erklärt von Wolf-Peter Funk, Akademie-Verlag: Berlin, 1976.

③ C. H. Hedrick, *The* (*Second*) *Apocalypse of* James, in: *Nag Hammadi Codices V, 2-5 and VI with Papyrus Berolinensis 8502, 1 and 4*, ed. by D. M. Parrott, E. J. Brill: Leiden, 1979, pp. 106-149.

④ *La première Apocalypse de Jacques* (*NHV, 3*)　*La seconde Apocalypse de Jacques* (*NHV, 4*), Texte établi et présenté par A. Veilleux, Les presses de l'unversité Laval: Québec, 1986.

なお、私訳の傍注および本「解説」における「ベーリッヒ」は①、「フンク」は②、「ヘドリック」は③、「ヴェーユ」は④を指す。

# 解説　アダムの黙示録

大貫　隆

## 一　写本

『アダムの黙示録』を載せるナグ・ハマディ文書第V写本は、その他には『エウグノストス』、『パウロの黙示録』、『ヤコブの黙示録　一』、『ヤコブの黙示録　二』を収めており、明らかに意識して、黙示録と名のつく文書を集めた写本である。その制作年代は、他のナグ・ハマディ写本の多くと同様に四世紀半ばである。『アダムの黙示録』は第V写本の最終文書(第五文書)にあたり、同写本の**64**頁の第1行から**85**頁第32行にわたって筆写されている。題名は文書の冒頭と末尾に二回表記されている。用いられているコプト語はサヒド方言であるが、アクミーム方言と準アクミーム方言の影響が若干混在する。コプト語訳に先立ってギリシア語の原本が存在した点も、他の大半のナグ・ハマディ文書の場合と同様である。

写本の保存状況について言えば、ほとんどの頁において、文字面を囲む上下左右の余白部分の欠落が大変激しい。その欠落は、頁によっては、文字面そのものにも及んでいる。特に文字面の下端が欠落するか、損傷を受けている場合が多い。**64**―**67**頁では各頁の最後の二、三行の大部分、**69**―**72**頁ではやはり各頁の最後の約五行分がそれぞれ失われている。その他の頁でも最後の約三行がかなり損傷を受けている。これらの箇所では、辛うじて残っている部分の文字もインクが薄く不鮮明なため、判読が著しく困難な場合が多い。文字面の上端については、**67**、**72**頁で約二行、**70**頁で三行が激しい損傷を受けており、**69**頁では最初の一行が完全に欠落している。その他、**69**頁(表)と**70**頁(裏)では、文字面の中央にも大きな欠落が生じて、本文が失われている。にもかかわらず、本文の全体的な保存状況は、他のナグ・ハマディ文書と比較すると、良好な部類に属する。

但し、文字面が比較的よく残っている頁においても、インクがパピルス紙の繊維に滲んでしまって、文字が不鮮明となり、判読しにくい箇所が少なくない。その原因は使用されているパピルス紙の材質の悪さにある。ファクシミリ版で見る限り、縦横に組み合わされた繊維の内、特に縦の繊維が粗い。とりわけ**68**頁は粗悪で、写字生はこの紙面を嫌って使用しないまま**69**頁へスキップしているほどである(§10注(4)参照)。それ以外にも、頁によっては、紙面の左右に粗い縦の繊維がきているために、これを避け、筆写に耐える中央の部分だけを使っている場合がある。そのような場合には、写字生は文字を小さ目にしているものの、それでも一行当たりの文字数は通常の平均値よりも少なくなっている。

パピルス紙の材質の悪さとは対照的に、筆写作業そのものはきわめて注意深く行なわれている。すなわち、

(1)正書法上複数の綴り方が可能な単語については、その単語の上の行間に別の綴りを注記している(§39「投げかけた」、§42「誕生」)。

(2)数詞についても、正式な全書法(日本語の漢数字に相当)によって表記した後、その上の行間、あるいは該当する行の左右の余白に、コプト語の字母を数字に転用した数詞記号を注記している(§20の「四十万」、§30—42で発言する十三の王国に付された序数の内のいくつかを初めとして、計十三箇所)。

(3)単語と文の切れ目を一切設けず、すべてを大文字で連続筆写している点は、他のナグ・ハマディ文書あるいは

古代の写本一般の場合と同様であるが、内容上新しい段落の初めに当たる箇所のいくつかには、該当する行の左右の余白にT字型の記号を付している（§34、36、37、38、39、41、42、47）。

(4)同義語がある単語についても、その上の行間に注記している（§31「幼子」、§33「妊娠し」、§35「摘む」、「産み落とした」、§38「雲」）。

この内、最後に挙げた同義語の上書きという点は特に注目に値する。というのは、(1)から(3)までの措置は、コプト語訳の写本が順次筆写されていった写本伝承史のどこかの時点の写字生が、読者の利便のために講じたものとも考え得る。しかし、(4)については、そのような必要は考えにくい。同義語をわざわざ行間に注記するという措置は、むしろギリシア語原本を今正にコプト語に翻訳しつつあって、同義語の間の選択に迷っている人物にこそふさわしいであろう。もしこの判断が正しければ、『アダムの黙示録』の唯一現存するコプト語写本は、ギリシア語原本からの最初の翻訳者の手に成るものということになる。

## 二　内　容

内容上の繋がりは、他のグノーシス主義文書に比べて明瞭であるから、ここではごく大まかな粗筋をスケッチするに留めたい。

「まえがき」に続く第I部「アダムとエバの経験」では、かつてアダムとエバが栄光の中に在り、永遠なる神についての認識を備えて、造物神とその部下たちよりも高い存在であったことがまず語られる（§2）。しかし、造物神の怒りによって男と女に分割され、栄光と認識を失い（§3）、造物神に隷属する身となってしまった（§6）。しかし、アダムとエバの中に在った栄光と認識は失われたわけではなく、「大いなる［別の種］族」、すなわちセツの子孫の中に移動（§4—5）する。そして、アダムが眠っている間に、「三人の（天的）人間」（おそらく§47のイェッセウス、マザレウス、イェッセデケウスと同じ）が出現して、超越的アイオーンと「あの人間」、つまりセツ（アダムの息子であると同時に、セツの子孫の開祖）に関する黙示を与える（§7）。

その黙示の後、アダムとエバが自分たちの現実と思い比べて嘆息していると、造物神が出現して、彼らの嘆息を訝り、彼らに対する自分の支配を確かなものとするために、彼らの中に性欲を植えつける（§8—9）。その結果、アダムとエバは死の支配下に置かれることになった。

そのことを自覚したアダムは、自分が受けた黙示を息子のセツに伝達する（§10）。続く第Ⅱ部「アダムの黙示」がその黙示の内容である。それは、最後の審判までの人類史を貫いて、セツとその子孫を迫害しようとする造物神と彼らを救おうとする「永遠なる神」の間で繰り返される角逐を予告する。その角逐を上下の対観形式で要約すれば、次のようになる。

| 永遠なる神 | 造物神 |
|---|---|
| セツの子孫は降ってきた「大いなる天使たち」によって「いのちの霊のある場所」へ移される（§12）。 | 万物を支配する神は自分にとって異質なセツの子孫を、まず洪水で滅ぼそうとする（§11）。 |
| その時、何人かのセツの子孫が大いなるアイオーンから送り出されて下降して来る（§15）。 | 造物神はノアとその子らだけを残すことによって、自分の支配権を確立したと思い込む（§13—14）。 |

造物神はそれを見ると訝り、ノアを責めるが、ノアは自分に非がないことを主張する（§16）。

造物神がノアの子孫に全地を分配し、自分を拝むことを約束させると（§18）、セムの子孫が即座に応じる（§19）。

ハムとヤペテの残りの子孫は、その後、十二の王国を形成し（§21）、造物神サクラのもとへ赴いて、セツの子孫（§15参照）と前述の四十万人を、サクラに対する不従順の罪で告発する（§22）。造物神はそれを受けて、今度は大いなる火を送り出して彼らを迫害する（§23）。

造物神の配下の勢力が「認識の光り輝く者」の「肉体を撃ち」、彼の由来について訝る（§28―29）。ハムとヤペテの十二の王国にもう一つ（前述の四十万人の改悛者たち）が加わって、十三の王国がさまざまな意見を

（アダムの語りの中で）セツの子孫の祝福された住処と将来について予言される（§17）。

しかし、ハムとヤペテの子孫の内から四十万人がセツの子孫のもとへ合流し、彼らの「力の陰」で悪から守られる（§20）。

しかし、その時、アブラサックス、サブロー、ガマリエルが光の雲に乗って到来し、セツの子孫と四十万人をいのちの場所へ運び去る（§24）。

その後「三度目に」、「認識の光り輝く者」、すなわち天的セツが、ハムとヤペテの子孫から更に何人かを救い出すために下降し、「徴と奇跡」を行なう（§25―27）。

最後に「王なき種族」が発言し、「真の神」あるい

開陳する（§30—42）。

最後の審判では、セツの子孫とその力によって守られる者たちを除く地上の住民たちが、自分たちの滅びの理由と、反対にセツの子孫たちの救いの理由を了解し、告白する（§44）。

は「別種の霊気」からの由来を説く（§43）。

それに続いて、セツの子孫に対する祝福の予言が置かれ、かつて彼らによって守られてきた真の神のことばは、歴史の終末時に、天使たちによってある「高い山」の上にもたらされることが予言される（§46）。

最後に§47は§1と§10で行なわれた状況設定をもう一度受けて、「以上がアダムが彼の息子のセツに啓示し、彼のその息子が彼の子孫に教えた黙示である」と結んでいる。

## 三　文学ジャンル、資料、著作目的

『アダムの黙示録』の文学ジャンルは、その表題通り、黙示録である。文書の冒頭および末尾に二回繰り返された表題の他、文書全体のための場面設定を行なっている枠の部分（§1、47）でも、明瞭に「黙示」という術語が用いられているばかりではなく、いずれの箇所でも、アポカリュプシス（apokalypsis）というギリシア語が保持されている。アダムが黙示を受ける際に眠りの中にあること（§7）、それを更に息子のセツに遺訓（告別説教）の形で伝えること（§10）、以後それは文字に書き記されずに、秘密の伝承としてある高い山の上に隠されてきたとされること（§46、47）も、広い意味での黙示文学によく現れるトポス（定型要素）である。表題が文書全体の内容と必ずしも的確に合致しないものが多いナグ・ハマディ文書の中にあって、『アダムの黙示録』の場合は例外的に両者がよく一致している。

『アダムの黙示録』にもう一つ独特な点は、前章でも確認したように、黙示の授受過程が、⑴「三人の（天的）人間からアダムへ、⑵アダムから息子のセツへ、⑶セツから彼の子孫へ、という三段構えになっていることである。ユダヤ教黙示文学、キリスト教黙示文学、さらにグノーシス主義黙示文学を見渡しても、このような複雑な設定を取る文書は、少なくとも私が知る限り、きわめて稀である。『アダムの黙示録』の著者がさしたる意図もなしにこのような三段構えを採っているのだとは考えにくい。おそらく彼はそうすることによって、彼のグノーシス主義的な秘密伝承、具体的には、彼が今まさに著した文書の中身が、アダムからセツ、セツからセツの子孫を経て、自分と自分の仲間のもとにまで継承されて来たものであると言いたいのである。前章で見た粗筋は、最初アダムとエバの中に在った栄光と認識が、どのようにして造物神の度重なる策略にもかかわらず、失われることなくセツの子孫の間に保たれ、最後には「認識の知恵と永遠の天使の教えの内に在って、永遠の（真の）神を永遠に知る者たち」（§46）の手に到達したのか、その継承過程を物語ろうとするものに他ならない。§46から引用したこの表現こそは、本文書の著者を含むグノーシス主義者たちの自己表現であるに違いない。

次に資料問題について触れておかなければならない。一般に黙示文学というものが各種の先行文書を好んで資料として受容することはよく知られている。『アダムの黙示録』の場合は、それにもう一つ別の顕著な事実が付け加わる。すなわち、§30—42で十三の王国が「光り輝く者」の由来について開陳する発言が、「こうして彼は水の上にやって来た」という共通の結びの句を初めとして、きわめて強い定型性を示していることである。ここからさまざまな資料仮説——また、それと関連して、本文書の著作目的あるいは使用目的に関するさまざまな仮説——が提出されることとなった。

その中のいくつかを紹介しよう。最も踏み込んだ仮説を唱えたのはCh・H・ヘドリック(第六章の文献④)である。彼は第十四番目の「王なき種族」の発言(§43)を含む§30—43の背後に、救い主(啓示者)が超越的な領域から地上に向かって下降する過程を描く資料を想定する。そして、それは同時に、グノーシス主義者の魂が、肉体の死後、逆に辿って帰昇してゆくべき道筋を示すものでもあり、具体的には、洗礼の場で式文として用いられたものではないかと言う。ヘドリックは§7、10、25—29の大部分も、この資料と一体のものであったと見做して、全体を資料Bと呼ぶ。他方、§1—6、8—9、11—24、44、47の大部分は資料Aに分類される。資料Aは、線的なイメージで表象される普遍史の概念とその年代区分において、ダニエル書からヨベル書に至るユダヤ教黙示文学の歴史観の伝統に連なるものであるとされる。さらに、二つの資料A、Bを現在の『アダムの黙示録』に編集した編集者の存在が想定され、§45—46(他)がその編集者の筆に帰される。従って、この編集者はユダヤ教黙示文学(資料A)とグノーシス主義(資料B)の境界線上に位置付けられ、そのグノーシス主義は言わば「始まりのグノーシス主義」であることになる。

本文書の使用目的に関しては、ヘドリック以前にW・ベルツ(第六章の文献②)が「小カテキスムス」説を提出していた。それによれば、本文書の背後には実は高度に発展したグノーシス主義救済神話が存在するのだが、本文書そのものはその神話自体を体系的に語ろうとするものではない。むしろ、初心者のために必要な限りの主題に絞って物語ろうとする「小カテキスムス」、すなわち、入門的な問答用の文書であり、本書の後に更に本格的な「大カテキスムス」が続くことを前提としているという。ヘドリックの説の最後の部分はこれに反対するもので、本文書が体系立った神話を語らないのは、そのような神話をいまだ持つに至っていないからだとされる。

後続第六章の文献⑥に挙げたP・A・リンダーの研究は最も新しい研究の一つであるが、やはり§30—43を手掛かりにして、独自の資料仮説を展開している。『アダムの黙示録』の原本はエジプトで成立し、もともとギリシア語であったが、やがてコプト語に翻訳された。そのコプト語訳は自由訳で、特に§30—43においては、古来エジプトの詩文に伝統的な韻を踏みながら、賛歌形式を採用した。そして、この部分は礼典の場で実際に朗誦されたものだと言う。

いずれも興味深い説ではあるが、事柄の性質上、多分に推測に基づく議論となるために、どの説にも決定的な証明力があるわけではない。われわれとしてはあくまで仮説として参照するに留めるべきであろう。

## 四 思想とその系譜

次に『アダムの黙示録』の思想史的あるいは宗教史的位置という問題について言えば、まずユダヤ教黙示文学に負うところが最も多いという認識で研究者の見解が一致している。ヘドリックが資料Aをユダヤ教黙示文学からグノーシス主義への境界線上に位置付けていることはすでに触れた通りであるが、マクレイも資料仮説は別として、思想史的・宗教史的には全く同じ位置付けである。「アダムの黙示録」という表題からしても、ユダヤ教との密接な関連は当然であろう。しかし、§18—22でセムの子孫が誤解の余地無く否定的な意味付けを受けていることが示すように、ユダヤ教への関係は親和的ではなく、明瞭に反セム的、反ユダヤ主義的である。ベルツはこの意味で「反ユダヤ教的グノーシス主義」について語っている。

ユダヤ教黙示文学以外には、ギリシア神話との関連は明示的に(§14のデウカーリオン、§38のピエリデス)、イランに発してローマ帝国全域に広まったミトラ神話との関連は暗示的(§37)に認められる。この点についても、研究者の見解はほぼ一致しているが、本文書の思想の根幹に係わるほどの関連ではない。

研究者の意見が分かれるのは、ヘレニズム・オリエントの他の思潮で本文書の思想の根幹にかかわるような影響を及ぼしているものがあるかどうか、あるとすれば、それは何かという点である。この点に関する議論の口火を切ったのは、本文書の最初の校訂本文と翻訳(独文)を公にしたベーリッヒである(第六章の文献①)。彼は本文書の中にイランの宗教史のさまざまな段階との顕著な並行関係を指摘した。すなわち、前述のミトラ教との接点の他に、とりわけゾロアスター教の開祖ゾロアスターと本文書の「光り輝く者」セツとの間に、次のような並行関係を列挙したのである。

(1)本文書が救済(啓示)の歴史を三段階に区分して、「光り輝く者」セツを第三の時期に配分しているのは、ゾロアスターの精子がある湖に落ちて、そこで沐浴した三人の処女から三人の息子が生まれる内の三人目(サオシュアント)が世界史の第三期に現れて、世界を更新する者とされることに並行する。

(2)本文書の§28が「光り輝く者」セツの受難について語るのは、ラビのユダヤ教以前にも確認される「受難のメシヤ」の観念に、さらにこれを介して、救世主ゾロアスターの受難という観念に並行する。

(3)本文書の§30―42のそれぞれのパラグラフの結びで繰り返される「こうして彼は水の上へやって来た」という表現は、前述のゾロアスターの第三子サオシュアントが水(湖水)から出現することに並行する。

マニ教との関係では、前記の(1)がマニ教がゾロアスター教から引き継いだ「第三の使者」に、(2)は「光り輝く者」(フォーステール)マニについても受難が語られることに、それぞれ並行するとされる。その他、本文書§20に現れる「四十万」という数字もマニ教の義人たちの総数に並行し(§20注(7)参照)、本文書§30以下に言及される十三の王国に「王なき種族」を加えて合計十四となる数字は、十四の光のアイオーンというマニ教の表象(『要綱』X章)に並行すると言う。

イランの宗教史の上では、ゾロアスター教は紀元前からの現象であるのに対し、マニ教は紀元後三世紀以降の現象である。ベーリッヒはマニ教との並行関係については、これをあくまで補強材料として使うに留め、ゾロアスター教との並行関係を強調する。同時に他方では、本文書にキリスト教的な要素が認められないことも併せて強調することによって、本文書の成立をキリスト教の成立に歴史的・時間的に先行するものと考え、本文書のグノーシス主義をもって「前キリスト教的グノーシス」の存在が証明されると結論付けた。そしてその成立場所を、ゾロアスター教の影響がユダヤ教黙示文学の伝統と出会い得た場所、具体的にはシリア・パレスティナの洗礼教団に求めたのである。このベーリッヒ説は折からグノーシス主義の起源をめぐって闘わされていた論争に油を注ぐこととなった。

この説を論評して、真っ向から異を唱えたのがH・M・シェンケである（*Orientalistische Literaturzeitung* 61, 1966, Sp. 23-34）。シェンケの立場は、彼の指導下に書かれたベルツの教授資格請求論文（第六章の文献②）によって本格的に展開された。そこでは、宗教史的にはまずエジプト神話との関連が強調された。とりわけ§30―42の十三王国の発言の内、第五の発言（§34）の背後には、太陽神レー（別名アトゥム）が原始の海ヌンから誕生する神話、第六の発言の背後には、同じ太陽神が蓮の花から誕生する神話（§35注（6）参照）、第七の発言（§36）の背後には、プルタルコス『エジプト神イシスとオシリスの伝説について』二八章が伝えるサラピス神とプルトン神の神話があるという具合である。

シェンケとベルツは同時に、ベーリッヒが指摘するマニ教との並行関係については、これを積極的に承認するのみならず、本文書はマニ教の成立以後、その影響下に成立したものと見做す。従って、歴史的には当然キリスト教の成立以後の文書ということにもなる。事実シェンケとベルツは、§28の「この人間の肉体を撃つだろう」にイエスの十字架刑、§30―42に繰り返される「こうして彼は水の上にやってきた」にはイエスの洗礼が、それぞれ暗示されていると見做すのである。

『アダムの黙示録』に関するその後現在までの研究史は、ベーリッヒとシェンケ／ベルツの間でこうして始まった論争に規定されてきたと言うことができる。一九七一年までのその経過については、すでに荒井献による比較的詳しい報告(第六章の文献⑬)があるので、ここでは繰り返さない。ただ一つ補うならば、それ以後現在までの研究史の中では、前述の二点以外にも、§25の「実を結ぶ木」(ヨハ一三24、一五1-8他参照)、§27の「徴と奇跡」(マコ一三22、ヨハ四48参照)、§32、33、35に含まれる処女降誕的なモティーフなどについても、それぞれキリスト教的に解釈すべきか否かが争われてきた。

研究史の早い段階では、基本的にはベーリッヒの説に沿って、本文書の中に明白にキリスト教的と呼べるような要素は存在しないと見做す者(前記の問題の箇所にたとえ二次的な付加を認めても、その付加そのものをキリスト教よりも前のものと見做す者も含む)もかなりいたが、現在では、本文書の前提にすでにキリスト教があるとする立場が優勢である。なお争われているのは、前記のような個々の箇所をめぐる解釈を別とすれば、本文書をキリスト教的グノーシス主義の高度に発展した形態と見做すか(シェンケ、ベルツ、レイトン)、逆にその初期的な形態と見做すか(モラール)という点である。

前者の見解に立てば、本文書が神話論的システムを前景に出さず、不鮮明なままにしているのは、例えば『フローラへの手紙』の場合と同じように(本シリーズ第三巻二六三―二六四頁参照)、初心者を意識した入門的文書(ベルツ)として、それを極端に短縮しているからであるとされる(レイトン)。本文書が前提する神話論的システムは、シェンケとベルツによれば、ナグ・ハマディ文書の内の『エジプト人の福音書』、『ゾストゥリアノス』、『三体のプローテンノイア』の神話体系、また、すでに一八九二年以来学界に知られている『ブルース写本』の中のいわゆる『無表題グノーシス主義文書』の神話体系に近いと言う。その論拠は、本文書に現れる「ミケウ、ミカル、ムネーシヌース」(§45)、「アブラサクス、サブロー、ガマリエル」(§24)、「イェッセウス、マザレウス、イェッセデケウス」(§47)という神話的固有名詞の三つの三個組が、いずれもグノーシス主義文書の中では比較的稀なものであるにもかかわらず、前記の文書には揃って現れるということである。また、やはりナグ・ハマディ文書の一つでもある『ヨハネのアポクリュフォン』との神話論的類縁性も指摘される(§2注(6)参照)。シェンケはこれらの並行文書をキリスト教的グノーシス主義の中でも一つの独特な系譜に属するものと見做し、この系譜を広い意味での「セツ派」と呼ぶ。そして、彼がそのセツ派の啓示史観の特徴と見做す三段階区分も本文書の中に確認できるとする。同時に他方では、すでに触れたように、マニ教の影響も本文書に及んでいると見做す。こうして最終的には、本文書の前提する救済神話は、マニ教における「光り輝く者」(フォーステール)の表象と図式を使いながら、セツ派の神話論的システムに沿うものと結論付けられる(ベルツ)。

しかし、このシェンケ・ベルツ説は、「セツ派」の定義の是非は当面問わないとしても、私の見るところでは、それ以外にもいくつかの難点を残している。その第一は、『アダムの黙示録』は天的な啓示者あるいは救済者の地上への到来を一体何段階に区分しているのか、という問題である。この点の判断は研究者によってまちまちで、引き合いに出される箇所の最小公倍数を取れば、§7、12、15、24、25の五箇所になる。確かに§25には「三度目に」とあるものの、これをシェンケ・ベルツ説の言うセツ派の三段階区分に合わせるためには、残りの四箇所から二箇所を取捨選択しなければならない。ところが、どれを取ってどれを捨てるべきか、明確な規準は見つからないのである。第二の難点は、シェンケ・ベルツ説の挙げる「セツ派文書」には、多かれ少なかれ、洗礼に対する積極的な評価が共通しているのに対して、本書は対照的に洗礼を否定的に、あるいは少なくとも、消極的に評価していることである(§45、47)。

さて、「セツ派」と一口に言っても、すでにエイレナイオス(『反駁』I, 30)、ヒッポリュトス(『全反駁』V, 19, 1-22, 1)、エピファニオス(『薬籠』XXXIX, 1, 1-10, 7)など、古代教会の反異端論者たちの報告がすでにナグ・ハマディ写本の発見以前から知られている。しかし、彼らの報告も相互に食い違いが大きすぎて、ある統一的な神話体系に統合することができない(本シリーズ第一巻、三〇三頁、第二巻三六二―三六三頁参照)。敢えてその中で『アダムの黙示録』に並行する神話論的モティーフを含むものを探せば、最後のエピファニオスの報告する神話がそれに該当する。

それはエピファニオス自身(後四世紀)がエジプトで遭遇したというセツ派の話で、その要点は、後続の議論の便宜のために番号を付して整理すると、次の通りである。彼らは(1)イエスをアダムの子セツと同定した。(2)そのセツがアベルの死後誕生した時、上からの力が彼に注入された。(3)その力がやがて造物天使たちを滅ぼすが、セツの子孫はそこから分けられるだろう。さて、(4)カインの子孫とアベルの子孫が混合され、その混合から混乱が生じたため、(5)至高神「母」が洪水をもたらした。(6)天使たちは無知蒙昧なハムの他に純粋な種族からの者七人をノアの方舟へ導いた。(7)そのハムからやがて忘却と罪が発生し、(8)イエス、すなわちセツ自身の登場が必要となった。

エピファニオスはこの後にアルコンタイ派の報告を続けている(『薬籠』XL, 1, 1-8, 9)。それはエピファニオスの時代においてはパレスティナにのみ存続する異端説であるが、もともとはコンスタンチヌス大帝時代にアルメニアからエウタクトス(「秩序ある者」の意)という名の男がパレスティナへ来て滞在し、エルサレム在住のペテロ某という名の老人から教わったもので、やがてアルメニアに広まったと言う。

その神話は、(1)第八天に至高神「光り輝く母」(別名「善なる神」)を、その下の七つの天にサバオートを筆頭とするアルコーンたちを配置して始まる(「アルコンタイ派」の呼称はここに由来する)。(2)サバオートの息子がサタンであり、それぞれのアルコーンには天使たちが仕える。(3)そのサタンとエバの性交からカインとアベルが生まれたが、二人は自分たちの同じ姉妹を愛したために、カインがアベルを殺害した。(4)その後アダムとエバからセツが誕生した。(5)セツは「アロゲネース」(「別の素性の者」の意)として天へ引き上げられて養育され、その後再び地上へ到来して啓示活動を行なった。(6)セツの子孫たちの魂は七つの天・アルコーンを通り抜けて、至高神「母」のもとへ帰昇してゆくであろう。(7)そのようにして「復活」するのは魂であって、肉体ではない。エピファニオスはこのような神話に加えて、(8)アルコンタイ派が洗礼を呪い、その他の典礼行為も拒んだことを記している(XL, 2, 6)。

アルコンタイ派のこの神話は先行のセツ派の神話と全く同じではないが、個々の文言の上で共通する点が少なくないのみならず、セツに決定的に重要な役割を付与している点も共通している。このため、アルコンタイ派もグノーシス主義の展開史の上では、広い意味での「セツ派」に属するものと見做されている。

『アダムの黙示録』のこれまでの研究史の中では、エピファニオスが報告するこの二つの神話と本文書との間に、相違点は多々あるものの、同時に次のような共通点が指摘されてきた(上段に本書の該当する記事、中段と下段にセツ派とアルコンタイ派の神話の要点の整理番号を記す)。

| 『アダムの黙示録』 | セツ派 | アルコンタイ派 |
|---|---|---|
| §4、5、7、11(栄光、認識、神の力がセツの中へ移動) | (2) | |
| §12(セツの子孫の分離) | (3) | |
| §25(すべての模造物は死ぬ) | | (7) |

§30、31、34、36、37（「光り輝く者」は天で養育された後、
再び地上へ到来する） (5)
§44（天使と諸力の滅び） (3)
§45、47（洗礼の儀式に対する否定的評価） (8)

最近の研究の中ではモラール（第六章の文献⑤）が、これらの並行関係を主たる根拠に、本文書をエピファニオスの報告するセツ・アルコンタイ派の周辺に位置付けている。すでにキリスト教化したグノーシス主義（セツ派の要点⑴参照）ではあるが、神話論的には素朴な段階に留まっていると言う。ヘドリックも同じセツ・アルコンタイ派との類縁性を強調するが、この派の長い発展史を想定した上で、キリスト教化する前の段階のこの派の影響圏内に『アダムの黙示録』の最終的編纂者を位置付ける。

私の判断では、前述のシェンケ・ベルツ説よりはモラールの説に相対的には分があると思われる。しかし、すでに述べたことの繰り返しになるが、「セツ派」に関する余りにも多くの情報が錯綜して、その定義付けが争われている現状にあっては、いずれか一つに軍配を上げるわけにはゆかない。本文書についてただ一つ確かなことは、『ヨハネのアポリュフォン』と『シェームの釈義』などの場合と同様、セツとその子孫が大きな役割を果たしているという意味で「セツ派的」と呼び得るということである。

## 五　成立年代・場所・著者

前章の最後で言及したエピファニオスは同じ『薬籠』の別の箇所（XXVI, 8, 1）で、ある匿名のグノーシス主義グ

ループについて、『アダムの黙示録』と呼ばれる文書を複数所有していることを次のように報告している。「彼らの持っている文書も多数に上る。彼らは『マリアの質問』とかいう文書を持ち出している。すでに触れたヤルダバオートあるいはセツの名前で沢山の文書が書かれたかのように言う者たちもいる。また別の文書を彼らは『アダムの黙示録』(複数)と呼び、見も知らぬ福音書(複数)を(イエス・キリスト)の弟子たちの名によって書かれたと主張して憚らない」。しかし、エピファニオスはここで言う『アダムの黙示録』の内容に関しては、残念なことに何一つ記していない。従って、本文書との異同は確かめようがない。ただ一つ確かなことは、エピファニオスの時代(四世紀後半)のグノーシス主義者の間で、本文書と同じように『アダムの黙示録』と呼ばれる文書がいくつか出回っていたということである。

同じことは、長期にわたる準備の後一九八八年に校訂本が刊行された通称「ケルンのマニ写本」(第六章の文献⑭)からも論証される。ケルンの地名が冠せられているものの、もともとの発見場所は上エジプトと言われ、四世紀末から五世紀にかけて制作された写本であると考えられている。使用言語はギリシア語であるが、ギリシア語版は翻訳であって、原著は東方アラム語であったと想定されている。その内容は、一口で言えば、マニ教の開祖の伝記である。より正確に言えば、マニの高名な弟子たちが教祖亡き後、マニの生涯と言動について書き記した数多くの文書を収集、抜粋して、伝記に編集したものである。それぞれの抜粋には、原則として、元来の執筆者の名前が明記されている。その内の「教師バライエス」からの抜粋部分($\mathbf{45}_{1}$―$\mathbf{72}_{7}$)は、教祖マニが受けた啓示と幻を貶める不信の徒に対抗する目的から、マニに先立って同じ使命と運命に殉じた父祖たちを列挙し、彼らが書き残したという黙示から引用を行なっている。その冒頭を飾るのが「まず最初にアダムが彼の黙示において明瞭にこう語っている」で始まる引用である($\mathbf{48}_{16}$―$\mathbf{50}_{7}$)。以下、セツ、エノシュ、セム、エノク、使徒パウロそれぞれの黙示からの引用が続いている。エノクとパウロの場合は、それぞれ『エノク書』とコリント人への第二の手紙からの引用であることが明らかであるのに対して、問題の「アダムの黙示」からの引用の出典は不詳である。少なくとも本文書にはその引用に並行する記事は見つからない。従って、バライエスの言う「アダムの黙示」が『アダムの黙示録』という表題の文書であったとしても、それは本文書とは別物であったと考えなければならないわけである。

他方、アダムの名を冠した文書は、『アダムの黙示録』以外にも、古代キリスト教会の内外に他にも多数知られている。例えば、『アダムとエバの生涯』という文書があって、そのヘブライ語原本は前一世紀末から後一世紀前半の間に成立したものと想定されるが、その後キリスト教徒の加筆を受けた形で残っている（§10注（1）参照）。また、『アダムの遺訓』はもともとシリア語で著されたユダヤ教文書であるが、おそらく三世紀後半にキリスト教徒による加筆を受けたものが、ギリシア語、アラビア語、エチオピア語、古ゲオルギア語、アルメニア語訳で残存する。最後に、現存はしないものの、『アダムの教え』という題名の異端的な文書も存在したことが、六世紀のエジプトのパラロスの司教ヨハネのある説教から知られる。これら一連の文書は、人呼んで「アダム本」と言われる（ここに言及した以外の「アダム本」については、A. v. Harnack, *Geschichte der altchristlichen Literatur bis Eusebius*, I/2, Leipzig 1893, 2. Aufl. Nachdr. 1957, S. 856-857 に詳しい）。

本文書が、エピファニオスとケルンのマニ写本に証言される複数の『アダムの黙示録』も含む一連の「アダム本」の一つであることは間違いない。しかし、著者については、何一つ具体的なことは分からない。成立年代と場所については、すでに第四章で思想的系譜に係わる諸見解を論評した際に、その都度ある程度触れた。ベーリッヒ説に従えば、キリスト教起源以前のパレスティナの洗礼教団が母体となる。シェンケ・ベルツ説に従えば、歴史的にはキリスト教とマニ教の成立以後、両者に並行しながら著された「グノーシス主義の後期の形」を体現する文書となる。但し、その原本は後七〇年のエルサレム陥落後のユダヤ教の内外で成立した文書で、それが二世紀末から三世紀半ばにキリスト教化されて、キリスト教的グノーシス主義の文書となったものが本文書だとされる。エピファニオスが報告するセツ派・アルコンタイ派の周辺に本文書の起源を求めるヘドリックは、時代的には二世紀の前半、場所的にはパレスティナ(特にトランスヨルダン)を考える。モラールもほぼ同じ時代を成立年代とする。なお、特殊な説として、本文書の§23の記述を後七九年のヴェスヴィウス火山の噴火に関する小プリニウスの報告(タキトゥス宛書簡 VI, 16, 20)と関連付けて、本文書は遅くとも一一〇年までには成立していたはずだとする説がある(H・ゲーディッケ)。しかし、指摘された箇所での小プリニウスの記述が詳細を究めているのに比べると、本文書の該当する文言(§23注(2)参照)は、余りに簡略かつ定型的であり、とてもそのような仮説を支えるに耐えるものではない。

## 六　翻訳・底本・参照文献

翻訳に当たっては、次に掲げる①から⑥の校訂本をすべて参照し、特定の底本は定めなかった。そのため、欠損本文の推定復元や構文的に難解な箇所については、訳文に採用しなかった読みを適宜傍注に記した。パラグラフへの区分はすでにベルツも試行しているが、本邦訳が行なっている合計四十七のパラグラフへの区分はそれとは独立のものである。

① A. Böhlig (hrsg. und übers.), Die Apokalypse des Adam, in: A. Böhlig/P. Labib, *Koptisch-gnostische Apokalypsen aus Codex V von Nag Hammadi im Koptischen Museum zu Alt-Kairo, Wissenschaftliche Zeitschrift der Martin-Luther-Universität Halle-Wittenberg*, 1963, S. 86–117. =

ベーリッヒ

② W. Beltz, *Die Adam-Apokalypse aus Codex V von Nag Hammadi, Jüdische Bausteine in gno-stischen Systemen*, Habilitationsschrift Berlin 1970.＝ベルツ

③ G. W. MacRae, The Apocalypse of Adam, in: D. M. Parrott (ed.), *Nag Hammadi Codices V, 2-5 and VI with Papyrus Berolinensis 8502, 1 and 4*, Leiden 1979 (NHS XI), pp. 151-195.＝マクレイ

④ Ch. W. Hedrick, *The Apocalypse of Adam, A Literary and Source Analysis*, Chico/California 1980.＝ヘドリック

⑤ F. L. Morard, *L'Apocalypse d'Adam (NH V, 5): Texte établi et présenté*, Québec 1985 (*BCNH* 15).＝モラール

⑥ P.-A. Linder, *The Apocalypse of Adam Nag Hammadi Codex V, 5, considered from its Egyptian Background*, Ödeshög 1991.＝リンダー

⑦ R. Kasser, Bibliothèque gnostique V, Apocalypse d'Adam, *RThPh* 100 (1967), p. 316-333.＝カッセ

⑧ M. Krause, Die Apokalypse Adams, in: C. Andresen (Hg.), *Die Gnosis, Bd. II*, Zürich/Stuttgart 1971, S. 21-31.＝クラウゼ

⑨ G. W. MacRae, Apocalypse of Adam, A New Translation and Introduction, in: J. H. Charlesworth (ed.), *The Old Testament Pseudepigrapha*, Vol. 1, New York 1983, pp. 707-719.

⑩ B. Layton, The Revelation of Adam, in: idem, *The Gnostic Scriptures*, New York 1987, pp. 52-64.＝レイトン

⑪ H. N. Bream, The Apocalypse of Adam, in: idem, *The Apocryphon of John and Other Coptic Translations*, Baltimore, pp. 186-205.

⑫ G. W. MacRae/D. M. Parrott, The Apocalypse of Adam (V, 5), in: J. M. Robinson (ed.), *The Nag Hammadi Library in English*, 3. ed., Leiden/New York 1988, pp. 277-286.

⑬ 荒井献「『アダムの黙示録』におけるフォーステール」、同著者『原始キリスト教とグノーシス主義』、岩波書店、一九七一年、一七三―一九五頁。

⑭ L. Koenen/C. Römer (hrsg. u. übers.), *Der Kölner Mani-Kodex, Über das Werden seines Leibes*, Opladen 1988 (*Papyrologia Coloniensia XIV*).

# 解説　シェームの釈義

大貫　隆

## 一　写本

『シェームの釈義』はナグ・ハマディ文書第Ⅶ写本に第一文書として、同写本の第1頁の冒頭から第49頁の第9行にかけて筆写されている。使われているコプト語は、アクミーム方言と準アクミーム方言の特徴が若干混在するものの、基本的にはサヒド方言である。但し、このコプト語写本が元来ギリシア語の原本からの翻訳に基づくものであることは、他の多くのナグ・ハマディ文書の場合と同じように、ギリシア語からの無数の借用語が現れることに明らかである。特にヌース（ギリシア語では男性名詞）やピュシス（同女性名詞）など、本文書にとってきわめて重要な概念は、コプト語に移すと文法的な性が変わって神話論上不都合を来すことを避けるために、意図してそのままギリシア語で保持されたと見做すべきであろう。

しかし、コプト語への翻訳は全体としてみると、かなり稚拙あるいは杜撰である。主語を示す人称語尾あるいは人称代名詞を誤写していると思われる箇所（§6注(3)、§8注(9)、§23注(2)、§25注(1)、§29注(2)、§35注(7)、§63注(2)参照）、肯定文を否定文に誤写（§16注(6)）、指示対象が不鮮明なままでの人称代名詞の使用（§20注(1)、§22注(1)、§28注(12)、§32注(2)、§43注(6)、§44注(11)、(12)、(1)、§71注(11)、§74注(7)、§75注(13)、§81注

(4))、発音が似た単語との取り違え(§24注(5)、(7))、副文章のみの破格構文か、あるいは主文章を脱落させているると思われる箇所(§26注(5)、(7)、§40注(4))、主語と目的語の取り違え(§65注(1)、§67注(4))などが目立っている。おそらく訳者のギリシア語の読解能力が十分なものではなかったのであろう。この点では第I写本の『三部の教え』の場合と似ている(本シリーズ第二巻三八五頁参照)。

本文の保存はきわめて良好で、**32**、**34**、**36**―**40**頁のそれぞれの文字面最終行に部分的な欠損が生じているに過ぎない。それも部分的に推定復元が可能である。写本の作成年代も確かな証拠に基づいて確定することができる。すなわち、写本全体の表紙を固くするために使われていた補強材の中に、日付の入ったギリシア語の(穀物の)借入証書が三通含まれているのである(後出第六章の参照文献④の整理番号ではギリシア語の部 No. 63, 64, 65、⑤の整理番号では VII$^{2c}$, VII$^{3c}$, VII$^{4c}$)。それらの日付は西暦に換算すると、それぞれ後三四一年一一月二〇日、三四六年一一月二一日、三四八年一〇月七日に相当する。常識的には写本の本体はこれらの日付よりも後、つまり四世紀半ば以降に作成されたと見做すべきであろう。

写本の作成年代のみならず、作成場所もはっきりしている。すなわち、前記と同じ表紙の補強材の中には、コプト語で書かれた各種の証書や手紙類も含まれていたのであるが、その内の一つ(第六章の参照文献④の整理番号ではコプト語の部 No. 6、⑤の整理番号では VII 97$^{c}$)は、パプヌーティオス(Papnoutios)という名の人物が「愛する父パコミオス(Pachomios)」に「主にあって」送った手紙の一部であることが明らかである。大きさは縦横一五×一三センチのパピルス断片で、約二十行が記されているが、第6行以下はパピルスの左半分が欠損しているため、判読できる部分は少なく、手紙の実質的な用向きは不詳である。しかし、手紙の前書き部分は残っており、そこに前記の二人の人物の名前が確実に読み取られるのである。受取人のパコミオスは四世紀前半に、上エジプトのタベネンシスを中心に共住型の修道士の共同体を指導した同名の人物と同一人と見て間違いない。タベネンシスはナグ・ハマディ文書の発見場所から直線距離にして約二〇キロメートル離れているに過ぎない。また、パコミオスの修道院運動のもともとの発祥の地であり、やがてタベネンシスと並ぶ拠点の一つとなったケノボスキアから同じ発見場所までは、僅か五キロメートル強しか離れていない。しかも、前記の手紙の発信人と同名のパプヌーティオスという修道士がパコミオスの身辺に存在したことは、彼の死(三四六年)後ギリシア語で著された『聖パコミオス伝』の二七章に詳しく報告されている。従って、第Ⅶ写本は間違いなくパコミオスの修道院で作成されたものと考えてよいであろう。

さらに、第Ⅶ写本全体を筆写した人物は第Ⅺ写本の第二文書(『ヴァレンテノス派の解説』)の写字生と同一人物であることが、書体学的に確かめられている。その第Ⅺ写本に収められている別の文書の写字生は、また別の写本の別の文書の写字生と同一人物というように、ナグ・ハマディ文書の写本の作成は、書体学的には、個々に孤立して行なわれたのではなく、相互的な関連の中で行なわれたと考えなければならない(この点についてさらに詳しくは、本シリーズ第一巻三八四頁参照)。とすると、ナグ・ハマディ文書全体がもともとパコミオスの修道院で作成され、保管されていたものである可能性がそれだけ大きくなる。おそらくそれが、三六七年にアタナシウスが発した「第三九復活節書簡」によって「異端的」な「外典」が禁書とされたのを機に、ナグ・ハマディ付近の地下に埋められたものと想定される(本巻全体の序文のⅷ頁参照)。

## 二　文学ジャンルと文体

『シェームの釈義』という書名は文書の冒頭に前書きされている。本文書のシェームはごく限られた部分(§72

―79)で黙示の語り手になることがあるが、それもデルデケアスから受けた黙示の復唱に留まるから、書名は正確には「シェームへの釈義」という意味である。また、「釈義」とあるのは§60の冒頭の句「以下がその釈義である」から取られたものと思われる。しかし、これがどこまで本文書全体の内容を体現しているかは甚だ疑問である。本文書はむしろ、§2が明瞭に示しているように、ユダヤ教黙示文学以来の伝統的な体裁に則っている。すなわち、脱魂状態となったシェームに、超越的な光の世界からデルデケアスが現れて、「生まれざる霊」とそれに由来するシェームの種族の運命を啓示するのである。この意味で、§1の副題の方が本文書全体の内容を的確に表現していると言えよう。

文体面では、終始短い単文を次々と並列してゆく語り口が際立っている。もちろん、例えば「さて、闇が動いたとき、霊の光が闇の前に現れた」(§6)のような複文も、時の副文を伴う形で現れるが、その頻度は少ない。常識的にはそれだけ読解もやさしくなって然るべきであるにもかかわらず、実際には本文書はナグ・ハマディ文書全体の中でも最も読解が困難なものの一つである。その理由は複合的であるが、ここでは文体面の理由から述べれば、まず第一にギリシア語から借用された接続詞“gar”と“de”の特異な用法にある。ギリシア語の用法では、前者は第一義的には「なぜなら」あるいは「というのは」という理由の接続詞、後者は「しかし」という反接の接続詞として用いられる。ところが本書では、そのように訳したのでは、文脈上甚だ間の抜けた繫がりになる場合が圧倒的に多い。すなわち、“gar”によって導入される多くの文章は、一向に先行する文章に対する根拠の提示になっていないのである。むしろ、それを言い換えているに過ぎない。“gar”はこの場合、「すなわち」というほどの意となり、前後の文章を並列させるに留まる。“de”についてもほぼ同様で、後続の文章を先行する文章と対立させるのではなく、むしろ「さて」というほどの意で用いられて、並列させる場合が大半である。いずれの場合も、原文における使用頻度はほとんど数えきれないほどであり、いちいち訳出していたのでは、読者を辟易とさせるに違いない。従って、本巻の邦訳では適宜取捨選択を行なっている。

本文書の読解を著しく困難にしている文体上の理由は、第二に、同一主題に関する変奏に変奏が並列されてゆく点にある。その際、「霊」、「光」、「ヌース」、「力」、「火」、「信仰」、「驚愕」、「かたち」など、本文書の神話論にとってきわめて重要なキータームが、相互に互換的に言い換えられるのみではなく、同一のキータームがグノーシス主義的二元論の枠内で、ある時は積極的、ある時は否定的な意味で用いられるのである。場合によっては、そのいずれとも決めかねることが少なくない。

以上二つの文体上の観察から明らかなように、本文書は文章と文章を、物語的な前後関係の論理であれ、あるいは論文的な事柄上の論理であれ、一定の明確な論理に従って結合しようとはしていない。むしろ、瞑想によって浮かび上がる連想に従って並列してゆくのである。このため、どのような細部までも論理的に読解しようと訓練された頭には、本文書の叙述は考えうる限りの異物と感じられるに違いない。本文書はこのような文体上の特徴においても、黙示文学のジャンルに属すると言えよう。そして、この特徴はもともとのギリシア語原本そのものの特徴であったと考えるべきであろう。なぜなら、前述の二つの文体上の特徴のいずれも、コプト語への翻訳に際して初めて生じてきたものとは考えにくいからである。しかも、敢えて推論が許されるならば、そのギリシア語原本は最終的な推敲を経る前の草稿段階のものだったのではないかとも思われる。というのは——そして、これが本文書の読解を困難にしている第三の理由である——本文書の全体的な構成にもいくつか不自然な点が残されているからである。

## 三　内容構成

黙示文学的な枠組み(§2)が設定された後、デルデケアスが直接話法で語り始め(§3)、その黙示は差し当たり§59まで続く。§59は結びにふさわしい言い回しになっている。しかし、その後には、なお直接話法で§60が続き、§56―57で啓示された「証し」に解説(「釈義」)を加える。それでデルデケアスの黙示は終りと思いきや、§59の結びの文言などなかったかのように、その後も終末論と倫理をめぐる黙示が続き、§71に至って初めて終了する。§71も§59と同様、結びにふさわしい言い回しである。ところがその後、シェームによる黙示(§72―79)を挟んで、また再び(否、三たび)直接話法でのデルデケアスの黙示が、何の断りもなく続けられ、§81の結びの句によって終る。

二度までも結びの句を無視して延長し、三度目の正直でやっと終るという「杜撰で、でたらめ」(F・ウィッセ)な構成は、本文書がおそらく未完成の作品であることを示唆するであろう。これに前章で述べた瞑想的・連想的な文体、さらには前々章で触れたコプト語への翻訳の稚拙さが加わるから、本文書の難解さもここに極まるわけである。ある一部の研究者によって、本文書には「論理的構成は存在しない」、あるいは、本文書は「第一義的には理解されることではなく、むしろ更なる瞑想による紡ぎ出しを期待している」(K・M・フィッシャー)と言われる所以である。

しかし、私が見るところでは、デルデケアスの黙示を全体として、繰り返し、丁寧に通読すると、細部はともかく、話の大きな筋は見えてくるように思われる。すなわち、話の中心テーマは§3―5、特に§5の末尾に言われているように、「闇が誇ったヌースがやがて分かたれる」ことである。「闇が誇ったヌース」、とはつまり、闇に捕

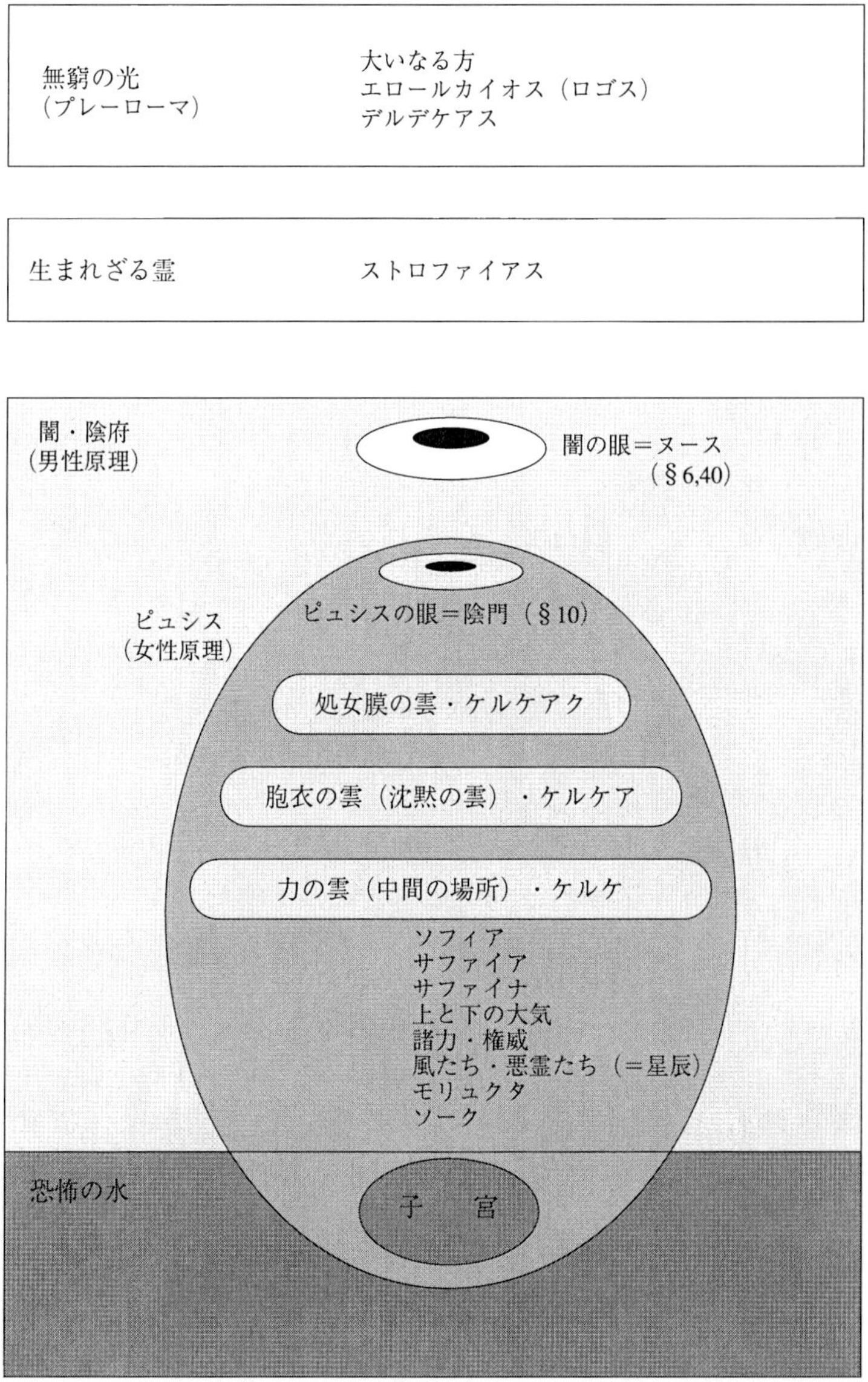
無窮の光
（プレーローマ）
大いなる方
エロールカイオス（ロゴス）
デルデケアス
生まれざる霊
ストロファイアス
闇・陰府
（男性原理）
闇の眼＝ヌース
（§6,40）
ピュシス
（女性原理）
ピュシスの眼＝陰門（§10）
処女膜の雲・ケルケアク
胞衣の雲（沈黙の雲）・ケルケア
力の雲（中間の場所）・ケルケ
ソフィア
サファイア
サファイナ
上と下の大気
諸力・権威
風たち・悪霊たち（＝星辰）
モリュクタ
ソーク
恐怖の水
子　宮

らわれたヌースを分離し、回収するために、至高神の御子デルデケアスが、超越的な光の領域から下方の闇の領域へ下降してゆく。下降しながら、途中の場所それぞれで、さまざまな作戦と手段を用いてヌースの回収を進め、すべての任務を終えた後は、再び帰昇してゆく。この下降と帰昇のプロセスの背後には、終始独特な神話論的宇宙像が前提されている。しかし、それは明示的には§60の「証しの釈義」の中で初めて提示される。デルデケアスの直接話法による黙示は、その神話論的宇宙像を参照しながら読むと、比較的分かりやすい。この理由から、ここでまずその神話論的宇宙像を図表化して示し、その上で、デルデケアスの黙示の中心であり、話の筋も最も辿りにくい§59までの部分を要約してみることにしたい。但し、図表も要約も、あくまで読者の読解を助けるために私なりに試みた整理であって、多くの点で過剰解釈になっているかも知れないことをお断りしておかなければならない。

図にも示したように、まず、「無窮の光」、「生まれざる霊」、「闇」という三つの原初的な「力」が存在した。そのそれぞれが自分自身の枠内に留まっていた間は問題がなかった(§4)。しかし、闇が自分の悪を抑えきれなくなって、動き始め、「暗黒の水」の中から立ち現れた(§5、§21も参照)。このことが闇がやがて最終的にはヌースを失うこととなる初動因である。

生まれざる霊は闇のその動きに動揺し、高みへ逃避した後、暗黒の水に捕らわれている光を見下ろして吐き気を催す(§5)。闇は霊を自分に等しくならせようとするが、失敗する(§6)。「私」、すなわち、光の御子デルデケアスが霊を助けるため、また、闇の中のヌースの回収に着手するために生まれざる霊の姿で到来する(§8)。すると、闇の中のヌースがカオスの火を脱ぎ捨てる。脱ぎ捨てられた火は闇の中に生じてきた子宮へ赴く(§9)。その子宮と闇(男性原理)が性交すると、それまで闇が捕らえていたヌースの一部が、巨大な女性器としてのピュシスの中へ落下してゆく。そのヌースはピュシスの中である「かたち」を取り、生まれざる霊に似たものとなり、ピュシスはそれを欲せざる形で出産する。それは輝いて、生まれざる霊に向かって突進（回帰）してゆく（§10）。こうして闇に捕らわれていたヌース（光）の回収の言わば第一段階が終了する。

出産後のピュシスは、「処女膜」、「胞衣」（羊膜）、「力」、「水」の四つの雲に分裂する（§11）。回収されずにピュシスの中に残されたヌースは中間の場所と処女膜の雲へ移動し、そこで「霊の光」を着る（§12―13）。そのヌースの回収のために、デルデケアスが光の衣を着て、処女膜の雲へ下降する（§14―18）。捕らわれていた霊が救出され、自立する（§19―21）。処女膜の雲は、デルデケアスの解放の働きに耐えられず、ヌースを自分の中から注ぎ出す（§22―24）。

処女膜の雲から注ぎ出された光（霊、ヌース）は沈黙の雲を通り抜け、中間の場所へ赴き（§25、28）、そこで暗黒の水から姿を現した子宮の上に輝く（§29）。すると、子宮は光に達したと錯覚する（§30）。その光の祈りに応えて、デルデケアスが今度は火の衣を着て、中間の場所へ（§31―33）、次いでピュシスのさらに奥深い雌の部分へ向かって下降する。彼が子宮を愛撫すると、子宮はヌースを注ぎ出す。注ぎ出されたヌースは魚のように干上がる（§34―35）。錯乱状態のピュシスから多くの獣（動物）が誕生する。デルデケアスも子宮の前で「獣」を着て、ピュシスに天地とあらゆる種類の食物を創造させる（§36―37）。こうして中間の場所は闇から清められる（§38）。

ピュシスあるいは子宮の配下の「かたち」（複数）の中になお残る「光の力」を回収するために、デルデケアスが再び子宮の前に出現する（§38）。「かたち」たちが互いに乱交し、風たち（女性）と悪霊たち（男性）が生まれてくる。彼ら・彼女らの間の性交と自慰（§39）によって、「力」（ヌース）が放出され、ピュシスは「荒れ地」になる。解放されたヌースが「強い者」として、風と悪霊たちの上に支配する（§40）。

風たちはさらに下方の暗黒の水へ下りてゆき（§41）、あらゆる淫行と不能な夫、不妊の妻たち、つまり劣った人間種族を生み出す(§42)。シェームの種族は、その風と悪霊たちに部分的に染まってはいるものの、生まれざる霊の「像」を持っている者たちであり、子宮にとっては嘆きと悲しみの原因である(§43)。子宮は(ノアの)洪水をもたらしてシェームの種族をめぐる子宮とデルデケアスのせめぎあいはさらに続く。子宮は(ノアの)洪水をもたらしてシェームの種族を迫害するが(§44)、デルデケアスの宣言によって(バベルの)塔が建てられ、その中に入った霊は救われた(§45)。シェームは、洪水の後「二度目」に地上に現れる者たちにデルデケアスの黙示を宣教する務めを負う(§46)。ピュシスも洪水に呑み込まれ、自分の中に在った「火の力」を注ぎ出し、空になる(§47—48)。しかし、風と悪霊たちに星を分け与え(§49)、彼らをシェームの種族のもとへ送って、迫害させる(§50)。

その後(§51以下)、デルデケアスの黙示は終末論的な予告となり、終始未来形で語られる。シェームがソドムの住民に宣教するだろう。彼らは同じ生まれざる霊から来た者としてシェームの仲間であるから(§52—53)。しかし、その時には、二人の悪霊(洗礼者ヨハネとソルダス)が現れて、水の洗礼によって、世界を束縛し、煩わせるだろう。しかし、「私」デルデケアスはシェームの種族を彼らから引き離すだろう(§54—55)。その後デルデケアスはシェームに一つの「証し」を弁えさせ(§56—57)、「風と悪霊たちと星たちによって被造物の中に散らされていた霊の力」が最終的に「(向こうに)渡る」ようになる、つまり回収されることを約束して(§58)、黙示を結ぶ(§59)。

## 四　思想とその系譜

前章に見たような内容構成で表出される本文書の思想は、まずグノーシス主義救済神話の類型区分(本シリーズ第一巻の序文参照)に照らすとき、どのような類型に分類されるだろうか。「光」、「生まれざる霊」、「闇」という「三つの根源」(§4)から出発している点から見れば、いわゆる三原理型に分類して当然のように思われる。しかし、

「生まれざる霊」は、本文書の黙示全体にわたって、確かに場所的には「光」と「闇」の中間にあるものとして表象されているものの、価値的には、「光」との用語法上の互換性が示すように、「光」と同じ扱いを受けていると言わなければならない（本シリーズ第一巻の序文五頁で、「生まれざる霊」が本書の神話の展開のごく初めの方で、上方の「大いなる光」と下方の「カオス」に分裂する、と述べたのは内容の要約として不正確であったので、ここで修正させていただく）。また、特に文書の前半では（§35まで）、闇の中に捕らわれた霊あるいはヌースを回収するために暗黒の水の底の子宮にまで下るデルデケアスの働き全体が、「大いなる方の御心によって」という繰り返し用いられる表現によって、至高神の摂理の下に起きることとされている（§1、9、13、17、18、22、23、24、25、26、33、35）。このことも考え合わせれば、本文書の思考法は基本的に二元論的であって、三原理型ではないとしなければならないであろう。

以上を踏まえた上で、本文書をさらに具体的に特定のグノーシス主義グループに帰属させることが可能だろうか。本文書は内容的にあまりに難解であるために、これまでの研究の蓄積も、他のナグ・ハマディ文書に比して、すこぶる貧弱である。しかし、その中でも繰り返し問題とされてきたのはセツ派との関係である。写本Ⅶが本文書の後に『大いなるセツの第二の教え』と『セツの三つの柱』という、いずれもアダムの息子「セツ」の名を冠した文書を二つ収めていることの意味については、すでに§1の注(1)で触れた。この事実は写本の製作に関与したパコミオスの修道院の僧たちの一定の分類基準を示唆するものではあるが、『シェームの釈義』がそもそもセツ派の産物であることの決定的な証拠にはならない。

セツ派との関係を考えるに当たって、最も重要な手掛かりは、ヒッポリュトス『全異端反駁』V, 19, 1-22, 1に報告されているセツ派の救済神話である。個々の表現や観念のレベルでこの神話と本文書との間に認められる並行関係は、その都度訳注に記した通りである。ここではむしろ、それぞれの神話論的構造の全体を比較してみなければならない。そのために、まずヒッポリュトスが報告するセツ派の神話を要約すれば、ほぼ次の通りである。

最初に確固とした三つの原理として「光」、「純粋な霊」、「闇」が、上から下へこの順の位置関係で存在した。三つの原理はそれぞれ「力」であり、純粋な霊には芳香が備わっていた(19, 1-4)。

闇は恐怖の水でもあり、霊と光がその中に引き込まれて混り合った(19, 5)。その結果、闇も知力を備えたものとなった(19, 6)。闇の中に霊と光が混じっている状態は、眼球の暗黒の中にも光を湛えている人間の眼に譬えることができる。闇は自分の中に混在する霊と光を引き止めようと努め、上なる光と霊はそれを回収しようと努めることとなった(19, 7)。

それぞれの原理に属する無数の力は、すべて知力を備えながら、それ自身の内に安息していた(19, 8)。しかし、互いに接近するに及んで、相互に不均一であることから運動が発生し(19, 9)、第一の大衝突、続いて無数の衝突が生じた(19, 10)。第一の大衝突からは、天と地が生じた。天地は子宮の外貌をしており、その構造は妊婦の身体の内部と同じである(19, 11)。諸々の力の間での無数の衝突は、その天地の間で起き、そこから無数の生物が生成してきた(19, 12)。それらすべての生物の中に光および純粋な霊の芳香が蒔かれている(19, 13)。

続いて恐怖の水から強風、嵐、波濤が生成した。波濤は水にかき立てられて、自然を妊娠させ、その中に前述の蒔かれた光と純粋な霊の芳香、すなわちヌースを拘禁した(19, 14)。ヌースは、自然の衝動、風の運動により、水から生まれ、肉体と混合された。以来、肉体からの脱出を希求する存在となった(19, 15)。また、そのヌースの回収が上なる光にとっても最大の関心事となった(19, 16)。

風が自分を伸ばして蛇になった(19, 18)。その蛇が光と純粋な霊を捕らえている子宮の中へ入り込み、人間(ヌース)を生んだ(19, 19)。しかし、「光の全きロゴス」が蛇の姿に変装して、汚れた子宮の中に入り、ヌース(人間)の鎖を解いた(19, 20)。ロゴス、すなわち、イエス・キリストが処女の胎に宿るべきであったのはこの理由による(19, 20-21)。

この後には、旧新約聖書を初めとして、ギリシア・ローマの文学や神話などの中に、さまざまな三個一組の事例を探して、三原理から出発する自説の真理性を証明しようとするかなり長い論述が続く(20, 1 以下)。ヒッポリュトスの報告は最後に彼自身の言葉で次のように結ばれる。「さて、以上でセツ派の連中の意見は十分明らかになったものと思われる。しかし、彼らの見解全体を知りたいと思う人がいるならば、その人は『セツの釈義』という表題の本でさらに調べていただきたい。そこに彼らの秘密のすべてが見つかるであろう」(22, 1)。おそらくヒッポリュトスの報告もここに言及された『セツの釈義』に基づくものと考えて差し支えないであろう。

その『セツの釈義』が『シェームの釈義』と表題のみならず、神話の基本的な枠組みにおいても似ていることは一読して明らかであろう。一見すると三原理型のように見えながら、光と霊を価値的に一つに扱って、闇と二元論的に対立させる点でも、『シェームの釈義』と同列である。

他方、差異も明白である。文言あるいはモティーフ上の細かな違いを度外視すれば、顕著な差異は二つある。一つは、『シェームの釈義』にはキリスト教的要素が、後述のように、少なくとも明瞭には発見できないのに対して、『セツの釈義』は明確にキリスト教との接触を経たグノーシス主義、すなわち、キリスト教的グノーシス主義の産物であることである。今一つは、『シェームの釈義』の啓示者デルデケアスが巨大な女性器としての世界(ピュシス）の中を段階的に下降しながら、それぞれの段階でヌースの回収の業《わざ》を進めるのに対して、『セツの釈義』では「光の全きロゴス」（イエス・キリスト）の一回的な出現で済まされていることである。

『シェームの釈義』をめぐる研究史のごく初期の段階では、この文書がヒッポリュトスの報告する『セツの釈義』と同一であるか、少なくともその直接的な下敷きになっているとする学説が優勢であった。その後、すでに見たような異同関係が明らかになるにつれて、この学説もさらに複雑化されざるを得なかった。すなわち、『シェームの釈義』は、特にその救済者（デルデケアス）像を中心に、キリスト教の起源よりも前のものであったが、やがてそれがキリスト教化された。ヒッポリュトスが報告の土台としている『セツの釈義』は、そのキリスト教化された『シェームの釈義』に他ならないというのである（F・ウィッセ）。しかし、この仮説に対しても、さまざまな文献学的理由から、懐疑的な声が多い。代わって提案されているのは、『シェームの釈義』と『セツの釈義』を時間的な前後関係に置くのではなく、むしろ並列させる見方である。すなわち、同じヒッポリュトス自身が報告の途中のある箇所で、「似たようなことを彼ら（セツ派の者たち）は無数の文書で語っている」（21, 1）と記していることに基づいて、前記の二つの文書もそれら「無数の文書」の一部として並列的に位置付けようとするわけである（B・アーラント）。

しかし、たとえ二つの文書の関係がそのように説明されるとしても、それでもって『シェームの釈義』のセツ派起源が確証されるわけではない。ナグ・ハマディ文書全般に関する研究の中で一般にセツ派のものと見做されるのは、『ヨハネのアポクリュフォン』（本シリーズ第一巻に収録）、『アルコーンの本質』（同）、『エジプト人の福音書』（本シリーズ第二巻に収録）、『アダムの黙示録』（本巻に収録）、『セツの三つの柱』（同）、『アロゲネース』（同）、『ノーレアの思想』（同）、『ゾストゥリアノス』（写本Ⅷ）、『メルキゼデク』（写本Ⅸ）、『マルサネース』（写本Ⅹ）の合計十の文書である。

これらの文書には、『アダムの黙示録』などの例外はあるものの、水の洗礼に対する積極的な評価が多かれ少なかれ、共通している。ところが『シェームの釈義』は、§64—66に端的に明らかなように、水の洗礼を悪霊の業《わざ》と見做して、断固拒否する立場なのである。他方、ヒッポリュトスが報告する『セツの釈義』には、水の洗礼に対する肯定的あるいは否定的な態度のいずれも、少なくとも明示的には認められないのである。加えて、エイレナイオス『異端反駁』(I, 30)とエピファニオス『薬籠』(XXXIX)がやはりセツ派について行なっている報告も考慮しなければならない。すでに『ヨハネのアポクリュフォン』への解説でも記したように(本シリーズ第一巻三〇三頁参照)、この二人の報告もまた、相互に食い違うのみならず、ヒッポリュトスの前記の報告とも大きく異なっているのである。以上を要するに、「セツ派」という概念それ自体がいまだ歴史的に確定できないのである。従って、仮に『シェームの釈義』のセツ派起源説を唱えても、歴史的にはあまり意味がないと言うべきである。

次に『シェームの釈義』との思想史的関係が問題になるのはマニ教である。マニ教の救済神話を比較的まとまった形で伝えるのは、八世紀末のシリア・ネストリウス派の学者テオドーロス・バル・コーナイと一〇世紀末のアラビア人学者イブン・アン・ナディームの二人である。それぞれの報告と本文書との間に認められる個々の文言あるいはモティーフ上の並行関係は、その都度訳注に記した通り、かなりの数に上る。にもかかわらず、神話論的な構造は明瞭に異なっている。マニ教の神話では、天地の創造以前の太初に、「光」と「闇」という絶対的に対立し合う二つの原理が立てられる。太古の昔にその二つの原理がある悲劇的な事件によって互いに混じり合ってしまった。闇と混じり合ってしまった光を回収するために、天地を含む可視的世界、人間、動植物の創造と啓示者・救済者の派遣が必要となる(マニ教の神話について、さらに詳しくは拙著『ヨハネによる福音書——世の光イエス』、日本キリスト教団出版局、一九九六年、一六六—一六八頁参照)。これに対し、『シェームの釈義』では、§4が明言するように、闇がヌース(光)を自分の中にすでに捕らえている状態から出発する。どうしてそのような状態になったのか、その経過については一切何も語られない。マニ教徒から見れば、話は半分に過ぎないわけである。

なお、研究者の中には、本文書をキリスト教的グノーシス主義の最大派閥であるヴァレンティノス派と関係付けようとする者(M・ロベルジュ)がいる。その根拠は§42の注(2)に記した通りである。その見解によれば、§42―43のみならず、§61の「一片のヌース、霊の光の認識を持ち合わせている者たち」、§62の「その時悔い改める者たち」と「光の霊にもこの信仰にも与らない者たち」という三つの表現も、ヴァレンティノス派の救済神話に言う人間の三種族論に並行すると言う。しかし、三種族論はヴァレンティノス派の専売特許ではなく、多くのグノーシス主義グループに横断的に見いだされるものであるから(例えばヨハ・アポ§70―75参照)、本文書がヴァレンティノス派に由来することを確証するには程遠いと言わなければならない。

反対にヴァレンティノス派との差異を強調しようとする研究者からは、その論拠の一つとして、同派の救済神話に顕著なギリシア哲学(中期プラトニズム、ストイシズムなど)の影響が本文書にはほとんど認められない点が挙げられることがある。しかし、この論拠には賛成しがたい。『シェームの釈義』全体を支える神話論的宇宙像は、すでに三二九頁に図表化して掲げたように、宇宙全体を、陰門、処女膜、胞衣(羊膜)、子宮を含む巨大な女性器として表象されている。他方、前一世紀から後四世紀にかけてのヘレニズム世界には、人間の肉体と魂の関係を子宮の内部の胞衣と胎児の関係になぞらえる見方(オリゲネス『ケルソス駁論』IV, 74; VII, 32、ポルフュリオス『マルケラへの手紙』XXXII)、あるいは人生を子宮の中の胎児の期間と見做し、死を魂すなわち胎児が肉体すなわち子宮から脱出する時だとする見方(ストラボン『世界地誌』XV, 1, 59、セネカ『道徳書簡集』CII, 23、マルクス・アウレリウス『自省録』IX, 3、エウセビオス『神の出現(受肉)について』I, 69, 72)が、かなり広範囲に見いだされる。これらの見方――とりわけ後者――からすれば、現実の可視的世界全体を「子宮」として表象することは、論理的には当然予想される帰結である。にもかかわらず、ここに挙げたヘレニズムの著作家たちは、この論理的帰結を明言をもっては引き出さないまま終っている。その理由は、彼らの主たる関心が魂と肉体を中心とする人間論に向けられているからである。外なる宇宙・自然界は、プラトン主義(ポルフュリオス)、ストイシズム(セネカ、マルクス・アウレリウス)、あるいはキリスト教の創造論(オリゲネス、エウセビオス)のいずれの立場からであれ、本質的に善なるものなのであって、仮にも「子宮」と呼ぶべきものではないのであろう。

『シェームの釈義』は、ヘレニズム世界の知識層の間に広く知られていたこのような見方を取り上げ、そこに含まれていた内的論理を過激なまでに一貫させたのである。宇宙を巨大な女性器として描くことによって、グノーシス主義の反世界性、現実世界に対する根本的な拒否を表明しているのである。このようなグノーシス主義的再解釈は、すでに『復活に関する教え』§15(本シリーズ第三巻に収録)にも見えているが、本文書の過激さにはとても及ばない。

最後になお、同時代の正統主義教会あるいは初期カトリック教会との関係の問題に触れておかなければならない。この関連でまず問題になるのは、本文書の著者が断固として拒否する「水の洗礼」が、§64注(7)にも記したように、初期カトリック教会の洗礼式、あるいはキリスト教の起源前後にヨルダン河の下流域に展開した洗礼運動の伝統のいずれを指すのか、はっきりしないことである。もちろん、「水の洗礼」に対する拒絶が最も激しく表明される§64―66には、同時に「信仰」の語が否定的な意味で現れるところから推せば、初期カトリック教会の信仰と洗礼式を念頭においての批判であり、拒絶であると見做したいところである。また、著者が本文書の黙示を積極的な意味で「普遍(カトリケー)の教え」、あるいは「普遍的証言」と呼ぶことが(§53以下)、初期カトリック教会を意識した対抗的な主張と解され得ることも、同じ解釈を支持すると言えるかも知れない。しかし、少なくとも「信仰」の語について言えば、§56の「その時私（デルデケアス）はその悪霊の洗礼の中に現れて、『信仰』の口を通して、彼女（『信仰』）に属する者たちに、一つの証言を行なうだろう」、あるいは§58の「それから私は『信仰』の光と消しがたき火を着た後、水から上がってくるだろう」という文言では、「信仰」は積極的・肯定的な意味合いで言われており、そのまま直ちに初期カトリック教会と同定はできないように思われる。

同じ曖昧さは福音書のイエスへの暗示を認めるべきか否かの問題にもつきまとう。研究者によって程度の差はあるものの、そのような暗示はまず§52―54にあると言われる。そこで単数形の「その悪霊」と呼ばれているのが、§55で洗礼者ヨハネがやはり暗示的に「もう一つの悪霊」と呼ばれていることとのつながりで、イエスを指すと解釈されるわけである。この場合、「その悪霊」イエスは全世界を混乱に陥れる否定的な存在であり、当然デルデケアスとは対立する人物である。これと同じ対立図式で解釈されるのが、§68の「彼女（ピュシス）はまさにソルダスを固くして、彼に私（デルデケアス）を拉致させようとするところだった」という文章で、傍点を付した「固くして」がイエスの十字架刑を指すとされる（詳しくは§68注（1）参照）。この場合も、イエスはデルデケアスとは区別されていて、むしろソルダスと同一であることになる。

他方、デルデケアスが一人称単数の「私」で語る文章の中にも、イエスの出来事の暗示として読めるものがいくつか存在する。すでに前々段で§56と§58から引用した二つの文章はいずれもヨルダン河でのイエスの受洗（マタ三16／マコ一10参照）を想起させる。また、§63の「私は、この世界の怒りに耐えた時、勝利を収めた」という文章には、イエスの十字架刑の暗示を読むことも不可能ではない。

このように、仮に本文書の中にイエスの出来事への暗示を読み取り得るとしても、そのイエスは一方で悪霊として否定的に扱われるかと思えば、他方では他でもないデルデケアスと同一ということになってしまう。洗礼者ヨハネとイエスへの暗示、悪霊ソルダス、デルデケアスの四つの相互関係をどう整理できるか。これは本文書に関する今後の研究に残された最大の課題である。本文の難解さを越えて、この問題により明解な解答が示されるまでは、イエスの出来事への暗示を本文書に読み込むことは控えた方がよいであろう。同様の曖昧さを残す前述の「水の洗礼」と「信仰」に初期カトリック教会への暗示を見ることにも、やはり慎重を期すべきであろう。

## 五　成立年代・場所・著者・著作目的

本文書のギリシア語原本がコプト語写本(四世紀中葉)以前に成立していたことは当然であるが、より厳密な年代決定は不可能である。本文書にはキリスト教との接触が明瞭には認められないという立場からは、二世紀末期から三世紀という比較的早い年代が想定されている(F・ウィッセ)。反対に、本文書がすでに初期カトリック教会の「信仰」と洗礼式を前提していると見做す立場からは、グノーシス主義の歴史の中でも比較的後期の段階が想定されている(K・M・フィッシャー)。成立場所については、マニ教との用語上の近さから、ササン朝ペルシア帝国の版図、特にシリアまたはメソポタミアを考える説(F・ウィッセ)があるが、確かなことは分からない。実際の著者については一切不詳である。

著作目的に関しては、§22、37、43―44に現れる二人称複数形の「あなたがた」が注目に値する。いずれも文脈上は、シェームとその種族を指している。しかし、「シェームの種族」は同時に本文書を生み出したグノーシス主義者たちの自己呼称であると考えられるから、この「あなたがた」は読者である彼らに直接呼びかけるものでもある。つまり、本文書は対外的なプロパガンダ文書というよりは、同信の仲間の共同体内部で行なわれた広い意味での説教的な語りかけであると思われる。

## 六　底本・参照文献

翻訳に当たっては原則として次の文献表の②を底本としたが、①と③も必要に応じて参照している。①と②に付されたドイツ語と英語の翻訳も終始参照している。但し、全体を合計八十一のパラグラフ（§）に区分したのは、読者の読解を助けるための本邦訳に独自の工夫である。


① M. Krause (Hg.), Die Paraphrase des Sêem, in: F. Altheim/R.Stiehl (Hgg.), *Christentum am Roten Meer*, Bd. 2, Berlin 1973, S. 2-105. ＝クラウゼ

② M. Roberge/F. Wisse, The Paraphrase of Shem (VII, 1), in: J. M. Robinson (ed.), *The Nag Hammadi Library in English*, 3. ed. Leiden 1988, pp. 339-361. ＝ウィッセ

③ R. Charron, *Concordance des textes de Nag Hammadi. Le Codex VII*, Louvain/Paris 1992, p. 713-729.

④ J. W. B. Barns/G. M. Browne/J. C. Shelton (ed.), *Nag Hammadi Codices. Greek and Coptic Papyri from the Cartonnage of the Covers*, Leiden 1981 (*NHS* XVI).

⑤ *The Facsimile Edition of the Nag Hammadi Codices*, Cartonnage, Leiden 1979.

# 解説　大いなるセツの第二の教え

筒井賢治

本訳はナグ・ハマディ文書第Ⅶ写本第二文書（**49**$^{10}$—**70**$^{12}$）の全訳である。「大いなるセツの第二の教え」という表題（詳しくは後述）は文書末尾にギリシア語で書かれている。写本の保存状態は驚くほど良好であり、物理的に字が読めない箇所は実質的に皆無である。にもかかわらず、あるいはそれだからこそ、意味不明の箇所や本文伝承の誤りと思われる箇所の多さが目立つ。本文書の存在ないし内容に関する古代の証言はない（第二章参照）。

## 一　伝承と言語

元来の言語は、ナグ・ハマディ写本内のほとんどの文書がそうであるように、ギリシア語である。ギリシア語を音写しただけの「直訳」が多々見られるのみならず、表題そのものもギリシア語で書かれている。文意が不明確な箇所は、コプト語写本の写し間違いの他、ギリシア語からコプト語への翻訳の際の誤りや不手際によるケースもかなりあるのではないかと思われる。但し、本文書がコプト語に訳された後で、あるいはまさに翻訳の際に、意図的なテキスト改変が行なわれたのではないかという可能性がある。その論拠は、§52の「姉妹性」（**66**$^{30-31}$ mntsōne）と§53の「兄弟性」（**67**$^{4}$ mntson）の区別である。コプト語では、例えば日本語と同じく、mnt-という接頭辞（日本語の接尾辞「〜性」に相当）を名詞（この場合にはsōne「姉妹」とson「兄弟」）に付けて抽象名詞を自由に造語することができるが、ギリシア語ではそれができない。すなわち、この両概念の対照はコプト語ならではの表現であり、それがそのままの形でギリシア語原典にあったとは考え難い。

原典にあったのは両箇所ともおそらくadelphotēsという語——日本語では「兄弟性」「兄弟愛」と訳すしかないが、「姉妹」との区別は特に意味されていない——であり、改訂者あるいはコプト語訳者が性別を意図的に区別したのではないか、と想定できるのである。但し、その意図が文脈からははっきりしない。ところが、同じ区別が本巻所収のナグ・ハマディ第Ⅶ写本第三文書『ペトロの黙示録』§20にも見られ、ここでは「姉妹性」が「兄弟性」の「模倣的な一変種」とされている。なおこの両語はナグ・ハマディ写本の他の文書には用例がない(当該箇所参照)。すなわち、明らかに前者が後者に比して貶められているのである。『大いなるセツの第二の教え』と『ペトロの黙示録』は、写本で並んで筆写されているばかりでなく、特に受難理解と正統教会敵視において共通した特徴を示していることから、両文書が同じグノーシス主義流派に遡る可能性がある(女性の観念的な蔑視についても本文書§50に何より雄弁な証拠がある——「女になってはならない」)。とすれば、この区別、ひいては改訂者ないし翻訳者(本写本の写字生ではない)も、この流派に関連付けることができる可能性が出てくる。

もっとも、前述のように本文書においてこの訳語の区別はあまり意味を持っていないため、文書全体の解釈の際に右記の仮説はあまり役に立たない。全体として、本書がギリシア語原文からのコプト語訳である(そして非意図的な原因でテキストがかなり乱れてしまっている)という伝承状況に変わりはない。

## 二　表　題

表題の「第二の」という修飾は、別に「大いなるセツの第一の教え」と呼ぶべき文書があることを示唆している(また、本文冒頭にギリシア語で「しかし」を意味する接続詞deが置かれていることも、その前に何かがあったはずであることを想像させる——この点については後述)。しかしながら、それに類する名前の文書はナグ・ハマディ文書にも、それ以外にも伝わっておらず、証言もない。しかし一部の研究者は、本写本の第一文書である『シェームの釈義』がそれに相当するのではないか、という仮説を立てた。その根拠となり得るのは主として次の二点である。

まず、本写本において両書はまさに第一・第二の関係にあり、本写本の写字生――一人の写字生がこの第Ⅶ写本全体を筆写したことが筆跡の研究から分かっている――もまた、両書を一体のものと考えていた節がある。というのは、本写本には五つの文書が、すなわち文書間の切れ目が四箇所あるわけであるが、二つ目以降の切れ目には、少なくともどちらかの文書の表題が、すなわち終った文書あるいは始まる文書の表題が記されている。ところが最初の切れ目、すなわち『シェームの釈義』と『大いなるセツの第二の教え』の間には簡単な線が引かれているだけであり、この意味で区切り方が弱いのである。

次に、『シェームの釈義』とは(とりあえず)別に、ヒッポリュトスによって『セツの釈義』という名のセツ派文書の存在が報告されており(『全反駁』V, 22, 1)、ナグ・ハマディ文書の発見に伴って、「シェーム(セーム)sēem」と「セートsēth(＝セツ)」の音の類似から、両者が実は同一文書なのではないかという説が唱えられた。もしこの同定が正しければ、『シェームの釈義』を「セツの第一の教え」と見做しても、少なくとも名称の点ではおかしくないことになる。

しかし、現在ではこの説はほとんど受け入れられていない。決定的な反証になるのは、『シェームの釈義』と本文書との間に思想的な同質性が見いだされない、という点である。一つだけ例を挙げれば、『シェームの釈義』がキリスト教と無関係であるのに対して、本文書ではキリスト教が本質的な基盤をなしている。また、『シェームの釈義』とヒッポリュトスの言う『セツの釈義』の同一視も、現在では否定的な見方が大勢である(詳しくは本巻所収の同書解説を参照)。従って、本写本の写字生が仮に第一・第二文書を一体のものと考えていたとしても、それは(おそらく本文書の表題に引きずられたための)誤解であったと考えざるを得ない。

そこで、幻の「第一の教え」は、現在では失われてしまっていると考えるか、あるいは、そのような文書は最初から存在しなかった、ということになる。先に触れた冒頭の de であるが、これは必ずしも後者の想定の障碍にはならない。読者をいきなり話の途中に引き込むための文学的手法と考えることもできるし、また、本文書に「第二の」という表題が二次的に付いてしまった後で、それとつじつまを合わせるための(いわば三次的な)挿入と見做すこともできるからである。結局、この問題を解決するための確かな手掛かりはない、ということになる。

それどころか、本文書の表題に関連して、実はもう一つ厄介な問題がある。それは「セツの」という限定についてである。というのは、本文においてセツは全く登場せず、また決定的・排他的に「セツ派」的な思想や観念も本文書には見いだされない(但し第六章参照)。そのため、本文書は、表題が「セツの教え」とうたっているにもかかわらず、「セツ派」文献の中には入れないのが通常である(巻末の用語解説参照)。従って、本文書がどうして「セツの」と呼ばれるに至ったのか、という問題も生じるのである。

すでに触れたように、表題「大いなるセツの第二の教え」は完全にギリシア語で書かれており(Deuteros logos tou megalou Sēth)、従ってこれが本文書に付けられたいきさつは、本文書がコプト語に訳される前の、ギリシア語での伝承段階に属することになる。そのため、『シェームの釈義』との位置関係や、本文書がナグ・ハマディ文書第Ⅶ写本で二番目に位置しているという事実には、いずれにしても重要な意味はないと考えられる。言い換えれば、本文書の表題の由来は今のところ不明、という他にない。

## 三　構　成

本文書は、一読すれば分かるように、あたかも明確な構成分析を拒否するかのように書かれている。この印象は、特に神話的事項が最初から「筋道を立てて」語られず、補足説明のために「話を戻す」ことが多いこと（第四章参照）、そして読者として想定されているグノーシス主義教会への説教が、正統教会への批判（第五章参照）と不可分に絡み合わされていることに起因する。しかしたび重なる「脱線」を無視してあえて言えば、前半（§1―§24）は救済神話、後半（§25―62）は説教が叙述の中心をなしている。

神話的出発点＝終着点（§1）とそれを踏まえた救済理解の表明（§2）に続いて、§3から§24までは「私」が天の教会からこの世へ派遣され、再び天に戻るまでの描写である。§24で「（霊的）結婚」という本文書における救済理解のキーワードが登場し（また「新婦の部屋」）、神話から説教への橋渡しの役割を果たしている。続く§25からは、まず読者に対する救済の約束が語られ（§25―32）、次いでそれと対照的に創造神コスモクラトールや旧約聖書の重要人物、すなわち正統教会が重視する存在・人物がおしなべて「笑い物」にされる（§33―48。但し§34から§39までは大半が教会論的な批判と勧告）。残る部分（§49―62）は、読者の形成する教会に一致と結束を説いている。ここから、本文書の大まかな構成を図示すれば次のようになる。

§1―2　導入
§3―24　救済神話
§25―32　説教（救済の約束）
§33―48　旧約聖書・正統教会批判
§49―62　説教（教会の一致について）

前述のように、本文書の叙述はとりわけ前半部分において叙述の順序が必ずしも時間ないし論理のそれに従っておらず、また繰り返しが多いため、構成の見通しがつかみにくくなっている。本文書で扱われる「出来事」、すなわち時間的・論理的順序をある程度特定できるテーマの分布とパラグラフの大まかな関係を表にすると、次表のようになるかと思われる。テーマが時間的な順序と逆に移行するごとに、パラグラフ表示を一つ下の列に移してある。

| テーマ | Ⅰ | Ⅱ | Ⅲ | Ⅳ | Ⅴ | Ⅵ |
|---|---|---|---|---|---|---|
| 天の教会における「霊の結婚」 | | | | | | §51—53 |
| 世と人間の創造 | | | §11—14 | | | §59 |
| 「同族の者たち」が世に入る | | §5、6 | | | | |
| 「私」の世への降下 | §3、4 | | | §23 | | |
| 「私」の(見かけ上の)受肉 | | §7、8 | §16(?) | | | |
| アルコーンたちの混乱 | | §9、10 | §17 | | | |
| 「私」の(見かけ上の)受難 | | | §18—22 | | §28 | |
| 死者たちの復活 | | | | | §29 | |
| 「私」の帰天 | | | | §24 | | |
| アルコーンたちを解消する計画 | | | | | §30 | |
| 迫害(現在の状況) | | | | | §31、32 | |
| 信者たちの帰天(最終的救済) | | | | §26、27 | | |

このように、機械的に数えれば、「話が戻る」という現象が本文書において（少なくとも）五回は起きていることになる。本文書が順序正しく物語を語ることを意図していないことは一目瞭然である。しかし、それを前提にすれば、本文書の構成は全く無秩序というわけではない。例えば§5―6において話が戻るのは§3―4の「エンノイアたち」（表では「同族の者たち」）についての補足説明のためであり、従って列ⅠとⅡは実質的に一体である。列ⅢとⅣについても同様であり、§23は「私が降りてきた時」の話ではあるが、文脈上の役割は§22で語られる「私」のアルコーンたちに対する優越性に関連する補足説明である。§11―14で初めて出てくる創造神話は、文脈的には、アルコーンたちの無知ないし愚かさというモティーフで§9―10とつながっていると見ることができる。同一テーマの重複もあるが――特に§9―10と§17（アルコーンたちの混乱）――、本文書の内的統一性を損なうほどのものではない。本文書の神話の背後に二種類の文書資料を想定する説が出されているが（ギボンズ）、無理であろうと思われる（リレイ）。

本文書で説明ないし前提されている神話的世界像を分かる限りで整理すると、ほぼ次のようになると思われる（前掲の表、および翻訳に先立って挙げてある「神話に登場する主な役柄と概念」も参照）。

まず最高の神的存在者のグループとして至高神がいる。これは「父」「（完全な）大いなる者」「人間」（巻末用語解説参照）等の呼称で呼ばれる。一緒に「母」ないし「真理」（§1の注（3）参照）がいると思われるが、影が薄い。本文書の語り手であり、神話の主人公である「私」は「人の子」「キリスト」（§8もしくは「至善なる者」）とも呼ばれる。「ソフィア」ないし「エンノイア」も元来はこの領域のメンバーであるが、ある時に下の世界へ降りていったことになっている。さらに（「私」と）「同族の者」たちがおり、「霊」が「私」および「同族の者」たちを結びつけている。これらがプレーローマ、「（天の）教会」の構成メンバーであり、彼らは「世の基礎が据えられる前」に天で

「霊の結婚」を行なう(§51)。

「世」は「コスモクラトール」=「ヤルダバオート」とその配下の「アルコーンたち」によって造られ、支配されている。ユダヤ教/キリスト教正統教会も、天の教会の「模倣物」として、彼らによって「こね上げ」(§59)られたものである。

世には「エンノイアたち」が逗留している。彼らはプレーローマから降りていったソフィアが準備した身体の中に住んでおり、救いを、すなわちプレーローマへの帰還を待ち望んでいる(§6)。彼らはアルコーンの一人と思われる「アドーナイオス」およびソフィアと(何らかの形で)結びついている(§9、§17)。

このアドーナイオスの位置付けは、本シリーズ第一巻所収の『アルコーンの本質』『この世の起源について』で語られる、ヤルダバオートに対するサバオートの謀反(アルコ§27以下、起源II§27以下、また起源II§35注(2)の図も参照)と並行していると考えられる。もっとも、反乱するのが本文書ではサバオート(本文書では登場しない)ではなくアドーナイオスだという相違があるので、少なくとも直接の依存関係はない。本文書ではこの反乱の次第が語られず、また「アドーナイオスの種族」に関する記述(§9、17)が非常に読みにくいため、残念ながら詳しいことは分からない。

「私」は天の教会の決議に基づいて世へと降り、一つの身体の中に入る(§7)。これを見てアルコーンたちは混乱に陥る(§7、9、10、17)。その際、アドーナイオスに属する人々は「逃げる」(§9)。「私」は見かけ上受難するが、実際には逆にアルコーンたちの力すべてを奴隷にする(§22)。死者の魂が復活し、「私」と「父」を認識して「新しい人間」を着る(§29。典型的にグノーシス主義的な救済・復活理解)。「私」、すなわち「人の子」は天へ、「新婦の部屋」のある場所へと運び上げられる(§24)。

## 五　敵対者

これまで断りなく「正統教会」批判という表現を使ってきたが、本文書の敵対者が本当に正統教会なのか、また正統教会だけなのかどうかは、もちろん検討を要する問題である。まず正統教会が批判されているのかどうかという点であるが、本巻所収の『ペトロの黙示録』(§10)において「ペトロの後継者」が批判されていることに匹敵するような、明言的な証拠はない。とはいえ、「キリストの名において富んでいる」(§31)、「死んだ人間の教え……を告げ知らせ」(§33、また§2も参照)といった描写、また旧約聖書の権威の受容――旧約の主要人物を一斉に「笑い物」にする挑発(§40―48)の矛先――は、正統教会の教義に適合する。さらに敵対者が教会組織を、それもかなり制度的に整った組織を――本文書の著者に言わせれば「束縛」や「隷属」の制度ということになるが(§33その他)――有し、著者たちのグループを「迫害」(§31)する勢力があることからも、正統教会が批判されていることは疑いないであろう。次に、正統教会だけが敵対者なのかという点も、天の教会の「模倣物」という蔑称が単数形で書かれていることや(§33)、特に非正統教会的な教義が非難されている箇所は見られないことから、肯定的に答えるべきであろうと思われる。但し、これは本文書と『ペトロの黙示録』――本文書と言語的・内容的な共通点が多いが、おそらく複数の敵対者グループを抱えている(同文書の解説を参照)――との関係という観点から、さらに細かい検討を要する問題であろう。

本文書が特に力を入れて批判するのは、すでに文書の冒頭部で言及される、正統教会の受難論・救済論である。ここから、われわれは本文書の最も顕著な思想的特徴を読み取ることができる。いわゆる「仮現論」的なキリスト論である。

## 六　思想的特徴

「仮現論」(英語では docetism) は、大まかに言えばイエスの肉体ないし死が「見かけ」(ギリシア語 dok(e)-) だけのものに過ぎなかったという教説である。古くは、新約聖書ヨハネの第一の手紙(一〇〇年前後)と使徒教父アンティオキアのイグナティオス(二世紀初頭)が、この種の思想を論駁している。但し、この概念の厳密な定義については、研究者の間の共通了解が今のところ存在しない。この曖昧さは、用語そのものはともかく、すでに初期キリスト教時代の反異端教父たちが、反駁相手のキリスト論が具体的にどのようなものであれ、イエスの人間性や受難の事実性を否定しているように思えたならば一様にこのレッテル(dok(e)-語根の語)を貼った、という歴史にも起因する。この「慣用」を無視して厳密に「仮現論」を定義してみても、定着させるのは難しいのである。いずれにせよ、古代に「仮現論派」とでも呼ぶべき単一の異端グループがいたわけではない、という点は確認しておく必要がある(アレクサンドリアのクレメンス他が「ドケータイ」、あえて訳せば「仮現論派」という流派があったことを伝えているが、これはあくまで一つの特殊なグループに過ぎず、仮現論一般の議論からは区別して扱う必要がある)。仮現論の歴史についての包括的な研究は、試みはあったものの、残念ながらまだ書かれていない。各異端者のレベルで個別的なキリスト論研究を行なうしかない、というのが現状である。

それだけに、別々の異端者グループに同一ないし同質の仮現論的キリスト論が見いだされるならば、仮現論研究のために非常に貴重な手掛かりが与えられることになる。そのため、ナグ・ハマディ文書が発見されて本文書が知られるようになった時に最も注目を集めたのは、本文書と、エイレナイオスがバシリデース派のものとして伝えている次のような仮現論的キリスト論の類似性であった(『反駁』I, 24, 4. なおエピファニオス『薬籠』XXIV, 3も参照)。

……従って彼（キリスト）は受難もしなかった。そうではなく、キュレネ人のシモンという者が徴用されて彼の代りに十字架を背負ったのであり、この男が（人々の）無知と迷いのゆえに十字架に付けられたのである。彼（シモン）がイエスであるかのように見えるように、彼（イエス）によって姿を変えられた後で。他方、イエス自身の方はシモンの姿になり、立って彼らを笑っていた……

本文書にもキュレネ人シモンへの言及があり（§21）、また「笑っていた」という描写もある（§22）。なお、『ペトロの黙示録』には、シモンが（少なくとも明言的には）登場しない代りに、「活けるイエス」が十字架の傍らで（あるいは上で）「喜んで笑っていた」とされている（§25、26）。従って、本文書および『ペトロの黙示録』とエイレナイオスのバシリデース資料との間に関連があるのではないか、さらに言えば、両文書はバシリデース派の文書なのではないか、と想像できることになる（なお、バシリデースの教説の伝承についてはエイレナイオスとヒッポリュトスの間に矛盾があり、どちらが信頼できるかについて議論がある。ここでは、「エイレナイオスの伝えるバシリデース（派）」という意味で単に「バシリデース（派）」と記す）。

もっとも、バシリデース派との全体的な関連は、文書全体の思想的内容から、あまり蓋然性はない。可能性があるのは、受難物語の仮現論的解釈に限定された範囲での依存関係である。例えば、本文書のグノーシス主義グループが――どういう経路でかは別にして――バシリデース派の受難解釈を知り、それを採り入れた、という想定は十分に可能である。これに対して底本編集者のリレイは、本文書はシモンが十字架につけられたとは記していない、という点に注意を喚起している。書かれているのは、シモンが十字架を担いだということだけであり（§21）、これは正典福音書の記事(マタ云32及び並行箇所)そのままである。またエイレナイオスの伝えるイエスとシモンの入れ替わりについても、本文書には言及がない、と。リレイは、『ペトロの黙示録』と本文書は受難論を共有しているが、エイレナイオスのバシリデース派はこれとは別物である、と考えている。

確かに、シモンに関するこの指摘は正しい。従って、エイレナイオスの前掲の記事と本文書の受難物語とをそのまま同一視することはできない。とはいえ、本文書が正典福音書のシモン伝承をどのように理解しているのかという問題は残るし、『ペトロの黙示録』も交えれば、「喜んでいた/笑っていた」というモティーフも残っている。他方、エイレナイオスの報告についても資料批判その他の問題がある。別々のグループに同種の仮現論が認められるとすれば非常に興味深いという先に述べた理由からも、本文書および『ペトロの黙示録』の仮現論をバシリデース派のそれから切り離してしまう前にもう少し立ち入った検討をしてみる価値は十分にあるのではないかと思われる。

仮現論以外に本文書において目立つのは、「霊的な結婚」という救済理解であろう(§24、§51—54他)。「新婦の部屋」(§24)という用語は、言うまでもなく、ヴァレンティノス派を連想させる。また、「アドーナイオスの種族」(前述参照)はユダヤ人・正統教会キリスト教徒を指しているという解釈案があり、これが正しければ、ヴァレンティノス派の「三種族」論(本シリーズ第一巻、三六〇—三六一頁参照)と並行することになる。もっとも、本文書を全体としてヴァレンティノス派に帰するのは難しい(「新婦の部屋」という概念そのものはすでにマタ九15及び並行箇所にあり、またトマ福・語録一〇四にも見られる)。創造神ヤルダバオートに対してアルコーンの一人が反乱するというモティーフ(前述参照)は『アルコーンの本質』『この世の起源について』と並行している可能性があり、「父・母・子」の三位一体と合わせて、セツ派の神話圏が連想される(とはいえこれらの接点はいずれにしてもそれほど決定的なものではないので、本文書全体を「セツ派」に帰するのは無理である。しかし「大いなるセツの……」という表現が二次的に付けられたものだとすれば、これらのセツ派的要素がその誘因になったのではないか、という推測は成り立つ)。他方、前述のように、仮現論的キリスト論においてはエイレナイオスの伝えるバシリデース派と関連している可能性がある。というわけで本文書は、『ペトロの黙示録』を除けば、特にどの文書ないし流派に近いということはなく、むしろさまざまな流派のモティーフを寄せ集めてできているような観がある。とはいえ、初期キリスト教時代についてのわれわれの知識はごく限られたものでしかないため、本文書を単純に「折衷派」と呼んで片付けるべきではないであろう。

神話的モティーフそれぞれの由来はともかく、本文書は、読者に対する勧告としては、明らかに一つの明確な意図をもって書かれている。すなわち、グループとしての一致団結である。「分裂を引き起こす者は……彼ら全員の敵である」(§38)、「もし平和が分割され、分裂するならば」、(霊的な結婚は)「われわれの間で……実現したことがなかったし、これからも実現しないであろう」(§54)、「彼らはいかなる敵意も悪意も知らず……言葉と平和において結ばれている」(§56)等、直接間接に何度となく(彼らの)教会の一致結束が説かれる。少しうがって考えれば、正統教会に対する本文書の非難の強烈さは、正統教会の宣教ないし干渉によって自分たちのグループが分裂・崩壊する危険が現実問題として切迫していたことの裏返しかもしれない(§31、32他参照)。いずれにせよ、本文書の母体は輪郭のはっきりした教会を形成しており、洗礼儀式も行なわれていたと思われる(§2、37参照)。

## 七　成立年代・場所・著者

右に述べたような事情で本文書を既知の文書やグループに排他的に結びつけることができないため、成立年代等の特定もそれだけ難しくなる。『ペトロの黙示録』は二世紀後半―三世紀前半の成立と想定できるが(同文書の解説参照）、本文書も同じ頃であろう。さまざまな流派の影響が見られることを根拠に、成立地としてはアレクサンドリアを挙げる研究者が多い。但し確かな根拠はない。著者については、前述のようにグループとして明確にまとまった（異端的）教会に属していたこと、おそらくその指導者あるいはそれに近い地位にあったと考えられること以外には、何も分からない。

## 八　底本と参考文献


① Riley, G., NHC VII,2: Second Treatise of the Great Seth, in: Nag Hammadi Codex VII, 2 (NHMS XXX), Leiden etc. 1996, pp. 129-199.（コプト語本文、英訳、解説、注釈）

② Krause, M., "Der zweite Logos des großen Seth", in: Altheim, F., Stiel, R. (Hrsg.), Christentum am Roten Meer. 2. Band, Berlin/New York 1973, S. 106-151.（コプト語本文、独訳）

③ Bethge, H.-G., "Zweiter Logos des großen Seth". Die zweite Schrift aus Nag-Hammadi-Codex VII, ThLZ 100 (1975) S. 97-110.（解説、独訳）

④ Painchaud, L., Le deuxième traité du Grand Seth (NH VII, 2) (BCNH《Textes》6), Québec 1982.（コプト語本文、仏訳、解説、注釈）

⑤ Gibbons, J. A., Bullard, R. A., The Second Treatise of the Great Seth (VII, 2), in: Robinson, J. M. (ed.), The Nag Hammadi Library in English, Leiden etc. $^4$1996, pp. 362-371.（解説、英訳）

⑥ Lüdemann, G., Janßen, M., Bibel der Häretiker. Die gnostischen Schriften aus Nag Hammadi, Stuttgart 1997, S. 404-47.（解説、独訳）

⑦ Pearson, B. A., The CGL Edition of Nag Hammadi Codex VII, in: Turner, J. D., McGuire, A. (Ed.), The Nag Hammadi Library after Fifty Years (NHMS 44), Leiden 1997, pp. 44-61(特に pp. 53-55).

底本としたのは最も新しい校訂本①である。その他、①よりも新しい⑦を除いて、右に挙げたのは本文書のコプト語本文あるいは全訳を載せている参考文献に限った。それ以外の文献については①の一四三―一四四頁および⑥の脚注、またスカラーのビブリオグラフィー(本巻二七九頁を見よ)を参照。

本訳におけるパラグラフ区分は諸文献の分析を参考にしているが、全体としては、日本語訳において箇所の指示を容易にするために訳者の判断で行なったものである。最後に翻訳について付言すると、本文書は解説で最初に触れたように、理解しにくい箇所、理解できない箇所が非常に多い。そのため、翻訳にあたって参照した前述①―⑥六種類の現代語訳も、訳者ごとの相違が――すでにパンクチュエーションのレベルから――まさに「六者六様」であり、それぞれの解釈を対話的に付き合わせることも実質的に不可能なことが多い、というのが実状である。最新のリレイの研究においても、シモンについての指摘などいくつかの点を除けば、先行研究を過去のものにするような実質的な進歩は見られない。逆に言えば、『大いなるセツの第二の教え』はナグ・ハマディ写本の中でも特に研究のし甲斐がある文書の一つである。

# 解説　ペトロの黙示録

筒井賢治

## 一　本文伝承と表題

本訳は、ナグ・ハマディ文書第Ⅶ写本第三文書（70 13―84 14）の全訳である。写本の保存状態は非常に良好であり、また字も非常にきれいに書かれているため、物理的にテキストが読めなくなっている箇所は実質的に皆無である。しかし本文それ自体の伝承の質はかなり悪く、書かれているままではうまく理解できない箇所、すなわち、具体的な修正案を提示できるかどうかは別にして、本文が「壊れている」と考えざるを得ない箇所は少なくない。

本文書の元来の言語は、ナグ・ハマディ写本内のほとんどの文書がそうであるように、ギリシア語である。ギリシア語を音写しただけの「音訳」が多々見られるのみならず、表題そのものもギリシア語で書かれている（後述）。文意が不明確な箇所は、コプト語写本の写し間違いの他、ギリシア語からコプト語への翻訳の際の誤りや不手際によるケースもかなりあるのではないかと思われる。但し、本文書がコプト語に訳された後で、あるいはまさに翻訳の際に、意図的なテキスト改変が行なわれたのではないかという可能性が指摘されている（デジャルダン参照）。しかし、仮にそのような箇所がいくつかあるとしても、本文書の伝承の大きな流れの中では突発的なものに過ぎず、一般的に認められている、ギリシア語原典からの（時として不正確な）コプト語訳という本文書の伝承状況の大筋を覆すことにはならないと思われる。

表題「ペトロの黙示録」(あるいは「ペトロの黙示」「ペトロの啓示」「ペトロへの啓示」等々とも訳せる)はギリシア語(Apokalypsis Petrou)のまま文書の冒頭と末尾の両方に書かれている。この――かなりありふれた――表題の文書は、初期キリスト教の時代にいくつも存在した。その中で最も有名なのは、エチオピア語訳とギリシア語断片が伝わっており、アレクサンドリアのクレメンス等が引用している書物であるが、これは本文書とは別物である(『ペテロの黙示録』村岡崇光訳『聖書外典偽典・別巻Ⅰ・補遺Ⅱ』教文館、一九八二年、二〇七―二三四頁)。この他、エチオピア語訳やアラビア語訳で複数の同名書が伝わっているが、これらも本文書とは別である。さらに「ペトロの黙示録」という表題の文書の存在を証言する記録は多数あるが――とりわけ二世紀末(?)の『ムラトリ断片』――、内容についての手掛かりがないため、それぞれどの文書のことを指しているのかは定かでない。少なくとも、一義的に本文書を指していると認められる古代の証言は発見されていない。

## 二　構　成

本文書は、文書末(§34)で初めて明かされるように、ペトロが忘我状態で見る幻を内容としている。設定されている時期はイエスの逮捕の直前である。§4に、「彼は」ペトロを「今夜のうちに三度戒めるであろう」とあり、これがマタ二六36-45及び並行箇所の「ゲッセマネでの祈り」を指すにせよ、二六69以下及び並行箇所の「ペトロの否認」を指すにせよ、共観福音書において「主の晩餐」が行なわれる日(それも、おそらくその日の晩)のことであることは間違いない。場所については不明である。§1の「神殿で」という設定(背後にマタ二六55及び並行箇所?)は幻そのものに属している。

§1の(具体的意味のよく分からない)場面設定の後、§2から§4までは「救い主」のペトロへの教え、そして§5から§7まではペトロの見る幻——文書全体の構成から見れば、これは幻の中の幻であることになる——を織り込んだ二人の短い対話である。幻の内容はイエスの逮捕の直前、すなわち祭司や民衆が押し寄せてくる場面である。救い主は、彼らは「目が見えない」(§5、7)のだ、とペトロに教える。

§8(「さあ今」)から§21までは救い主の長い講話が続く。それは「この時代の子らに話してはならない」秘密の教えである(§8)。分量的に見ても、この部分が本文書の中心を成している。§22のペトロの科白から再び対話に戻るが、§23までは内容的にそれまでの講話と密接に関連している。この長い講話は(写本に記されている読点によれば)「ペトロよ」という呼び掛けで終わる。

これに対して§24(「さあ、来なさい……」)は、続く§25以下の受難場面の幻の導入となっている。§25から§28までは§5—7を引き継ぐペトロの幻視とそれをめぐる対話である。幻の内容はイエスの逮捕と処刑であり、受難するのは「活けるイエス」ではないという仮現論的なキリスト論が展開される(後述)。§29—33は再び救い主の一方的な講話であるが、「強くありなさい」(§29)や「勇気を持ちなさい」(§33)、また伝道命令(§32)が示しているように、文書全体のまとめとしての性格が強くなっている。§34でペトロは幻から覚める。

以上を図式的に整理すれば次のようになる。本文書が二重の枠構造を示していることが見て取れるであろう。

§1　場面設定

§2—4　救い主の講話　一

§5—7　幻視(イエスの逮捕の直前)+対話　一

§8―21　救い主の講話 二
§22―23　対話
§24―28　幻視(イエスの逮捕と処刑)＋対話 二
§29―33　救い主の講話 三(まとめ)
§34　結び

## 三　世界観と自己理解

思想的に本文書がグノーシス主義の系譜に位置していることは、例えば「認識(グノーシス)」の担っている役割からも明らかであるが(例えば§3「あなた(＝ペトロ)を最初に、そして(続いて)残りの者を、私は認識へと呼び出した」、他に§4、8)、本文書においてとりわけ目立つのはその対決的な姿勢である。世界は、地上の人間についても天上の諸存在についても、徹底的に二分され、それを裏付けるための新約聖書の引用ないし暗示が繰り返される(§12、14、15、32)。さらに§18では、これが原理論的なレベルで表現される――「彼らは……善と悪は一つから出ていると考えるのである」。但し、ここから直ちに「善」と「悪」の永遠の対立、いわゆる「イラン型」の神話論(本シリーズ第一巻「グノーシス主義救済神話の類型区分」、特に四頁参照)を読み取るのは性急であろう。この言葉は始源論の文脈に置かれているわけではなく(本文書は神話をテーマにはしていない)、また§14「存在しない者はすべて非存在へと解消するであろう」等から分かるように、最終的には本文書の立場は一元論だと思われるからである。従って、この§18の表現はあくまで対決・論争のレベルで理解すべきであり、本文書の世界観を「二元論」と呼んだり、それを「善の領域」と「悪の領域」の対立的併存と見做すのは厳密には不正確である。しかし以下では、この留保の上で、直感的な分かりやすさを優先してこれらの用語を使うことにする。まず、二つの領域を少し詳しく描写すると次のようになる。

「善の領域」には、まず「諸天のさらに上」「真理のプレーローマ」(§2)に「父」(§2、24)すなわち至高神がおり、一緒に「人の子」(§3)がいる。本文書の受け手であるグノーシス主義者たちは「人の子」と「本質を同じく」しており、彼らの起源もこの領域にある(§3)。「生命」(§2)、「至高の言葉(ロゴス)」(§2)、「光」(§2、6、19、28、31)、「真理」(§2、12他)、「不死」(§12、13他)そして「(真の)存在」(§14、16、19)といった概念がこの領域に属し、あるいはこの領域を象徴している。本文書の「救い主」(§1、6、28、29他)、すなわちペトロの対話相手は、この領域から地上の領域へ「言葉」(§2)を啓示して人々を「認識へと呼び出す」(§3)啓示仲介者の役割を果たしている。

この啓示を受けるのが、ペトロを筆頭とする、地上にいるグノーシス主義者たちである。彼らは前記のように(「人の子」と)「本質を同じくする」者(§3)であり、「父に属する者たち」(§2)、「(真に)存在する者たち」(§16)、「光の子ら」(§19)、「この時代に属していない別の種族の者たち」(§32)、「不死の魂」(§16)、そして——本文書に特徴的な用語——「小さい者たち」(§19、20、22、23)と呼ばれる。

これに対して「悪の領域」には、天に——「父」のいる「諸天よりも上」の領域よりは下であり、この意味で「中間界」(§4)に相当する——アルコーンたち(§11)がいる。「エロヒーム」(§29)がおそらくその代表者、グノーシス主義神話一般の用語で言えば「造物主」に相当する存在であろう。「彼ら(=本文書における敵対者)の迷いの父」(§9)もおそらく具体的にはアルコーンたちの頭領、この「エロヒーム」と同一視できると思われる。地上には「祭司たち」「律法学者たち」「民衆」といったイエスを処刑しようとする人々(§5—7、25—27)、そして、「あなた(＝ペトロ)の後継者たち」(§10)を含む、本文書の読者以外のキリスト教徒が位置している。彼らは「真理に逆らう……迷いの使者」(§18)である。

この二つの領域の相互関係については、先に触れたように、始源論のレベルでは説明されない。すなわち、どのようにして善悪二つの領域が成立したのか、またこの「造られた世界」(§16)が実際どのようにして造られ、救われるべき「父に属する者たち」がどうしてそこに位置することになったのか、等々は不明である。明言的に語られるのは、現在および将来における両領域の関係にほぼ限られている。

現在のところ、「この諸アイオーンのあらゆる権威と支配と諸力」は「小さい者たち」を現在のところ妬み(§16)、支配し(§23)、圧迫し(§22)、殺害する(§9)。彼らは(真の存在の)「模倣」を数多く造る(§3「最初にあなたを呼び寄せた」者の、§20「真に存在する兄弟性」の、§26「活けるイエス」の。また§19、22も参照)。「時がまだ来ていない間は」、「不死の魂」は「死すべきそれ」と「似ており」(§13)、両者の分離、すなわち前者の救済は実現しない。その間、彼らは「自分を忘れる」(§16)可能性がある。従って彼らは「救い主」の啓示の言葉を聞き(§2)、「認識」(§3、4、8)を獲得しなければならない。ペトロは、彼が「見たもの」を「恵み」として「不死の本質ゆえに選ばれた者」たちに(§32)、そして彼らだけに(§8)、伝達しなければならない。なお、この「恵み」ないし「秘義」(§8)が、具体的には、他ならぬ本文書である。

現在のところ「小さい者たち」は敵対勢力に対して劣勢に回っているが(§22)、「救い主」がペトロと一緒に留まるため、「敵」はペトロに打ち勝つことができない(§33)。そして将来、「迷いの量に応じて決められている期間」(§23)の後、「万物の更新」(§10)、「救い主」の「再臨」(§18)の時には、支配関係が逆転して不死の魂は「変わらざる者」(§23)となり、逆に悪の領域、すなわち「(真に)存在しないもの」は、「すべて非存在へと解消する」

（§14）。

## 四　敵対者

本文書がこれほど激しく敵対しているのは、具体的には誰に対してなのであろうか。§9は「死刑」が、また§18では「困難な宿命」が敵対者に帰せられている。前者はこの世の権力、後者はアルコーンたちのことであり、これはグノーシス主義に一般的な世界観の表出と見ることができる（加えて、おそらくキリスト教迫害が背景にある）。本文書に特徴的なのは、これとは別に（とはいえ、敵対者はすべて「悪」のもとに一体視されるのであるが）、いわば横向きの敵対関係、すなわち本文書の担い手と同じキリスト教徒に対する敵対関係である。

本文書をキリスト教内部の論争文書として見る場合、まず問題になるのは、敵対者が一つのグループなのか、あるいは複数のグループなのか、という点である。一部の研究者は、敵対者は一つのグループであったと想定する（コショルケ）。この場合、具体的には（いわゆる）「正統教会」、厳密に言えば、後に正統教会として勝ち残るグループしか考えられない。本文書の敵対者が圧倒的に多数派であること（§22）だけからもこれは明らかである。この説の難点は、本文書が非難する具体的な教義のうち、後述のようにいくつかが「非正統的」だと思われるという点である。従って、本文書の敵対者は歴史的に見れば複数のグループ——すなわち、正統教会の他、本文書と立場を異にするいくつかの「異端」グループ——であった、と考えるのが適切であろうと考えられる。敵対者グループを一つひとつ正確に特定するのは不可能であるが、敵対者についての本文書の記述のいくつかは、われわれに伝わっている既知の情報と接点がある。

§10によれば、敵対者はペトロの「後継者たち」を「賞め讃え」ている。これは明らかに正統教会のことであろう。「死人の名前に固執する」は、直後に「それによって……清くなる」とあることから、正統教会的な洗礼理解(「キリストと共に死ぬ」)を指していると思われる(セツ教§2も参照)。とすれば、引き続く「悪しき術策を弄する者」は、まさにこの教義を唱えた人物、すなわちパウロを指している可能性が出てくる。類似の表現でパウロが暗に攻撃されている例が他にもあること(『偽クレメンス文書』)から、この同定は——確実ではないが——かなり可能性が高い。

続く§11の「多くの形態と情念を持つ裸の女を連れた男」は魔術師シモンとその伴侶ヘレネーのことではないかという指摘がある。「多くの形態と情念を持つ裸の女」という表現は、ギリシア神話および「シモン派」(本シリーズ第一巻「解説　救済神話」三五六頁参照)の神話におけるヘレネー像を連想させるためである。シモンとの関連は、さらに、続く「夢が悪霊(ダイモーン)から来た」という「迷い」の発言にまで続いている可能性が指摘されている。というのは、類似の発言が『偽クレメンス文書』H, 17においてもペトロとシモンとの間で論争の的になっているからである。但し、『偽クレメンス文書』では本文書とは逆に(「夢や幻は神の啓示である」と主張するシモンに対して)ペトロがこれに似た発言をする(「夢や幻は——例外を除いて——悪霊から来る」)設定になっているため、両伝承を単純に結びつけることはできない。

§19には「ヘルマス」という個人名が登場する。これが使徒教父文書の一つである『ヘルマスの牧者』(二世紀半ば—後半)(荒井献訳『使徒教父文書』＝『聖書の世界・別巻4・新約II』講談社、一九七四年、一九一—三〇九頁)の「ヘルマス」のことであるとすれば、「死者の名前」(＝洗礼)に「さらに模倣物を作る」という言い回しから、同書における「(洗礼後の)二度目の(罪の)償い」の教義がここで非難されているのではないか、という想定が成り立つ。なお仮にこの解釈が正しくても、この教義は正統教会内でさえ長く論争され続けたテーマなので、この箇所の非難の矛先を一概に正統教会と決めつけることはできない。
§20は、僅かに「不滅の結婚」という表現がヴァレンティノス派等の「新婦の部屋」(巻末の用語解説参照)を連想させるが、確かなことは全く分からない。なお、本文書と立場の近い『大いなるセツの第二の教え』(§24等)にも「新婦の部屋」への言及がある。§21の「司教」「助祭」は明らかに正統教会の職階制度を指していると思われる。

## 五　キリスト論

以上のような概して否定的な主張の他、本文書が前面に押し出している主張として、キリスト論を挙げることができる。正統教会(および異端的流派の中のいくつか)の信仰において、キリストの死(と復活)は人間の救済のために重要な役割を担っている。これに対して、本文書はキリストの死に救済論的な意義を認めない(従って、ましてや「復活」には一言も触れられない)。前章で触れた「死人の名前に固執する」(§10)ことへの批判は、この立場から出されたものである。そして本文書は、この主張を、敵対者への非難という否定的な形だけでなく、自ら積極的に展開している。

この種の考え方は、伝統的に「仮現論」(docetism)と呼ばれている(但しこの概念の厳密な定義については研究者の間で今のところ共通了解が存在しない)。本文書の仮現論的キリスト論は主として受難物語(§25—30)で示されている。それによれば、本文書のキリストはまず以下の二つの部分に区別される。

(1)十字架の上で処刑される「肉的な部分」、「代価」、「模倣物」(以上§26)、「彼ら自身の栄光の子」(§27)、「悪霊たちの長子」、彼らの「家」、「土の容器」、「エロヒームに属するもの」、「律法の下にある十字架に属するもの」(以上§29)。

(2)(1)の処刑の際に十字架の傍らで笑っている「活けるイエス」(§26)、「活ける救い主」(§29)、「私の僕《しもべ》」(§27)、「私の非身体的な身体」(§31)。

(1)と(2)は、前者が後者の「肉的な部分」「模倣物」という関係にあり、受難をもって(2)が「解放」される(§31)。従ってそれまで両者は結合していたことになる。その次第は本文書では語られていないが、おそらく、(2)が(1)に住み込むという神話が前提されていると思われる(本文書の受難論と比較的立場が近い『大いなるセツの第二の教え』では、§7でその次第が語られている)。具体的な用語や表象は別にして、キリストを「受難した部分」と「受難しなかった部分」に二分するのは、初期キリスト教の仮現論者が頻繁に用いたアイディアである。

しかし、本文書のキリスト論はこれだけでは終らない。(2)の「私の僕」、「私の非身体的な身体」という表現が示すように、(2)よりもさらに上位の要素が前提されているのである。本文書の叙述では、主としてペトロの見る幻(§6)とそれについての説明(§31)がこの点と関連している。§31では、「私の非身体的な身体」と対比的に、「私(自身)は輝く光で満たされている叡知的な霊である」という表現があり、§6の幻「昼の光よりも明るい、新しい光が見えた……そしてそれは救い主の上に降りた」を踏まえて、それは「われわれの叡知的な完成(プレーローマ)であり、完全な光と私の聖なる霊との結合である」と説明される。ここから判断すると、まず(2)のレベルに「叡知的な霊」「聖なる霊」があり、それに上から「輝く光」「完全な光」が降ってきて結合して「私」が完成する、という仕組みらしく思われる(とすれば、これは『フィリポ福音書』§26bと並行することになる。またエイレナイオス『反駁』I 7=本シリーズ第一巻、二三七頁以下も参照)。「光」は至高神「父」の領域の象徴語であり(§2、6、19、28)、啓示者が「人の子」と同定されている(§3)ことを考慮すれば、本文書におけるキリストの第二・第三のレベルを次のように想定することができるであろう。

(2)「叡知的な霊」「聖なる霊」。

(3)「人の子」、「光」(§3、6、31)。

これを前掲の(1)、(2)と組み合わせれば、本文書におけるキリストの三層構造が図式的に整理できることになり、それを多くの研究者は本文書に特徴的なキリスト論と見做している(デジャルダン等)。但し、(2)と(3)の区別は受難物語とは直接に結びついていないこと、また§31の「われわれの叡知的な完成」という言い方を考慮すれば、この区別は(正統的キリスト論に対する反駁としての)仮現論的キリスト論というよりは、むしろ(グノーシス主義の積極的な自己主張としての)救済論の文脈に置かれるべきであろう。すなわち、§6の幻と§31の説明は、グノーシス主義者たちの個人的な救済の先取り、予型として理解できる(すでに挙げたフィリ福§26b参照)。彼らは「人の子」と「本質を同じく」する人間であり(§3)、キリストの身に起きたことは、グノーシス主義者たちの身にも起きるべき事柄だからである。まとめて言えば、(1)、(2)の区別と(2)、(3)の区別はレベルを多少異にしており、従って、本文書における三部構成のキリスト論を本当に内的に完結した理論と見做すことができるのかどうか、一定の留保が必要であろうと思われる。

## 六　その他の思想的特質と系譜

結論を先に言えば、本文書をわれわれに知られているグノーシス主義の特定の流派と一義的に結びつけることはできない。しかし以下、本文書におけるキリスト論以外の思想的特質を挙げておく。

ペトロが本文書において啓示媒介者とされている点であるが、グノーシス主義者がペトロの権威を積極的に利用するのはかなり稀である。ペトロは正統教会のシンボルとして専ら攻撃の対象であり、グノーシス主義の偽名文書はペトロ以外の人物(新約の人物としてはパウロ、主の兄弟ヤコブ、トマス、フィリポ、マグダラのマリヤ等)に「真の啓示」や「真の教え」を語らせ、それによってペトロの権威を否定ないし相対化するのが通例であった。本文書はそれと異なっていわば正面突破の作戦を取り、ペトロ自身の権威によって彼の「後継者たち」を非難している(§10)。ペトロの高い評価はユダヤ人キリスト教にも認められる要素であり、これに本文書とマタイ福音書との接点の多さ(とりわけ「小さい者たち」という自己呼称)、また——必ずしも確実ではないが——『偽クレメンス文書』との接触(§10、11)とパウロ批判(§10)を考慮すれば、本文書とユダヤ人キリスト教との関連が想定できるかもしれない。しかし確かな証拠はない。『ヤコブのアポクリュフォン』(本シリーズ第三巻所収)は、ヤコブと共にペトロが啓示の受け手となっており(但しヤコブの方がペトロより明らかに上位に位置付けられている)、またユダヤ人キリスト教との関連が想定されている。しかし本文書との思想的な類似点は特に見いだされない。ナグ・ハマディ文書の中では、すでに触れた仮現論的受難理解や次に触れる「模倣」論から、むしろ『大いなるセツの第二の教え』との近さが顕著である。

本文書はしばしば「模倣物」「模倣的」「模倣する」という表現を用いる(§3、19、20、22、26)。これは、すでに触れた二元論的世界観を踏まえて、「非存在の世界」の側が「存在の世界」を「模倣」するという観念である。興味深いのは、他のグノーシス主義グループ、とりわけヴァレンティノス派の「似像」理解との対照である(巻末の用語解説も参照)。根本にあるのは、どちらも劣った方の世界が優れた方の世界に似たものを創るという図式であるが、ヴァレンティノス派では「似像」に積極的・肯定的な価値付けを行なう傾向が認められるのに対して(その極端な例としてフィリ福§127を参照)、本文書(および『大いなるセツの第二の教え』)では「模倣物」は徹底的に「まがい物」「偽物」でしかなく、いかなる価値も与えられない。これをヴァレンティノス派等に対する非難ないし反動として理解するか、あるいはグノーシス主義に根本的な反宇宙的世界観(本巻viii頁以下参照)がラディカルな形のまま残っていると解釈するべきか、という問題は、グノーシス主義や初期キリスト教研究の中に本文書を位置付けるための手掛かりとして興味深いが、これは今後のテーマである。

## 七　成立年代・場所・著者

この三点いずれについても、確実かつ有効な手掛かりは存在しない。§19で攻撃されているのが『ヘルマスの牧者』だとすれば、その成立年代(二世紀半ば—後半)が上限となる。そうでなくても、複数の大きな異端的グループが形成され、それに対して正統教会が自らの正統性を意識的に根拠付け始める(「ペトロの後継」)のもこの頃であるから、やはり上限として二世紀後半は動かないだろうと思われる。下限は、あえていえば、キリスト教徒迫害が暗示されてはいても(§9、18)大きなテーマにはなっていないことから、大迫害が始まる三世紀半ばであろう。場所については年代について以上に手掛かりがない。ユダヤ人キリスト教との関連からシリア・パレスティナを挙げる研究者もあるが、確かではない。

## 八　底本と参考文献

① Desjardins, M., Brashler, J., NHC VII, 3: Apocalypse of Peter, in: Nag Hammadi Codex VII, 2 (NHMS XXX), Leiden etc. 1996, pp. 201-247.（デジャルダンによる解説、ブラッシュラーによるコプト語本文、英訳、脚注）

② Krause, M., Girgis, V., "Die Petrusapokalypse", in: Altheim, F., Stiel, R. (Hrsg.), Christentum am Roten Meer. 2. Band, Berlin/New York 1973, S. 152-179.（コプト語本文と独訳）

③ Werner, A., Die Apokalypse des Petrus. Die dritte Schrift aus Nag-Hammadi-Codex VII, ThLZ 99 (1974) S. 575-584.（解説と独訳）

④ Brown, S. K., Griggs, C. W., "The Apocalypse of Peter: Introduction and Translation", BYUS 15 (1975) pp. 131-145.（解説と英訳）

⑤ Koschorke, K., Die Polemik der Gnostiker gegen das kirchliche Christentum. Unter besonderer Berücksichtigung der Nag-Hammadi-Traktate "Apokalypsis des Petrus" (NHC VII, 3) und "Testimonium Veritatis" (NHC IX, 3) (NHS XII), Leiden 1976.

⑥ Werner, A., Koptisch-gnostische Apokalypse des Petrus, in: Schneemelcher, W. (Hrsg.), Neutestamentliche Apokryphen. II Apostolisches, Apokalypsen und Verwandtes, $^{5}$1989, S. 633-643.（解説と独訳）

⑦ Pearson, B. A., The CGL Edition of Nag Hammadi Codex VII, in: Turner, J. D., McGuire, A. (Ed.), The Nag Hammadi Library after Fifty Years (NHMS XLIV), Leiden 1997, pp. 44-61.（特に pp. 55-57）

⑧ Lüdemann, G., Janßen, M., Bibel der Häretiker. Die gnostischen Schriften aus Nag Hammadi, Stuttgart 1997, S. 418-428.（解説と独訳）

底本としたのは①である．他の参考文献については特に①と⑥、さらに詳しくはスカラーのビブリオグラフィー（本巻二七九頁を見よ）を参照。訳文のパラグラフ分けは、各研究者の構成分析を参考にしてはいるが、主として日本語訳における箇所の指示の便宜のために訳者が行なったものである。

# 解説　セツの三つの柱

筒井賢治

## 一　伝承と表題

本訳は、ナグ・ハマディ文書第Ⅶ写本第五文書（118 10―127 32）の全訳である（127 28―32の帰属については後述）。「セツの三つの柱」という表題は文書末尾に記されており（§32）、同じ表現が本文書のテーマとして文書冒頭でも使われている（§1）。本文書がギリシア語からコプト語への翻訳であることは、ギリシア語の単語――特に哲学用語（後述）――が頻出することからも確実である。語学的には、コプト語サヒド方言に多少のボハイル・ファイユーム方言が混ざっていることが指摘されている。第Ⅶ写本はナグ・ハマディ文書の中で最も保存状態が良好であり、本文書も、後半部分で一行から数行の修復不可能な欠損が数箇所あることを除けば（§16、20、24、27、30）ほぼ完全な形で残されている。もちろん、これはテキストそのものの質とは別であり、伝承の誤り（写し間違い、ギリシア語からの誤訳や不自然な翻訳）を想定せざるを得ない箇所は少なくない。本文書の存在や内容についての直接的な文献学的証言は発見されていない（但し第五章参照）。

## 二　構　成

表題の示す通り、本文書は「セツの三つの柱」、すなわちセツによって記されたという三つの碑文のテキストを「そこに書かれてあった通りに」(§1)報告するという体裁の文書である(なおパラグラフ分けは、底本その他を参考にしているとはいえ、後述のように、あくまで訳者の責任によるものである)。冒頭に短い説明が置かれており、それによれば、「ドーシテオス」という人物がその三本の柱を実際に読み、それを忠実に記録したのだという(§1)。なおドーシテオスは三人称として扱われているが、古代の文書には著者が自分について三人称を使うこともあるので、ドーシテオス自身が本文書の著者だという設定になっている可能性は捨てきれない。いずれにせよ、続く段落(§2)の一人称「私」はドーシテオスのことであると考えざるを得ないと思われる。若干の研究者はこれをセツと同定するが、柱の文面を書き記した当のセツが「それには次のように書かれている」(§2)という言い方をするとは考えられないからである(とはいえ、この語句を二次的な挿入と考えたり、またセツとドーシテオス以外の可能性を考慮する場合には話が別になる)。これに対応して、三つの柱の報告が終った後に——詳しくは後述——記されているコメント(§31—32)も名目上はドーシテオスに帰することになる。

さて、§3から、三本の柱の内容が順番に報告される。それぞれの切れ目も、第三の柱の終りを除いて、几帳面に記録されている。すなわち、§3の冒頭と§12の末尾に、いわば表題として「セツの第一の柱」と、また§13冒頭と§21末尾に同じく「セツの第二の柱」と書かれている。第三の柱についても、§22冒頭に「第三の柱」とある。「セツの」が抜けているのは本文伝承のいずれかの段階で起きた書き落としではないかと思われるが、大きな問題ではない。これに対して、第三の柱の写しがどこで終るのかの表示がないのは、本文書の構成の解釈と関わってくる。

まず、第三の柱は本文書の末尾まで続いているのであり、文書全体の終りを示す表題「セツの三つの柱」(§32)が第三の柱の終りの表示を兼ねているのだ、という解釈が可能である(クロード、ゲーリング)。また§31までを第三の柱の写しとする研究者もある(タルデュー)。しかし、§31―32は第三の柱の主人公である「生まれざる者」への賛美ではなく、後述のように、三つの柱すべてを踏まえた上での集団的祭儀のやり方が内容となっていることから、§30のあたりで第三の柱は終っていると見做す方が自然なのではないかと思われる。奇しくも§30は写本が欠損しているため、第三の柱の終りの表示がちょうどその部分(特に$127^{1-3}$)にあったはずだと考えることもできる。なお、区切りの位置を厳密に確定することができないため、本訳では§30全体($127^{6}$まで)を一応第三の柱に組み入れてある(リューデマン/ヤンセンがこれと同じ。なおヴェーケルは§29までを「第三の柱」と見做している)。

§31―32は、訳者たちの解釈に従えば、三本の柱の報告が終って、いわば地の文に戻っていることになる。前述のように§2の一人称単数がドーシテオスを指しているとすれば、ここの話者もドーシテオスであり、彼が自分の「報告」ないし「啓示」(§1、32)の受け手である「選ばれた者たち」(§1)に向けて補足的な説明――とりわけ賛美の仕方について――を行なっていると考えられる。なお訳文では、この判断に基づいて、§1―2と§31以下には「だ・である」体、§3―30には賛美らしく「です・ます」体を用いたが、この種の語尾の区別はもちろん原文になく、またこの構成理解が前記のように必ずしも確実ではないため、訳文の文体の変化に決定的な根拠はない。

最後に$127^{28-32}$(§33)であるが、「この書物」という表現が何を指すのかについて議論がある。本文書『セツの三つの柱』がナグ・ハマディ第Ⅶ写本の最後の文書であり、また本写本の五つの文書すべてを一人の写字生が筆写したことが分かっているため、このコメントが、特に本文書だけというのではなく、むしろ第Ⅶ写本全体を指している可能性があるためである。とりわけ、本文書の表題「セツの三つの柱」がすでに§32で書かれているという点がこの可能性を支持する。もしそうであれば、このコメントは本文書には帰属しないことになる。この問題はいまだ決定的な解決を見ていない。しかし、いずれにせよ、このコメントをどこかで訳すとすれば本文書の末尾において以外にないので、とりあえず訳に入れてパラグラフ番号を付しておいた。但しこれは、これが本文書に帰属することを訳者が断定しているという意味ではない。

以上を図式的にまとめると、本文書の——あくまで仮説的な——構成は次のようになる。

§1　前書き　一（ドーシテオス［三人称］）
§2　前書き　二（ドーシテオス）
§3—12　第一の柱の写し
§13—21　第二の柱の写し
§22—30　第三の柱の写し
§31—32　後書き（ドーシテオス）
（§33　写字生による後記）

## 三　内　容

本文書の本体は、前述のように、「セツの三つの柱」の写しである。三つとも、内容は「エンマカ・セート」（§3）すなわちセツによる高次の神的存在に対する賛美である。「第一の柱」では、まず「ゲルアダマス」（§3）すなわち（おそらく）「聖なるアダマス」が賛美される（§3―5）。続いて、明確な区切りなしで「アウトゲネース」（§6）への賛美に移る（§6―12）。従って本文書において両者は実質的に区別されていないと考えられる。特に強調されるのは、アウトゲネースの啓示執行者としての役割である。彼は「最初の名前」であり、「声によって口に出される」、そして「感覚界もまた」彼を知っている（§7）。これらの表現は、第三の柱で賛美される「生まれざる者」（＝至高神）に「名をつける」ことができないとされている（§27）のと対照的である。

「第二の柱」は女性的存在「バルベーロー」（§13）への賛美である。重点は、彼女が根元的な「一者」である「生まれざる者」から最初に出た者、すなわち最初に「多」をもたらした者であること、従って「一」と「多」とを媒介する役割を担っているという点に置かれている（§19まで）。この役割が§20では逆の方向に、すなわち（教会論的に）各個人（＝多）を「一つ」にまとめることへの願いの根拠として用いられている。

「第三の柱」は「生まれざる者」、グノーシス主義研究の一般的な用語で言えば「至高神」への賛美である。具体的な賛美に先立って、究極的な段階に到達したことの喜びが記されている（§22）。「生まれざる者」は絶対的な先在者であり（§24他）、万物の原因である。§25には、「私たち」の救いは「あなたを認識すること」である、というまさに「グノーシス」主義的救済理解の表明がある。同時に、認識ないし救済それ自身もまた「生まれざる者」の命令に基づいている（§25「命じて下さい」）。彼に対する意味不詳の名称ないし形容の羅列（§28）をはさんで、賛美の重要性が強調される。常に賛美することが救済のいわば条件であり、かつ結果でもある（§29）。知ることができないはずの至高神を賛美する手だては元来は存在しないのであるが、他ならぬ彼の命令によって、「力がおよぶ限り」彼を賛美することが可能となり、まさにそれが人間の救いに他ならないのである（§29）。

賛美と救済が表裏一体をなしていることはすでに§2でも示唆されているが（「何度も私は賞め讃えた……」）、後書きにあたる（と思われる）§31―32においてさらに詳しく述べられる。「一人ひとり、一緒に集まって」（§31）という表現は、本文書の背後に信者たちの集団的な祭儀行為があることを示している。注目に値するのは、三者に対する賛美の仕方についての規定、すなわち沈黙のあと第一、第二、第三の順に「昇り」、いわば頂上において再び沈黙した後、第三から第二へ、そして第一へ「降り」よ、という指示である。

このように、本文書は三つの柱の写しの部分（§3―30）と、それを前後から取り囲むコメント（§1―2、31―32）という二種類の部分から成っているが、この構成を文書成立史と単純に関連付けて、まず最初に三本の柱の部分があり、それに後から誰かが枠の部分を付加して本文書を今の形態にしたのだ、と直ちに断定することはできない。両部分は内容的に極めて密接に関連しており、また語彙その他のレベルで両者を区別する手掛かりも見いだされない。これは、§1だけを、すなわち「ドーシテオス」という名前（後述）の導入だけを二次的付加と見做す説（§32の注（8）も参照）についてもあてはまる。従って、本文書は最初からこの二重構成という仕立てで書かれたという可能性の方がむしろ高いと思われる。何らかの決定的な反証が見いだされるまでは、本文書は全体として一体を成していると前提すべきであろう。

## 四　「ドーシテオス」と「セツの柱」についての伝承

本文書の報告者とされている「ドーシテオス」であるが、まさにこの名の人物が初期キリスト教文献において幾度か登場する。それによれば、正統教会によって古くから異端者の始祖とされてきた魔術師シモン（使八9―24参照）に（さらに）教師がおり、それが「サマリア人ドーシテオス」だというのである（オリゲネス『偽クレメンス文書』他）。仮に本文書の報告者が紀元後一世紀に属するはずのこの伝説的人物であるとすれば――厳密に言えば、本文書の実際の著者が彼を権威ある人物と見なして意識的に本文書の著者に設定したのだとすれば――、本文書の、引いては「セツ派」全体の(後述)歴史的な位置付けの道が開かれることになる(サマリア起源、「シモン派」との関連等々)。しかし研究者の多くはこの見通しについて否定的である。訳者にも、本文書と「サマリア人ドーシテオス」を単純に結びつけるのは難しいと思われる。仮に本文書の背後に実際にドーシテオスなる人物がいるとしても、それが「サマリア人ドーシテオス」と同一人物であるという保証はないし、また本文書が後述のように思想的に新プラトン主義(三世紀後半以降)との同質性を示していることから、いわゆる「シモン派」(本シリーズ第一巻「解説　救済神話」、特に三五六頁参照)や、ましてやそれ以前の人物との有機的な関連を想定するのは時代錯誤と考えざるを得ないのである。

次に、本文書で報告されている「セツの三つの柱」についても、ユダヤ教内に似た伝承がある。ヨセフス『ユダヤ古代誌』I, 67 以下にアダムの子セツについての記述があり、それによれば、セツおよびセツの子孫は非常に優れた人間であり、幸運に恵まれ、さらに(とりわけ天体に関しての)知恵に非常に秀でていたという。そしてセツの子孫は、自分たちの知恵が来るべき大火と洪水によって消え去らないよう、二つの碑――一つは煉瓦の、もう一つは石の――を建て、それに自分たちによる「人類への貢献」を記録した、そしてその碑はヨセフスの時代――紀元後一世紀後半――にも「シリアド」という地にまだ残っている、というのである。碑文の建立者(本文書ではセツ自身)、内容、さらには数まで異なっているが、本文書が、おそらく「セツ派」(後述)を媒介として、この伝承と何らかの形で関係していることは間違いないと思われる。なお、同じく「セツ派」に属するナグ・ハマディ文書『ゾストゥリアノス』において、天界の旅を終えたセツが、後代の「活ける選ばれた者たち」のために、見聞きしたことを「三枚の板」に記したとされており(130 1―4)、本文書の「三つの柱」との並行性が指摘されている。ユダヤ教伝承との相違は、過去の伝承をクリエイティヴに拡大するというグノーシス主義の伝承操作によく見られる一般的な傾向のみならず、後述の神学的・哲学的な理由(例えば「三」という数の役割)からもある程度は説明できる。とはいえ、この伝承も、「ドーシテオス」の場合と同じく、(今のところ)確実な手掛かりとは言えないため、本文書ないしセツ派の思想や成立史の歴史的背景を理解するための特に重要な助けにはならない。

## 五　思　想

本文書にはキリスト教の要素は全くない。またユダヤ教的・旧約聖書的要素も、他ならぬセツ(とわずかにアダマス＝アダム)の名を別にすれば特に見いだされない。支配的なのは、いわゆる「セツ派」の要素(巻末の用語解説も参照)、そして哲学——とりわけ中期および新プラトン主義——の要素である。

セツ派的な要素としては、セツ自身が本文書の主人公であることの他、何より、三つの柱における賛美の対象、すなわち至高神(父)・バルベーロー(母)・アウトゲネース(子)という「三位一体」、そして(「第一の柱」における)アウトゲネースとアダマスの一体視が挙げられる。セツ派のグノーシス主義者たちの自己呼称「セツの種子」は§8において前提されている(また§7「あなた(＝アダマス)の種子」も参照)。セツ派に属すると目される他文書(巻末の用語解説参照)との単語レベルにおける主要な並行箇所は注に挙げてある。特に並行箇所が多いのは、『ゾストゥリアノス』『アロゲネース』『マルサネース』である。

次に、哲学的な要素としてまず目立つのは、ギリシア語のまま書かれている多くの専門用語である。主なものを挙げれば、叡知(あるいは理性)／ヌース(§3、7、17、19、24、26、27)、存在／ヒュパルクシス(§24、27)、実在／ウーシア(§24)等である(なお後二者の訳語の区別は、単に区別するためだけに選んだもので、それ以上の意味はない)。コプト語に訳されている哲学用語もある(例えば§14、24「非存在」)。「一者/一人」「善」「永遠」といった、それ自体としては一般的な語彙も、本文書においては哲学的な意味付けがなされていると考えるべきであろう(なおタルデュー p. 565 以下に本文書の「哲学語彙」リストがある)。哲学との関連があるとすれば、例えば「一」と「多」についての思弁(特に「第二の柱」)からも、また時代的にも、まず考えられるのは中期もしくは新プラトン主義である。そして、多くの類似性が実際に指摘されている。哲学者または哲学文献の側で名が挙げられているのは、『カルデアの託宣』(二世紀後半)、アパメイアのヌメニオス(二世紀後半)、プロティノス(三世紀)、その直弟子ポリュフュリオス(三世紀後半)、さらにヤンブリコス(三/四世紀)、プロクロス(五世紀)である。主な接触点は注で触れてある。

とりわけ興味深いのは、ポリュフュリオスの『プロティノス伝』16における次のような記事である。

彼(プロティノス)の周りには種々のキリスト教徒が多くいたが、中でもあるグループは、古い哲学(プラトン哲学)から出発し、アデルフィオスやアキュリーノスを師としながら、リュビアのアレクサンドロス、フィロコーモス、デーモストラトスやリュードスの書物を数多く所有し、またゾーロアストロス(=ゾロアスター)、ゾストゥリアノス、ニーコテオス、アロゲネース、メッソスやその類の他の人物の「啓示」を書き著して、多くの人々を騙し、また自分自身をも騙していた。プラトンは叡知的な存在の深みにまで到達しなかったのだ、などと主張して。そのため彼(プロティノス)自身、講義で繰り返し反駁を行ない、また私(ポリュフュリオス)が『グノーシス主義者に対して』と表題を付けた文書(『エンネアデス』II, 9)を書き、さらなる論駁はわれわれに委ねたのであった。

さて、このうち、ゾストゥリアノスとアロゲネースには、ナグ・ハマディ文書の中にまさに同名の啓示文書があり(ちなみに「メッソス」は『アロゲネース』における啓示の受け手の名でもある)、しかも、両方とも本文書との共通点が多い文書である(『アロゲネース』について詳しくは本巻所収の邦訳と解説を参照)。従って、次のような推測が成り立つ――ポリュフュリオスが伝えている『ゾストゥリアノス』と『アロゲネース』はナグ・ハマディ文書内のそれのことであり、『マルサネース』そして本文書『セツの三つの柱』(=ドーシテオスの啓示)は、ポリュフュリオスが言うところの「その類の他の人物」の「啓示」文書である、すなわち、本書を含むナグ・ハマディ四文書は、プロティノスと接触のあったキリスト教徒哲学者が書いた文書である、という推測である。研究者の多くはこのシナリオを認めており、その上で、新プラトン主義とグノーシス主義の歴史的な相互関係、またセツ派全体とその中のこの哲学的グループとの関係を解明することが大きなテーマとなっている。

なお、この解釈に異論がないわけではない。プロティノスが『エンネアデス』II,9で反論しているグノーシス主義は、内容から判断するとセツ派ではなくヴァレンティノス派であるという説もかなり有力であり、他方、右に引用したポリュフュリオスの報告を語学的レベルで別様に解釈する研究者もある。例えば、訳文の「(啓示を)書き著して」という語(propherontes)は「持ち出して」という意味にもなり、そう解釈すれば、「ゾーロアストロス」らの「啓示」書はプロティノスの時代より古いことになる(ジャクソン参照)。

本文書は三体の神的存在に対する賛美を内容としており、先に触れたように、繰り返して行なわれる集団的祭儀の場を前提としている。まずセツ派との関連で言えば、『エジプト人の福音書』(本シリーズ第二巻所収)も祭儀行為(洗礼)を前提にしており(特に§52―53)、賛美の言葉も記されている(§53)。しかし本文書の賛美との間に特に目立つ類似性は見いだされない。むしろ本文書では、洗礼のような物質的儀礼行為の介在が示唆されず、賛美と救いとが直接に結び付いていることに特徴がある。この点でも、本文書の救済理解はむしろ(初期)新プラトン主義における神秘的合一の観念に近い。特に、階梯を下から順に昇っていって最後に頂点に達するというプログラム(§31)、そして救済の個人的な側面が強調されていること(§11注(4)、§31注(4)参照)においてそれが顕著である。

## 六　成立年代・場所・著者

ポリュフュリオスの報告を前章のように解釈するのが正しければ、成立年代もこれに対応して三世紀の中頃から後半ということになる。仮にこれを別様に解釈する場合、本文書に新プラトン主義との前述のような関連を想定するならば三世紀中頃が上限、そうでなければもっと古い可能性が出てくる。下限はナグ・ハマディ第Ⅶ写本の筆写(四世紀半ば以降)に先立ってコプト語への翻訳とギリシア語での伝承があったであろうことから四世紀初頭程度であろう。場所は、もし一つだけ候補を挙げるとすればアレクサンドリアであるが、確かな根拠はない。著者についても前章のポリュフュリオス解釈を参照。これを受け入れない場合は、全く不明ということになる。

## 七　底本と参考文献

① Goehring, J., Robinson, J. M., NHC VII, 5: The Three Steles of Seth, in: Pearson, B. A. (ed.), Nag Hammadi Codex VII (NHMS XXX), Leiden etc. 1996, pp. 371-421. (イントロダクションと本文脚注はゲーリング、コプト語本文と英訳はゲーリングとロビンソン)

② Tardieu, M., "Les trois stèls des Seth: Un écrit gnostique retrouvé à Nag Hammadi", RSPT 57 (1973) p. 545-575. (解説と仏訳)

③ Krause, M., Girgis, V., Die drei Stelen des Seth, in: Altheim, F., Stiel, R. (Hrsg.), Christentum am Roten Meer. 2. Band, Berlin/New York 1973, S. 179-199.（コプト語本文、独訳）

④ Wekel, K., "Die drei Stelen des Seth". Die fünfte Schrift aus Nag-Hammadi-Codex VII, ThLZ 100 (1975) S. 571-580.（解説と独訳）

⑤ Claude, P., Les trois stèles des Seth: Hymne gnostique à la triade (NHC VII, 5) (BCNH《Textes》8), Québec 1983.（コプト語本文、仏訳、注釈）

⑥ Layton, B., The Three Tablets of Seth, in: Layton, B., The Gnostic Scriptures, New York 1987, pp. 149-158.（解説と英訳）

⑦ Jackson, H. M., The Seer Nikotheos and his Lost Apocalypse in the Light of Sethian Apocalypses from Nag Hammadi and the Apocalypse of Elchasai, NovTest 32 (1990) pp. 250-277.

⑧ Alt, K., Philosophie gegen Gnosis. Plotins Polemik in seiner Schrift II 9, Mainz 1990.

⑨ Pearson, B. A., The CGL Edition of Nag Hammadi Codex VII, in: Turner, J. D., McGuire, A. (ed.), The Nag Hammadi Library after Fifty Years (NHMS XLIV), Leiden etc. 1997, pp. 44-61.（特に pp. 59-61）

⑩ Lüdemann, G., Janßen, M., Bibel der Häretiker. Die gnostischen Schriften aus Nag Hammadi, Stuttgart 1997, S. 449-459.（解説と独訳）

底本としたのは最新の校訂本①である。その他、①よりも新しい⑨を除いて、右に挙げたのは原則として本文書のコプト語本文あるいは全訳を載せている参考文献、もしくは解説で名前を挙げた文献に限った。それ以外の文献については特に①、⑧、⑨、さらに詳しくはスカラーのビブリオグラフィー（本巻二七九頁を見よ）を参照。本訳におけるパラグラフ区分は各研究の分析結果を参考にしているが、全体としては、日本語訳において箇所の指示を容易にするために訳者の判断で行なったものである。

# 解説　ノーレアの思想

小林　稔

## 一　類型と表題

この文書が収められている、写本Ⅸの保存状況や方言については大貫「解説　真理の証言」(本シリーズ第三巻、四一三―四一六頁)を参照されたい。そのなかでは比較的保存状態のいい頁だが、代名詞や動詞の性・数に混乱があって、そのままでは意味の通じないところがあり、ここでは底本の校訂をそのまま採った。

僅か五十二行だけの短い文書で、冒頭にも末尾にも表題はつけられていない。しかし、冒頭・末尾とも写字生が飾りをつけているので、少なくともこの写本に写された際には完結した一つの文書と見做されていたはずである。ドレスは「書簡」としてこの書に言及しているが、類型は手紙ではない。ベルリンの研究グループはこれを韻文と見做してこの書を「ノーレア頌歌」と呼んでいるが、コプト語になっている状態では、筆者にはそのようには思えない。ピアーソンも詩行ごとに区切るのが難しいという理由で、これを散文詩とみなし、「頌歌」という表題は採らず、**29**[3]に出る言葉「ノレアの洞察行為」を表題としている。本文中で筆者はこう訳したが、ふつうには「ノーレアの思想」と訳されるので、これを表題としておきたい。

エピファニオスが『ノリアの書』に言及している(『薬籠』26, 1. 3)が、この文書のことではないようである。

## 二　内容と系譜

内容構成にも記したように、四つの部分に分けることができよう。

第一の部分（27 11–20）では、万物の父とその天的仲間へのノーレアの呼びかけが述べられる。「万物の父、光の［思考］（エンノイア）、高きに、［地の］方の側の上に［住む］叡知、……」と呼びかけられているが、思考や叡知が独立したアイオーンと考えられているのか、プレーローマのさまざまな側面を述べただけなのか明らかでない。普通に読めば前者のように思われるが、「万物の父」で始まった呼びかけが「（誰も）［到ることの］（でき）ない父よ」（27 20）で括られていることが読者を後者に傾かせる。

第二の部分（27 21–28 12）では、呼ばわったノーレアがプレーローマに受け入れられること、「彼女の場所」への復帰が述べられる。

第三の部分（28 12–23）では、プレーローマ内部でノーレアが何をするかが述べられる。「〈彼女は〉高き者の面前」にあって、「［生命］の言葉で話し［始めた］」、そして「［彼女は］〈彼女の〉父に栄［光を帰する］」といわれる。ここを見る限り、ノーレアの救いは完結したようである。

ところが第四の部分（28 24–29 5）ではまだ完結していない。行指示による語順の規制を外して引用するなら、「彼女がプレーローマ［を見る］ようになり、そして、彼女が（もはや）欠乏の内にはいないようになる（、そのような将来の）日々がある」（28 24–26）と言われるからである。

「（万物の父とは）アダマス（であり）、これはアダマスたち皆の内部の側にいる者である。（そのアダマス）〈たち〉にはノレアの洞察行為（ノエーシス）があり……」（28 30–29 3）と言われるのであるから、アダマスたち、あるいは将来救われることになるノーレアとは、グノーシス主義者のことであろう。

傍注に記したように『アルコーンの本質』と多くの点で共通点があるが、共通する術語が少ないため、ピアーソンは互いの依存関係でなく、共通の源泉の存在を想定している。両者に描かれるノーレア像はヴァレンティノス派のソフィア像とも共通している。

この文書ではノーレアはすでにプレーローマに復帰しており、同時に復帰するのは将来のことである。傍注にも記したように、ヴァレンティノス派プトレマイオスの教説では「上なるソフィア」がすぐに復帰する（本シリーズ第一巻、二二四―二二五頁）のに対し、彼女に棄てられた（同二二四頁）下のソフィア「アカモート」は、完成の日を待ってプレーローマに復帰する（同二三七頁）。その点でこの文書と符合する。他方、プトレマイオスの教説と異なり、この文書にはキリスト教のモティーフは見られない。

ノーレアが呼ばわる相手がさまざまな名で呼ばれているが、ピアーソンは三つに、つまり「万物の父」（**27** 11、**28** 29）「アダマス」（**27** 26、**28** 30）「叡知の父」（**27** 25）「高き者」（**28** 14）「不可視の者」（**28** 19）などと呼ばれる第一のもの、「光の思考（エンノイア）」（**27** 11）「話し（得）ない思い（エピノイア）」（**28** 2）と呼ばれる第二のもの、「叡知」（**27** 12）「神的アウトゲネース」（**28** 6）と呼ばれる第三のものに整理する。そして、『ヨハネのアポクリュフォン』と比較し、後者では叡知がアウトゲネースと同定されず、またアダマスが父とは同定されず、いずれもより劣るアイオーンとされていることを挙げて、ノーレアの方が単純に見えると言っている。

ピアーソンは、その他、傍注に挙げた他の文書との共通点などを指摘したあと、『アルコーンの本質』や『ヨハネのアポクリュフォン』などにセツ派の教説を想定し、ヴァレンティノス派もそれに基づいていると言い、この文書はそれらを習合させたものだと結論している。そして、この系譜の前後関係から三世紀初頭の作品だと示唆している。

しかしピアーソンが保留する、教父たちの伝える系譜の中への位置付けばかりでなく、諸文書間の時間的前後関係も、確定するにはもう少し吟味する必要がありそうである。

## 三　底　本

S. Giversen, B. A. Pearson, “The Thought of Norea”, in: B. A. Pearson (ed.), *Nag Hammadi Codices IX and X*, Leiden 1981, pp. 87-99 を底本として用い、M. Roberge, “Noréa”, in: B. Barc, *L'Hypostase des Archontes*, Québec/Louvain 1980, p. 149-171 を適宜参照した。

# 解説

## アロゲネース

小林　稔

### 一　表題と証言

第XI写本第三文書には末尾(**69** 20)に「ア[ロ]ゲネース」という表題がつけられている。

エピファニオス(三一五頃―四〇三)はセツの七人の息子たちによって書かれたとされる「アロゲネースたちの諸々の書物」に言及し(『薬籠』40, 2, 2; 39, 5, 1)、それらの著者はセツと同様(同 40, 7, 2; セツ教§8)、アロゲネース(異人)たちと呼ばれていたという(『薬籠』40, 7, 4-5)。この名前のついた書物は他には見つかっていないが、この文書末尾には「それらのことを告げ知らせよ、わが子メッソスよ。アロゲネースのすべての書物の封印として」(§15の中の**69** 14―19)といわれている。もちろんこの記述は先立つ部分で山に置き、呪文を唱えるようにという指示と合わせると書物を古いものであると見せかけるための創作だろうが、この名前のついた一連の書物があったと推測することができよう。

そして、エピファニオスはアルコーン派の人々が「アロゲネースたちと呼ばれる諸文書を持っている」(同 40, 2, 2)といい、他方では、それらの書物は、アルコーン派とセツ派の人々が、いにしえの偉大な人々の名で書いたという(同 39, 5, 1; 40, 7, 4)。

その文書群にはリヨンで活躍したエイレナイオス(一三〇頃―二〇〇頃)もローマで活躍したヒッポリュトス(一七〇頃―二三五/六)も言及していない。従って、西方に知られていなかっただけで、それ以前から東方にあった可能性も残るが、一応二〇〇年頃までは知られていなかった。つまり三世紀に入ってから展開したものと見ることができるであろう。

さて、新プラトン主義の哲学者ポルフュリオス(二三四頃―三〇一/五)が『プロティノス伝』16で次のように書いている。「彼(プロティノス)の時代に多数のキリスト者が現れたが、そのなかに、古代哲学から流れを引くアデルピオスとアキュリノスの一派があった。彼らはリビアの人アレクサンドロス、ピロコモス、デモストラトスおよびリュドスの著書をきわめて多数所有しており、またゾロアスター、ゾストリアノス、ニコテオス、アッロゲネス、メッソスその他そのような者たちの黙示録なるものを誇示し、そしてプラトンは英知的実有(直知されうる実在)の深奥にまでは到達しなかったと説いて、己れ自らも欺かれつつ、多数の人々を欺いていたのである」(水地宗明訳、田中美知太郎(編)『プロティノス全集』第一巻、中央公論社、一九八六年、一二一―一二三頁)。このようにアッロゲネス(本シリーズの表記によればアロゲネース)の書物にもわれわれの文書の宛先人メッソスにも言及している。また、第Ⅷ写本には『ゾストゥリアノス』(水地訳ではゾストリアノス)という書物があるが、その末尾には「ゾストゥリアノス。ゾストゥリアノスの真理の言葉。真理の神。ゾロアスターの言葉」と書かれている。

横道にそれるが、右に引用したナグ・ハマディの二文書末尾を見て、ポルフュリオスの言う「ゾロアスター、ゾストリアノス」「アッロゲネス、メッソス」がそれぞれ一つの書であると考える人もあるかもしれない。しかし、ポルフュリオスは、続けてゾストゥリアノスの書物は同僚が、そしてゾロアスターの書物は自分が反駁したと、これらの書について別々に言及している。少し長くなるが、上記水地訳の続きを引用させていただこう。「それゆえ、まず彼(プロティノス)自身が授業中に数多くの反論を行ない、また『グノーシス派に対して』という表題をわれわれが与えたところの論文を書きもした上で、その余の点の批判はわれわれ(弟子たち)に委ねた。そこでアメリオスは、ゾストリアノスの著書に反駁を加えながら、四十篇に及ぶ著述をした。また私ポルピュリオスは、ゾロアスターの著書なるものに対し多くの反論を行なって、その書物全体がすっかり偽書で最近の作であり、その派の組織者たちが、自分たちの好んで崇め奉っている教説を古のゾロアスターのものであるかのように見せかけるために、こしらえ上げたものであることを証明した」(前掲書一一三頁)。

以上の諸証言をまとめてみたい。エピファニオスによると、アロゲネースと呼ばれる文書群があり、同じ表題を持つこの文書末尾の文もそれらの存在を示唆している。それらは三世紀以降のものであるらしい。新プラトン主義哲学者ポルフュリオスによると、その創始者プロティノス(二〇五頃―二七〇)にも同名文書が『ゾストゥリアノス』という書物などとともに知られており、彼やその弟子たちがそれらに反論したという。そして、両証言ともグノーシス主義者たちは自分たちが書いたものを、古くから伝えられたかのように見せかけていると非難している。この文書末尾の指示もそれを示唆している。

これら外的な点で符合しているからといって、安易に同一視はできないし、ましてやプロティノスが、同名文書群のなかの、他ならぬわれわれの文書の原本を知っていたと断定することはできない。そこで、ワイヤーによる底本の解説に沿って、以下、この文書の内容を概観し、他のグノーシス文書や新プラトン哲学者たちの書物と比較してみたい。

## 二　様式と編集

この文書はアロゲネースが啓示を受け、それを「わが子メッソス」のために記録するという体裁を採っている。直接には表現されないが、啓示報告の中でも、また啓示の合間に、自分の経験をメッソスに述べる報告の中でも、アロゲネースが探求しているのは自己認識である。

この文書の核は啓示であるが、その様式は経済的援助者あるいは弟子のための啓示説話である。ターナーによれば、その様式は、語り手の自己紹介、宛先人への言及、神的存在の出現を含む出来事の叙述、神的発言の記録、語り手の反応、そして書物の保存に関する結びの指示から成る。この文書冒頭の失われた部分には、語り手の自己紹介、宛先人への言及、神的存在の出現が記されていた可能性がある。かりにそうでなくても、これらの要素は随所に出てくる。

名目上の著者とされている、アロゲネースは、異なる人種のもの、異人を意味し、伝説的なあるいは半神的な人物としてこの時代の文書によく出る名前である。セツとその七人の子ら（エピファニオス『薬籠』40, 7, 2-5）の称号として、「大いなる見えざる霊」（エジ福§1）の称号として（筒井訳では「異邦の」、本シリーズ第二巻一三二頁）、また無名の啓示者（セツ教§8）の称号（本巻所収筒井訳では「よそ者」）として用いられている。『セツの三つの柱』ではエンマカ・セート（セツ）（柱§3）がその父に対し「あなたは異邦の種族に属しています」（柱§8、本巻所収筒井訳から引用）と言っている。このような神的なものとして描かれたアロゲネースは霊的な種族を代表するのかもしれないし、またセツ派のセツと同等なのかもしれない。メッソスも神的領域と下の領域の間の「真ん中のもの」という象徴的名前なのかもしれない。著者はこれらの名前を使うことによって、著作に神的権威を付そうとしたのであろう。著者はアロゲネースに、「あなたの後でふさわしいものなる人々のために」この文書を書き、呪文とともに「この書物を一つの山の上に置」くようにとメッソスに命じさせている（§15）。こうして、書物が山で発見された古いものとされる。これも文書に権威を持たせるための虚構であろう。

この文書はアロゲネースのメッソスへの一つの啓示説話とされているが、内容構成に記したように、二つの部分に分けることができる。第Ⅰ部ではアロゲネースがユーエールから受けた五つの啓示をメッソスに語る。五つの啓示とも、ユーエールの告げた言葉を述べた(§1、§3、§5、§7、§9)あとで、自分が何を学んだかということと啓示に対する自分の反応をメッソスに語る(§2、§4、§6、§8、§10)。破損のため、最初の啓示には導入がないが、残り四つの場合は多少のヴァリエーションはあるものの、基本的に「そして、その時、まったく栄光あるユーエールが再び私に言った」という定式で始まる。底本の校訂と訳をウィンターミュートとともに担当し、さらに文末注を担当したターナーは、第一の啓示(§1—2)を第Ⅰ部から切り離し、邦訳の内容構成で、第Ⅰ部とした第二の啓示以下(§3—10)を第Ⅱ部、第Ⅱ部(§11—14)を第Ⅲ部としている。これも一つの可能な推定であるが、解説を担当したワイヤーのように、欠損した冒頭部分に第二—第五の啓示と同じ導入句を想定することも許されよう。

男性の乙女ユーエールは『ゾストゥリアノス』と『エジプト人の福音書』にも登場する。前者では「しかし、カリュプトス(隠れた者)は本当に存在しており、男性の乙女の栄光、まったく栄光あるユーエールは彼(カリュプトス)とともにある。彼女を通して汎完全者たち皆が見られた」(125 11—17)と言われている。『アロゲネース』ではユーエールは自己啓示する究極の神的存在ではない。彼女の言葉は最初の知覚ないし全きものよりも高くにあるものへの入り口であり、彼女の啓示は複雑な神話的叙述、および神的な力とりわけバルベーローのアイオーンを呼び出す呪文である。

第Ⅰ部の終り(§10)で、アロゲネースはすでに受けた啓示について「百年間、これを熟考していた」という。第Ⅱ部は「百年の完成が近づ」き、彼が知るべきものを「見た」時、彼「の上に与えられているあの衣装から」「取り去られ」、「聖なる場所の上に……受け入れられた」時に始まる。その場所で聖なる力たちがバルベーローのアイオーンの光り輝くものたちを通して、「理解不可能な方の、原初の（または先立ってあった）現出」（**59** 28—30）を受けるために踏むべき段階について戒める（§12）。また、それに従って引きこもったことが記述される（§13）。ワイヤーはこれを肉体を離れた魂の上昇として説明している。その後で、彼は理解不可能な者、知られざる者についての啓示（**60** 39—**61** 1）を受ける（§14）。この啓示の内容は神的超越性を述べる否定神学で、第Ⅰ部に特徴的だった神話的な神名はもはや出ない。結びのところ（§15）では、「もうそれ以上は何も探し求めるな」つまり受けた啓示で充分だと言われる。それをどのようにして保持すべきかを教えられ、彼はそれをメッソスに教える。

著者は啓示説話という一つの枠組みの中に、神話と哲学という二つの要素を組み合わせているようである。一見したところ、第Ⅱ部の哲学的啓示（§14）は滑らかに続く統一体であり、古い諸伝承をつなぎ合わせた縫い目のようなものは見当たらない。その限りで、§14は著者自身の作文と見做してよいのかもしれない。

しかしよく見ると、第Ⅱ部（§11—14）にも著者に先立つ伝承があることを少なくとも三つの要素が示している。第一に、**62** 27—**63** 25が『ヨハネのアポクリュフォン』§8（本シリーズ第二巻、二七—二九頁）と並行している。『ヨハネのアポクリュフォン』は広く流布していたらしく、複数の写本が残されているので、この『アロゲネース』に依存しているとは考えられない。そうすると、逆に『アロゲネース』の当該部分が『ヨハネのアポクリュフォン』か共通の素材かに拠っていることになる。第二に、第Ⅰ部と第Ⅱ部のつなぎ（§10）と結び（§15）は著者の筆であろうが、そこには理解不可能な者についての啓示（§14）に特有の語彙も哲学的関心も見いだされない。そうすると、§14を著者の作文とすることも問題になってくる。第三にこの啓示とその準備過程が統合されていることは、この啓示が共同体の入信儀礼のようなものから発展したことを示唆する。§12の「自分をありのままに知っているという祝福」から生命性そして実在へという三段階（**59** 9—26）は、最後の啓示（§14）の中で神的なものの三つの側面、叡知・生命・実在として再び現れる（**61** 32—39）からである。

§15の「あなたの後でふさわしいものなる人々のために」これらの啓示を書けという指示（**68** 16—20）は共同体の存在を示唆している。神話的な共同体の儀礼から著者の哲学的啓示へという一足跳びの移行を想定することは可能であるが、哲学的傾向を持った学派における儀礼という中間段階を想定する方が蓋然性が高そうである。もしも第Ⅱ部を伝統的儀礼の抽象化によってできたものと見るなら、第Ⅰ部のユーエールの啓示は伝承段階では神話的な祈りであり、現在の文脈のなかでは「理解不可能な方の、先立ってあった現出」（**59** 28—30）の導入としての機能を持たされているということになるであろう。

そうすると、著者は、第Ⅰ部（§1のなかの**47** 7—**49** 38や§5のなかの**53** 10—32）のなかで三重の存在の記述に、否定神学的、哲学的なものを加えることによって、また第Ⅱ部の初めに、バルベーローの出現、聖なる場所への移動、戒めを与える光り輝く者といった神話的動機を加える（§11—12）ことによって、古いものと新しいものの調和をはかろうとしていることになる。

## 三　思想内容

この文書にはグノーシス神話のモティーフと同時代の哲学者たちの——超越的一者に三つの側面ないし相があるという——三一論的一元論（triadic monism）の結合が見られる。

この文書の頂点は「理解不可能な方の、原初の現出」（**60** 39—**61** 1）である。この知られざる一者、不可視の者は、「その方について話せない、そして理解不可能な神」（**61** 14—16）と呼ばれ、また礼拝・賛美を受ける（**54** 6—37）こともできるが、これを神々の中の最高神と定義するのは正確ではない。すべての中に内在し、すべてを包含するものである(**47** 11—21、**66** 25—38)が、宇宙を説明する第一原理と定義されるべきでもない。この究極存在についての直接の叙述は厳密に否定的(「測深不可能性において測深できないもの」**65** 25—26。「……でもなければ、……でもない」**63** 9—10、17—18)であり、また超越的(「より優れたものたちよりも優れた他のもの」**63** 14)であり、そして逆説的(「生じることのない実在」**62** 23—24)である。この超越的絶対者には他者に対する機能がない。この名前をつけられない(**47** 19)、知られざる者と密接に結ばれている名称が二つある。それは、不可視の霊と三重の力である。「それを(誰も)見ることのできない三重の力の霊」(**51** 8—9)と言われるように、これら二つの名前はしばしば同義語のようである。しかし、不可視の霊が分節化されないのに対し、三重の力は「あの不可視の霊の無限界性を通り過ぎる者」(**49** 8—10)と言われ、三つの相に分化される。(1)第一の相は実在(ヒュパルクシス)、存在(ウーシア)、存在するもの(生じているものとも解しうるが、ワイヤーはト・オンの訳と考えている)。(2)第二の相は生命・生命性、そして(3)第三の相は知性性、知性(ノエーテース)、祝福である(以上、**49** 26—38、**59** 9—26、**60** 14—37参照)。§1の終り(**49** 21—38)ではこれら三つが相互内在しており、「三(である)者」は、個々のものとしては三つのものたちでありながら、「一者である」と言われる。これら三つの相が持ち出されるのは三重の力と別にあるのではなく、互いに分けられるのでもなく、調和のとれた、永遠の一つの現実を描写するための方法としてなのであろう。

この「三(である)者」に対するバルベーローの関係はこの文書では明らかでない。バルベーローは「先立ってあった思考(エンノイア)」(**53** 27—28)として、「自分があの者を知っていることを知っている」(**45** 29—30)。「三重の力の霊の外側に(横たわっている、)分割できない、非物体的な、永遠まで続くグノーシス」と言われるものはこのバルベーローのようである(**51** 8—14)。また、「彼が何であるかがわかっているのは彼だからである」(**49** 20—21)といわれるが、三重の力が自らを知るのはこのバルベーローによってのようである。三重の力を自らに反映して、バルベーローも彼女を知ろうとする人々にいわば三段の梯子のように、つまり(1)隠れたもの（カリュプトス）、(2)プロートファネース、(3)アウトゲネースとして、機能する。(1)「彼女は、彼女にわかっているものたちの中で働いたカリュプトスとなった」(45 31—33)と言われ、バルベーローのアイオーン「にはまた、本当に生じているものたちの、諸原型（テュポス）と諸々のかたち（エイドス）、カリュプトスの像（エイコーン）がある」(51 12—17)とも言われている。(2)続いてバルベーローのアイオーン「には、それらのものの知性ある言葉があるのである。彼は像（エイコーン）に従って、男の叡知のプロートファネース（最初に現れた者）を生み出すからである。そして、彼は、技術のうちであれ、知悉のうちであれ、部分的な本性のうちであれ、個々のもののうちで活動するからである」(51 17—24)と言われる。そして、(3)バルベーローのアイオーン「には、一つの像（エイコーン）に従って神的アウトゲネース（自ら生じる者）があるからである。そして、彼はそれらの一つひとつを知っているからである。彼は部分的にまた個々に活動する」(51 25—29)と言われる。続いて言及される「三重の神的な男性」「全き若者」(51 32—38)は、ここではバルベーローの第四の流出のようであるが、多くの場合、これら二つの名前はプロートファネースと結ばれている(45 34—38、58 12—26)。

　これらの連続的な表象は第Ⅰ部では明確な三者のかたちを取っておらず、第Ⅱ部に支配的な三重の力の存在、生命、知識と対応してはいない（なお、『ゾストゥリアノス』（ゾス15 2—12）ではバルベーローの実在、祝福、生命が言われている）。第Ⅰ部では、三重の力がこれら三者として登場するのは一度だけであり、それは一者の中における存在、生命、知識の相互依存をいうためである(49 26—38)。第Ⅰ部で繰り返し語られるのは多様な神話的表象であり、それはこれら多数の神話的表象が個々を三重の力の一者に近づかせ、個々人が三重の力に到るための順を追った過程を呼び起こすからのようである。最初にバルベーローはアウトゲネースとして「これらのものをすべて、彼らが各自、（各自）が彼女のうちに生じているそのやり方で生じているのを、見る」（**46** 9―17）。次にプロートファネース、つまり道、一つ所にある者たちを見いだす（**46** 22―30）。そして最後にバルベーローは「カリュプトスの像（エイコーン）」つまり「本当に生じているものたちの、諸原型（テュポス）と諸々のかたち（エイドス）」（**51** 12―17）を持つ。これら三者は個々人の歩む三段階を表している。

第Ⅱ部の啓示、つまりバルベーローの光り輝く者たちによってアロゲネースに与えられる現出（啓示）は、実在と生命と知識という三重の力に焦点を当てている。その三重の力は啓示されるべき神的現実であると同時にその現実に近づくための手段でもある。第Ⅱ部の初めの方でアロゲネースが受ける教え（§12）は、第Ⅰ部のユーエールの啓示ゆえに、彼がすでに知識あるいは祝福の段階に立っており、「理解不可能な方の、先立ってあった現出」あるいは知られざる者の原初の啓示を受けるため、ついで生命の段階に、さらに実在の段階に上げられることが期待されていることを示している。このことから、著者は第Ⅰ部の神話的過程を、三重の力の知識の相に位置するものと見ており、このようにして二つの部分を統合していることがわかる。バルベーローのアイオーンにおける自己認識が知られざる者についての究極的啓示のために果たす積極的な機能がこのようにして確証される。同時に、第Ⅰ部にあった神化と脱魂の宗教経験（§4と§5のなかの**53** 32―**54** 37）は、より哲学的な最後の啓示の準備段階とされる。そして第Ⅰ部の神話的なさまざまの神的表象は、知られざる者として知られたものであることが分かる者の自己啓示の初期段階に組み込まれる。

三重の力についての知識の最初の段階は、本当に存在しているもののかたちを持つことによって、神的なものになることと祝福と善とによって特徴付けられる（**52** 10―33）。それは同時に自己認識と知られざるものの三重の力の知識である（**59** 9―16、**60** 14―18）。アロゲネースは自分がこれを知るに値しないと恐れるが、彼は、知るに値する大いなる力が彼の上に置かれていると告げられる(**50** 15—36、**57** 32—37)。三重の力の第二段階、つまり生命ないし生命性は、永遠まで(続く)、知性ある、分けられることのない動き、かたち(エイドス)のない、なんらかの限定によってそれを限定しない、すべての力のものである(動き)(**60** 24—28)である。アロゲネースが引きこもり、この生命性に入るとき、彼にはしっかりと立つのが、あるいは自らを確立するのが難しいことが分かり、しっかりと立っており、自らを鎮めている実在へとさらに引きこもる(**60** 19—37)。ここで彼は「理解不可能な方の、原初の(または先立ってあった)現出」、つまり全面的に無知である知(**61** 17—19)に満たされる。

なお、究極存在である知られざる者が男性名詞なので、訳者はそのまま人格的存在として「者」「方」などと訳したが、女流研究者ワイヤーは神的存在の否定的性格を考えれば、コプト語にはない中性として「もの」と訳すべきだと主張している。

## 四　グノーシス主義の中での位置

ワイヤーは三つのグノーシス文書群と比較している。

(1)『アロゲネース』と関連するグノーシス文書群の一つはヘルメス文書、特に「ヘルメス文書」I、XIII(荒井・柴田訳『ヘルメス文書』朝日出版社、一九八〇年、四七—八三頁、三三五—三七五頁)および第VI写本の『第八のもの(オグドアス)と第九のもの(エンネアス)』である。

『アロゲネース』にはそれらの文書群にある会話も、宇宙論的な第八・第九の天もない。しかし神的啓示者が、秘義を授けられた人を、続いて引きこもって諸階梯を上ってゆくよう準備させる教師として理解されている点では共通している。ヘルメス文書ではこの引きこもりは自己認識への動きとして説明される(I, 21.「八と九」**60** 27—**61** 1をも参照)。それは同時に神的なものへの参与、一種の同化とされる(I, 26)。この文書でもユーエールの啓示の頂点はここにある。「私は私の(周りを)めぐっているあの光と、内部にある善を見た。私は神的になった」(**52** 10—13)と言われているからである。これに更なる上昇が続く。「アロゲネースよ、あなたのもとにある祝福を、静けさ(シゲー)の内にそれがどのように生じているかを、その内にあって(こそ)あなたが自分をありのままに知っている(その祝福を)見なさい。そして、自分(自身)を探し求めて、生命性へと、それが動いているのをあなたが見ることになるその(生命性へと)、引きこもりなさい」(**59** 9—14)とバルベーローのアイオーンの光り輝く者たちに言われるのである。究極の目的は、知られざる者の啓示により、知識・祝福を超えて、生命や実在の段階にまで引きこもることにある。その知られざる者、(誰にも)理解不可能な者に近づこうとする者は(自分)「を見ている理解不可能[性]を通して、彼は(それらのものと)一致しているのである」(**64** 13—14)と言われる。このような逆説的な表現など、ヘルメス文書には見当たらないものもある。しかし神的自己認識における上昇の型は近く、両伝統の間の関連を示唆する。

(2)次に、研究者たちがバルベーロー・グノーシス主義と呼ぶ文書群、『ヨハネのアポクリュフォン』(本シリーズ第一巻所収)、『三体のプローテンノイア』(本シリーズ第三巻所収)、エイレナイオス『異端反駁』I, 29, 1-4とも類似点がある。また『エジプト人の福音書』(本シリーズ第二巻所収)や『エウグノストス』と『イエスの知恵』(両文書とも本シリーズ第三巻所収)とも類似点がある。ワイヤーは、また、八世紀のテオドロス・バル・コナイによって引用されたアロゲネースの黙示録という書物もこの伝統と関連しているらしいという。

この文書との関連で見るとき、バルベーロー・グノーシス主義の主な点は『ヨハネのアポクリュフォン』に見られる。否定神学的な記述をする本文書§14のうち、**62** 27—**63** 25は『ヨハネのアポクリュフォン』§8(本シリーズ第二巻、二七一―二九頁)とほとんど文字通りに並行している。この文書と同様、『ヨハネのアポクリュフォン』でも否定的に表現される神的存在は、自分の像・思考を知ると言われる(ヨハ・アポ§12)。そしてその神的存在の思考は三つの力を持つバルベーローと呼ばれる(§13)。バルベーローにはプログノーシス、不滅性、永遠の生命が与えられる(同§15―16)。このバルベーローの中の三者は、『アロゲネース』のカリュプトス、プロートファネース、アウトゲネース(**45** 26―46、**51** 12―32)と対応しているようである。『ヨハネのアポクリュフォン』§18では、バルベーローに与えられたこれら三者と、バルベーローおよび思考が五個組を形成する。この文書でも、名前は異なるが、そして他の数え方も可能であろうが、§11のはじめ(**58** 12―26)には、アウトゲネース、ソーテール、プロートファネース、カリュプトス、起源なき者の起源という五個組が挙げられている。

『ヨハネのアポクリュフォン』のこれに続く部分では、バルベーローは三者の中の第二の者として示される。バルベーローは生まれざる父の父に向かい、初子であるキリストを産む。その叡知と言葉を通して完全な人間が生じることになる。そして、ソフィアによる欠乏の発生が続く。『ヨハネのアポクリュフォン』で宇宙論が語られるとき、その目的は『アロゲネース』の著作目的と同様、二重のようである。一方で、幾万とある外的な形で見えるものが、本質的には一致しており、一つのものである(§4―5)ということを教えること。そして、他方では、人がこの一致を経験するために必要な知識を与える。『アロゲネース』ではこの知識は準備と肉体を離れた魂の天への旅という儀礼のかたちを取っている。『ヨハネのアポクリュフォン』が、欠乏が宇宙に入った過程ないし起源を報告するのに対し、この文書はそれを克服する道を述べているわけである。

『アロゲネース』にはこの欠乏の元凶であるソフィアがなく、またキリスト教用語もない。これがバルベーロー・グノーシスとの違いである。『アロゲネース』か『ヨハネのアポクリュフォン』のどちらかがバルベーロー・

グノーシスの最も原初的な形を示していて、後者におけるソフィアの堕落とキリストによる復帰は、後の労作だとか、逆に前者における超越的一元論は堕落・贖いの神話に対する後の非神話かだ、というのはあまりにも単純だとワイヤーはいう。むしろ、『ヨハネのアポクリュフォン』と『アロゲネース』はバルベーローなる超越的アイオーンという共通の伝統を受け継ぎながらそれぞれ別の道を辿ったようである。『ヨハネのアポクリュフォン』は、キリスト教的要素を取り込んで統合し、ソフィアの堕落伝承によって、神的領域と人間的領域との間の緩衝地帯を大きくしている。『アロゲネース』の方はヘルメス思想やプラトン派哲学との対話のうちに、三者である知られざる者への上昇を通して、すべての経験が一つのものであることに注意を喚起している。

(3)ワイヤーが第三のグノーシス文書群として挙げるものは、この文書と『セツの三つの柱』(本巻所収)と『ゾストゥリアノス』および第X写本の『マルサネース』そしてブルース写本の表題のない文書である。

『マルサネース』は欠損が激しいが、十三の封印を通ってこの世界と物質(**2** 16—19)から三つの力を持つ不可視のもの(**3** 15—16)へ、そして知られざる沈黙者(**3** 21—22)への上昇が述べられている。

ブルース写本は入手していないのでワイヤーの説明をそのまま紹介するだけだが、現実が多くの段階に分割されている点や聖書を多く用いている点では『アロゲネース』よりも『ヨハネのアポクリュフォン』に近い。しかし、興味がソフィアによる欠乏の起源でなく、所有されることなくすべてを所有している、知られざる者に焦点が合わされているゆえ『アロゲネース』**66** 25—32と対応しており、この文書群に分類される。ポルフュリオスが「ゾロアスター、ゾストゥリアノス、ニコテオス、アロゲネース、メッソス」などの啓示の書のことを書いていたが、ブルース写本にはニコテオスの啓示ないし預言が権威として引用されている。「ニコテオスは彼について話した。彼は彼があの者であるのを見た。彼は言った『父はすべての完全性を超越して、実在している。彼は不可視の、三重の力を帯びた、全きものを啓示した』」（ワイヤーから孫引き）というのである。この僅かな部分からもニコテオスの書が『アロゲネース』に近いことが示唆される。ブルース写本の文書は宇宙論にキリスト教的要素がより多く入っており、同じ伝統の中でもより後のもののようだと言われている。

『ゾストゥリアノス』はポルフュリオスの証言で言及されているもう一つの書物である。そこには『アロゲネース』と同様、キリスト教的なものはなく、さまざまな天的段階を通っての上昇が述べられるが、より神話的であるゆえ、より古い段階の文書のようである。『ゾストゥリアノス』の導入部では人間の状態が、物体的な闇と心魂的なカオス（混沌）および女性的欲望、そして感覚的世界のコスモクラトールのもとに置かれたものとして叙述される（**1** 10―21）。しかし話はすぐに、すべてのものの父を求めることに移る（**2** 10―20）。欠損の多い文書だが、『アロゲネース』第I部のヴァリエーションのようなものが、洗礼における魂上昇の啓示（**13** 7―**22** 1）、恍惚の魂の祈り（**51** 21―**52** 25、**118** 15―22、**127** 1―7）、そしてエフェシュ、ユーエールなど天的存在の教えという形で残っている。この文書には儀礼言語が多いので、その一元論的グノーシス主義は共同体のなかで保持され発展したようである。

儀礼的な興味を共有するという点では『セツの三つの柱』（本巻に筒井賢治訳、所収）が『アロゲネース』に最も近い。セツのドーシテオスへの啓示で、父ゲルアダマスとバルベーローおよび一者に対する、セツの三つの賛美の祈りからなっている。ここにもキリスト教的要素はない。柱に書かれていた（§1―2）ということで古さを示そうとするのは、『アロゲネース』の末尾と同様である。各祈りが柱と呼ばれ、これらによって魂が次第に昇って行くようである。第一の賛美では、父ゲルアダマスは「異邦の種族」（§8）、また「祝福」「叡知」（ヌース）（§3）、命令からの言葉（§9）などと呼ばれている。第二の賛美はバルベーローに対するもの。生み出すもの（§15）、生命において力を与えるもの（§16）、多をもたらすもの（§18）などと呼ばれている。第三の賛美では、実在（ヒュパルクシス）、生命、叡知（ヌース）など、神的な名前が一者に帰され、しかも「どのように名前をつけるべきか、われわれはそれを持っていない」と言われている（§27）。この最後の賛美では、実在、生命、叡知が『アロゲネース』と共通している。『セツの三つの柱』には複数一人称でいわれているところがあり（§20―22、§29）、儀礼を持つ集団の存在が示されている。

## 五　同時代の哲学との関係

まずワイヤーの説をごくおおざっぱに紹介したい。この人によると、新プラトン主義の創始者プロティノスやその弟子ポルフュリオスはわれわれの文書を知っており、前者はその内容を攻撃している。ところが、五世紀に新プラトン主義を集大成したプロクロスには創始者たちになかった考え（実在―生命―知性の三者が相互内在しており、実在がそれら三者の最高位にあるという考え）があり、その新しさがすでにわれわれの文書に見いだされる。従って、グノーシス文書が新プラトン主義の発展に貢献しているといえる。そればかりか、プロティノスの一者分割に関する姿勢は、グノーシス主義者との論争のなかで育っている。また彼は反対しながらもその影響を受けている。彼は自分ではプラトン主義を標榜しながらも、神的流出と人間の上昇に焦点を当てるという新しさにより、後世、新プラトン主義の創始者と呼ばれるようになった。これはグノーシス主義の影響下に起こったことである。少々乱暴にまとめると、ワイヤーはこのように主張している。哲学者たちへの影響については判断を保留し、その他の点を以下に吟味してみたい。

ポルフュリオスは解説の冒頭に引用した『プロティノス伝』16で言及していた師の「グノーシス派に対して」を『エネアデス』の中でII, 9として編纂しているが、成立順に見ると、プロティノスはIII, 8（自然、観照、一者について)、V, 8(直知される美について)、V, 5(ヌースの対象はヌースの外にあるのではないこと、および善者について)という彼の三一論的一元論を要約する一連の講義の結びとして著している(『プロティノス伝』5参照)。プロティノスの弟子たちがグノーシスの教師たちに惹かれていた(II, 9, 10)ので、彼はいわば異論への反論という形で、自分の一元論的な観方が彼らのものよりも優れていることを示したようである。ポルフュリオスが『プロティノス伝』24で、この書のことを「世界創造者は劣悪者であり、世界は劣悪であると主張する人々に対して」と呼んでいるように、これを一読すると、プロティノスがその講義全体として攻撃しているのは、私見によれば、グノーシス主義者たちがこの世界を軽視し、この世からの脱出を求めている点である。これはわれわれの文書の主眼ではなく、むしろ前提とされていることである。しかし、どちらかというと枝葉末節に関することだが、ワイヤーが指摘するように、プロティノスの攻撃するいくつかの点が、われわれの文書をはじめ、第三のグノーシス文書群として分類されたものの中に見いだされる。プロティノスの嫌う呪文を唱えること(II, 9, 14)が『アロゲネース』**53**$^{37}$—**54**$^{37}$に、また『セツの三つの柱』には何度も出るし、魔術的な音を立てることが『アロゲネース』**53**$^{36-37}$や『ゾストゥリアノス』**127**$^{1-5}$や『マルサネース』**31**$^{22}$—**32**$^{4}$に見いだされる。「寄留」(paroikēsis)「対型」(antitypos)「立ち帰り」(metanoia)といった、プロティノスが『エネアデス』II, 9, 6でいう「自分たちの一派を世に広めんがために、事新しい言い方をする者たちの用語」(水地訳)は『ゾストゥリアノス』**8**$^{10-18}$、**12**$^{9-22}$に見いだされるし、ワイヤーによればブルース写本**51**$^{7-10}$にも見いだされるという。プロティノスは自分たちが天体や諸力よりも優れているという主張に反対する(『エネアデス』II, 9, 5; II, 9, 9)が、このような主張は『アロゲネース』**50**$^{24-23}$、**52**$^{15-28}$に出てくる。このような対応が見られるゆえ、ポルフュリオスが書名を挙げていた第三文書群をプロティノスは知っていたようである。

五世紀になって、プロクロス（四一二―四八五）が新プラトン主義を集大成し、『神学綱要』を書いたが、その命題103と『アロゲネース』**49**$_{28-36}$には言葉の上での並行が見られる。田之頭安彦訳（田中美知太郎（編）『プロティノス、ポルピュリオス、プロクロス』世界の名著 続2、中央公論社、一九七六年、一〇四頁）に括弧内の片仮名（名詞主格と不定法の音写）を挿入して、上の欄に、本訳を下に並べると次のようになる。

プロクロス『神学綱要』命題103

存在（オン）の中には
生命（ゾーエー）と
知性（ヌース）が、
生命（ゾーエー）の中には
存在（エイナイ）と
知性（ノエイン）が、
そして知性（ヌース）の中には
存在（エイナイ）と
生命（ゼーン）がそれぞれ存在している

『アロゲネース』**49**$_{28-36}$

というのは、その時、在りて在るものには
その（ずっと）留まっている生命性と
知性（ノエーテース）があるからである。
そして、生命性には
存在（ウーシア）と
知性性がある。
知性（ノエーテース）には
生命と、
存在しているものとがあるからである

実在―生命―知性の三者が相互に内在しており、実在がそれら三者の最高位にあるというプロクロスに見いだされる新しさの由来は、ワイヤーによれば、通常は新プラトン哲学者たちの文書だけで説明されるが、グノーシス文書の中では、『セツの三つの柱』§27でも「実在」(ヒュパルクシス)「生命」「叡知」(ヌース)の三者(筒井訳では、存在、生命、叡知)が、また『ゾストゥリアノス』**15**$_{2-12}$では洗礼の水について、(1)生命(性)つまりアウトゲネース、(2)理解に属する祝福すなわちプロートファネース、(3)神性すなわちカリュプトスに属する実在(ヒュパルクシス)の三者が挙げられている。そして、『アロゲネース』の場合は前記表の通りである。

さて、グノーシス文書群のうち、先にワイヤーの分類に従って第一に挙げたヘルメス文書群では魂が引きこもって上昇し、名付けることのできない者の知識へと入って行く。ところが、第二のグノーシス文書群には『ヨハネのアポクリュフォン』を含めて、この上昇が文書を特徴付けていないことを、ワイヤーを通しての孫引きだが、ターナーが指摘しているという。そこでは悪の束縛が強調され、ユダヤ教知恵文学や黙示文学と同様、むしろ神的存在が三段階で下降してくることによってのみ救いが可能になる。それと対照的に『アロゲネース』など第三の文書群では三段階の上昇がいわれる。これをプラトン主義哲学からの借り物と見る人もあるが、ワイヤーはプラトン主義者たちとの哲学的議論を通して次第にかたちを取ったとしても、グノーシス主義が三段階の魂の上昇を、プラトン主義から採ったのではないという。魂の上昇はグノーシスの世界観の不可欠な要素だからである。宇宙論は投獄の歴史であり、神的存在の下降は牢の壁を破ることであり、いずれも魂の脱出へと方向付けられているからであり、『アロゲネース』を含む第三の文書群はもっぱら脱出のみに焦点を当てているが、そこでの上昇は哲学者たちのように自力ではなくバルベーローを通してなされるのだからである。

魂の上昇がグノーシス主義の本質に属することだとしても、なぜもっぱらこれのみに注目し、しかもキリスト教離れし、哲学の装いを凝らした文書群が、三世紀に入って生まれたのか。本シリーズ第一巻の「グノーシス主義救済神話の類型区分」で大貫が書いている「寄生」という言葉が理解の手がかりになるように思われる。三世紀半ばになると、プロティノスが活躍する。彼が推し進めたプラトン理解はグノーシス主義者たちが、覚醒した本来的自己の回帰を表現するのに適している。グノーシス主義者たちにとって、これに寄生しない手はなかったであろう。事実、プロティノスの非難は教父エイレナイオスのものと似ている。後者がキリスト教グノーシス主義者たちを前にして行なったように、前者も哲学に寄生するグノーシス主義者たちを振り払おうとしたのであろう。

ワイヤーはナグ・ハマディ文書は四世紀半ばに地中に葬られたゆえ、コプト語への翻訳、「ナグ・ハマディ文庫」への蒐集にかかる時間を考慮すれば、『アロゲネース』が書き上げられたのは遅くとも三世紀末であり、少なくとも三世紀半ばには、プロティノスが「グノーシス派に対して」(『エネアデス』II, 9)を書いた時点でローマに存在した。おそらくはプロティノスがアンモニオスのもとに学んだ時期(二三二—二四二年)、アレクサンドリアに存在したのであろうという。まさにこの文書であったと断定する勇気は訳者にはないが、第三のものとして分類される文書群の少なくともあるものは、プロティノスと同時代に書かれたようである。アレクサンドリア起源については、少なくとも翻訳がその地方でなされたことを、この文書がところどころ北エジプトのボハイル方言の混じったコプト語で訳されていることが保証してくれる。

判断を保留した逆方向への影響、つまり新プラトン主義哲学者たちへの影響については、邦訳を提供して、哲学史家の判断に委ねることとしたい。

## 七　底　本

底本は、A. C. Wire, J. D. Turner, O. S. Wintermute, "Allogenes", in: Ch. W. Hedrick (ed.), *Nag Hammadi Codices, XI, XII, XIII*, Leiden (Brill) 1990, pp. 173-267を用い、本文の段落分けについては、同じ

三人による“Allogenes (XI, 3)”, in: J. M. Robinson (ed.), *The Nag Hammadi Library*, 2 ed., Leiden 1984, pp. 443-452 を参照した。

■岩波オンデマンドブックス■

ナグ・ハマディ文書IV　黙示録

1998年9月25日　第1刷発行
2007年5月25日　第2刷発行
2017年5月10日　オンデマンド版発行

訳者　荒井《あらい》 献《ささぐ》　大貫《おおぬき》 隆《たかし》
小林《こばやし》 稔《みのる》　筒井《つつい》賢治《けんじ》

発行者　岡本 厚

発行所　株式会社 岩波書店
〒101-8002 東京都千代田区一ツ橋2-5-5
電話案内 03-5210-4000
http://www.iwanami.co.jp/

印刷／製本・法令印刷

ISBN 978-4-00-730607-5　Printed in Japan

# 補注　用語解説

以下で取り上げられる事項は，本巻を含むナグ・ハマディ文書全4巻において，本文および注の行間に＊(アステリスク)を付して示した語句で，個々の文書の枠を越えて現れる頻度が比較的高いものに限られる．ここで取り上げられていない事項で解説が必要なものについては，原則としてそれぞれの文書での初出箇所に訳注が付されている．

以下のそれぞれの項目で引照される文書は別掲(xxi-xxii頁)の略号表に従って表記する．さらにそれぞれの文書からいくつかの該当箇所を例として引照する場合には，その文書の翻訳でパラグラフ表示が施されていれば，原則としてそれに従って表記する．そうでない場合，ナグ・ハマディ文書に属するものについては，写本番号，頁数，行数の順で，例えばI，1，1(写本Ｉの第1頁第1行目)と表記する．エイレナイオスとヒッポリュトスの報告によるものについては，次の例のように表記する．

ヴァレ・エイI，1，1＝ヴァレンティノス派についてのエイレナイオス『異端反駁』第1巻1章1節の報告

バシリ・エイI，24，3＝バシリデース派についてのエイレナイオス『異端反駁』第1巻24章3節の報告

バシリ・ヒポVII，20，1＝バシリデース派についてのヒッポリュトス『全異端反駁』第7巻20章1節の報告

バルク・ヒポV，26，1＝『バルクの書』についてのヒッポリュトス『全異端反駁』第5巻26章1節の報告

## あ　行

**アイオーン**

ギリシア語で(ある長さの)「時」，「時代」，「世代」の意．グノーシス神話では至高の神的「対*」から流出し，「プレーローマ*」の中に充満する，擬人化された神的存在．真福§8，15，19，34では，「万物」(§2，9，10，その他多出)，あるいは「流出」(§14，20，37)と代替可能．

**アウトゲネース**

ギリシア語で「自ら生まれた者」の意．ヨハ・アポ§19，20では「独り子」，「キリスト」と同じ．

**アカモート／エカモート**

「知恵」を意味するヘブライ語「ホクモート」(箴言9：1他)に由来する借用語．ヴァレンティノス派の神話では，過失を犯した「上のソフィア」から切り離されたエンテュメーシスの別称の一つで，「上のソフィア」との関係では「下のソフィア」ということになる(ヴァレ・エイI，4，1)．しかし，同じヴァレンティノス派のも

のであるフィリ福では「エカモート」と表記されて,「エクモート」と呼ばれる「小さなソフィア」,「死のソフィア」,「不妊のソフィア」と区別されている(§39, 55a)から，少なくとも三段階のソフィアが考えられていて，その中間を占めると思われる．バルク・ヒポV, 26, 4では半処女エデンがエローヒームとの間に生んだ十二の天使の一人.

**アダマス**　→　アダム

**アダム／アダマス**

人間を霊，心魂，肉体の三つから成るとするグノーシス主義一般に広く認められる人間論に対応して，(1)超越的な光の世界のアダム(ヨハ・アポ§24，エジ福§18等)，(2)アルコーンたちによって造られる心魂的アダム(ヨハ・アポ§47-57，アルコ§5)，さらに(3)肉体を着せられて楽園へ追放され，そこからまたエバと共に追放されるアダム(ヨハ・アポ§59，フィリ福§15，アダ黙§1)という三種類のアダムが登場する．起源IIはこれを「第一のアダム」(§63-65),「第二のアダム」(§80),「第三のアダム」(§98)と呼んで整理している．但し，バルク・ヒポV, 26, 8のアダムは少し例外的に，半処女エデンと父エローヒームの結合の象徴として，霊的であると同時に心魂的な存在.

**アブラクサス／アブラサクス**

バシリ・エイI, 24, 7ではAbraxas，バシリ・ヒポVII, 26, 6ではAbrasaxと綴られる．いずれの綴りでも，ギリシア語アルファベットの数価A=1，b=2，r=100，a=1，s=200，a=1，x=60で換算すると数価が365になることから，365の天あるいは一年365日の支配者とされる．ヒッポリュトスの報告では，可視的世界を創造する「大いなるアルコーン」であるが，自分を越える超越的世界の存在に気付いて悔い改める点で，さらに下位の無知蒙昧な旧約聖書の神から区別されている．アダ黙§24(Abrasax)では光の雲にのって到来する救済天使．エジ福§26, 50(Abrasax)でも救済天使の一人.

**アルキゲネトール**

ギリシア語で「最初に生み出す者」の意で，グノーシス主義の神話では多くの場合，中間界以下の領域を造りだす造物神ヤルダバオートのこと．起源II§19以下随所，三プロXIII, 40, 23; 43, 25-26. 30-31以下参照．起源II§35ではピスティス・ソフィアの「左」(不義)の座へ据えられる.

**アルコーン／支配者／第一のアルコーン**

ギリシア語で「支配者」の意．造物神(ヤルダバオート)を「第一のアルコーン」として，その支配下に七人，十二人あるいはさらに多数のアルコーンが存在し，地上の世界を統治していると考えられている．「権威」あるいは「諸力」と並列的，交替的に現れる場合が多い(特にアルコ参照).

**安息**

超越的な光の世界の中に欠乏が生じるとともに失われたもので，神話のさまざまな

段階でその回復が目指される．ヴァレ・エイ I，2，6 ではソフィアの過失の後にプレーローマ*に暫定的に回復される「真の安息」，同 I，7，5 では霊的*，心魂的*，泥的*人間がそれぞれの場所で与えられる終末論的安息，つまり救いを意味する．フィリ福 § 63a では「中間の場所*」を彷徨うことの反意語，同 § 87 では「新婦の部屋*の子供たちの唯一の名前」．フィリ福ではこの他に § 82b，86，118 にも現れるキーワード．真福 § 36 では，プレーローマが安息の場所．

**一部**

ギリシア語で meros. 一般的に「部分」の意にも用いられるが，特殊な用法としては，女性的啓示者(「プローテンノイア」や「雷」)の「一部」で，被造世界にとり残され，彼女が降って世界から救済する対象.「霊」とも呼ばれる(三プロ XIII，40，12-15；41，20-23)．「肢体」(melos)も同義に用いられる場合がある(49，21；41，7；44，10；雷 VI，17，19 復活 § 20，シェーム § 19，26，53，55，75)．「潜在的可能性」の比喩として用いられる「種子*」もこの意に近い．

**忌むべき霊** → 模倣の霊

**影像** → 像

**叡知／ヌース**

ギリシア語「ヌース」の訳語．中期および新プラトン主義の神学と自然学の伝統では，至上の「第一の神」は最高の「知性」(ヌース)として，「魂」(プシューケー)と「からだ」(ソーマ)を超越する．世界はこれら二つと同時に知性も備えた生き物であり，人間の魂も「第一の神」から送り出されたものとしてやはり知性を備えている．グノーシス主義文書の内，多かれ少なかれプラトン主義の影響下に書かれたものにおいては，これら三者を 1 対 2 に分割し，「知性」，すなわち「叡知」をプレーローマ内の，あるいは，そこに由来する神的な男性原理，「魂」と「からだ」を造物神に由来する悪の原理とする場合が多い．もちろん「魂」の扱いに関しては，『魂の解明』のように，それを始終神的原理とするものもあって一律ではない．しかし，「叡知」の語が用いられる場合は，ほとんど常に積極的な意味である．ヴァレ・エイ I，1，1，真福 § 1，10，復活 § 11，三部教 § 5(知力)以降随所，起源 II § 56，103，ヨハ・アポ § 21，エウ § 9，20，22，対話 § 8，90，雷 § 12，真正教 VI，22，28，シェーム § 4 以降随所，真証 § 16，20，三プロ § 32 参照.

**エカモート** → アカモート

**エピノイア**

ギリシア語で「配慮」，「熟慮」の意．ヨハ・アポ § 66 以下ではヤルダバオート*の勢力の企みに逆らってプレーローマ*から地上のアダムに啓示(いわゆる「原啓示」)をもたらす女性的啓示者．ただし，三プロでは，一方で(XIII，35，13)プローテンノイアによって生かされている存在であるが，他方では(XIII，39，18 以下，33 以下)ヤルダバオートの母.

**エーレーレート／エレーレート**

アルモゼール，オロイアエール，ダヴェイテと共にプレーローマ*のアウトゲネース*（キリスト）に属する四つの「大いなる光」の一つ（最下位）．ヨハ・アポ§23では「プレーローマのことを知らず，直ちに悔い改めず，むしろしばらくの間ためらい，その後（初めて）悔い改めた者たちの魂が置かれた」場所．エジ福§23でもやはり同じ他の三つの名前との組み合わせで，プレーローマのセツの出現の文脈で言及されるが，その五千年後にはこの世を支配する十二人の天使を出現させる（§34）．三プロ XIII，38，33-39，15でも同じ三つとの同じ順の組み合わせで現れる．アルコ§18（エレレートと表記）ではノーレア*に現れて，グノーシス*を与える天使（§20「四つの光輝くもの」にも注意）．語源はよく分からないが，アルコ§22はその語義を「すなわち「理解」」と説明している．コプト語で残存する魔術文書にも現れるから，ヘレニズム末期の地中海世界東方ではかなり広く知れ渡っていた言葉であると思われる．

**王なき種族／王なき世代**

「完全なる種族*」や「揺らぐことのない種族」（ヨハ・アポ§5，81）などと並んでグノーシス主義者たちの自己呼称の一つ．アダ黙§43では，十三の王国（支配）が終末論的救済者について誤った見解を述べた後に登場する．起源II §136では「四番目の種族」，すなわち至高の種族とも呼ばれる．アルコ§37，知恵B 92，4以下も参照．グノーシス主義の元来の担い手は，強大なローマ帝国の支配に組み込まれて禁治産状態に陥った東方地中海世界の被支配民族の知識層であったとされる．「王なき種族」という自己呼称は彼らの願望の表現だと言えよう．

**王なき世代**　→　王なき種族

**オグドアス／八つのもの**

ギリシア語で「八番目のもの」あるいは「八つのもの」の意．ヴァレ・エイI，1，1では，ビュトス／エンノイア，ヌース*／アレーテイア，ロゴス／ゾーエー，アントローポス／エクレーシアの4対8個組を指す．同I，3，4では，光の世界の下限を印すホロス*（境界）のさらに下に「第二のオグドアス」が生成する．同I，5，2-3ではアカモート*のことで，「ヘブドマス*」たるデーミウールゴス（造物神）の母．バシリ・ヒポVII 26，4では「大いなるアルコーン」アブラサクス*の住処で，旧約の神の住処であるヘブドマスより上位．アルコ§29では光の世界（プレーローマ*）のこと．起源II§63でも光の世界のことで，「垂れ幕*」によって第七の天より下の世界から区切られている．エジ福では，§4-8において「父・母・子」が「三つのオグドアス」と呼ばれるなど繰り返し言及があるが，神話全体の組成における位置付けは不詳である．パウ黙§15では第八天を指している．

**男女（おめ）**

男女の性差を越えた存在の在り方で，グノーシス主義が希求する全体性の一表現．但し，その神話論的な表現は多様で，例えばヨハ・アポでは至高神（§6-11）とバル

ベーロー*(§13)についてだけ両性具有が明言されるのに対し，アルコ§22では傲慢な獣サマエール*も男女(おめ)であり，起源IIではヤルダバオート*の配下の悪霊(§37，49)，「十二人*」(§29)，「七人*」(§10，16)，「エロース」(§49)までも両性具有の存在として登場する．アダ黙§38では，両性具有のピエリデス(ムーサ)が自己妊娠する．魂II，127，25では，肉体に落下する前の個々の魂は男女(おめ)であるが，落下後の魂は処女となり，暴行を受ける．エジ福§5には「男女なる父」，三プロXIII，45，3には母であり父であるプローテンノイアについて言及がある．

## か　行

**カオス／混沌**

多くのグノーシス主義神話において，光の世界の対極に位置する暗黒と無秩序と物質*の領域のこと．但し，その神話論的な役割は文書ごとに微妙に異なる．例えばヨハ・アポでは，その起源は説明されず，§46では「下界」として，§80では「混沌」としていささか唐突に言及される．つまり，一種の「原理」的な扱いを受けている．これに対して，起源II§1-5はカオスを「垂れ幕*」の陰から二次的に派生してきたものとして説明する．物質も同じ陰から生じるが，カオスの中へ投げ捨てられ，カオスがその在り処とされる(§7)．アルコ§24では「闇」あるいは「物質」と同義であり，§22では上なる天と下のアイオーンを区切るカーテン*の陰からやはり二次的に派生する．

**カーテン／境界／垂れ幕／ホロス**

超越的な光の世界をその下の領域から区切る境界の比喩的表現．バシリ・ヒポVII，23，1では「聖霊」が「隔てのカーテン」．起源II§1-5ではソフィアが「垂れ幕」と同定され，その陰からカオス*が派生する．アルコ§22でも「カーテン」の陰から物質*が派生する．フィリ福§125aでは，寝室の垂れ幕とエルサレム神殿の至聖所の垂れ幕がプレーローマ*と被造世界の間に引かれた境界の比喩．三部教Ⅰ，76，32; 82，12; 85，24も参照．　→　デュナミス

**完全なる種族／完全なる者たち**

グノーシス主義者たちの自己呼称の一つ．起源II§136，141，フィリ福§31など参照．その他にフィリ福§102bの「聖霊の選ばれたる種族」，「真実なる種族」，「人の子の種子」，ヨハ・アポ§5，81の「(完全なる人間に属する)揺らぐことのない種族」，起源II§136他の「王なき種族*」も同じ．

**完全なる人間**　→　第一の人間

**境界**　→　カーテン，デュナミス

**教示者**

アルコーン*たちによって創造された心魂的*アダム*とエバに現れて，真の認識*について教える啓示者．アルコ§9では，蛇の姿で心魂的アダムとエバに善悪の木から食べるように教える霊的な女．起源II§72，85，91では，ソフィア・ゾーエー*が地的

アダムに送った教示者としての「生命のエバ」あるいは「真実のエバ」を指し，楽園*で知識の木に変身する．起源 II §103 では，創世記 3 章の蛇が「動物」として言及され，生命のエバの顕現形態，あるいはその息子として教示者の役割を果たす．

**グノーシス／知識／認識**

ギリシア語で「認識」の意．自分の霊的な本質を認識するかどうかに個々人の救済がかかっているとするグノーシス主義の救済論の鍵語であり，グノーシス主義がまさに「グノーシス主義」と呼ばれる所以である．ヴァレ・エイ I，4，1．5 では，過失を犯したソフィアが「存在において」かたちづくられることが「認識に基づいて」かたちづくられることに対照されている．同 I，6，1 では，後者が終末論的完成の意味で語られる．起源 II §150 によれば，「自分の認識」が「自分の本性」を明らかにする．特にフィリ福と真福，およびアダ黙がかなりの頻度で「認識」に言及する(フィリ福 §94b，110a 他，真福 §5，8-10，13，15-18，22，23，25，27，32 他，アダ黙 §6，9，20，25，26，42-43 他)．バシリ・ヒポ VII，27，1-2では，終末*に「上なるもの」から分けられた「下なるもの」に至高神が「無意識」(agnoia)を投げかけ，すべてのものが分を越えた認識欲に二度と苦しむことがないようにするという点に，「認識」の両価性が表現されている．

**形成物**　→　つくり物

**経綸(オイコノミア)**

ギリシア語の「オイコノミア」はもともと「家(オイコス)の秩序を保つこと(ノミア)」を意味する普通名詞．正統主義教会においては早くから，世界史を神が人類の救済のために働く場所と見做す歴史神学(救済史の神学)の枠内で，神の摂理，計画，予定，働きを指す術語として用いられた．ナグ・ハマディ文書においても，神(至高神)と歴史の理解は当然グノーシス主義的に変更されているものの，語義的には同じ用例が多い．ヨハ・アポ §80(II 30，27「定め」)，知恵 B 78，4，真証 IX，42，7，解説 XI，36，15．ヴァレンティノス派の神話論では，同じ語義での用例(三部教 I，88，4；108，10．17；115，29；116，8．25；122，32)も少なくないが，それ以上に特徴的なのは，プレーローマ*より下の霊的な者たちの「組織」(三部教 I，91，15)，ロゴス*の経綸に委ねられた領域(三部教 77，3．10；89，35；94，8；95，8．21；96，14；99，19；101，11；118，11；127，22)，アルコーン*たちの支配に委ねられた領域(三部教 I，100，7)など，空間的・場所的な意味での用例である．プトレマイオスの教説における用例についても同様である(本シリーズ第一巻『救済神話』235 頁注(3)参照)．

**欠乏**

ヨハ・アポ §44，69 ではソフィア*の過失の結果として，起源 II §25，130 では「真理の中から永遠の領域とその世界の内側に」，つまりプレーローマ*の内部に生じてくる事態．さらにこの欠乏から「つくり物*」あるいは牢獄としての下方の世界と肉体が派生してゆく．従って，「プレーローマが欠乏を満たす」(復活 §24，真福 §30

をも参照)ことがグノーシス主義の意味での万物の救済となり，個々人の救済もその時初めて最終的に完成される．

**権威**

ギリシア語「エクスーシアイ」の訳．アルコ§23のように，例外的にプレーローマ*の権威という積極的な意味で用いられることもあるが，多くの場合は「アルコーン*たち」あるいは「諸力*」とほとんど同義語．起源II§36では，カオス*を支配する六人(ヤルダバオート*を除く)を指し，§66ではヤルダバオートの部下であるが，その愚かさをあざ笑い，§67では心魂的人間を創造する．

**こしらえ物**　→　つくり物

**ことば／言葉**　→　ロゴス

**混沌**　→　カオス

**婚礼の部屋**　→　新婦の部屋

## さ　行

**サクラス／サクラ**

ヨハ・アポ§32，35，アルコ§26，アダ黙§22，三プロ XIII，39，27-28では，ヤルダバオート*，サマエール*，あるいはパントクラトール(万物の支配者)の名で呼ばれる造物神と同じ．エジ福§35，三プロ39，27は「サクラ」(Sakla)と表記する．語源はアラム語ないしシリア語で，「馬鹿な」を意味する(シリア語 sākel)．

**サバオート**

旧約聖書に現れる「万軍の主なる神」(イザ10:16他)という表現の「万軍の」に相当するヘブル語を神話論的に擬人化したもの．アルコ§27-28ではヤルダバオート*の息子であるが，父の愚かさを謗って離反し，ピスティス・ソフィア*とその娘ゾーエー*を賛美して，第七の天へ移される．ゾーエーと「対*」を構成する．起源II§27-35でもほぼ同じ関係になっている．

**サマエール**

サクラ*(ス)あるいはヤルダバオート*の別名(ヨハ・アポ§35，三プロ XIII，39，27-28参照)．アルコ§2，23，起源II§25では，その語義は「盲目の神」であると説明される．一説によれば，この語義説明はシリア語で「盲目な」を意味する形容詞 samyâ との語呂合わせに基づく．

**子宮**

グノーシス主義救済神話の重要な象徴語の一つであり，積極的，中立的，否定的の三つの意味合いで用いられる．積極的な意味では，万物の「母胎」としての至高神，あるいはそれに準ずる両性具有の神的存在を指す(ヨハ・アポ§13，感謝 VI，64，25．26，三プロ§19，他にエジ福§53も参照)．また，人間の中の神的原理としての「魂」の女性性を表現する(魂§1，7)．中立的には，通常の語意に従って，人間の胎児の宿る場所を指す(アダ黙§32，真証§18)．否定的には，男女の性行為によ

って増殖・存続する現実世界の全体を指す(シェーム§9以降随所，真証§4).

**肢体**　→　一部

**質料**　→　物質

**支配者**　→　アルコーン

**十二人**

天の黄道十二宮(獣帯)を神話論的に擬人化したもので，ヨハ・アポ§31とエジ福§36では，造物神(ヤルダバオート*)の配下としてその名前が列挙されている．起源II§29，40では名前を挙げられるのは六人であるが，それぞれ両性具有であるために十二人とも呼ばれる．但しその六人の名前はヨハ・アポとエジ福のそれと一部異なっている．バルク・ヒポV，26，3では「父エローヒーム」と「母エデン」がそれぞれ自分のために生む天使の数.

**終末**

プレーローマ*の中に生じた過失の結果として物質的世界の中に散らされた神的本質(霊，光，力)が，再び回収されてプレーローマに回帰し，万物の安息が回復されること．ヴァレ・エイI，7，1によれば，その際，霊的なものはプレーローマに入るが，心魂的なものは「中間の場所*」に移動し，残された物質的世界は「世界大火」によって焼き尽くされる．起源II§116，142-150は同様の終末論を黙示文学的な表象で描いている．このように宇宙万物の終末について論じる普遍的終末論とは別に，個々人の死後の魂(霊)の運命について思弁をめぐらす個人主義的終末論があり，チグリス・ユーフラテス河の下流域に現存するマンダ教などを含めてグノーシス主義全体について見れば，頻度的には後者の方が多い．真福§32では「終りとは隠されていることの知識を受けること」.

**種子**

グノーシス主義の神話でもっとも頻繁に現れる術語の一つで，多様な意味で用いられる．一つは潜在的可能性の比喩として用いられる場合で，例えば真福§30，39で，人間を起こす「真理の光」は「父の種子*」に満たされている．バシリ・ヒポVII，21，2の「世界の種子」は三重の「子性」と世界万物を潜在的に包含する．ヴァレ・エイI，5，6；6，4では，アカモート*が造物神の中に密かに蒔く霊的胎児のことで，しかるべき時まで成長を続ける．三部教でも「イエス・キリストの約束の種子」(I，117：14)などの他，潜在的可能性の意味での用例が多い．「一部*」あるいは「肢体*」もこの意に近い．今一つは「子孫」の意味の用例で，ヨハ・アポ§25の「セツの子孫」，フィリ福§102bの「人の子の種子」など．アルコ§34，38の「あの種子」(＝単数)はさらに別の用例で，終末論的救済者を意味している．最後に起源II§53，77では，権威*，天使，悪霊たちの精液のこと.

**処女なる霊**

多くの場合「見えざる霊*」と一組で用いられて，プレーローマ*の至高神を指す．ヨハ・アポ§14以下随所，アルコ§20，エジ福§11，20参照．但し，起源II§19で

は例外的にヤルダバオートの部下のそれぞれの所有物.

**諸力**

ギリシア語デュナミスの訳語. 多くの場合「アルコーンたち」,「権威たち」と同義語であるが, 男性的な「アルコーンたち」に女性的属性として組み合わされて,「対」関係を構成することがある(ヨハ・アポ§39, 起源II§39).

**心魂／心魂的／生魂／生魂的／魂**

グノーシス主義は人間(ミクロコスモス)を霊, 心魂, 肉体(物質)の三つから成ると見るのに対応して, 宇宙(マクロコスモス)も超越的プレーローマ, 中間界, 物質界の三層に分けて考える.「心魂」はその場合の中間の原理. 多くの文書で繰り返し「霊的なるもの」と対比される. その起源を神話論的にもっとも立ち入って説明するのはヴァレンティノス派である. ヴァレ・エイI, 5, 1では, アカモート(下のソフィア)の「立ち帰り」から導出され,「右のもの」とも呼ばれる. 同I, 6, 2-4では「善い行ない」によってのみ「中間の場所」へ救われる者たちを指す. 三部教I, 118, 20-23では, アカモートではなくロゴスが過失を犯し, その「立ち帰り」から導出される. 但し, 魂と肉体の二分法に立つ文書もあり, 例えば魂II, 134, 10-13での「魂」は三分法で言う場合の「霊」と同じ.

**真実なる人間**　→　第一の人間

**身体**

ヨハ・アポ§54, 起源II§78では「七人」のアルコーンたちによって造られる「心魂的」人間を指す. この人間は肉体を着せられる以前の人間であるから,「身体」は肉体性と同義ではなく, むしろ個体性の意味に近い. グノーシス主義の否定神学は至高神がこの意味での「身体性」をも持たないことを強調する(ヨハ・アポ§8, 三部教I, 54, 18). 但し, 真福§16では,「彼(父)の愛がそれ(言葉)の中でからだとなり」と言われる(§18をも参照).

**新婦の部屋／婚礼の部屋**

ヴァレンティノス派に特有の神話論的表象および儀礼. ヴァレ・エイI, 7, 1によれば, プレーローマの内部で「キリスト」(第一のキリスト)と聖霊, アカモートとソーテール(＝救い主, プレーローマの星, 第二のキリスト, イエスに同じ)がそれぞれ「対」関係を構成するのに倣って, 地上の霊的な者たちもやがて来るべき終末において, ソーテールの従者たる天使たち(花婿)に花嫁として結ばれる. ヴァレンティノス派はこの結婚を「新婦の部屋」と呼び, その地上的な「模像」として一つの儀礼(サクラメント)行為を実践した. その具体的な中身について, エイレナイオスやヒッポリュトスを含む反異端論者の側ではいかがわしい推測も行なわれたが, 最近の歴史的・批判的研究では「聖なる接吻」説と「臨終儀礼」説が有力である. ナグ・ハマディ文書の中では, フィリ福がもっとも頻繁に言及する(§61a, 66, 67c, 68, 73, 76, 79, 82a, 87, 102a, 122c, d, 127). その他, 三部教I, 122, 15-16. 21-22; 128, 34, 真正教VI, 35, 8-22, セツ教§24などにも言及がある.

**生魂／生魂的**　→　心魂／心魂的

**世界**

目に見える現実の宇宙的世界のこと．プラトン主義では「最良の制作物」(アルキノス『プラトン哲学要綱』XII)と見做されたのと対照的に，グノーシス主義では，自らが不完全な「流産の子」である造物神(ヤルダバオート*)が造りあげた不完全な「つくり物*」として，超越的なプレーローマ*から価値的に厳しく区分される．例えば，復活§22, 23によれば，この世界は一つの「幻影」であり，そこからの「復活*」が救いである．但し，この区分はグノーシス主義の展開と共に融和される方向に進み，「つくり物」の世界の形成にもプレーローマの意志が隠れた形で働いていたとされるに至る．ヴァレ・エイI, 5, 1-3, 三部教I, 52, 5,;76, 13-30; 107, 30-108, 12; 126, 30-37．特に三部教では「経綸*」(オイコノミア)とも表現される(95, 38以下)．アルコ§5, 6, 30, 起源II§17, 68など参照．バシリ・ヒポVII, 21, 2は少し例外的に，まず「世界の種子」について語り，その後でその「世界」を「超世界」と下方の可視的世界に分割し，後者をさらに「オグドアス*」(大いなるアルコーンの領域),「ヘブドマス*」(別のアルコーン＝旧約の神の領域),「ディアステーマ」(僻地)に三区分する．

**セツ／セツの子孫**

創4: 25のセツ(新共同訳では「セト」)のこと．このセツに神話論的あるいは救済論的に重要な役割を負わせ，自分たちをその子孫と見做したグノーシス主義グループが存在したことは，エイレナイオス『異端反駁』I, 30, ヒッポリュトス『全異端反駁』VI, 19-22, エピファニオス『薬籠』XXXIX章の報告から知られる．しかし，この三者の報告は相互に食い違いが大きく，統一的なイメージに収斂しないため，いわゆる「セツ派」の歴史的実態はよく分からない．ナグ・ハマディ文書の中にも，ヨハ・アポ(§25, 69)，エジ福(§23他多数)，アダ黙(全体がアダムからセツへの啓示)を初めとして，アルコ，柱，ゾス，メルキ，ノーレア，マルサ，アロゲなどがセツ派のものではないかと考えられている．

なお，セツ(Seth)は，エジプト古来の神で，オシリス神話にも悪神として登場するセト神と同じ綴りであることもあって，ある時期以降，両者の混淆が起きている．

**洗礼**

ナグ・ハマディ文書の中には洗礼について言及するものが少なくない．特に三部教I, 127, 25-129, 34は,「唯一の洗礼」(127, 25-28),「それを二度と脱ぐことのない者たちのための衣服」(128, 19)などの種々な呼称を紹介する他，ヴァレンティノス派の洗礼に関する詳細な議論を繰り広げる．起源II§118は霊*の洗礼，火の洗礼，水の洗礼という三種類の洗礼について語る．三プロXIII, 48, 15-21では，女性的啓示者プローテンノイアが覚知者を天使(？)に委ねて洗礼を授ける．アダ黙§30-42では，13の王国が終末論的救済者の起源についてそれぞれ意見を開陳する結びのところで,「こうして彼は水の上にやって来た」という定型句が繰り返される．

いずれの背後にもグノーシス主義的な意味付けを伴った洗礼の儀式が前提されている可能性が大きい．特にフィリ福では間違いなくそうである（§43，68，75，76他）．同§95では塗油の儀礼と密接に関連付けられ，価値的にはその下位に置かれている．エジ福においても洗礼儀式が重要な役割を演じている（§52-53，また§49，51）．真証§36とシェーム§64-66は水による洗礼を「汚れた」ものとして拒否する．

**像／影像／似像／模像／模写**

グノーシス主義神話の類型区分（本シリーズ第一巻の「グノーシス主義救済神話の類型区分」参照）で言う「シリア・エジプト型」の神話は，プレーローマの至高神から地上の肉体という牢獄に閉じ込められた人間まで，上から下へ垂直的に展開される．その展開を支える根本的な思考法は，「上にあるもの」が「範型」となり，「下のもの」がその「像」（eikôn）として造り出されるというもので，基本的にプラトン主義の考え方に準じている．したがって，この「範型」と「像」という関係は神話のさまざまな段階において，大小さまざまな規模で繰り返される．

(1)バルベーローは至高神の似像（ヨハ・アポ§13），(2)「第一の天」（プレーローマ）から下へ，上の天が下の天の範型となって，最下位の天まで365の天が生じる（バシリ・エイI，24，3），(3)造物神（ヤルダバオート）は上なる「不朽の範型」を知らずに（ヨハ・アポ§39-40），あるいはそれを見ながら（三部教I，90，31；92，4；起源II§12），中間界以下を創造する，(4)アルコーンたちは至高神の像を見ながら，その似像として心魂的あるいは泥的人間を創造する（ヴァレ・エイI，5，5；アルコ§5），(5)エバはアダムの似像（アルコ§12）であると同時に，(6)プレーローマから派遣される「真実のエバ」の模像．

その他，特にフィリ福では「新婦の部屋」などの儀礼行為もプレーローマにある本体の模像とされる（§60，67b，c他随所）．

トマ福では，(1)霊的「像」（エイコーン）と，(2)地上の「像」（エイコーンの複数）と，(3)「外見」または「似像」（エイネ）とに，三つの実体が区別されている．(1)と(3)は創1：26（七十人訳）の「像」（エイコーン）と「似像」（ホモイオーシス，そのコプト語訳がエイネ）に当る．(2)は(1)の地上における顕現形態で，(3)は(2)の反映か（83，84）．

**ゾーエー**　→　ソフィア・ゾーエー

**ソフィア／ピスティス・ソフィア**

ギリシア語で「知恵」の意．「シリア・エジプト型」のグノーシス主義救済神話（本シリーズ第一巻の「グノーシス主義救済神話の類型区分」参照）においては擬人化されて，プレーローマの最下位に位置する女性的アイオーン．男性的「対」の同意なしに「認識」の欲求に捕らわれ，それを実現しようとしたことが「過失」となって，プレーローマの「安息」が失われ，その内部に「欠乏」が生じ，それがやがて中間界以下の領域の生成につながってゆく（ヴァレ・エイI，2，2，ヨハ・アポ§26

など多数). グノーシス主義は「認識」が救済にとって決定的に重要であることを強調する一方で，同時に認識欲の危険性を知っているのである.

ヴァレンティノス派では「上のソフィア」,「下のソフィア」,「小さなソフィア」(あるいは「死のソフィア」,「塩(不妊)のソフィア」)など，さまざまなレベルのソフィアが登場する(ヴァレ・エイ I, 4, 1, フィリ福§36, 39).

アルコ(§3, 22-28)と起源 II(§4-10, 17, 68)では「ピスティス・ソフィア」(=ギリシア語で「信仰・知恵」の意)という名称で登場し，ヤルダバオート*と「七人*」を生み出し，アルコーン*たちによる心魂的人間の創造をも陰で仕組むなど，陰に陽に神話全体の主役.

さらに起源 II§16, 21, 22 ではヤルダバオートの娘で,「七人」の一人アスタファイオスの女性的側面を構成する存在もソフィアと呼ばれている.

**ソフィア・ゾーエー**

「ゾーエー」とはギリシア語で「生命」の意. 新約聖書が「永遠の生命」(ヨハ 17: 2-3)と言う時と同じ単語. グノーシス主義の神話では擬人化されて，終末論の文脈で働く女性的救済者の一人.「ソフィア・ゾーエー」とも，単に「ゾーエー」とも表記される. ヨハ・アポ§57 では「光のエピノイア*」と同じ. アルコ§26 ではピスティス・ソフィア*の娘. 起源 II でも同様で，サバオート*に「オグドアス*」の中の存在について教え(§30), 心魂的*アダム*を創造し(§70-73), 地的アダムを起き上がらせる(§85-86).

## た　行

**第一のアルコーン　→　アルコーン**

**第一の人間／完全なる人間／真実なる人間／人間**

プレーローマ*の至高神のこと. 必ずしもすべての神話が至高神にこの呼称を与えているわけではないが,「人間即神也」というグノーシス主義一般に共通する根本的思想をもっとも端的に表現するもの. 至高神はこの他に,「人間」,「不死なる光の人間」,「真実なる人間」,「不朽なる者」,「生まれざる方」,「生まれざる父」,「不死なる父」(以上，起源 II§4, 25, 27, 68, 80, 130, 149 参照),「存在しない神」(バシリ・ヒポ VII, 21, 1),「万物の父*」など多様な呼称で呼ばれる. ヨハ・アポでは，至高神と同時にバルベーローも「第一の人間」と呼ばれることがある(§13, 18, 45 他参照). エジ福§37, セツ教§11 等も参照.

「完全なる人間」は終末に到来が待望される救済者(アルコ§10), すでに到来したキリスト(フィリ福§15), あるいは人類の中の「霊的種族」(三部教 I, 123, 5)の意味で使われることもある. 同様に,「真実なる人間」もヴァレ・エイ I, 1, 1-2 では，例外的に，至高神より下位のアイオーンの「オグドアス*」の一つを指す. ヴァレ・エイ I, 1, 1 では「人間」(アントローポス)は至高神ではなく，より下位の神的存在(アイオーン*)の一つ.

**魂**　→　心魂
**垂れ幕**　→　カーテン
**知識**　→　グノーシス
**中間の場所**

ヴァレンティノス派に特有な神話素で，大きくは超越的プレーローマ界と物質界の中間の領域を指す(三部教 I，103，21 など他随所)．より正確には，アカモートが終末までのあいだ一時的に置かれる場所で，中間界以下を創造する造物神(デミウルゴス)の上に位置する(ヴァレ・エイ I，5，3-4；7，1．5)．ヴァレ・エイ I，6，4 では心魂的な人間たちが終末に到達する場所．フィリ福§63a，107b では例外的に滅亡の場所の意．シェーム§25-38 では，巨大な女性器として見られた宇宙の中で「処女膜の雲」と「胞衣の雲」の下に位置する領域を指し，啓示者デルデケアスによるヌースの回収作業によって闇から清められる．

**「対」**

ギリシア語シュジュギアの訳．プレーローマの至高神が自己思惟の主体と客体に分化して，さまざまな神的存在(アイオーン)を流出する．それと共に原初的な両性具有(男女＝おめ)の在り方も男性性と女性性に分化し，男性的な神的存在と女性的な神的存在が一つずつ組み合わされて「対」を構成する．ヴァレンティノス派の場合には，ビュトス(深淵)とエンノイア(思考)，ヌース(叡知)とアレーテイア(真理)，ロゴス(ことば)とゾーエー(生命)，アントローポス(人間)とエクレーシア(教会)のように，ギリシア語の男性名詞と女性名詞を巧妙に組み合わせて「対」関係を表現している(ヴァレ・エイ I，1，1)．ヨハ・アポ§13-21 の場合も元来のギリシア語原本では同様の消息であったと思われるが，現存のコプト語写本ではコプト語の同義語へ翻訳した結果，文法的な性が変わってしまったために，ギリシア語原本の神話論的巧妙さは失われている．

ヨハ・アポ§39 は，ヤルダバオートの配下の七人のアルコーン(男性)にもそれぞれ女性的「勢力」を割り振って「対」関係を造り上げているが，起源 II ではヤルダバオート以下，「十二人」，「七人」も含めて，諸々の悪霊まで両性具有の存在と考えられている(§10，16，29，37，49)．

**つくり物／こしらえ物／形成物**

ギリシア語「プラスマ」の訳．例外的に積極的な意味で用いられることもあるが(アルコ§36)，大抵の場合はアルコーンたちが造り出す心魂的人間，あるいは肉体の牢獄という否定的な意味で用いられる(ヨハ・アポ§58，64，アルコ§5，起源 II §76，78-81，97，134，141，フィリ福§41，真福§2，3 など)．バルク・ヒポ V，26，26 では，「母」である半処女エデンが造りだしたこの世のこと．

**テトラクテュス**

ピュタゴラス学派では最初の四つの整数の和で 10 のことであるが，ヴァレ・エイ I，1，1 ではプレーローマ内のビュトス(深淵)，エンノイア(思考)，ヌース(叡知)，

アレーテイア(真理)の四個組のこと.

**デュナミス／ホロス**

ギリシア語「デュナミス」は通常「諸力」の意味で否定的に用いられるが，ヴァレ・エイ I, 2, 2; 3, 3. 5では例外的に，プレーローマ*内のアイオーン*の一つで，ソフィア*の過失を最小限にくい止める境界(＝ホロス，カーテン*)の役割を果たす.

**塗油**

元来は原始キリスト教において，洗礼*の儀式との関連で行なわれた儀礼. 洗礼は罪の赦しと同時に聖霊を授与・受領する儀式とも理解されたので，その聖霊が失われないよう受洗者を油で封印するために行なわれた象徴行為であると思われるが，洗礼と塗油の前後関係についてはよく分からない. その後も，後 3−4 世紀まで東方教会と西方教会ではその順番付けが異なっていた. グノーシス主義の文書では，フィリ福が洗礼*，聖餐，救済，新婦の部屋*と並ぶ儀礼として繰り返し言及する. 特に洗礼との関連が密接であるが，同時に洗礼よりも塗油の方が重要であることが強調される(§68, 75, 92, 95 他).「新婦の部屋」の儀礼においても塗油(終油？)が行なわれた可能性がある(§122c).「クリスチャン」の呼称は，本来の「キリストに属する者」という意味(使 11: 26)ではなく,「油注がれた者」，すなわちグノーシス主義者を指すものに転義している(§95). それどころか，塗油を受けたグノーシス主義者は一人一人が「キリスト」になる(§67d).

神話上の場面としては，ヨハ・アポ§20で「独り子」(またはアウトゲネース*)が至高神から「至善さ」によって塗油されて「キリスト」となる. ここでは，一方で「至善な」がギリシア語では「クレーストス」，他方で「キリスト」が元来「塗油された者」の意で，ギリシア語では「クリストス」であることを踏まえた語呂合わせが行なわれている.

**泥／泥的**

宇宙と人間を霊*，心魂*，物質*(肉体)に分けて捉えるグノーシス主義の三分法的世界観において，価値的に最下位のもので，物質と同義. ヴァレ・エイ I, 5, 5では，造物神が物質(質料)の内の液状のものから造り，心魂的なものへ注入する. 最終的な救いに与ることができず，世界大火で焼き尽される(同 I, 6, 2; 7, 1). バルク・ヒポ V, 26, 32では，イエスの十字架刑において心魂的部分と共に受難する部分として，受難を免れる霊的部分と区別されている. 同 V, 27, 3には泥的人間，心魂的人間，霊的人間の三分法が見られる.

## な　行

**七つのもの**　→　ヘブドマス

**七人**

ヘレニズム時代に一般的に七つの惑星と見做されていた月，太陽，金星，水星，火星，木星，土星が神話論的に擬人化されたもので，中間界以下の領域の悪しき支配

者．ギリシア語魔術文書や広範なグノーシス主義文書に，それぞれ隠語化された名前で登場する．ヨハ・アポ§33，34，37，39に列挙される名前は，黄道十二宮を同様に擬人化した「十二人」(§31)と一部重複するが，七という数字は一週間の日数として説明される(§34，37)．同時に，七人のそれぞれが男性性と女性性の「対」関係に置かれる(§39)．起源II§16では，ヤルダバオートを含めて総称的に「アルコーンたち」，「支配者たち」，「権威たち」と呼ばれ，カオスから男女(おめ)として出現する．ナグ・ハマディ文書以外では，マンダ教文書にまったく独自のマンダ語の名前で頻繁に登場する．エイレナイオス『異端反駁』のセツ派についての報告(I，30，5)，オリゲネスの『ケルソス駁論』VI，30-32，エピファニウス『薬籠』XXVI，10，1-3のフィビオン派についての報告などにもさまざまな名前で登場する．七つの惑星の並べ方の順番(特に太陽の位置)については，ストアや中期プラトニズムなどの学派哲学の宇宙論においてさえ諸説があったため，グノーシス主義文書に隠語で言及される「七人」がそれぞれどの惑星に対応するかは一概に決められない．

**肉／肉体／肉的**

宇宙と人間を，霊的なもの，心魂的なもの，肉的(物質的)なものの三分法で考えるグノーシス主義の世界観における最下位の原理で，「物質」あるいは「泥」と同義であることが多いが，ヴァレ・エイI，5，5のように，泥から由来する身体と区別して，四分法的に語られることもある．フィリ福は一方で肉体の無価値性を断言するが(§22)，他方で「肉にあって甦ることが必要である」(§23c)とする．復活§15は老いた肉体を胞衣《えな》(後産)に譬える．

**肉体** → 肉

**似像** → 像

「**人間**」 → 第一の人間

**認識** → グノーシス

**ヌース** → 叡知

**ノーレア**

アルコ§12では，アダムとエバがセツを産んだ後にもうけた娘で，理屈ではセツの妹であると同時に妻ということになる．しかし，同§14(オーレアと表記)と§15ではむしろノアの妻であることが前提されていると思われる．この二系統の表象はその他のグノーシス主義文書の間にも認められる．エイレナイオス『異端反駁』I，30，9とエピファニオス『薬籠』XXXIX，5，2が報告するセツ派は前者，エピファニオス同XXVI，1，3-5が報告するニコライ派とマンダ教は後者に属する．特に後者の表象系統では，ノーレアは夫のノアがこの世の支配者であるアルコーンに仕えたのに対して，超越的な神バルベーローに仕える存在であり，ノアが造った方舟に立ち入りを拒まれると，三度までもそれを焼き払ったという(アルコ§14参照)．ヘレニズム期のユダヤ教のハガダー(物語)伝承にも，ナアマという女性が一方では

セツの妹かつ妻として，他方ではノアの妻として言及される．ノーレアという名前は基本的にはそのナアマがギリシア語化したものとする説が有力である．ナグ・ハマディ文書の中では，『ノーレアの思想』(写本 IX)と起源 II §18，20 に言及がある．

## は　行

**場所**

グノーシス主義の神話では「あの場所」，「この場所」という表現で超越的な光の世界と地上世界を指し，「中間の場所*」でその中間に広がる領域を表現することが多い．三部教 I，53，24 では，否定神学の意味で，神は「場所」の中にいないと言われ，同 60，5; 65，8 では万物の父*がアイオーン*たちにとって「場所」である(真福 §20 では，父は自らの内にあるすべての「場所」を知っている)と言われる．さらに三部教 100，29 では，ロゴス*によって生み出された造物神が彼の創造物にとって「場所」であると言う．これらの場合の「場所」は一つの術語として用いられており，その背後には原理としての「質料」を「場所」と定義した中期プラトン主義(アルキノス『プラトン哲学要綱』VIII)などの影響が考えられるかもしれない．トマ福では「光」(語録 24)あるいは「王国」(語録 60，64)と同意．

**パトス**

熱情あるいは受難を意味するギリシア語．ヴァレ・エイ I，2，2 では，ソフィア*が男性的伴侶(テレートス)との抱擁なしに陥った，父を知ろうとする熱情のことで，エンテュメーシス(意図)とともにホロス*(境界)の外へ疎外される．バルク・ヒポ V，26，19 ではエローヒームによって地上に取り残された半処女，「母」エデンがエローヒームに欲情する熱情．

**パラダイス**　→　楽園

**バルベーロー／バルベーロン**

いくつかのグノーシス主義救済神話において，至高神の最初の自己思惟として生成する神的存在．ヨハ・アポ §13 では「プロノイア*」，「第一の人間*」，「万物の母体」，「母父*」とも呼ばれ，神話の隠れた主人公の一人であり，最後に §80 で自己自身を啓示する．三プロ XIII，38，8-9 ではプローテンノイアの別名で登場する．エジ福 §6 他も参照．エイレナイオス『異端反駁』I，29，1-4 はヨハ・アポ §13-44 に相当する部分を要約的に報告して，それを「バルベーロー派」の神話だと言う．しかし，その「バルベーロー派」の歴史的実態については，やはりエイレナイオスによって報告されるセツ派などの他のグノーシス主義グループの場合と同様，詳しいことは分からない．「バルベーロー」(Barbêlô)の語源・語義については，伝統的にヘブル語で「四つの中に神在り」(b'arbba' 'ᵉlôha)の意の文を固有名詞化したものだとされてきた(この場合，「四」とはプレーローマ*の最上位に位置する四つの神的存在，テトラクテュス*のこと)．しかし最近では，コプト語ないしそれ以前のエジプト語で「発出」を意味する「ベルビル」(berbir)と「大いなる」の意の「オー」と

から成る合成語で，「大いなる発出」の意味だとする仮説が唱えられている．

**範型**

シリア・エジプト型のグノーシス主義の神話(本シリーズ第一巻の「グノーシス主義救済神話の類型区分」を参照)では，基本的にプラトン主義のイデア論に準じて，「上にあるもの」の写し(コピー)として「下のもの」が生成すると考えられている．その場合，「下のもの」が「像*」，「影像」，「模像」，「似像」，「模写」と呼ばれるのに対し，「上のもの」が「範型」と呼ばれる．特にヨハ・アポ§40の「不朽の型」参照．ヴァレ・エイI，7，2では，プレーローマ*のキリストがホロス*(別名スタウロス＝「十字架」)に体を広げて，アカモート*の過失を止めた事件が歴史上のイエスの十字架刑の範型．「範型」と「模像」を対句で用いるのはフィリ福§69a，124他．

**万物**

グノーシス主義神話の術語としては，中間界および物質界と区別されたプレーローマ*の同義語として使われる場合が多い．ヴァレ・エイI,3,4では，ギリシア語の全称の形容詞を名詞化した「パンタ」(panta)という表記で言及される．ナグ・ハマディ文書の多くは，コプト語の全称の形容詞 têr＝(「すべての」，「全体の」)に男性単数の定冠詞と所有語尾を付して名詞化した形(ptêrif)で用い，さまざまな神的アイオーン*から成るプレーローマを集合的に表現する．ヨハ・アポ§21-24，フィリ福§81b，82a,97,105，真福§2,8-12,16,39，エジ福§29，復活§13,17参照．集合的単数の性格は，特にアルコ§23の「万物」が並行する起源II§24では「不死なる者たち」(アイオーンたち)と言い換えられていること，また，エジ福(§20，25，26，28他)が「すべての」(têrif)という形容詞をプレーローマに付して，その全体性を表現していることによく現れている．但し，三部教では，同じ集合的単数(ptêrif)は，すべてのアイオーンを包括する「父」の全体性を現す（I，70,36-37; 73,19-26)．プレーローマの個々のアイオーンはその単数形をさらに複数形にして(niptêrif＝いわば「万物たち」)表現される(I，67,7-12)．例外的な用例としては，プレーローマのみならず，下方の領域までの総体を包括的に指す場合(バルク・ヒポV，26,1-2)，あるいは逆に限定的に，プレーローマ界より下の領域を指す場合(ヴァレ・エイ§I，5，1; 起源II§99；三部教I，96，10．18)がある．

**万物の父**

グノーシス主義の至高神(第一の人間*)の別称．ヨハ・アポ§6以下，三部教I，51，8-57，8などでは，延々と否定形で記述される．バシリ・エイI，24，3では「生まれざる父」，バシリ・ヒポVII，21，1では三重の「子性」の父として「存在しない神」とも呼ばれる．但し，バルク・ヒポV，26，1では例外的に至高神より下位の存在，すなわち「生まれた万物の父」であるエローヒームと同定される．

**光り輝くもの／フォーステール**

ギリシア語フォーステールの訳．ヨハ・アポ§23では，プレーローマ*の内部でアウトゲネース*(キリスト)から生成する四つの大いなる光のことで，それぞれ三つず

つのアイオーン*を従えている．アダ黙§23 ではセツ*の子孫たるグノーシス主義者，同§25，43 では大いなるアイオーンから認識*をもたらす啓示者を指す．その啓示者たちの名前は§46 によれば，イェッセウス，マザレウス，イェッセデケウスである．なお，この名称は，フィペ手 137，8 ではイエスに，II ヤコ黙 55，17 ではヤコブに帰されている．

**ピスティス**　→　ソフィア

**左手**　→　左のもの

**左のもの／右のもの／左手／右手**

「右のもの」が積極的な意味で用いられるのに対して，「左のもの」は常に否定的な意味で用いられる．ヴァレ・エイ I，5，1 では，ソフィア*のパトス*から派生した物質を指し，「右のもの」，つまり心魂的なものと対照されている．アルコ§29 では，改心したサバオート*とその右手ゾーエー*が積極的に評価されることとの対照で，専横あるいは邪悪を意味する．起源 II§35 では，ヤルダバオート*がもらい受けるピスティス・ソフィアの左の場所は「不義」と呼ばれ，右が「正義」と呼ばれることと対照されている．フィリ福§40 では，右は「善きもの」，左は「悪しきもの」，同§67d では十字架が「右のもの，左のもの」と呼ばれる．三部教 I，98，19; 104，11; 105，8; 106，21 では「左の者たち」＝物質的種族が負の存在として，「右の者たち」＝心魂的種族と対照されている．真福§26 では，99 までは左手で数えられ，1 を欠くので欠乏を，99 に 1 を足して 100 からは右手で数えられるので右は完全を表わす．

**フォーステール**　→　光り輝くもの

**復活**

本質的には人間が本来の自己を覚知することを意味する．従って，時間的な側面では，新約聖書の復活観とは対照的に，死後の出来事ではなく，死より前，生きている間に起きるべきこととなる(フィリ福§21，23c，90a，復活§26，真証§8 他)．場所的な側面では，この世あるいは「中間の場所*」から本来の在り処であるプレーローマ*へ回帰することが復活を意味する(フィリ福§ 63a，67c，魂 II，134，10-13)．復活§9 はこの二つの意味での「霊的復活」について語る．

**物質／質料**

ギリシア語「ヒューレー」(hylê)の訳語．この同じギリシア語を中期プラトン主義は「神」，「イデア」と並ぶ三原理の一つ，「質料」の意味で用いるが，グノーシス主義は肉*，肉体，あるいは泥*などとほぼ同義の否定的な意味合いで用いることが多い．ヴァレ・エイ IV，2，5 ではアカモート*の陥った情念から派生する．ヨハ・アポ§46，真福§2 では，初めから存在が前提されているもの，つまり一つの原理として，いささか唐突に言及される．反対に起源 II では，「垂れ幕*」の陰から二次的に生成し，カオス*の中へ投げ捨てられて(§7)，やがてヤルダバオート*の世界創造の素材となる．アルコ§22 でも，上なる天と下の領域を区切るカーテン*の陰から

生成し，やがてピスティス・ソフィア*の流産の子サマエール*を生み出す．同§24では「闇」あるいは「混沌」(カオス)と同義．

**プレーローマ**

ギリシア語で「充満」の意．至高神以下の神的存在によって満たされた超越的な光の世界を表現するために，グノーシス主義の神話が最も頻繁に用いる術語．しかし，必ずしもどの文書にも現れるわけではない．例えば，バシリ・ヒポ VII, 25, 1では，プレーローマの代わりに「超世界」，アルコ§29と起源II§30ではオグドアス*あるいは「八つのもの*」という表現が用いられている．なお，この語が複数形で用いられ，「父のすべての流出」を指す場合もある(真福§37)．

**プロノイア**

ギリシア語で「摂理」の意．ストア哲学では宿命(ヘイマルメネー)と同一で，神的原理であるロゴス*が宇宙万物の中に遍在しながら，あらゆる事象を究極的には全体の益になるように予定し，実現してゆくことを言う．あるいは中期プラトン主義(偽プルータルコス『宿命について』)においては，恒星天ではプロノイアが宿命に勝り，惑星天では均衡し，月下界では宿命がプロノイアに勝るという関係で考えられる．グノーシス主義はストアにおけるプロノイアと宿命の同一性を破棄して，基本的に宿命を悪の原理，プロノイアを至高神に次ぐ位置にある救済の原理へ二分割するが，文書ごとに微妙な差が認められる．ヨハ・アポはプレーローマ*界に二つのプロノイア(§13，23)，中間界にもう一つのプロノイア(§39)，地上界に宿命(§77)を配置するが，起源IIはプレーローマ，中間界，地上界のそれぞれに一つずつプロノイアを割り振り，中間界と地上界のそれについては宿命と同一視している(§16，44-45，68，96，141)．エジ福でも§1の他多数にあるが，「大いなる見えざる霊」(父)との関係，あるいはその他の点での神話論的な位置付けが明瞭に読み取れない．

**ヘブドマス／七つのもの**

ギリシア語で「七番目のもの」あるいは「七つのもの」の意．グノーシス主義神話では造物神とその居場所を指すことが多い．ヴァレ・エイI, 5, 2では，オグドアス*(八つのもの)と呼ばれる母アカモート*の下位にいるデーミウールゴス(造物神)のこと．バシリ・ヒポ VII, 26, 4-5では，オグドアスのアブラサクス*の下位の神「別のアルコーン」とその息子の住処．ヨハ・アポ§34，37では，一週七日(「週の七個組」)の意．起源II§16では，本文が欠損していて確定しにくいが，おそらく第一のアルコーン*の女性名．エジ福§24ではプレーローマ*内の存在の何らかの組み合わせを指すが，詳細は不詳である．

**母父／メートロパトール**

ギリシア語「メートロパトール」の訳．このギリシア語は通常は母方の祖父の意味であるが，ヨハ・アポの特に長写本は両性具有の存在バルベーロー*を指して用いている(§13，19，45，55，57，76)．ヴァレ・エイI, 5, 1ではデーミウールゴス(造

物神）の別名.

**ホロス**　→　デュナミス，カーテン

## ま　行

**見えざる霊**

「処女なる霊」と一組で用いられて至高神を指す場合が多い（ヨハ・アポ§14，アルコ§20，三プロ XIII，38，11，エジ福§1，20 他随所）.

**右手**　→　左のもの

**右のもの**　→　左のもの

**メートロパトール**　→　母父

**模像**　→　像

**モノゲネース**

ギリシア語で「独り子」の意．ヴァレ・エイ I，1，1；2，5 では至高神（ビュトス）とその女性的「対」（エンノイアあるいはシゲー）から生まれ，キリストと聖霊を流出する存在．ヨハ・アポ§19，20 では，アウトゲネース，すなわちキリストと同じ．エジ福§55 も参照.

**模倣の霊／忌むべき霊**

ギリシア語「アンティミーモン　プネウマ」の訳．ヨハ・アポに集中的に言及される（§58，60，68，71-73，76，79，但し長写本は「忌むべき霊」と表記）．特にその歴史的起源を補論の形で論じる§76-79 によれば，プレーローマから派遣された「光のエピノイア」を見た悪の天使たちがそれに似せて造り出し，人間の娘たちを誘惑して子供を産ませる力.

## や　行

**八つのもの**　→　オグドアス

**ヤルダバオート**

可視的な中間界以下の領域を創造して，支配する造物神（デーミウールゴス）に対する最も代表的な呼称．「サクラ（ス）」あるいは「サマエール」とも呼ばれる（ヨハ・アポ§35，三プロ XIII，39，27-28）．プレーローマの中に生じた過失から生まれるいわば流産の子で，自分を越える神はいないと豪語する無知蒙昧な神として描かれる．多くのグノーシス主義救済神話は，旧約聖書の神ヤハウェをこのヤルダバオートと同定することによって，特に創世記の冒頭の創造物語と楽園物語に対して価値逆転的な解釈を展開する.

ヤルダバオートという名称そのもの（アルダバオートと表記されることもある）もヤハウェを貶めるための造語である．起源 II§10 はその語義を「若者よ，渡ってきなさい」の意であると説明する．この説明はおそらく，シリア語で「ヤルダー」（yaldâ）が「若者」，「ベオート」（b$^{e}$ʿôt）が「渡れ」（命令形）の意であることに基づく

ものと思われる．しかし同時に，同じ起源II§25はヤルダバオートを「奈落」(カオス*)を母とする子として説明する．シリア語で「奈落」あるいは「混沌」は「バフート」(bahût)であるから，ヤルダバオートは「奈落を母とする若者」の意になり，この合成語の意味を早くから「混沌の子」と説明してきた古典的な学説と一致することになる．さらに，アラム語で「──を生む者」の意の「ヤレド」(yal$^{e}$d-)に目的語として「サバオート」がついた形と見做して，「サバオートを生む者」の意とする説もあり，特定できない．

## ら　行

**楽園／パラダイス**

創世記2: 8のエデンの園は「東の方」に設けられたとされ，読者には平面での連想を誘う．しかし，新約時代になると，それとは対照的に垂直軸に沿って楽園を「第三の天」に位置付ける見方があったことは，すでにパウロの証言(IIコリ12: 1-4)から知られる．グノーシス主義の神話でも原則として常に垂直軸での見方が前提されている．例えばヨハ・アポが「楽園への追放」(§59)に続いて「楽園からの追放」(§67)について物語る場合も，上から下へと話の舞台が下降してゆくのである．アルコ§7でもアルコーン*たちが心魂的アダムを楽園へ拉致する．起源IIでも同様であるが(§84)，その場所は「正義」なるサバオート*によって造られた月と太陽の軌道の外だという(§54)．ヴァレ・エイI, 5, 2ではデーミウールゴスの下の第四の天のことで，アダム*の住処．三部教I, 96, 29では，ロゴスが過失の後に生み出したプレーローマの不完全な模像*たちが置かれる場所．バルク・ヒポV, 26, 5では，半処女エデンと「父」エローヒームの満悦から生まれた天使群の総称．フィリ福はこれらの事例とは対照的に積極的な意味の楽園について頻繁に語るが，その空間的な位置付けはよく分からない．

**霊／霊的**

宇宙万物が霊，心魂*，物質*(肉)の三つから成ると考える，グノーシス主義の世界観における最高の原理および価値．ほとんど常に他の二つとの対照において言及される．ヴァレ・エイI, 6, 2によれば，物質的世界に分散している霊は滅びることはあり得ず，終末*においてプレーローマ*に受け入れられる(同I, 7, 5)．

**ロゴス／ことば／言葉**

「ロゴス」は古典ギリシア語からヘレニズム時代のコイネー・ギリシア語に至るまで，人間の言語活動と理性に関わる実に幅広い意味で用いられた．それは発言，発話，表現，噂，事柄，計算，知らせ，講話，物語，書物，根拠，意義，考察，教えといった日常用語のレベルから，「世界理性」や「指導的理性」などの哲学的術語(ストア派)のレベルにまでわたっている．ナグ・ハマディ文書を含むグノーシス主義文書は，前者の日常的な語義での用法も，例えば『復活に関する教え(ロゴス)』(第I写本第4文書のあとがき)の他，随所で見せているが，神話論的に擬人化して

用いる場合の方が多い．その場合の「ロゴス」(あるいは「言葉」)はプレーローマ*内部の神的存在の一つ．ヴァレ・エイ I，1，1 では「ゾーエー*」(生命)と，ヨハ・アポ§14-21 では「真理」とそれぞれ「対」を構成する．エジ福§19-21 では神的アウトゲネース*の別名．起源 II§139，対話 III，129，23；133，5；135，13；アダ黙§42，真正教 VI，34，3，力 VI，42，7；44，3，シェーム VII，8，18；9，5；12，19；42，32；44，27，知識 XI，17，35，解説 XI，29，25. 30；30，31，三プロ XIII，37，5. 24；46，31；47，15 では，神的領域から出現する終末論的啓示者．三部教では，「父」(至高神)の「思考」として成立するアイオーン*たち(I，60，34)，あるいは「父」の「ことば」としての「御子」(I，63，35)も指すが，圧倒的に多くの場合(§24 以下)，プレーローマの最下位に位置する男性的アイオーン「ロゴス」を指す．この「ロゴス」が犯した過失から下方の世界が生成する．フィリ福でも超世界的でありながら，肉の領域に内在する神的存在を表しているが(§23bc，26a，30，113)，どのような神話論的な枠組みを前提するものなのか不詳である．フィリ福§123bc は，正典福音書でイエスの口に置かれている言葉を「ロゴスが言っている」／「ロゴスは言った」の表現で導入する点で(§117 も参照)，殉教者ユスティノスやエイレナイオスなど護教家のロゴス・キリスト論の表現法と共通している．